Hans-Joachim Herrmann

BackStage

Tetra Verlag
GmbH

Inhalt

Vorwort von Gabriela Gwisdek

Ich kann ganz gut backen ... dachte ich ... bis ich Hans-Joachim (wir Freunde sagen Hajo zu ihm) kennenlernte! Denn es scheint Kuchen und Kuchen zu geben. Der eine ist ein Kuchen, der andere ein Geschmackskunstwerk!
Ich backe Kuchen, mein Freund Hajo kreiert Geschmackskunstwerke!
Die Rezepte seiner Kreationen kann man nirgendwo nachlesen, er sammelt sie seit seiner Kindheit, ... auf Weltreisen, von Freunden, Freundesfreunden und Müttern, feilt, optimiert und modifiziert sie, bis eben aus Kuchen Geschmackskunstwerke geworden sind.
Wann immer er mich fragt, was er mir bei seinem nächsten Besuch mitbringen soll, antworte ich ungeniert: Einen Kuchen bitte! Jahrelang hat er dieser Bitte auch immer entsprochen. Mein Mann und ich waren glückliche Nutznießer seines Einfallsreichtums!
Seitdem ... bäckt er für andere!
Denn eines wunderbaren Sommertages 2015 stand Hajo ganz überraschend mit seiner allerneuesten Kreation aus Mohn, Marille und Marzipan in unserem Garten und eröffnete uns sein Vorhaben. Ein Backbuch! Von Dr. Hans-Joachim Herrmann!
Herrje, dachte ich, das hunderttausendste Backbuch, wer braucht so was!
Mein Mann schüttelte unmerklich den Kopf, ich reagierte erst einmal gar nicht. Konnten wir diesem Meisterbäcker, dessen exzellenten Kuchen wir gerade verspeisten, sagen, was wir von seiner Idee hielten?
Wenn ich persönlich etwas Neues ausprobieren will, surfe ich in den unendlichen Weiten des Internets und suche mir etwas Passendes oder – auf meine „Backkünste“ zugeschnitten –Unkompliziertes. Das Problem dabei ist nur, vertraue ich dem Geschmack von Bloggern mit Namen „Gourmet Guerilla“, „Herrn Grün“ oder den „Rezepten aus der Chaosküche“? Wieso sollte also irgendjemand ein Backbuch vom Biologen Dr. Hans-Joachim Herrmann kaufen? Die Leser seiner mehr als 30 Bücher und über tausend wissenschaftlichen sowie populärwissenschaftlichen Publikationen, insbesondere die des „Aquaristik-Fachmagazins“ aus dem Tetra-Verlag, dessen Inhaber Hajo ist, erwarten doch von ihm in erster Linie Kompetentes über Amphibien und Vivaristik.
Meine Antwort wäre: Weil er backen kann wie kein anderer! Mit Hingabe und unerschöpflicher Kreativität! Aber reicht das aus, um das hunderttausendunderste Backbuch auf den Markt zu bringen?
Wobei wir beim eigentlichen Sinn dieses Buches angelangt wären. Denn mein Freund Hajo Herrmann kann nicht nur vorzüglich backen, er kann sehr gut zuhören und noch besser schreiben! Und seine Idee ist nicht, seine Backrezepte ungefragt den lesenden Hobbybäckern oder Hausfrauen aufzudrängen, seine Idee ist ... ich gebe es zu, nicht ganz neu.
Wir lassen Menschen seine Kreationen verkosten, Menschen, die jeder kennt und deren Geschmack man vielleicht eher vertraut, als einem unbekannten Blogger.
Aber lässt sich das wirklich realisieren? Werden wir genug prominente Persönlichkeiten davon überzeugen können, Hajos gesammelte „Back-Werke“ nicht nur zu probieren, sondern auch zu präsentieren? Und ob!
Wir rannten offene Türen ein, als gäbe es kein Backbuch auf dieser Welt!

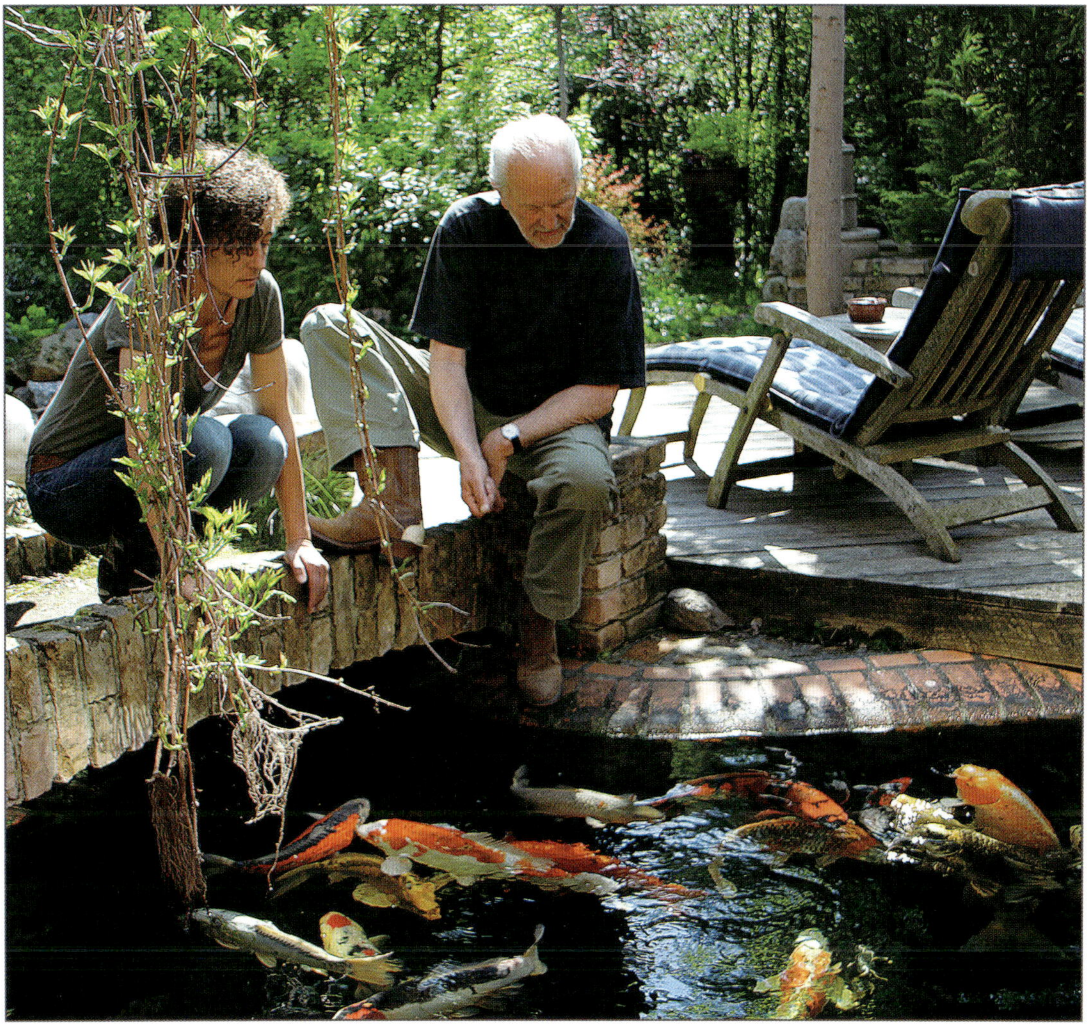

Und wir hatten ein Argument, das selbst den größten Skeptiker von unserer Idee überzeugte: Hajos gebackene Geschmackskunstwerke!
Fortan kühlte Hajos Backofen nicht mehr aus, ein Gesprächs- und Fototermin jagte den nächsten und Hajo schrieb einige Monate lang eben mal neben seinen fachlichen Arbeiten auch über prominente Persönlichkeiten: Exzellent beobachtet, genau und unglaublich charmant beschreibt er die Menschen in diesem Buch und macht jeden Einzelnen zu einer Königin bzw. einem König seines Faches mit unverwechselbarem Charakter. So sind neben seinen Rezepten kleine Biografien entstanden, die es in keinem Lexikon gibt.
Eine „literarisch-kulinarische" Reise durch das „who is who" deutscher Künstler aller Couleur.
Ich wische jetzt „Iris Berbens Schokokusskrümel" von der Tastatur meines Laptops, empfehle dieses Buch mit dem größten Vergnügen und wünsche:
Guten Appetit!

Hinter den Kulissen: Backstage

Wie kommt man Backstage?
Oder anders gefragt: Weshalb publiziert der Zoologe Herrmann ein Backbuch? Welche Berechtigung hat er dazu überhaupt? Der kennt doch bestenfalls die ernährungsbiologischen Grundlagen. Und hat er denn überhaupt Geschmack? Richtig, „Schuster bleib bei deinen Leisten!“, danach sollte er handeln. Er hat doch schon genug publiziert über Frösche und Fische und zu skurrilen vivaristischen Themen.
Zwar habe ich nicht gelauscht während der Gespräche in Kollegenkreisen, nachdem ich ein paar Manuskriptseiten dieses

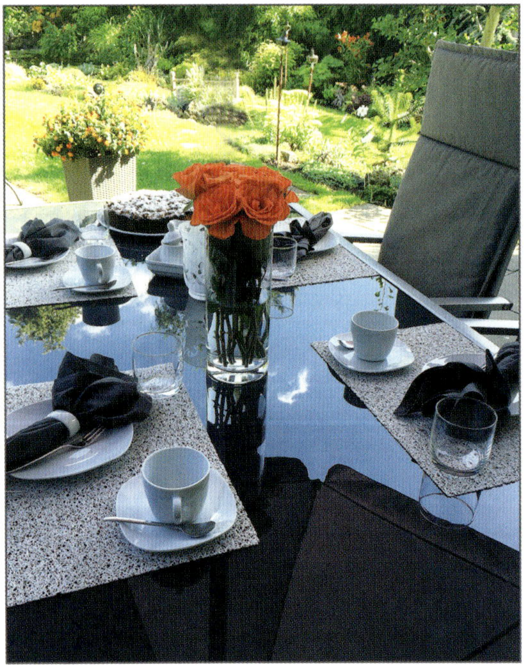

Buches herumgereicht hatte, aber so ungefähr wird es wohl gewesen sein, was sie da sagten. Dennoch: „BackStage“ wäre nicht in meinem Verlag erschienen, wenn das Material nicht höffig genug angemutet hätte. Ich entschied mich, es auf dem eigenen Acker wachsen zu lassen, den ich gewöhnt bin, zu kultivieren und zu beernten. Dermaßen gedüngt, ging die Idee auf meinem Nährboden auf, um hier doch noch mal den Biologen sprechen zu lassen. Deshalb erscheint „BackStage“ nun in meinem Fachbuchverlag – als Exot, wie es sich gehört.
Aber so absonderlich ist diese Sache nun auch wieder nicht, man trifft sie nur meist umgekehrt. Denn so manche eher auf der geistigen (in einigen Fällen geistlichen) Ebene Tätigen wurden abtrünnig in naturwissenschaftlichen Gefilden. Egon Friedell, ein berühmter Autor – auch mannigfach mit Kunst, Geschichte und Wissenschaft befasst – schrieb in seiner „Kulturgeschichte der Neuzeit“ ein Lob auf den Dilettantismus: „Was den Dilettantismus anlangt, so muss man sich klarmachen, daß allen menschlichen Betätigungen nur solange eine wirkliche Lebenskraft innewohnt, als sie von Dilettanten ausgeübt werden. Nur der Dilettant, der mit Recht auch Liebhaber, Amateur genannt wird, hat eine wirklich menschliche Beziehung zu seinen Gegenständen, ... und darum strömt bei ihm der ganze Mensch in seine Tätigkeit und sättigt sie mit seinem ganzen Wesen, während umgekehrt allen Dingen, die berufsmäßig betrieben werden, etwas im üblen Sinne Dilettantisches anhaftet: irgendeine Einseitigkeit, Beschränktheit, Subjektivität, ein zu enger Gesichtswinkel.“ Friedells Beispiele sind treffend; er erwähnt den Bierbrauer Joule, dem wir das Gesetz von der Erhaltung der Energie verdanken, den Glasschleifer Fraunhofer (sehr linientreu), den Dichter Goethe (Zwischenkieferknochen mit Biss) oder den Pfarrer Mendel (auch er frisierte schon als frühgenetischer Erbsenzähler

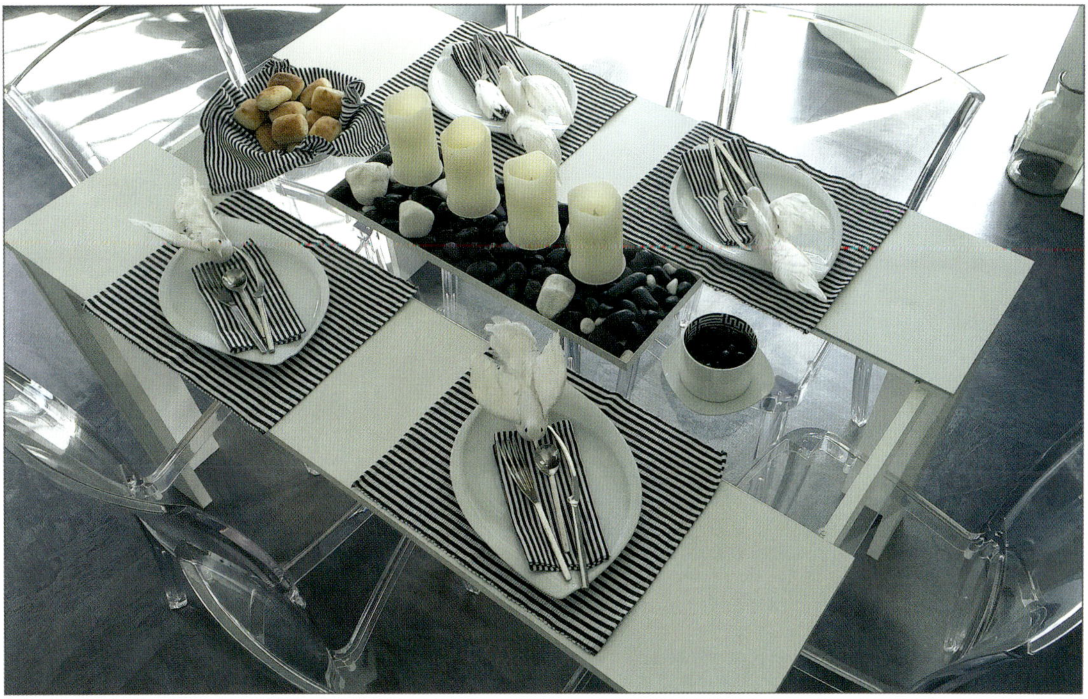

seine Statistik). Einziges Beispiel in anderer Richtung ist in Friedells Aufzählung der Fürst von Meiningen, der einen neuen Theaterstil entwickelte.
Nein, so vermessen bin ich nicht, mich hier einzureihen, aber ich wollte das voranstellen quasi als Autoritätsbeweis, weil ich natürlich unsicher bin, ob das, was ich da zusammengeschrieben habe, überhaupt jemanden interessiert, wenigstens ein Bisschen Interesse schürt an prominenten Menschen und vielleicht sogar an meinen Rezepten.
Bevor ich Backstage bei bekannten Künstlern sein durfte, hier ist es wirklich mal rezeptlos gemeint wie „hinter der Bühne", stand ich hin und wieder an der Rampe derselben, um irgend etwas Eigenes uneigennützig (also nie für meine Brötchen) vorzutragen. Immerhin füllten sich die Kassen der Aidshilfe oder einer Kinderstation davon. So ein bisschen wusste ich also, wie es da vorn ist, wie man funktionieren muss, welche Eigenschaften wichtig sind, um frontal beleuchtet zu bestehen. Damals blieb ich bei meinen Leisten, denn ich konnte mir nur das leisten. Und weil das so ist bis heute – also kein reicher Onkel oder so etwas, sondern Fleißarbeit im eigenen Fachbuchverlag – gehe ich gern mal fremd mit mir selbst, bleibe mir aber sehr treu dabei. Meine aktuelle Affäre ist dieses Buchprojekt. Meine Gönner qualifizierten das Grobschlächtige aus meinen Gedanken in die Feder. Für diese Veredelung danke ich den Freunden.
Doch zurück zur Ausgangsfrage: Durch meine Redaktionsarbeit war es mir wichtig, die Vivaristik, also das Hobby, sich Tiere und Pflanzen an Land (Terrarium), im Wasser (Aquarium) oder draußen (Garten) so pflegetriebableitend zu befassen, dass ein idealisiertes Naturausschnitt-

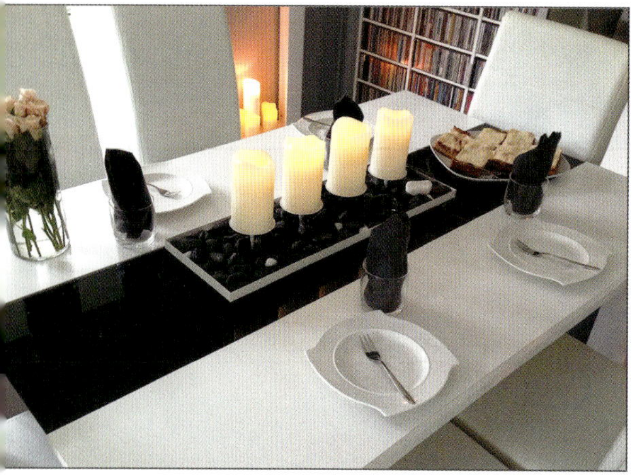

chen entsteht. (Für besonders Interessierte: Konditoren und Liebesromanciers würden das mit „Sahneschnittchen" betiteln.) Das hat eine gewisse Ästhetik, mitunter erinnert die Gestaltung sogar an ein Bühnenbild. Aquarianer und Terrarianer sind mehrheitlich introvertierte Menschen. Sie sprechen kaum vor anderen, nicht an so etwas interessierten Bekannten über die Objekte ihrer Begierde. Wie auch? „Kannst Du Dir vorstellen, wie das Simpsonichthys-Männchen Anale und Dorsale bis zum Zerreißen weit aufspannte, um sein Weibchen in die Torfhöhle zu locken, die ich für das Paar angelegt hatte?" Können Sie sich darunter etwas vorstellen? Wenn ja, sind sie Aquarianer.
Die erste, die so etwas verstand bei einer Gesprächsrunde, war Enie van de Meiklokjes. Als ich erkannte, dass sie eine passionierte, wissensbasiert agierende Aquarianerin ist, entspann sich unser erstes Fachgespräch. Und wie das so ist unter Liebhabern mit ähnlichen speziellen Neigungen (das ist ausschließlich auf das aquaristische Hobby bezogen), trafen wir uns fachsimpelnder Weise immer wieder. Es entstand eine Freundschaft.
Damals versuchte ich, mit Hilfe prominenter Hobbyisten in der Portraitreihe „Stars und ihr Hobby" im „Aquaristik-Fachmagazin", das in meinem Verlag erscheint, diese eigentlich sehr anspruchsvolle, ästhetische Freizeitbeschäftigung aus ihrem Schattendasein zu holen. Enie war ganz vorn mit dabei, bald gefolgt von Walter Plathe, dessen Jugendfreundin eine Zoohandlung in Berlin-Köpenick hatte und die er schließlich doch zugunsten seines Schauspielstudiums mit ihren tierischen Pfleglingen zurückließ. Udo Jürgens war ein echter Gartenteichspezialist, wusste viel über Biofilterung und Pflege. Joy Fleming hatte bis zuletzt ihr Aquarium im Wohnzimmer. Dieter Thomas Heck war passionierter Aquarianer und Bernd Stelter ist bis heute ein Spezialist für besonders imposante Koi in seinem Teich.
Vielleicht ahnen Sie es, die gemeinsamen Hobby-Interessen mit Schauspielern, Musikern oder Moderatoren waren der Beginn, um auch immer öfter mal Backstage, also hinter ihre Bühne, besser noch hinter ihre offizielle Fassade zu gelangen. Menschen, die sich für die Pflege von Lebewesen interessieren, die Fürsorge und Liebe in dieses besondere Hobby investieren, verlieren untereinander die Scheu so wie ihre Pfleglinge, die sich an den Mensch neben ihnen gewöhnt haben. Vertrauen wächst, man trifft einander, feiert Geburtstage, verbringt viel Zeit miteinander, durchredet manche Nacht und schließlich hilft man, wenn es Not tut, steht bei, wenn Sorgen zermürben. Aus Hobbyfreundschaften wurden echte, sehr viele Lebensbereiche umfassende. Längst also nicht mehr nur Backstage, sondern sehr privat, sehr persönlich.

Club der Genussmenschen

Wenngleich ich schon einen Unterschied zwischen einem echten Künstler, also einem Kunstmaler, einem Musiker oder einem Schauspieler und kunsthandwerklich tätigen Menschen sehe, sind sie alle genusssensibel. Der eine oder andere Koch oder Friseur mag zwar seine Sternchen im Kasten haben, auf demselben hat er jedoch außer dem Geschick und etwas Bauerschläue zuweilen weniger als eine solche Ballung von Wissen und Intelligenz, wie sie für wahre Künstler erforderlich ist. Eine begrenzte Anzahl von Naturwissenschaftlern kann genießen. Ich hatte Glück, ich kann es. So wurde ich aufgenommen in den Club der Genussmenschen, brachte mich ein mit allerlei Zubereitungen, mal gastgebend, mal mitbringselnd. Wenn der kulinarische Teil absolviert war, hatte ich auch noch etwas zu sagen. Gewöhnlich anders als Künstler unter sich, mitunter abgeklärter, heruntergebrochen auf eine Ebene, die bei sehr emotionalen Menschen zuweilen verkümmert. Das fanden meine Freunde interes-

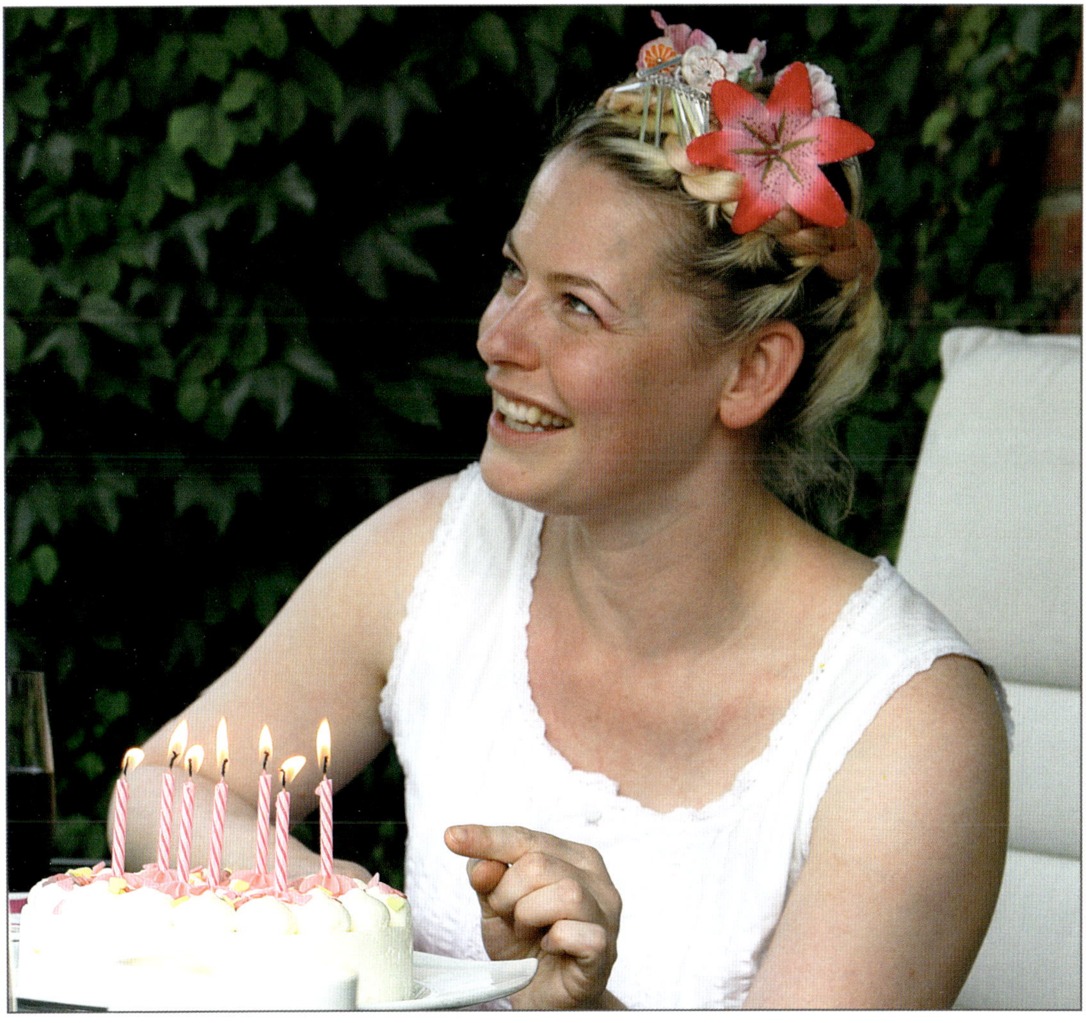

sant, auch jene, die weder mit meinem tierischen Beruf, noch mit meiner publizistischen Tätigkeit etwas anfangen konnten. Es waren befreundete Kollegen meiner Freunde, die zeitgleich mit mir zu Gast waren. Die Gedanken schaukelten einander auf, erreichten neue Felder, die nie lange brach lagen. Dafür sorgten alle gemeinsam.
Wenn wir in kleiner oder großer Freundesrunde auf unserer Terrasse saßen, aßen und plauderten, war eine, die uns heute fehlt, tonangebend: Gisela May. Sie war eine typische Genießerin. In der Kunst, in der Liebe, beim Essen. Sie folgte ihrem künstlerischen Vorbild Brecht und setzte konsequent seine Forderung: „Erst kommt das Fressen, dann die Moral." praktisch um. Das machte sie übrigens auch mit anderen großen Zitaten oder sogar ganzen Songs, etwa „Die Ballade vom angenehmen Leben" oder „Das Lied von der sexuellen Hörigkeit". Sie war eine in vollen Zügen genießende und gebende Freundin.
Ich konnte Gisela nicht mehr fragen, ob sie in diesem Buch portraitiert werden wollte, ebenso wenig wie Udo, Joy oder Georg Kreisler. Aber ich weiß, dass sie liebend gern mit dabei gewesen wäre. Dennoch möchte ich sie nicht einreihen in die rezenten Portraits, sondern hier vorab ein wenig von unseren unzähligen Abenden, Reisen und mannigfachen Begegnungen berichten. Gisela und ich lernten uns kennen, weil sie eine ganze Stange Geld für den Bau des Riesenschildkrötenhauses im Tierpark Berlin gespendet hatte. Damals portraitierte ich sie in unserem Magazin. Wir fanden sogleich Gefallen aneinander, hatten sehr viele ähnliche Auffassungen in Sachen Politik, Kultur und in Lebensdingen. Gisela war die beste Plaudertasche, die ich je kennen gelernt habe. Man wurde nie müde, ihr zuzuhören. Aber alles, was Haushalt, Kochen und schon gar Backen betraf, wusste sie bestenfalls theoretisch. Daraus machte sie kein Geheimnis, was jedoch ihre Genussfähigkeit, ihren Anspruch an Qualität eher noch verfeinerte.
Wenn wir ausgingen, dann musste es „das erste Haus am Platz" sein, wie sie oft sagte. Sie ließ sich gern verwöhnen und bedankte sich mit ihren unendlich schönen Geschichten. Gisela liebte es gleichermaßen deftig sowie fett und süß. Drei Löffel Zucker im Tee, extrem viel Sahne und besonders süßes, butterreiches Gebäck waren ihre Leidenschaft. Sie kaufte sich immer die englischen Walkers-Kekse, weil ihr die deutschen zu inhaltsarm waren. Außer für die fetten, süßen Butterplätzchen schmolz sie dahin für Marzipan, und zwar solches ohne Schokoladenmantel. Brachte ich ihr Marzipan mit, ließ sie alles stehen und liegen – auch mitten in einer Probe oder kurz vor einem Auftritt – und aß es, bis sie nicht mehr konnte.
Für Gisela möchte ich das Rezept ihrer Lieblingsplätzchen in dieses Buch einbringen, weil sich daran meine Erinnerung an viele wertvolle Momente mit ihr verbindet. Es sind die Marzipanringe mit Ingwer. Hier waren nicht nur die Butterplätzchen und ihr geliebtes Marzipan miteinander verquickt, sondern zudem noch sehr süßer, kandierter Ingwer. Meistens „produzierte" ich diese Plätzchen für Gisela auf Vorrat. Wenn sie nicht gleich alle schaffte und sie mal auf dem Tisch liegenließ, nahmen sich ihre Katzen die Reste. Die hatten denselben Geschmack

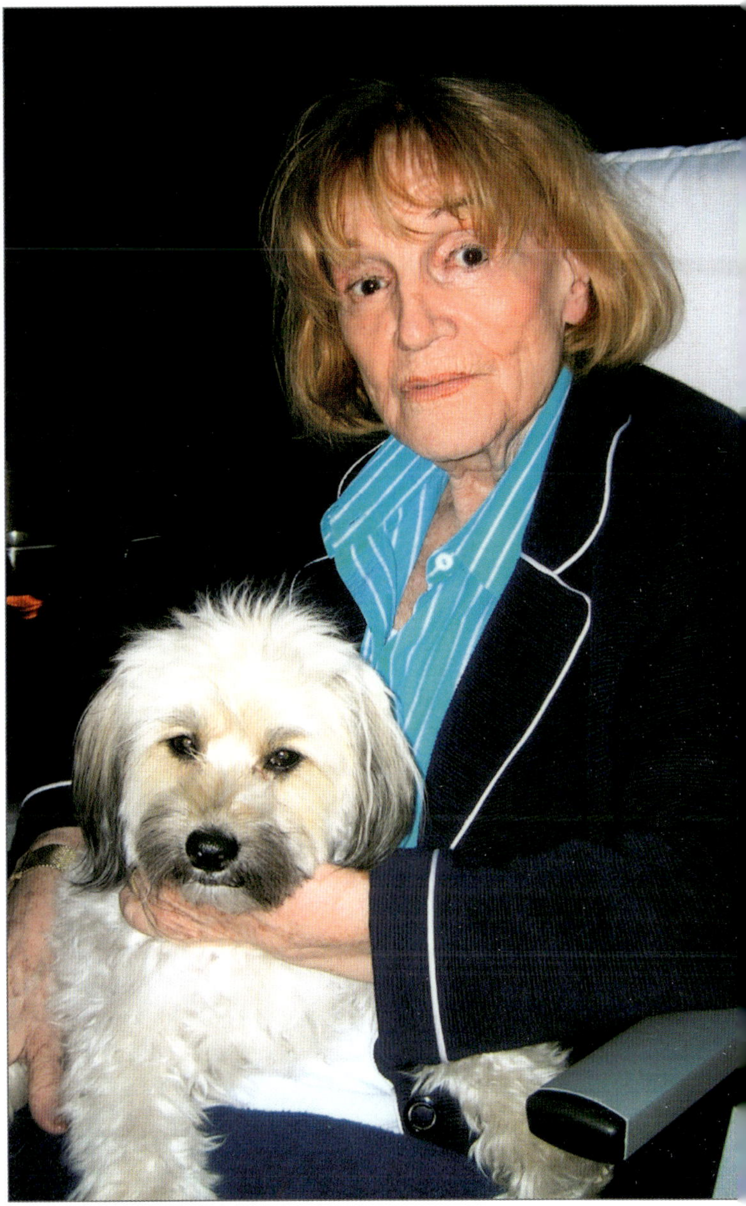

wie ihre menschliche Gefährtin, es waren eben Genusskatzen. Die meisten Plätzchen ergatterte stets „Mariechen", Giselas älteste und „persönlichste" Katze. Wenn wir aus dem Theater oder von einem Abendessen zurückkamen und ich Gisela durch den Torbogen zum Innenhof ihrer versteckt gelegenen Wohnung in der Berliner Friedrichstaße brachte, begrüßte sie meistens schon sehr bald „Mariechen". Die weltweit bekannte Stimme „der May" war auch ihrer Chefkatze höchst vertraut und wirkte offenbar pheromonal (in Abwandlung von Giselas Lieblingswort „phänomenal"). Viele der engen Freunde haben sich an eine Tradition gewöhnt, nämlich das alljährliche Backen und Verteilen meiner Weihnachtsplätzchen. Persönlich überbracht oder per Post gelangen so ca. 40 Tütchen mit Plätzchen in mindestens 25 Sorten zu den Genussmenschen. Das ist so etwas wie mein Jahresbeitrag in ihrem Club. In einem Jahr hatte ich extrem viel zu tun und wollte eigentlich nicht backen. Doch ich wurde genötigt, wenigstens ein paar Notbackrunden zu absolvieren wegen der erwarteten Entzugserscheinungen, über die meine Freunde klagten. Es bleibt wohl mein Los, diese Tradition fortsetzen zu müssen. Die Mitglieder des Clubs der Genussmenschen gaben mir dafür lebenslänglich.

Natürlich erhielt auch meine Freundin Enie alljährlich Weihnachtsplätzchen. Seitdem sie mit ihrem Mann Tobias zusammen ist, bekommt sie sogar die doppelte Menge, denn er liebt diese Plätzchen besonders. Jeder weiß, dass Enie eigene Backsendungen moderiert, aus denen mehrere Backbücher entsprun-

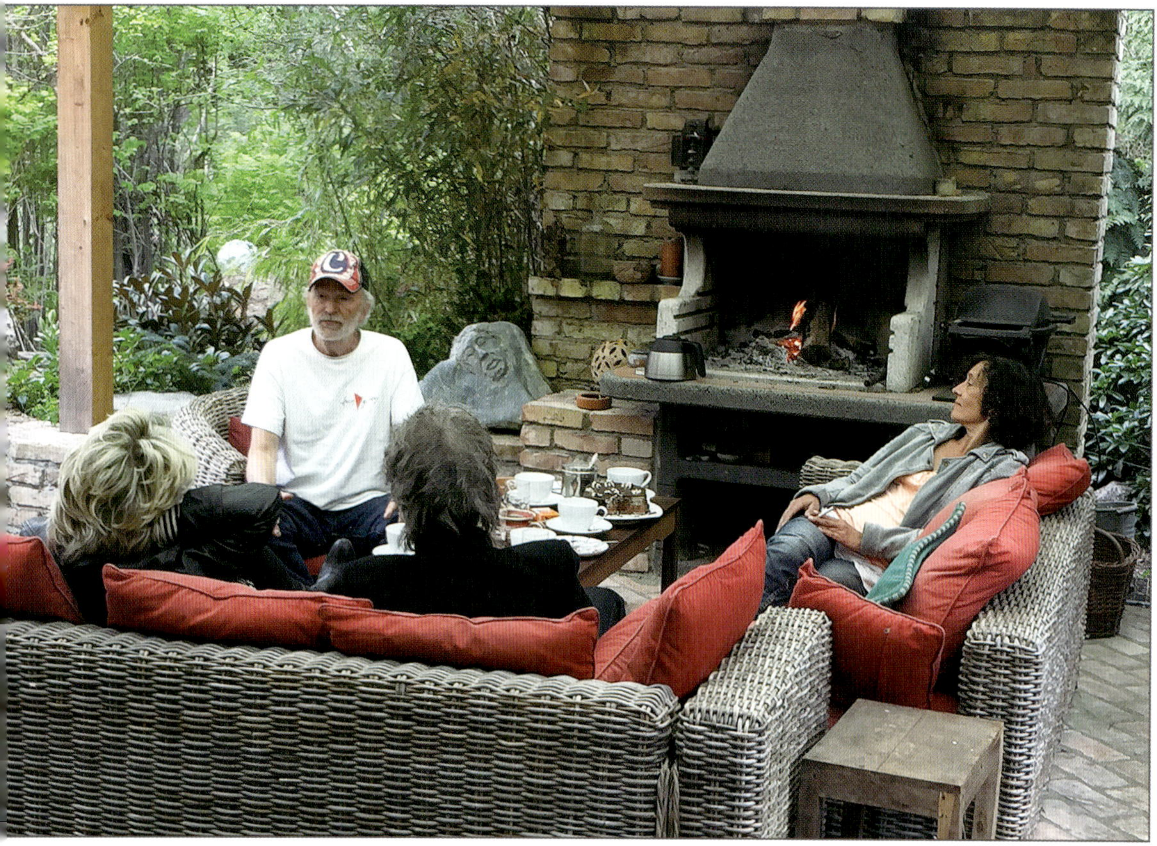

gen sind. Als sie damit begann, war ich sehr froh darüber, denn dieses kulinarische Betätigungsfeld lag TV-medial noch brach und tut wohl neben den inflationären Kochsendungen allerorten. Wir haben von nun an nicht nur aquaristische Themen fachsimpelnd verdiskutiert, sondern befleißigten uns jetzt auch im Bäckerlatein.
Diesbezüglich sprachkundig und praktisch versiert tauschten wir manche Erfahrungen und Tipps aus. Enies Rezepte sind edel, ihre Torten, Kuchen und Plätzchen sehen aus wie die im Schaufenster einer Edelkonditorei. An diese optische Wirkung komme ich mit meiner Backliebhaberei nicht heran. Das will ich auch nicht, denn da ist Enie unübertrefflich.

Die wahre Geschichte von „BackStage"
Bei einem Geburtstag von Michael Gwisdek in Feierrunde mit anderen Gästen aus der Theater- und Filmszene war es, als wir gemeinsam pikante und süße Backsachen futterten und natürlich viel sprachen. Michael sagte damals, getrieben von seinen Geschmacksnerven plus seiner humorigen Art, dass ich doch mal aufschreiben solle, wie ich das mache, damit es andere auch so hinbekämen. Schreiben könne ich doch, oder? Ich meinte, dass ich es nur dann machen würde und mir die Zeit dafür nähme (ich hätte ja schon so viele zusätzlich zu meiner Verlagsarbeit zu verköstigen), wenn wir gemeinsam etwas daraus machen, was auch Format hat. Zum Beispiel für jeden der Künstler-

freunde ein Rezept, dann würde ich auch etwas über den Menschen, der darauf steht, verfassen. Das fanden die Leute in der Runde offenbar gar nicht so schlecht. Henry Hübchen bot sich an, ein Kochbuch beizufügen. Er kenne mehr als 70 unterschiedliche Rühreirezepte, das wäre doch mal was anderes. Er wurde angemessen versorgt mit dem schwierigsten aller Rezepte hier (s. Seite 76). Die Idee von „BackStage“ ist also eigentlich diesen Künstlern selbst entsprungen. Ihrer Kreativität haben wir sie zu verdanken, ich bin nur der Ausführende.
Später haben Gabriela, Michael, mein Mann Eckhard und ich im Detail über das Buchprojekt diskutiert – muss man ja, denn es sollte etwas draus werden. Wir fanden, dass es überall nur noch künstliche Welten gibt. Alles ist irgendwie geschminkt, geliftet, aufgeblasen... Wir wollten irdisch, natürlich, echt sein. Und zwar bei allem. In Zeiten von Wikipedia und Yellow Press kann jeder über jeden alles das nachlesen, wofür er sich interessiert. Seriöses über die Arbeit und, soweit preisgegeben (oder schlichtweg journalieerfunden) auch Klatsch gibt es zuhauf. Manchmal läuft der eine oder andere Künstler Spießruten, weil er wieder mal einer Frau (oder einem Mann?) ein Kompliment gemacht, diese sich zunächst darüber gefreut hat, dann aber verschmäht wurde. Und wenn alle noch so laut „Ich auch!“ schreien (ich habe mir erlaubt, in deutscher Sprache zu formu-

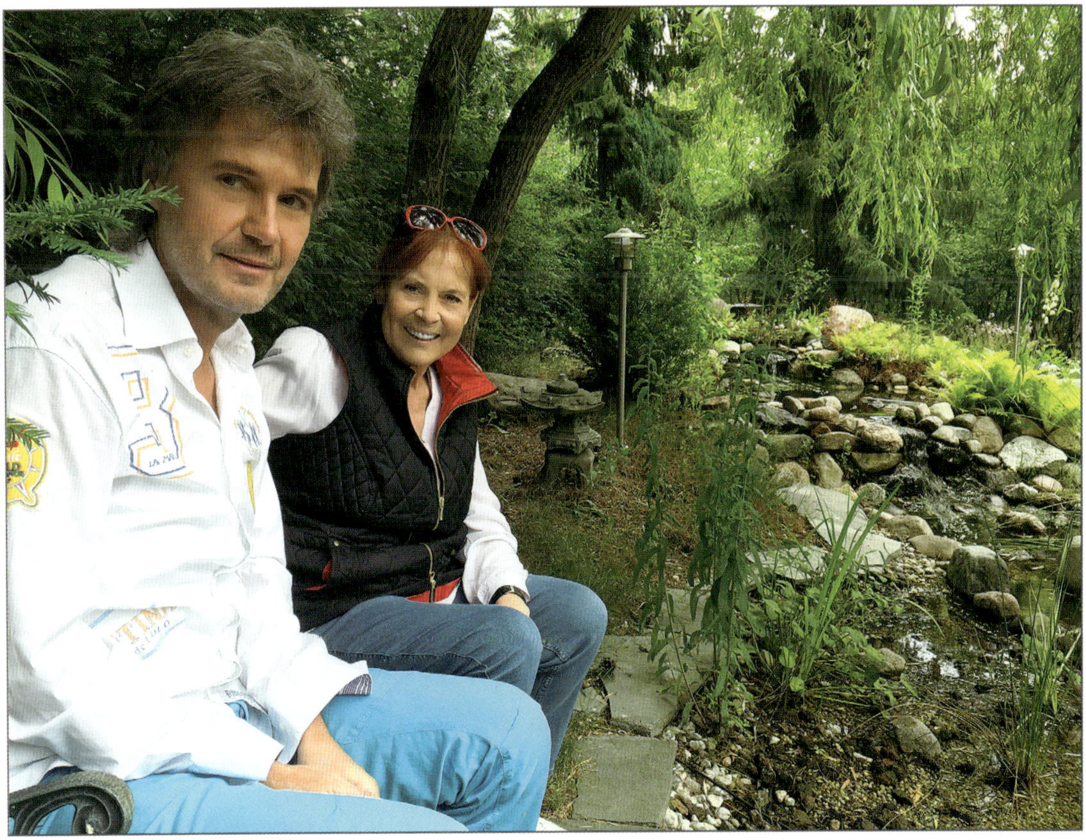

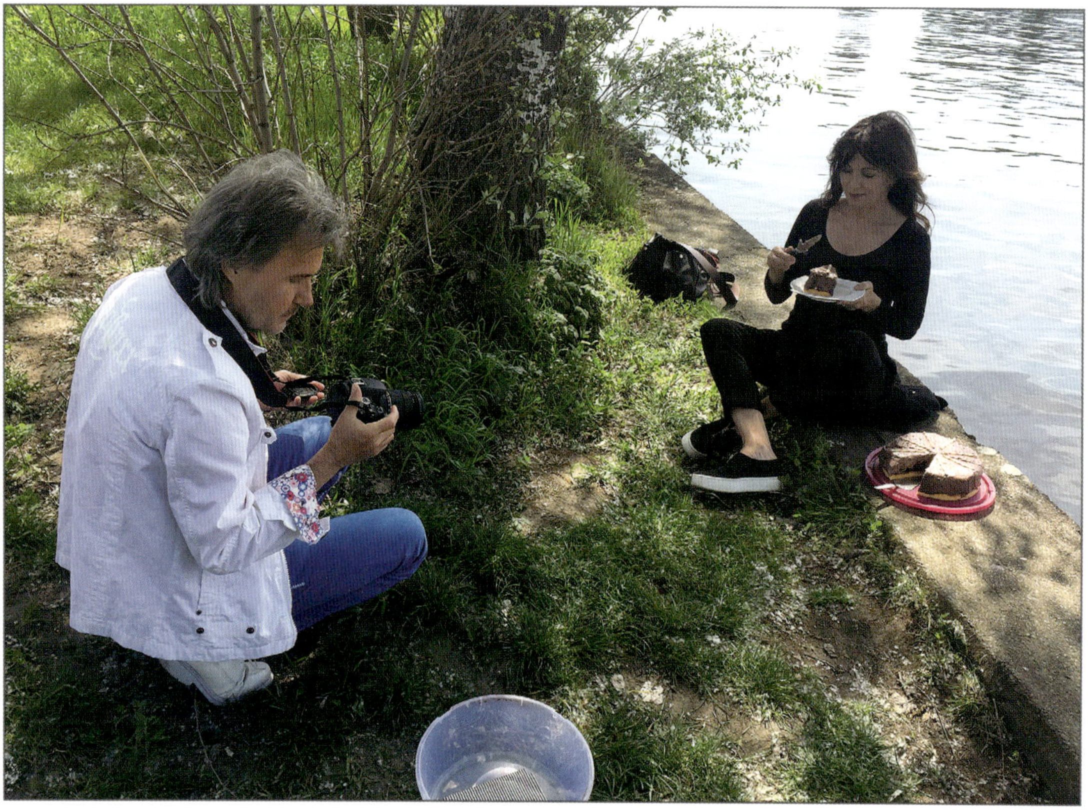

lieren), halte ich dagegen. „Ich nicht!“, denn diese Pseudomoralitäten sind mir und den mir nahe stehenden Freunden sehr fern. Wir wollen mit diesem Buch und seinen Portraits auch keine diesbezüglichen Geschäftsmodelle unterstützen. Texte und Fotos sind aus der Situation geboren, da hat „BackStage“ auch wieder ursächlich mit der eigentlichen Wortbedeutung zu tun. Weit weg von Roten Teppichen, Rampenlicht und Kameras, auch nicht brav-lexikalisch, sondern anders sind die Portraits über die Persönlichkeiten dieses Buches geraten.

Mit fast allen verbindet mich mehr als nur das Treffen für das Buchprojekt. Gedanken, Streitbares, Ideen – wir schaufelten und bewältigen bis jetzt

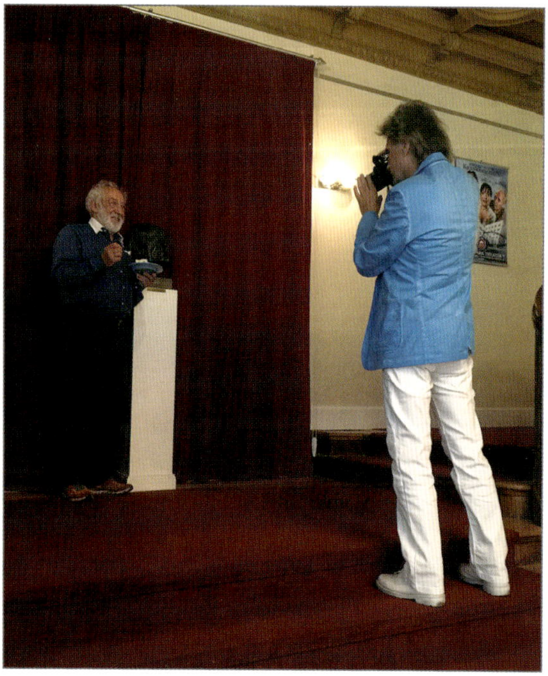

Lebensgut, das zu Freundschaften geeignet ist. Viele davon sind bereits entwickelt, etliche viele Jahre während, andere frisch und innig, von gegenseitiger Liebe, Achtung und vor allem schonungsloser Ehrlichkeit geprägt. Wer genau liest, merkt das. Die niemals im Studio, oft bei fast unzumutbarem Licht, vielfach in gar nicht professionell anmutenden Situationen entstandenen Fotos zeigen Menschen unverfälscht. Darauf sollte es ankommen. Nur in wenigen Fällen kam beim Fotografieren die Idee einer kleinen Inszenierung auf (eben Schauspieler), zum Beispiel bei den in der Halloween-Zeit entstandenen kürbisgeschwängerten Fotos von Meret Becker. Allein ich weiß und kann es bezeugen, wie uneitel sich meine Freunde verhalten haben.
So entstanden vor allem durch die Prominenten selbst ungewöhnliche Portraits. Sie öffneten sich auf eine besondere Weise, präsentierten mir ihre Siegfried-Schulter und überließen mir, wie weit ich unter das darüber liegende Blatt vordringe. Ich habe es nie ausgenutzt. Kam mehr, so werde ich es hier nicht preisgeben.

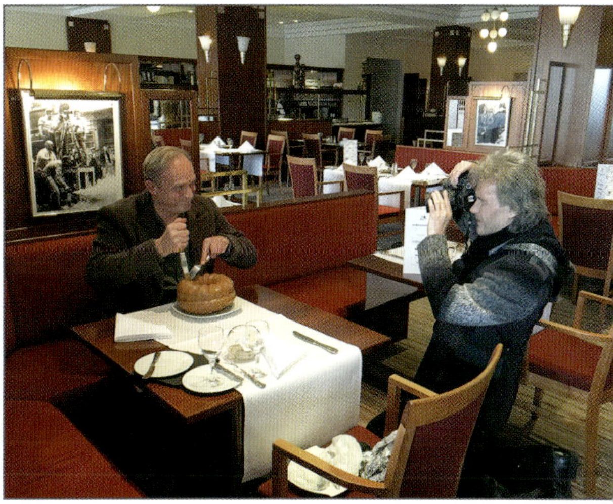

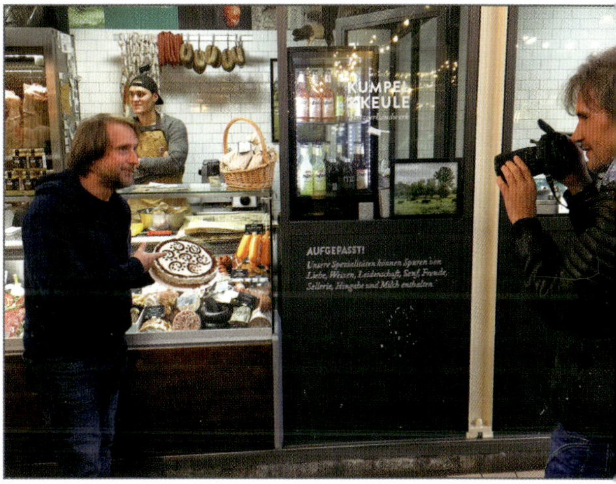

Der gute Geschmack

Geschmackloses gibt es im Überfluss. Deshalb hat der gute Geschmack in diesem Buch und bei meinen Rezepten Priorität. Manche sind von früheren Generationen aus meiner Familie übernommen, andere stammen von Freunden oder Kollegen. Stets habe ich mich bemüht, die Rezepte zu optimieren. Einiges ist mir zufällig gelungen, wenn ich die eine oder andere Zutat nicht vorrätig hatte und durch andere ersetzen

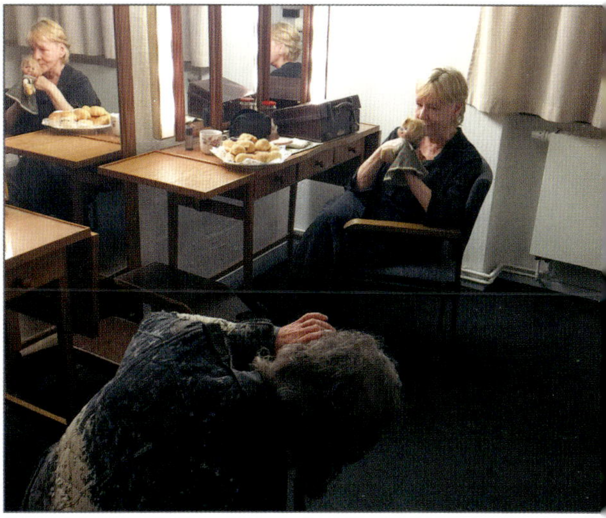

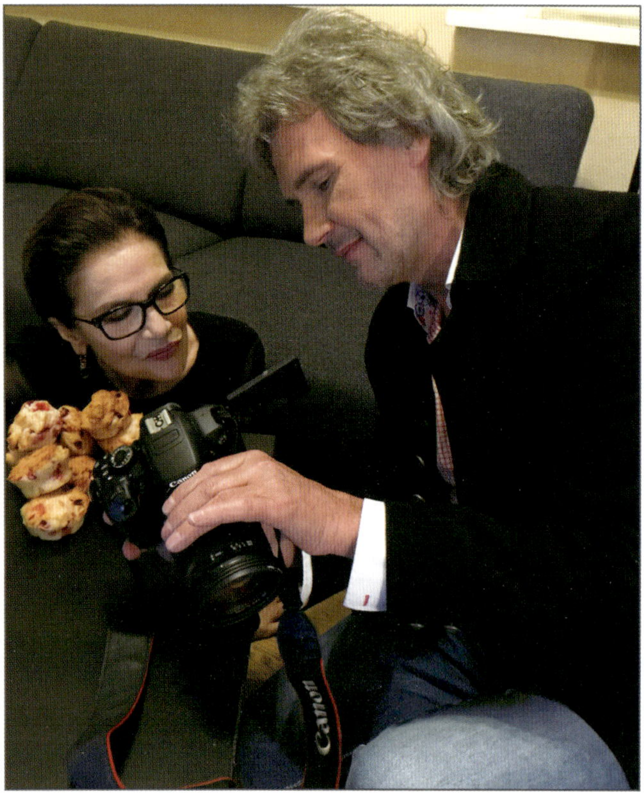

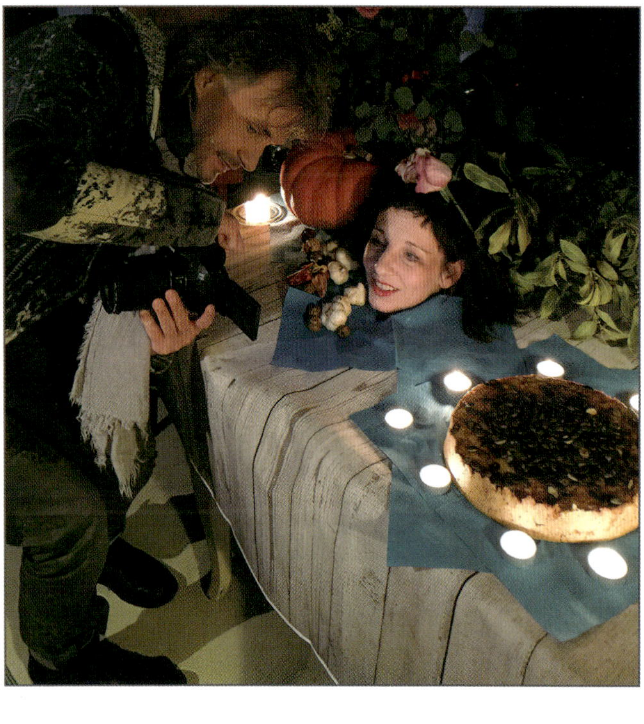

musste. Es ist sogar vorgekommen, dass ich etwas vergaß und dann beeindruckt war, wie das Resultat ohne einen überall als wesentlich erachteten Bestandteil ausgefallen war. Stets sollte es einfach zu machen sein, denn ich backe zwar gern, warte dafür aber nicht die passende Mondphase ab oder den Reifegrad einer am Südhang hinreichend abgetrockneten Sultanine. Auch finde ich es albern, ja geradezu kontraproduktiv, künstlich zusätzliche Schwierigkeiten einzubauen, um alles im Rezept besonders dekadent wirken zu lassen. (Gibt es eigentlich Sternebäcker? Ich meine nicht die Weihnachtssterne backenden.) Mein Backwerk sieht handgemacht aus. Manchmal könnte es schöner erscheinen, mag sein. Ich möchte aber nicht zu viel Zeit mit dem Verzieren von Dingen zubringen, die schon bald darauf gegessen werden. Ich esse Plätzchen sogar noch warm frisch vom Blech, warum nicht? Lieber rasch fertigstellen, Freunden auftischen und gemeinsam verzehren. Die Zeit ist doch viel besser mit guten Gesprächen zu verbringen als beim Abspritzen fetter Buttercreme-Würste aus zackigen Düsen, auf dass es nie am Hüftgold fehle.

Auch die Rezeptfotos sind ungestylt – beim Arbeiten nebenbei fotografiert in meiner Küche. So sehen sie aus, und so soll es auch

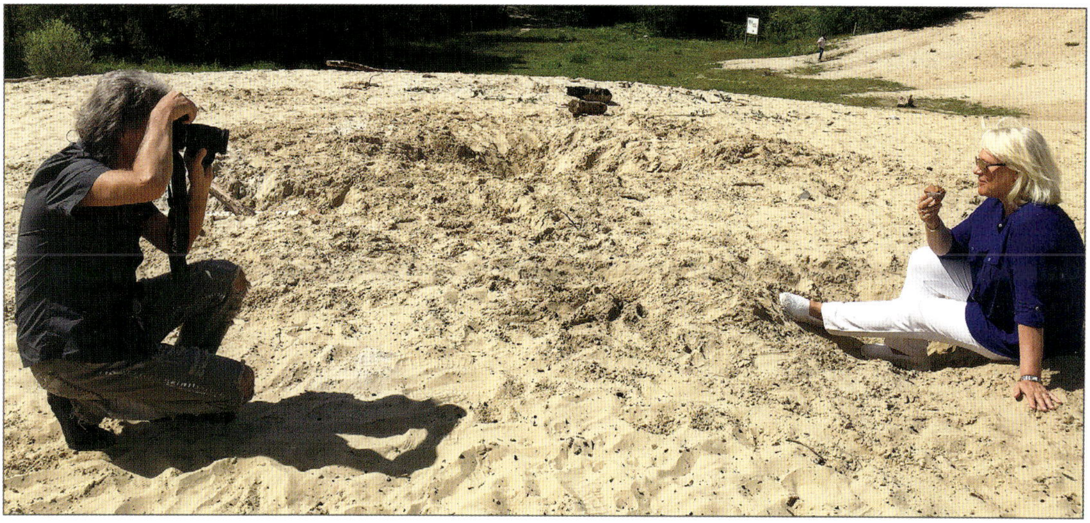

sein. Dafür sieht jeder, der ein Rezept nachbacken will, wie Zutaten, Teig oder das teilfertige Produkt ausfallen sollten, wenn man es richtig gemacht hat. Da blitzt auch mal die Schüssel oder es liegen ein paar Krümel mit auf dem Blech. So wie bei jedem zu Hause. Ja, heimelig soll es sein, nicht steril.

Schließlich erfülle ich mir noch ganz egoistisch einen Wunsch: Drei Rezepte kommen außer dem für Gisela May (Ingwer-Marzipan-Ringe) noch zu den Personenportraits im Buch hinzu, eins für alle meine Freunde, die bei Terrassenpartys den Gemüse-Kastenkuchen so sehr mögen und immer wieder fragten, wie man den zubereitet, eins aus Liebe für meinen Mann Eckhard (seine Lieblings-Schaufensterplätzchen) und eins für mich (es ist mein Allerwelts-Brotrezept, fast wöchentlich erprobt seit vielen Jahren). Nun danke ich Ihnen, liebe Leser, weil Sie guten Geschmack haben. Denn Sie haben dieses Buch gekauft. Gutes Gelingen beim Backen und viel Freude an der Lektüre!

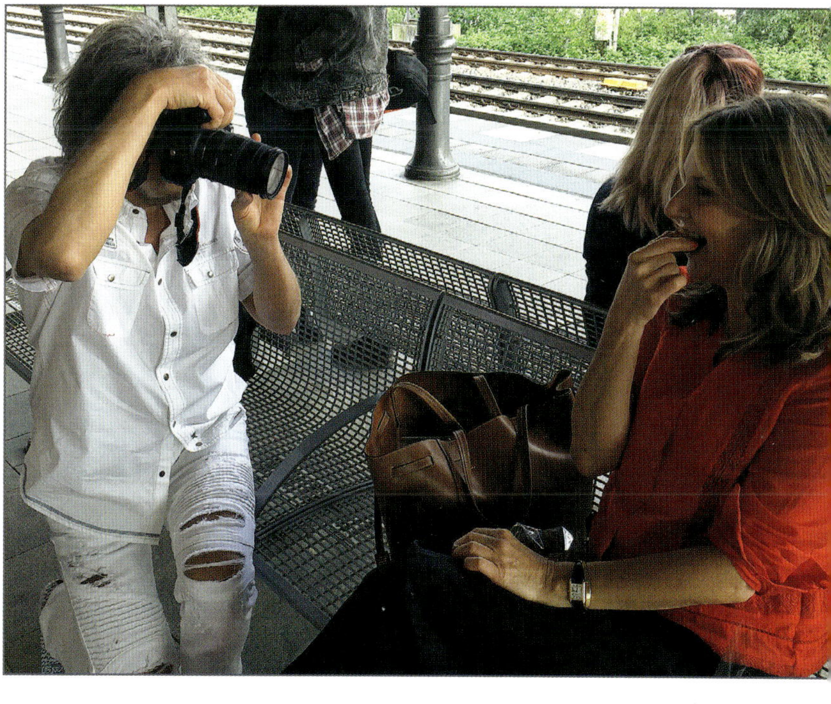

Buttermilch-Körnerbrot

Für die Backmischung:
1 kg Dinkelvollkornmehl
1 l Buttermilch
2 Pck. Hefe
4 Essl. Salz
2 Teel. Brauner Zucker
50 g Brotgewürz
20 g Brotbackmittel
400 g Körnermix
100 g Sonnenblumenkerne
100 g Leinsamen
100 g Kümmel

Zubereitung des Teigs
Mehl, dann Zucker und Salz sowie nacheinander alle weiteren trockenen Zutaten in eine große Schüssel einbringen und miteinander mischen. In einem Teil der lauwarmen Buttermilch Hefe suspendieren. Die Hefesuspension und die restliche Buttermilch auf die Trockenmischung gießen und zu einem feuchten Teig verkneten. Bei Zimmertemperatur etwa eine Stunde gehen lassen.

Vorbereiten der Backformen und Backen
Die Teigmenge ist ausreichend für drei Kastenformen, die man nebeneinander auf ein Backblech stellt. Der Teig wird eingefüllt und mit einer nassen Hand oben glatt gestrichen. Im auf 200°C vorgeheizten bei Ober- und Unterhitze ca. 50 Minuten backen. Nach dem Erkalten lässt sich das Brot gut aufschneiden und portionsweise einfrieren.

Das täglich Brot des Autors

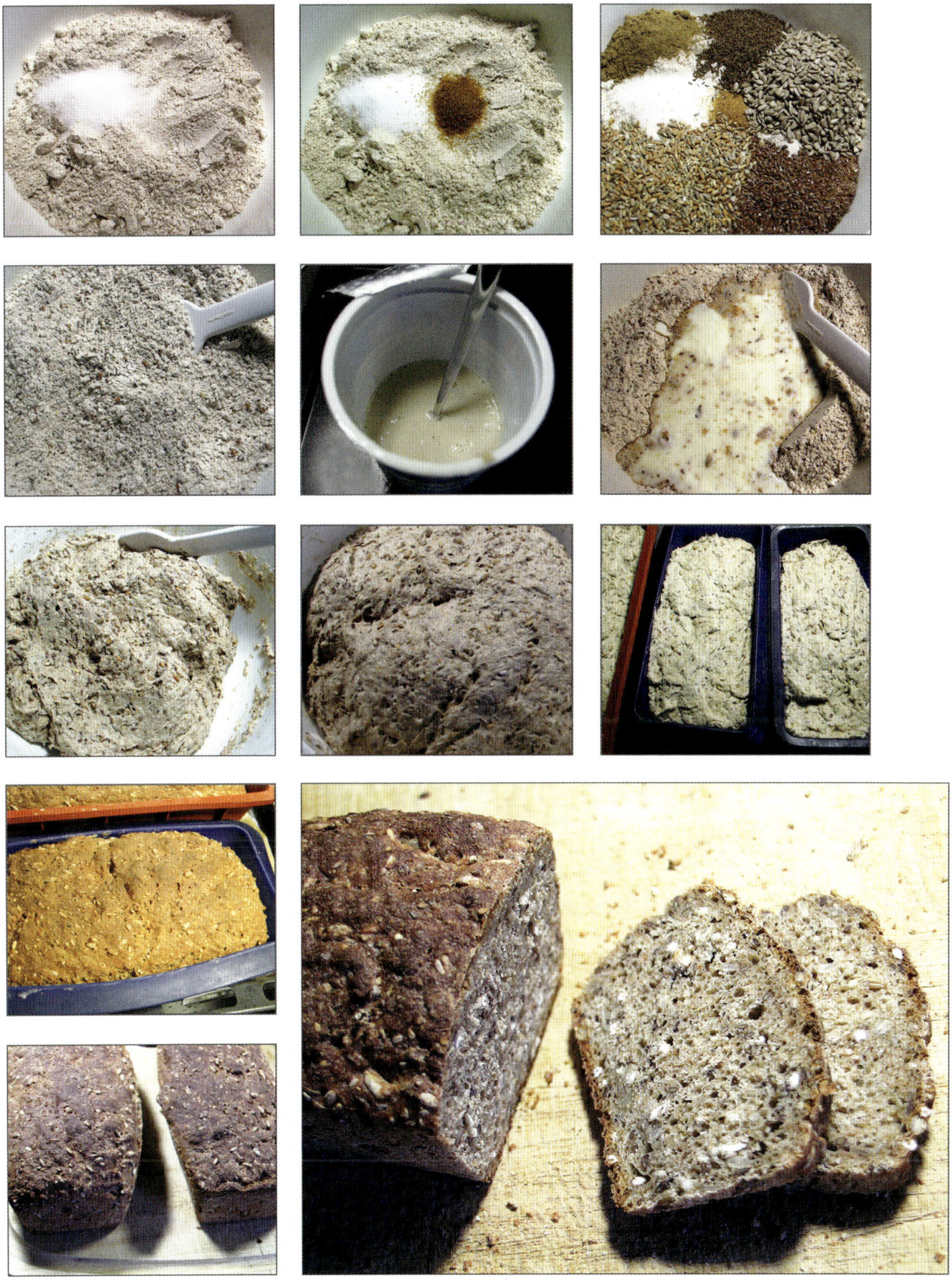

Ingwer-Marzipan-Ringe

Für den Mürbteig:
200 g Mehl
100 g Zucker
100 g gemahlene Mandeln
100 g Butter
1 Ei
1 Pck. Vanillezucker

Für den Belag:
300 g Marzipanrohmasse
20 g Puderzucker
2 Eigelb
100 g Ingwermarmelade
1 Pck. kandierter Ingwer

Zubereitung des Mürbteigs und der Plätzchen
Weiche Butter mit den übrigen Zutaten verkneten und mehr als eine Stunde lang kühl stellen. Danach Teig ausrollen, runde Plätzchen ausstechen und auf einem mit Backpapier belegten Blech anordnen.

Aufbringen des Belags und Backen
Marzipanrohmasse mit Puderzucker und Eigelb zu einer homogenen Masse verrühren und in eine Teigspritze füllen. Auf jedes Plätzchen einen Ringwall aus dieser Marzipanmasse spritzen. Mit einem Löffel Ingwermarmelade in die Mitte füllen und je einen kleinen Würfel des kandierten Ingwers aufdrücken. Im vorgeheizten Backofen bei 160°C Umluft ca. 25 Minuten backen.

Das Rezept für das Lieblingsgebäck von Gisela May

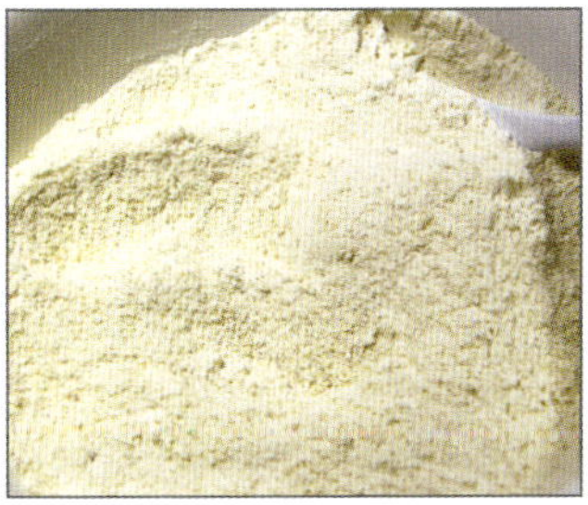
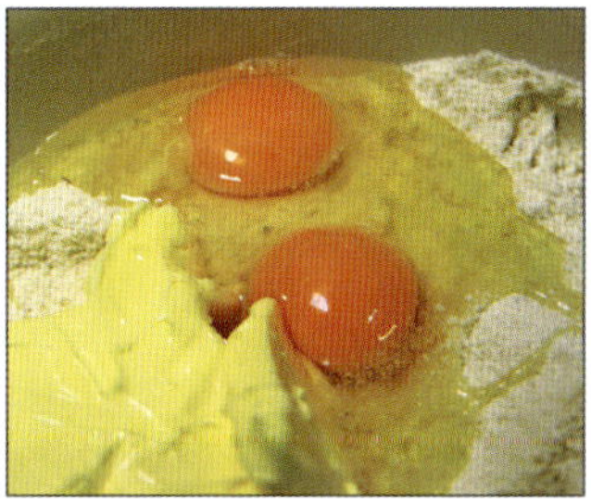
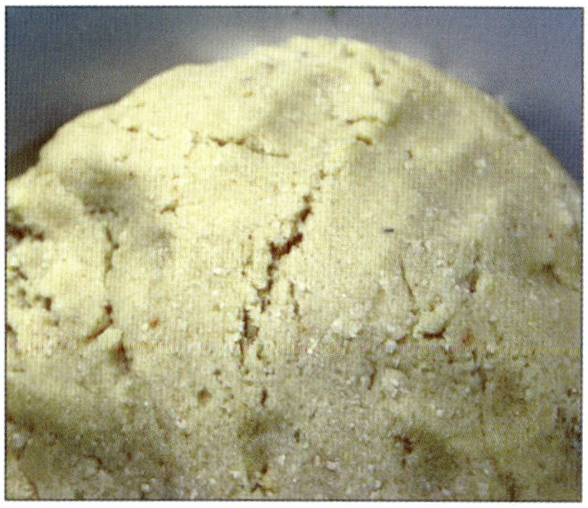
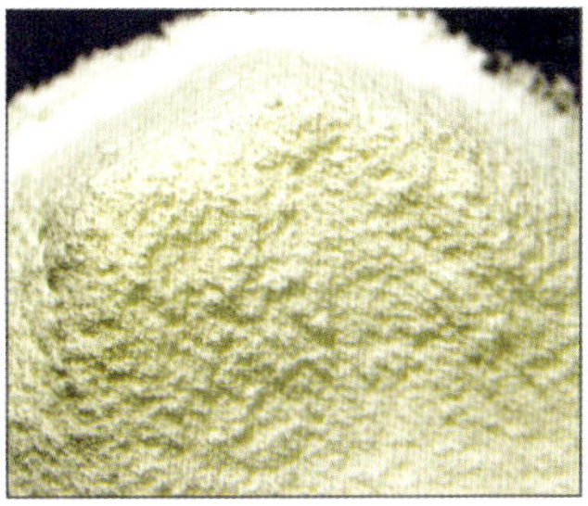
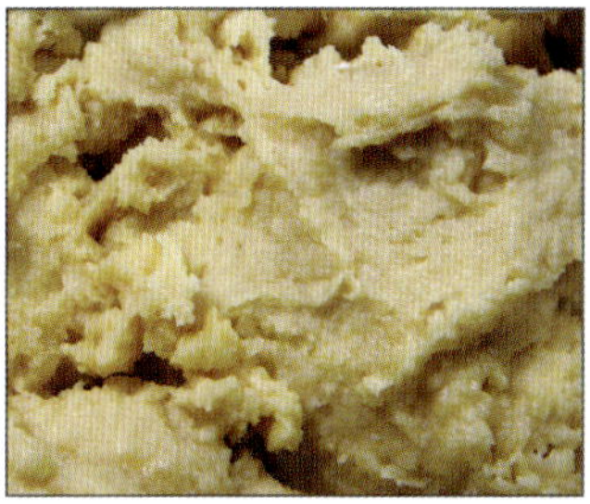
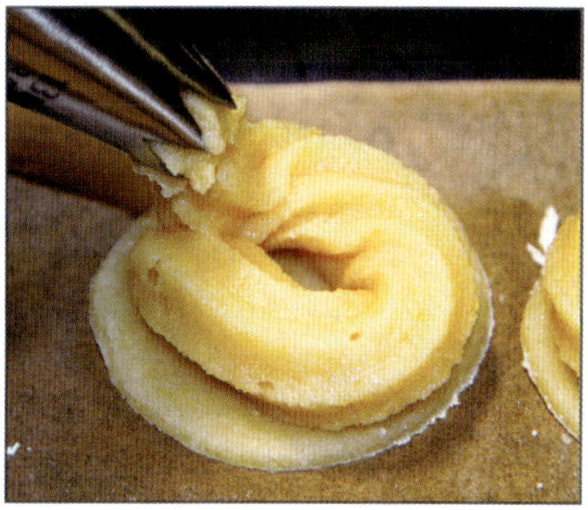
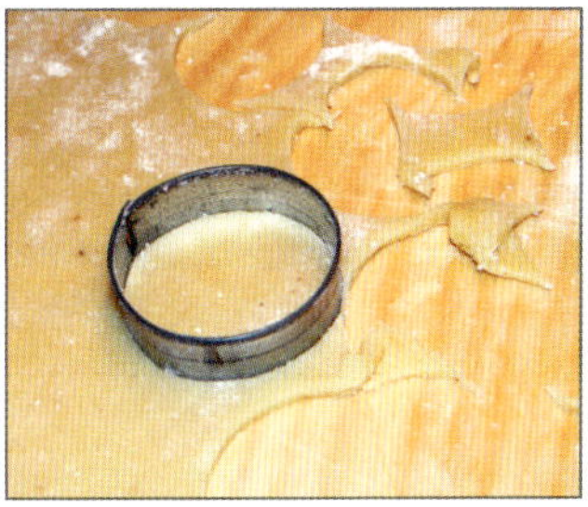
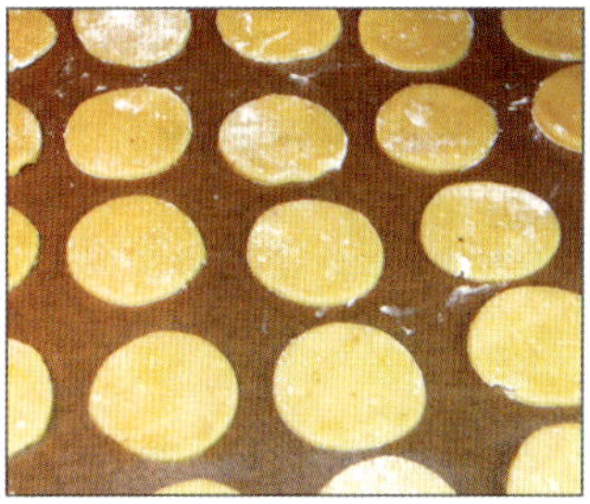
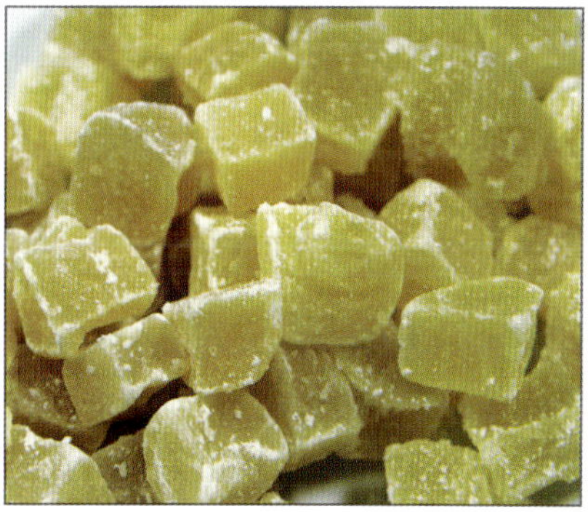
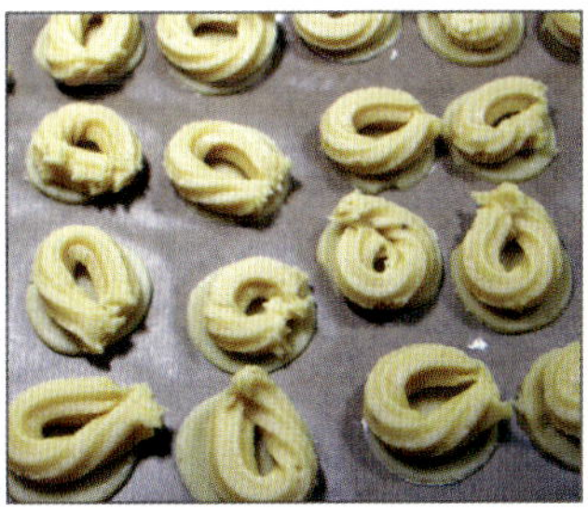
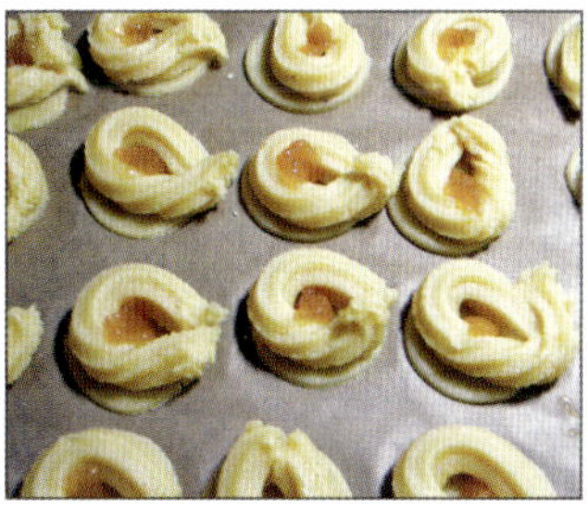
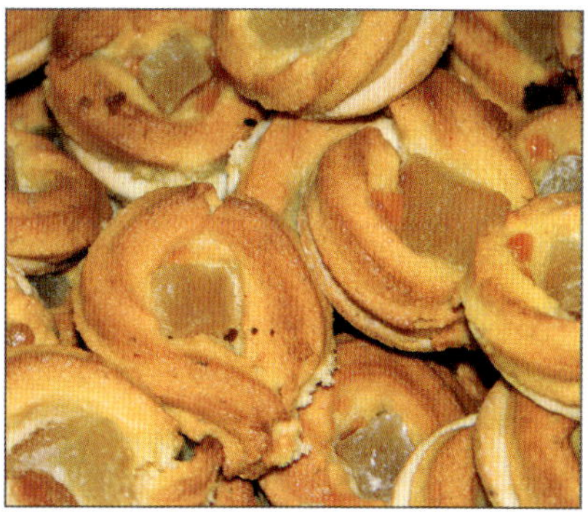
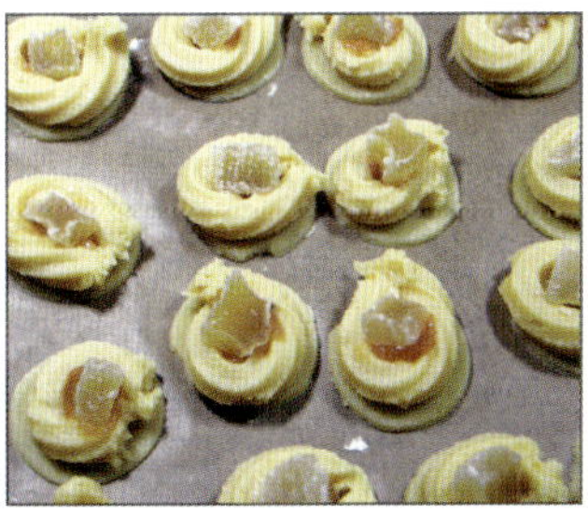
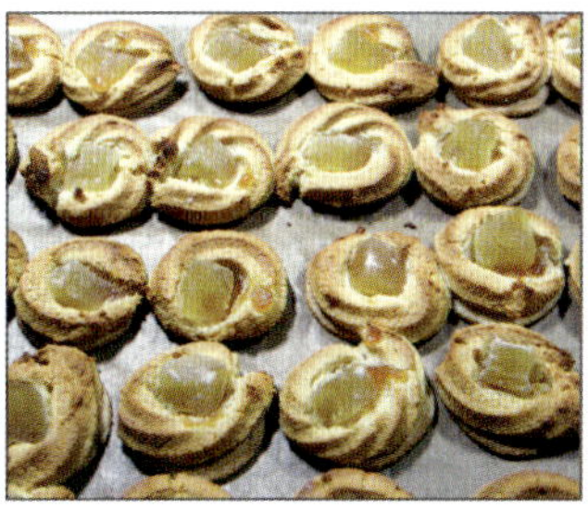

Schaufensterplätzchen

Für den Mürbteig:
480 g Mehl
340 g Speisestärke
180 g Zucker
3 Pck. Vanillezucker
370 g Butter
100 ml Sahne

Zum Füllen und Bestreuen:
100 g Himbeermarmelade
100 g Puderzucker

Zubereitung des Mürbteigs
Sämtliche Zutaten zuerst verrühren, dann verkneten und mehr als eine Stunde kalt stellen. Gesamtmasse so teilen, dass immer ein Teil beim nächsten Schritt rasch komplett verarbeitet werden kann, ohne zu warm zu werden.

Ausstechen und Backen der Plätzchen
Teigportion schnell auf bemehltem Grund relativ dünn ausrollen, runde Formen ausstechen und auf einem mit Backpapier ausgelegten Backblech anordnen. Von der Hälfte der Plätzchen mittels kleiner Ausstechform in der Mitte noch einmal eine Figur ausstechen. Im auf 200°C vorgeheizten Backofen bei Ober- und Unterhitze ca. 8 Minuten backen.

Bestreichen und Bestäuben
Nach dem Erkalten werden die kompletten Plätzchen mit der Marmelade bestrichen und mit den in der Mitte offenen bedeckt. Auch die kleinen Innenausstecher lassen sich so mittels Marmelade zusammenfügen. Die kompletten Plätzchen werden mit Puderzucker bestreut.

Lieblingsnahrung für den Lieblingsmann

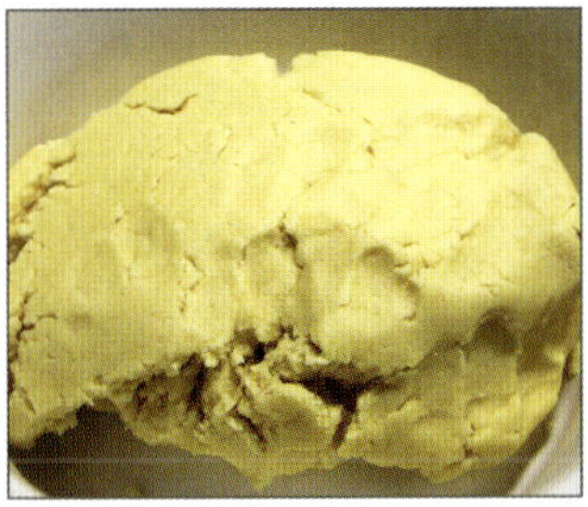
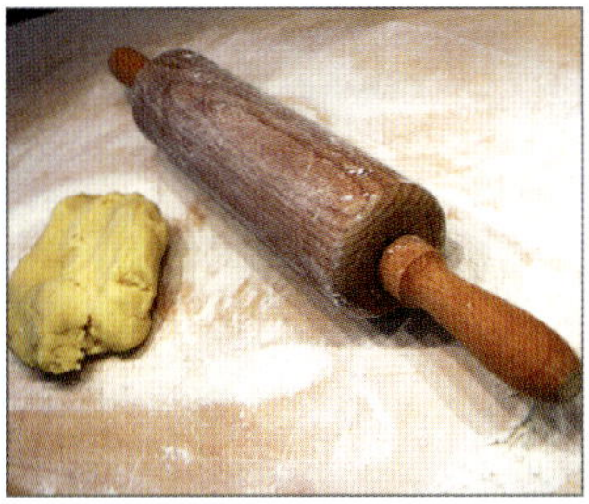
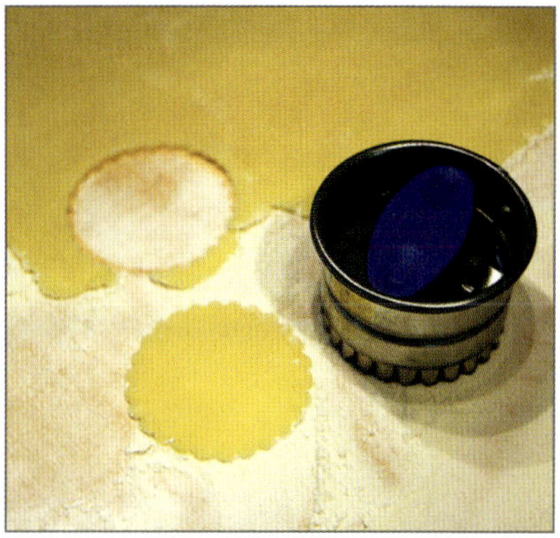
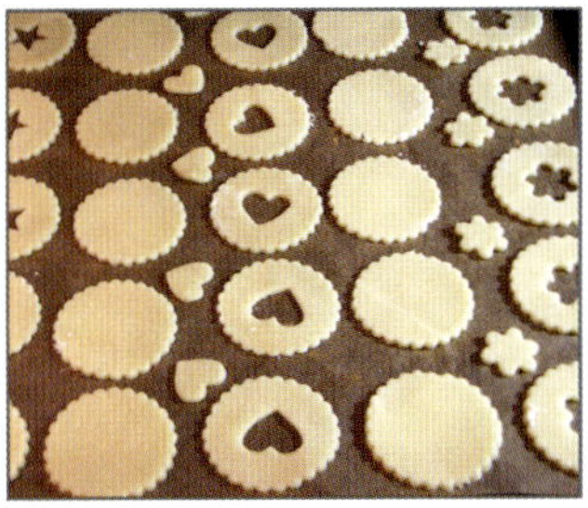
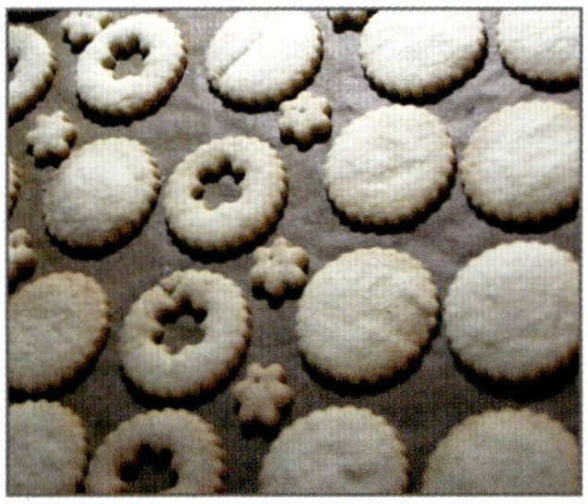
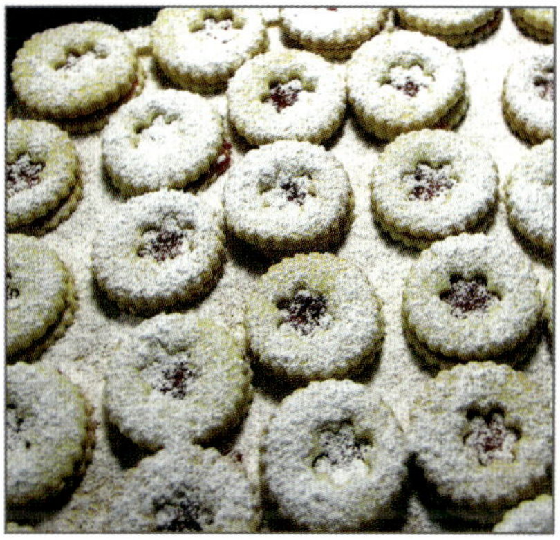
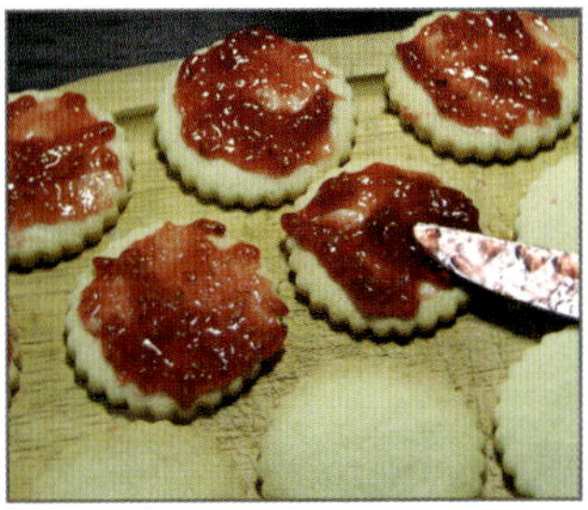
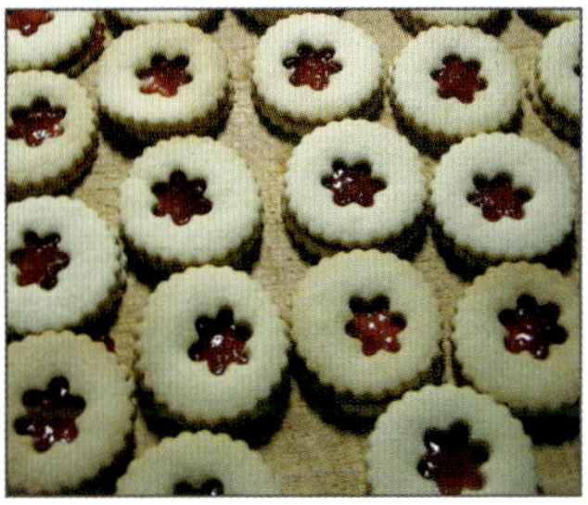
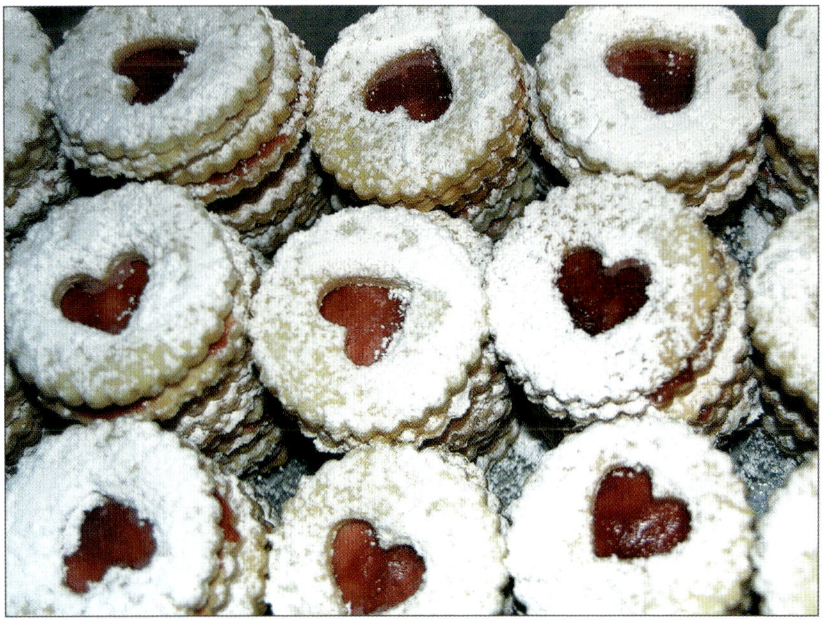

Gemüse-Kastenkuchen

Für die Backmischung:
250 g Mehl
1 Pck. Backpulver
4 Eier
100 ml kalte Brühe
100 ml Olivenöl
100 g geriebener Emmentaler
100 g 8 gefrorene Kräuter
150 g Erbsen aus der Dose
1 Dose Champignonstücke
1 Dose Mexiko-Mix
1 Dose Spargelstücke

Zubereitung und Backen
Alle Zutaten miteinander zu einem sämigen, halbflüssigen Teig vermengen. In eine Silikon-Kastenform füllen. Im auf 200°C vorgeheizten Backofen bei Ober- und Unterhitze ca. 50 Minuten backen.

Schnell zubereitete Beilage zum Grillen

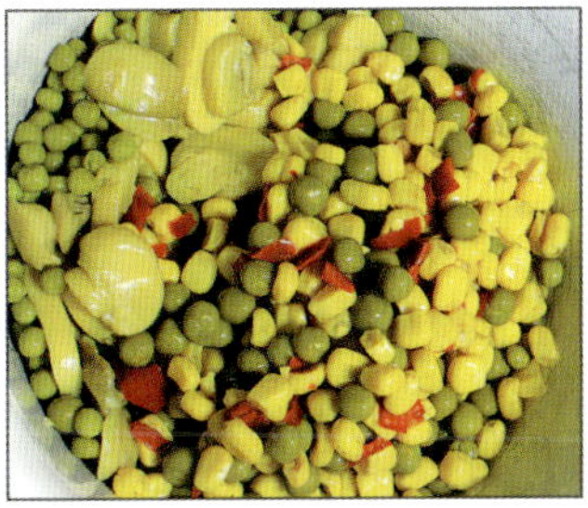

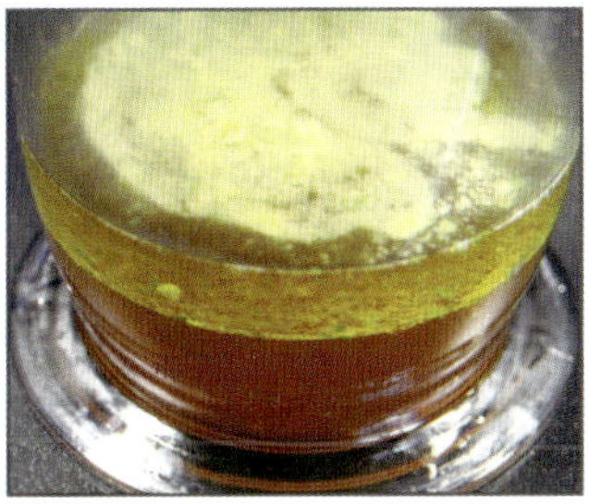

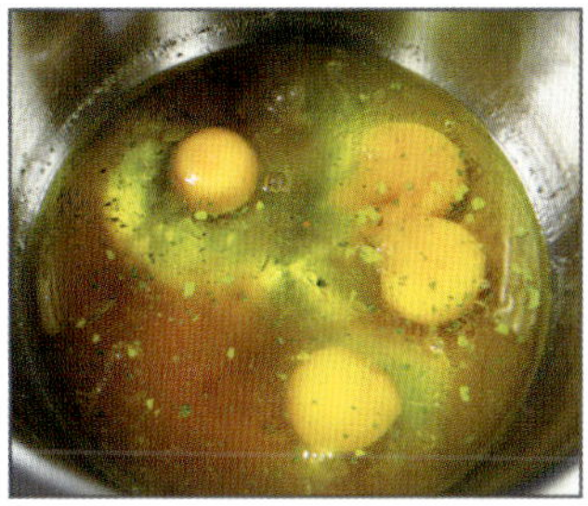

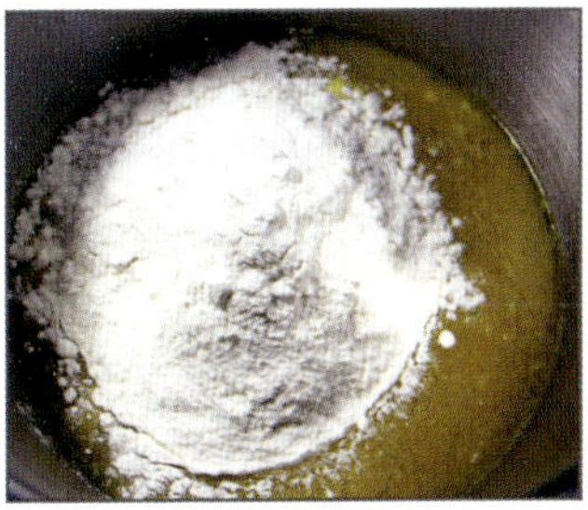

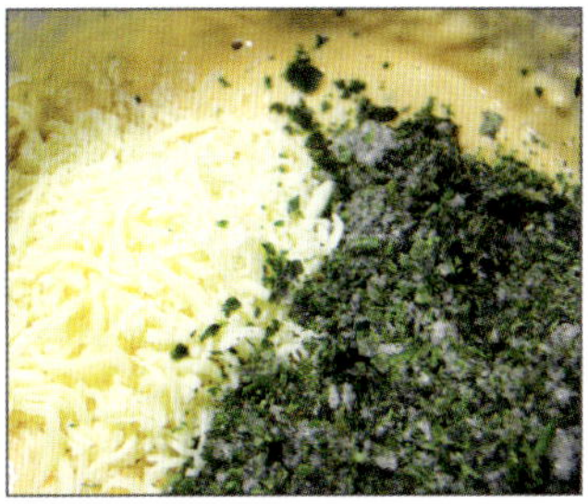

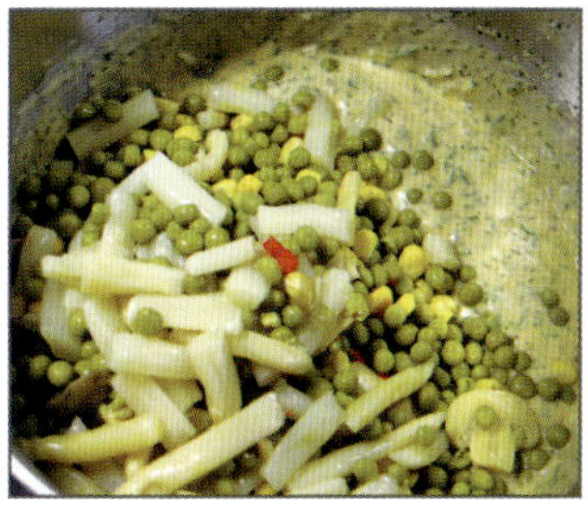

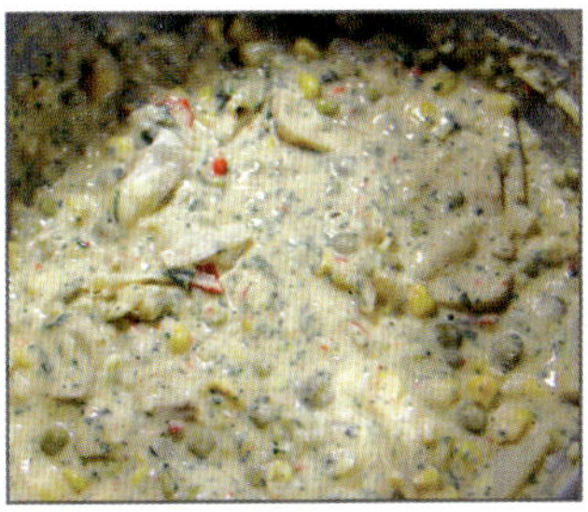

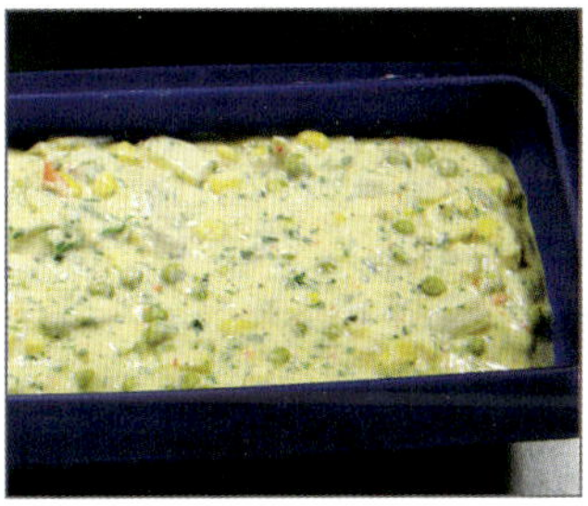

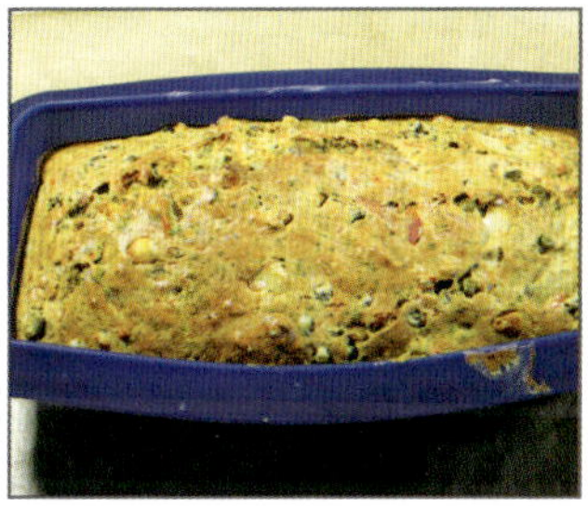

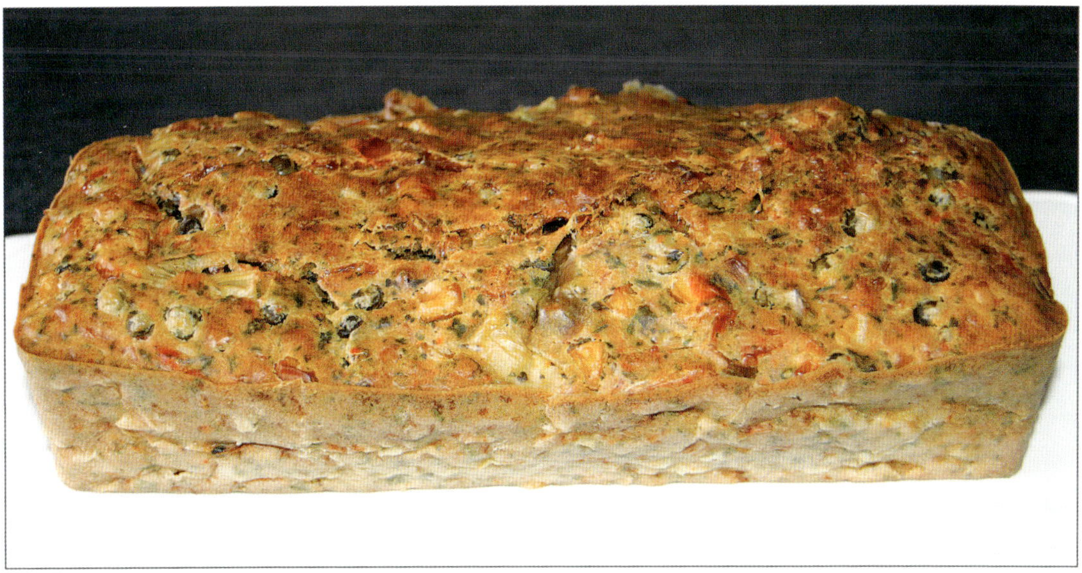

Meret Becker

Die zirzensische Elfenfee
Wie ein Märchenwunderwesen schwebt Meret Becker fragil und sehr zart-anmutig, dennoch irgendwie gerade noch geerdet. Was ist sie eigentlich, die in ihrem tatsächlich blauäugigen Gesicht stets Verwunderung und Güte, Zauberlächeln und warmherzige Sympathie wie ein hochwertiges Warenzeichen mit sich trägt? Eine Wunderfee? Eine Elfe, da auch mitunter tanzend und sich wiegend? Märchenhaft allemal ist das, was da wie ein Strahlkreis um Merets Körperchen herumströmt, ein Äther aus Glück und Melancholie, musisch kontaminiert mit Freude, selbst dann, wenn mal Tränen fließen. Dieses Wunderweiblein trapeziert singend und klettert tanzend, gurgelt musizierend und dressiert (zumindest weiße Kaninchen) diseusend. Wer das erlebt hat, kann es gar nicht fassen, dass Meret außerhalb ihrer Märchenzirkuszauberwelt überhaupt existiert als erfolgreiche, gestandene Frau.

Mit Pelzkragen oder Punkattitüde
Obwohl es in diesem Buch zwar auch um Backen geht, handelt es sich nicht um Dauerbackwaren. Wenngleich auch mit Meret Becker eine wundervolle Mädchenfrau vorgestellt wird, ist sie bei der schauspielerischen Rollenverteilung eben nicht das Dauermädchen. Natürlich gab und gibt es solche Rollen, denn wer hätte sie besser verkörpern können. Oft sind es die etwas gebeutelten Alleinmütter oder eben schrille Singles mit punkigem Einschlag, allerdings ohne zynischen Sarkasmus und komplett zickenallürenlos. Diesem Frauenrollenspieltyp entsprechend wurden Drehbücher für Meret Becker personifiziert geschrieben, zum Beispiel die Tatort-Ermittlerin. Doch es gab eben auch andere Krimis mit ihr, dann sogar als Böse – die dekadent lebende, Pelze tragende und im wahrsten Sinne des Wortes Männer mordende Schräglady nebst edelbetuchter Freundinnenschar, so zu sehen in „Eva Blond“. Vielleicht ist sie dem einen oder anderen noch als Mutter der Feuchtgebiete in Erinnerung geblieben, ja, naturverbunden ist die Künstlerin, tut etwas für die seltener werdenden Habitate. Ganz egal, welche Personencharakteristika da regieangewiesen werden, Meret ist gut im Stempeln und drückt den ihren, sehr konturenreichen großflächig auf.

Musikwerkstatt
Wie könnte es anders als wundervoll absonderlich sein, was diese Meret Becker da musikalisch entwickelt. Zunächst mal einen Lochstreifen, dessen Bereiche des Nichts jeweils Töne erzeugen, leiernd oder besser kurbelnd von ihr mit selbstgebauten Gerätschaften auf der Bühne vorgeführt. Es ist doch nicht nur die singende Säge, die hat sie nun schon viele Jahre zwischen den Beinen und die kennt sogar die MTV-Gemeinde. Ihre vielen bereits veröffentlichten Platten, insbesondere jedoch die viel zu seltenen Konzerte, sind Ereignisse. Durch die besondere Klangerzeugung und Merets sanfte, zurückhaltende, erotische Besingung des eigenmanufaktoriell live erzeugten Sounds entsteht auch da wieder eine klingende Zauberwelt. Nichts ist dabei, was es sonst so schon gibt. Selbst beim Covern gelingt es Meret, qualifizierend so zu verändern, dass Eigenes herauskommt. Nur etwas mit Kürbis konnte es sein, was wir hier eben diesen besonders guten Geistern als Nahrung reichen...

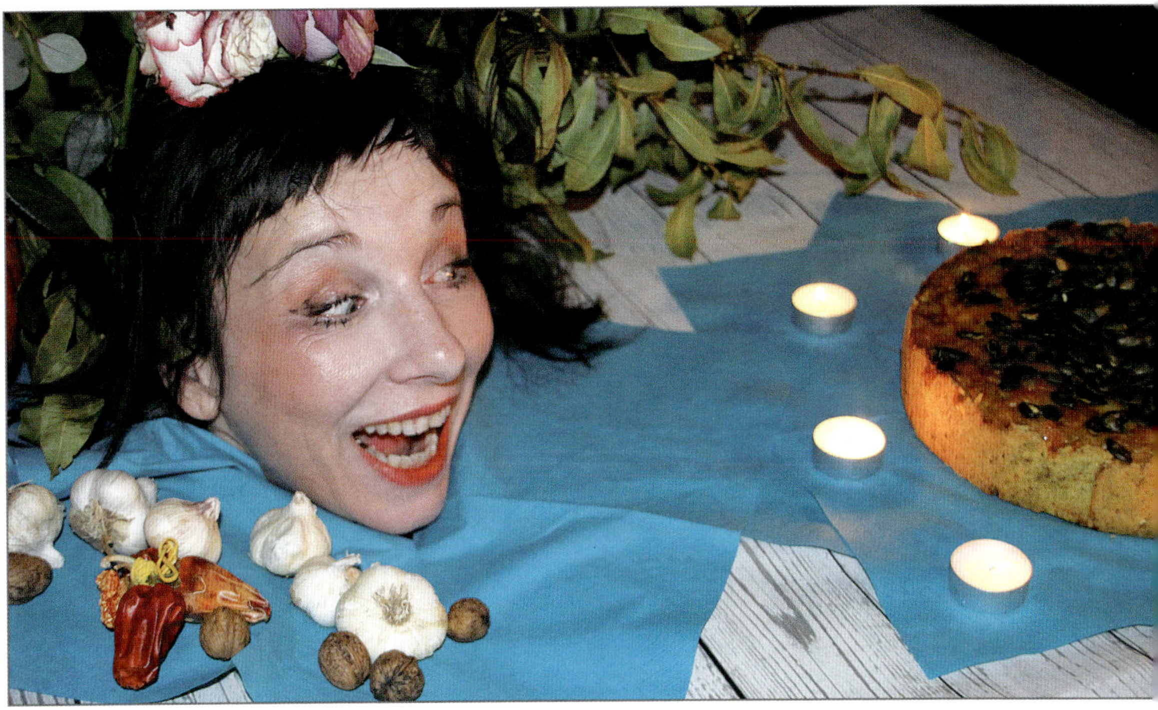

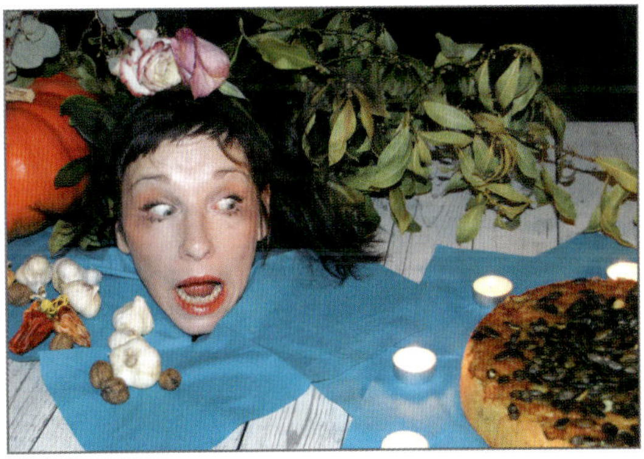

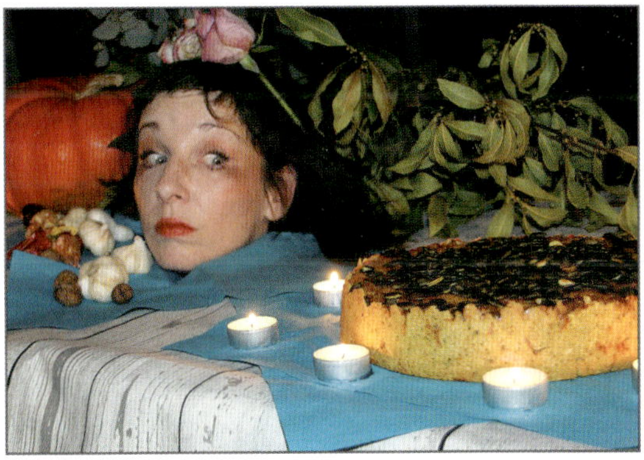

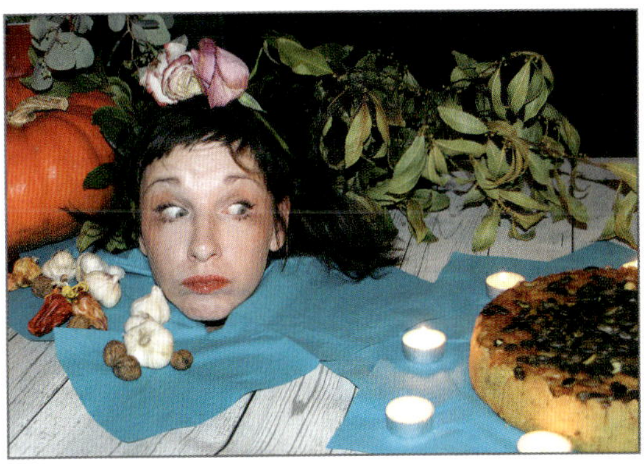

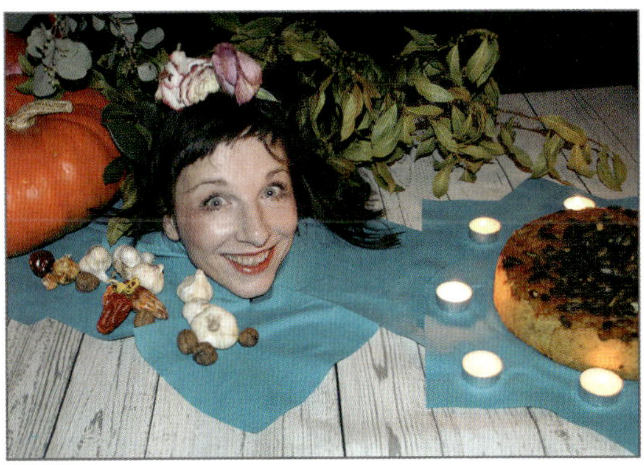

Kürbistorte mit Weintrauben

Für die Backmischung:
200 g Mehl
100 g Butter
1 Ei
20 g Kürbiskerne
1/2 Teel. Salz
ca. 5 Essl. Wasser

Für die Füllung:
600 g Kürbis
1 Fenchelstrunk
200 g helle Weintrauben
2 Zwiebeln
100 g geriebener Emmentaler
100 g Schlagsahne
50 g Butter
Salz, Pfeffer

Für das Verzieren:
50 g Kürbiskerne

Zubereitung des Teigs
Butter, Mehl, Ei, die vorher gemahlenen Kürbiskerne (als Pulver), Salz und nach Bedarf etwa fünf Esslöffel Wasser miteinander zu einem Mürbteig verkneten. Nach dem Kaltstellen wird der Teig in eine Springform mit 28 cm Durchmesser eingedrückt, deren Boden vorher mit Backpapier abgedeckt wurde. Dabei zieht man die Ränder an der Seite ein wenig hoch.

Zubereiten der Füllung
Kürbis schälen und in kleine Stücke schneiden. Die Hälfte davon in gesalzenem Wasser etwa zehn Minuten kochen und pürieren. In kleine Stücke zerhackte Zwiebeln, den gewürfelten Fenchel und die restlichen Kürbisstücke in der Butter anbraten, bis die Zwiebeln glasig erscheinen. Eier mit Sahne, Käse und Kürbispüree verrühren, je nach Geschmack Salz und Pfeffer einstreuen. Der sämigen Rührmasse werden die angebratenen Stücke von Fenchel, Kürbis und Zwiebeln beigemischt. Die Weintrauben verteilt man auf dem Mürbteigboden und füllt danach die komplette Füllmasse gleichmäßig darauf.

Backen und Verzieren
Im auf 180°C bei Ober- und Unterhitze vorgeheizten Backofen etwa eine Stunde lang backen. Während der letzten zehn Minuten Kürbiskerne auf der Oberfläche verteilen.

Das Rezept für Meret Becker

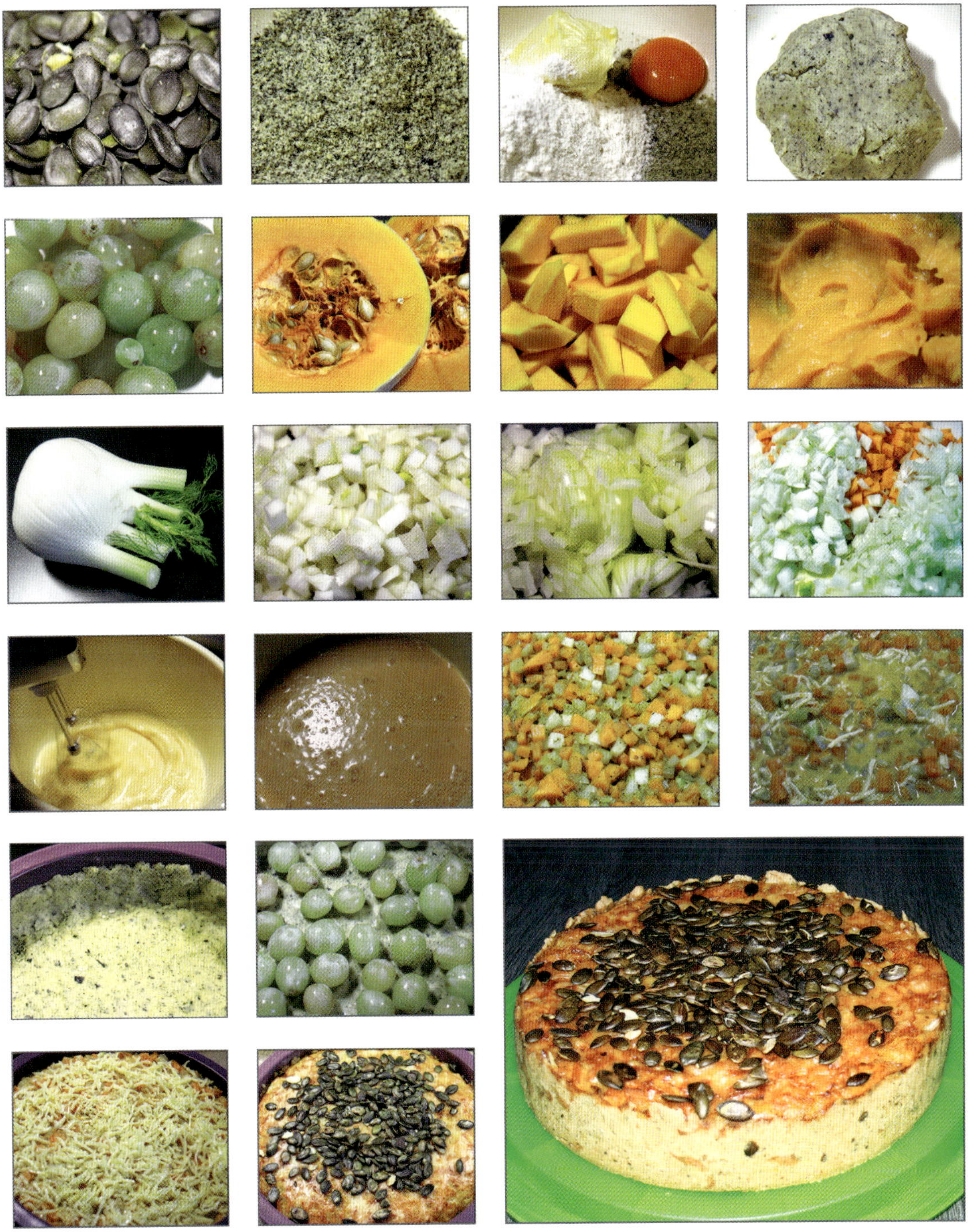

Iris Berben

Die Süße ist beliebt

Das lässt sich für Iris Berben mannigfach interpretieren. Hier zwei Vorschläge: Bei Iris Berben ist die Süße von Speisen und Desserts, so von der durch sie favorisierten Schokokuss-Torte, sehr beliebt. Oder: Die süße, bezaubernde, unglaublich attraktive Iris Berben ist allseits beliebt. Jeder mag das mit weiteren Versionen beliebig fortsetzen. Picknicksommerfrischenathmosphäre mit Süßkram und der

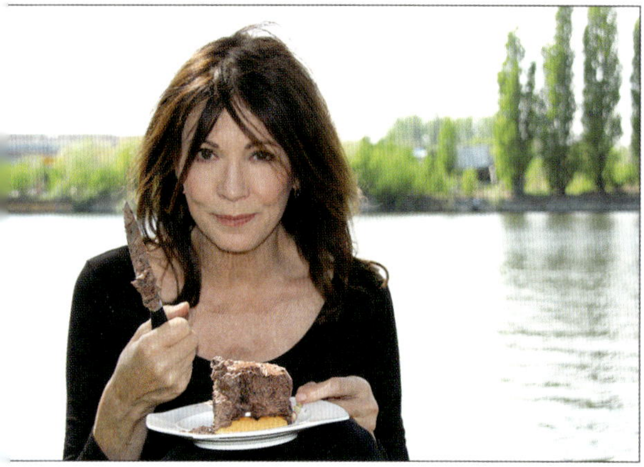

amüsant plaudernden Schauspielerin lässt sie zum Edelkumpel werden, zu jemandem, den man richtig gut zu kennen meint – das Gesicht, die Stimme, die Gesten durch unzählige Rollen in Kino- und Fernsehfilmen. Aber dann ist da auch so eine nicht auszusprechende innere Übereinkunft, die sogleich Vertrauen und Offenheit herstellt, wie es selten passiert.

Die Freiheitsstatue

Sie sollte es sein, dieses Symbol für Gleiche Rechte, Brüderlichkeit, gutes Miteinander auf Augenhöhe, nicht jene hohle, innen begehbare Fackelträgerin mit Seeblick. Denn die Freiheit ist schön, und hätte Iris Berben nur eben dieses Attribut zu bieten, wäre sie schon geeigneter. Doch sie ist eben auch eine Symbolgestalt mit Inhalt, die sich vehement gegen Diskriminierung, Demagogien und Absolutismus einsetzt. Sie lebt das aus – für eine Symbolgestalt mitunter nicht ganz ungefährlich. Lesungen, Diskussionsrunden, öffentliches Eintreten für menschliche Gleichbehandlung füllen ihre knappe Freizeit zwischen Drehterminen, Präsidentschaft bei der Filmakademie und Rollenstudien. Iris Berben bricht die oft konträr erscheinenden Glaubensrichtlinien unterschiedlicher Religionen vermittelnd und erklärend herunter auf den gemeinsamen Nenner Menschlichkeit.

Spielerisch leicht

Jeder weiß von den großen Rollen, den anspruchsvollen, hoch dekorierten, den schwierigen und jenen, die Iris Berben unglaublich bekannt gemacht haben. Doch so richtig tief in ihr ist der Schelm angesiedelt, der ironische Beschmutzer des eigenen Nests, der spielerisch auch für die tragischsten Momente irgendwo ein Lachfältchen zu kräuseln in der Lage ist. Vielleicht war es das satirische Kapital aus Spiel-Geld-Zinsen, das Iris Berben gut angelegt hatte, denn die Rosa-Roth-Nachkommen pflanzten sich trotz Anwendung des „Kondoms des Grauens“ im Schoß der „Himmlischen Töchter“ unter „Sketchup“-Ausfluss fort bis in die Gegenwart mit dem „Clan“ im „Zeugenhaus“ in der „Stille“. Iris Berben ist keine „Prinzessin auf der Erbse“ und gehört, was ihre kameradschaftliche Lebensart betrifft, nicht zur „High Society“. Anders ließen sich nicht wenigstens einige ihrer Filmtitel angesichts hiesiger Zeilenknappheit in Wesensaussagen über diese bemerkenswerte Frau unterbringen.

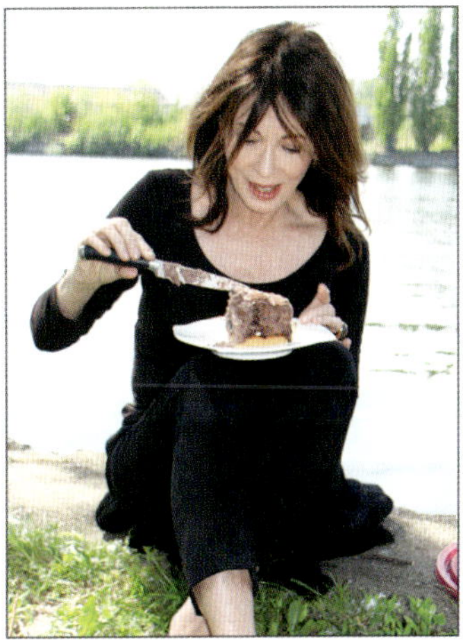

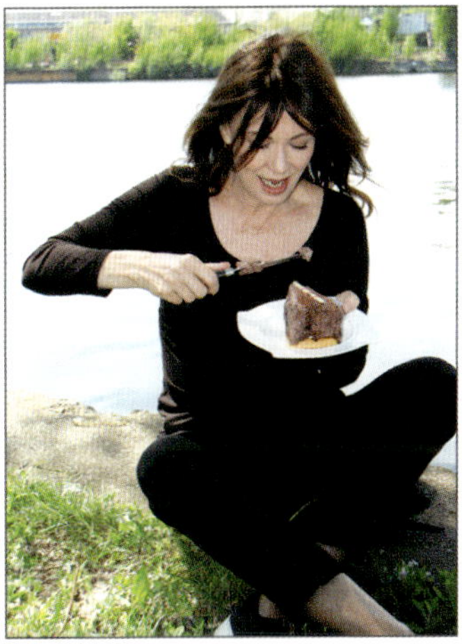

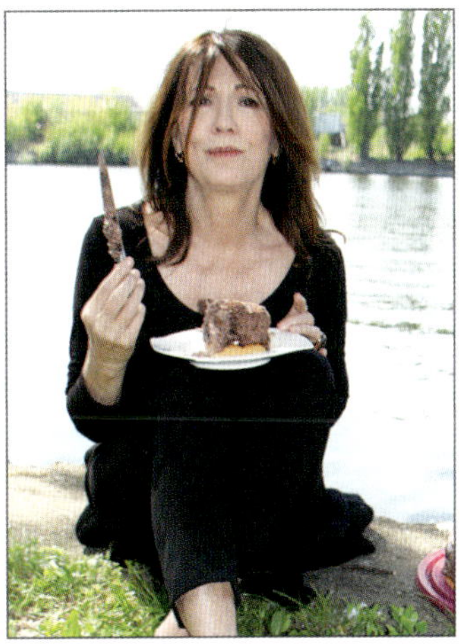

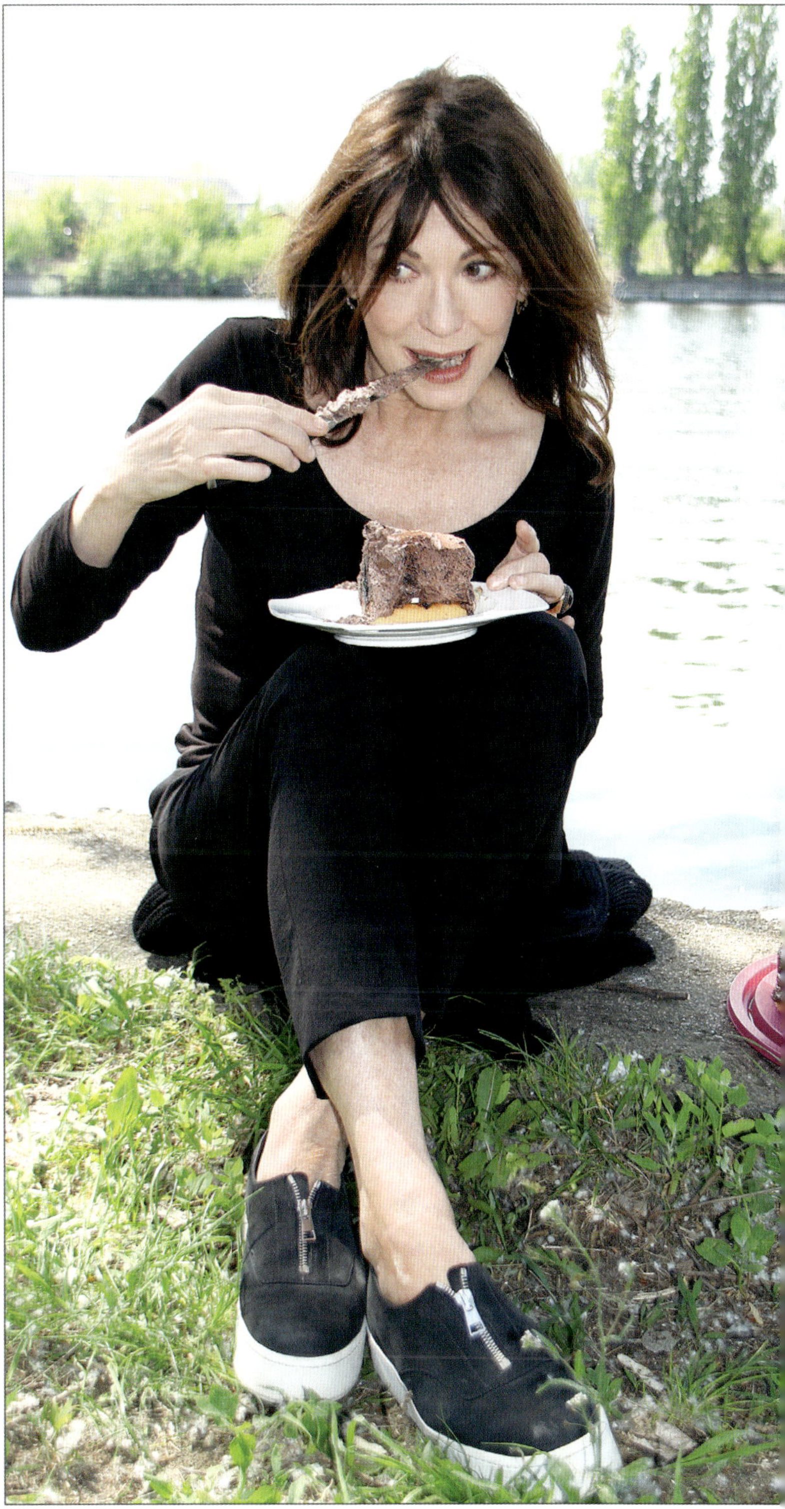

Schokokusstorte

Für die Backmischung:
150 g Mehl
120 g Butter
6 Eier
150 g Zucker

Für die Füllung:
750 g Schlagsahne
1 Pck. Schoko-Sahnestand
12 Schokoküsse
140 g Amarenakirschen
ca. 150 g Dunkler Schokoladenaufstrich

Für das Verzieren:
Dekorschokolade

Zubereitung des Teigs und Backen
Weiche Butter, Zucker und Eigelb zu einer sämigen Masse verrühren, Mehl hinzugeben und zu einem glatten Teig weiter rühren. Eiweiß schlagen und unter den Teig mischen. Teig in eine mit Backpapier ausgelegte Springform überführen und im auf 180°C bei Ober- und Unterhitze vorgeheizten Backofen 30 Minuten lang backen. Nach dem Erkalten Tortenboden aus der Form nehmen und auf einen Servierteller legen.

Zubereiten der Füllung
Tortenboden mit dem dunklen Schokoaufstrich bestreichen. Waffelböden der Schokoküsse entfernen. Aufsetzen der Schokoküsse mit der offenen Unterseite auf den bestrichenen Tortenboden. Amarenakirschen im Sieb abtropfen lassen und danach in der Mitte des Tortenbodens verteilen. Tortenring umlegen. Anrühren des Schoko-Sahnestandes nach Hersteller-Vorschrift. Schlagen der Sahne und Vermischen der sehr steif geschlagenen Sahne mit dem Sahnestand. Aufbringen der Schokosahne auf die Torte, Glattstreichen und einige Stunden lang kühl stellen

Verzieren
Abnehmen des Tortenrings und Glattstreichen der Seiten und Ränder. Auflegen der Dekorschokolade.

Das Rezept für Iris Berben

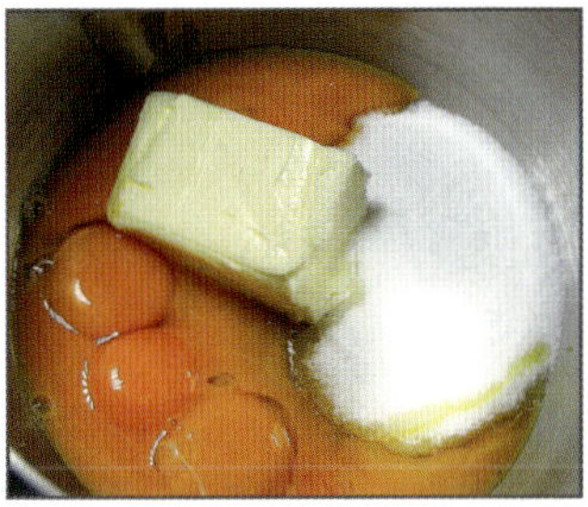
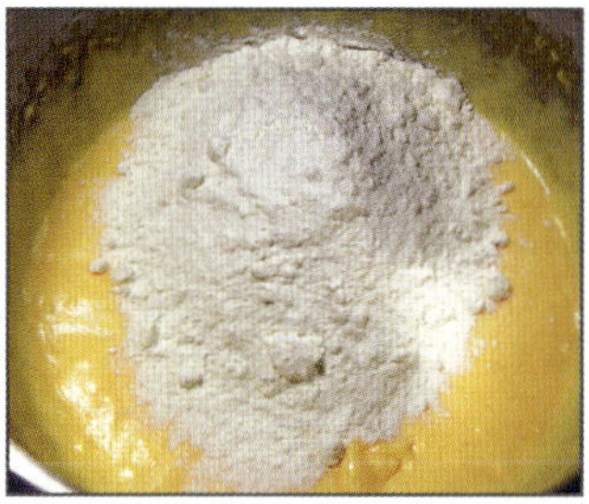
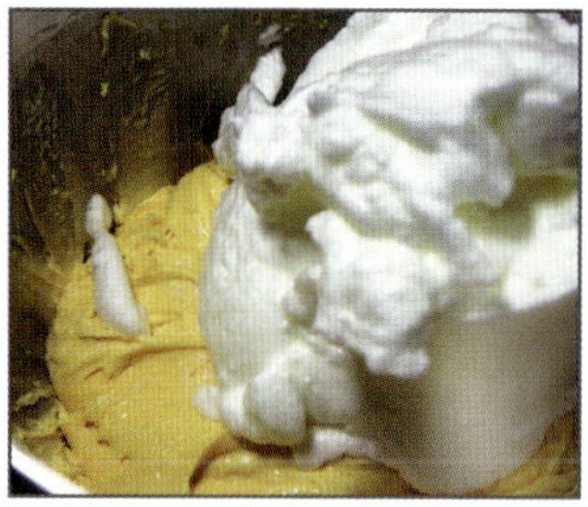
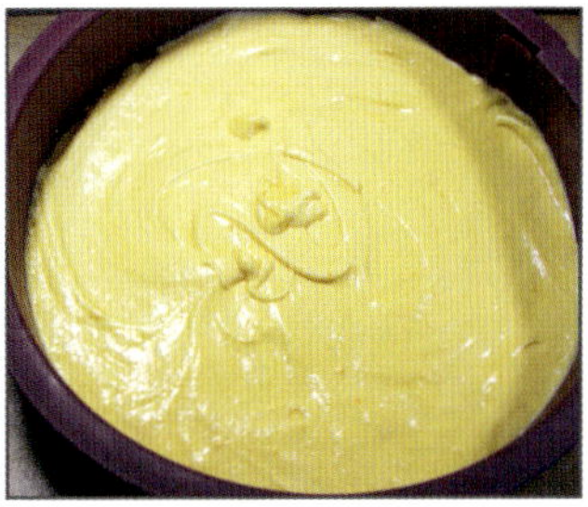
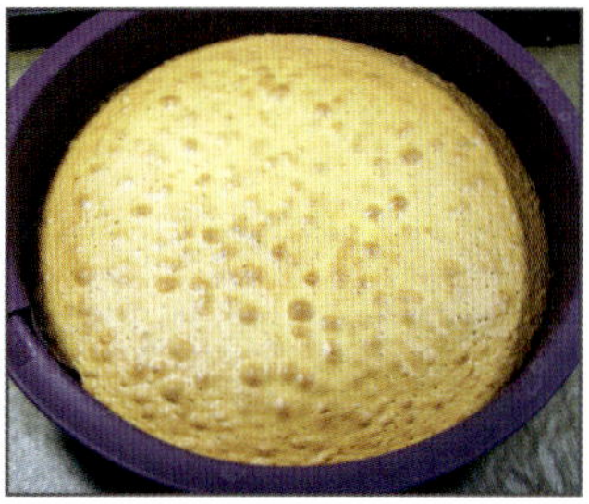
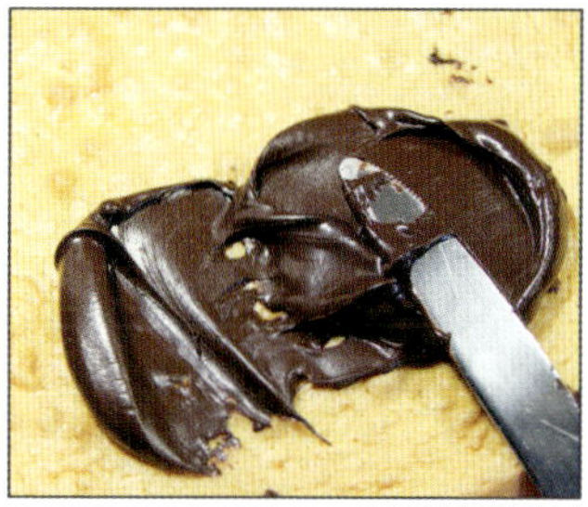
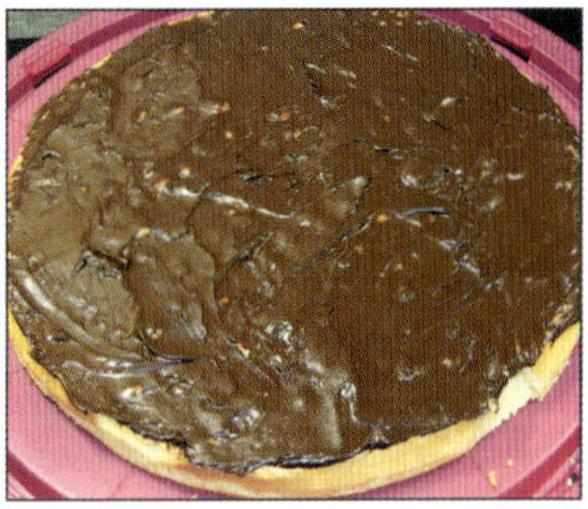
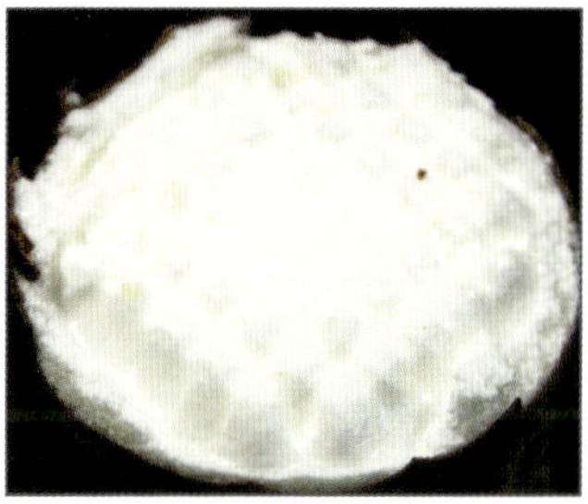
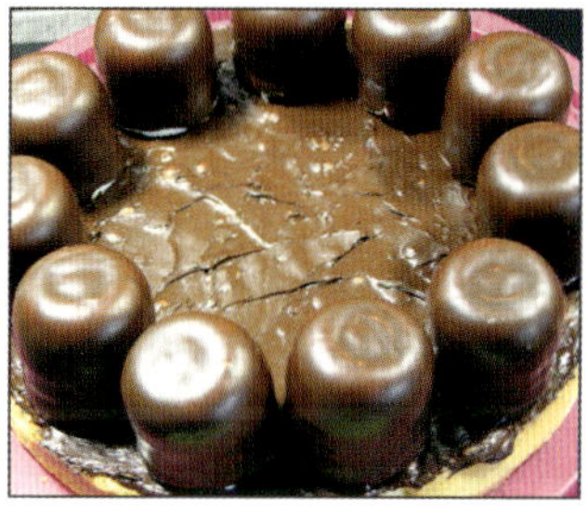
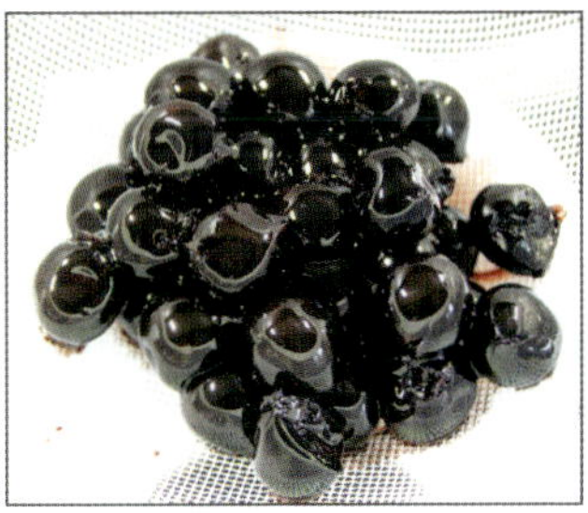
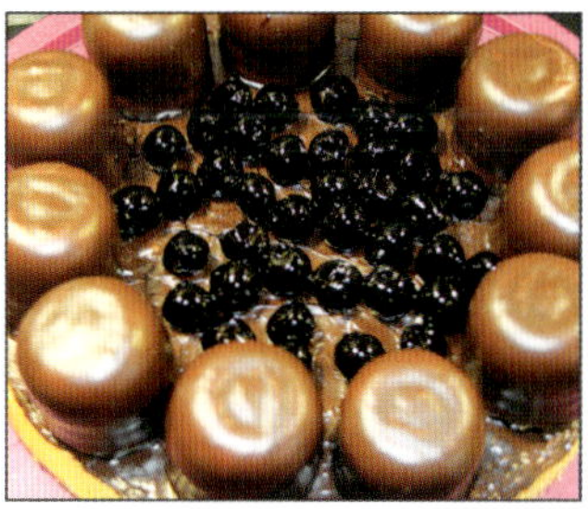
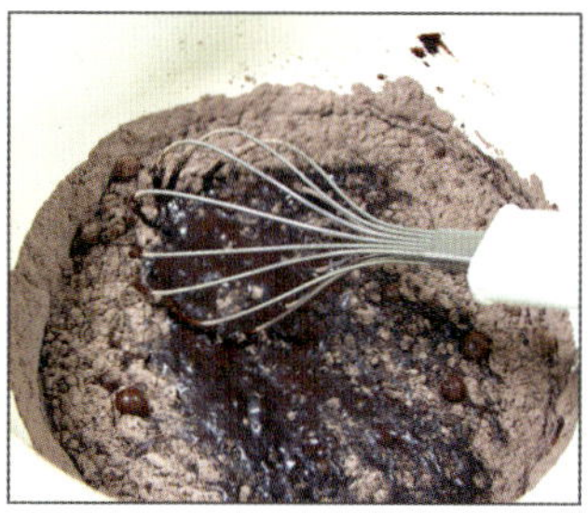
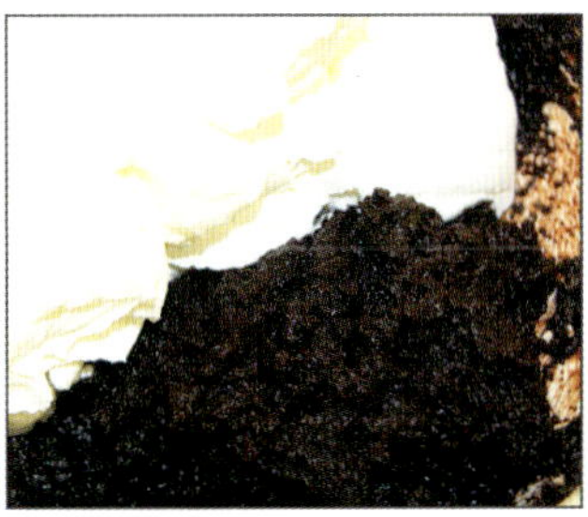
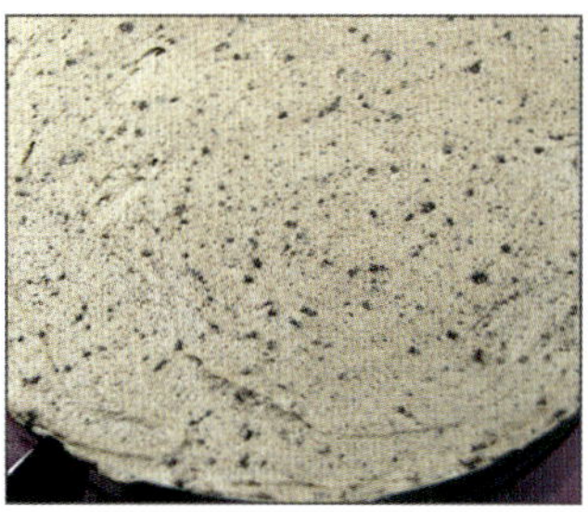
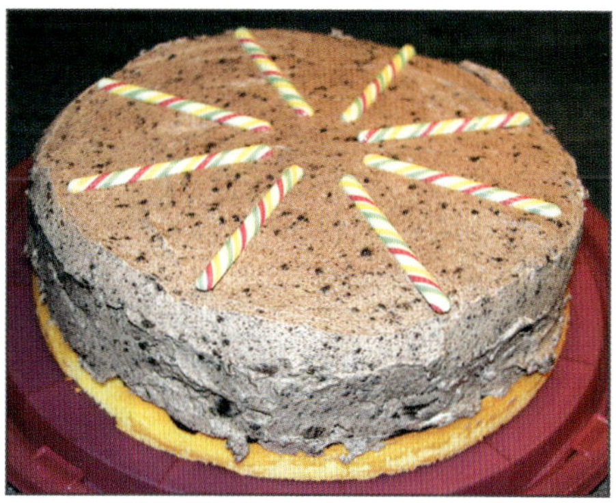

Cathrin Böhme

Die Sprachgewandte
Schlösser sind schön, auch Festungen, die Bauwerke stehen unter Denkmalschutz. Auch Cathrin Böhme ist schön (nicht etwa alt wie die Bauten, sondern enorm jugendlich), sie stellt aber die einsame Festung für deutsche Sprachkultur in der deutschen Nachrichten-Fernsehlandschaft dar. Auch sie sollte diesbezüglich unter Schutz stehen. Da geht es nicht etwa nur um das Einhalten sprachlicher Regeln, die mittlerweile fast überall flapsig aufgebrochen und wortanarchisch ignoriert werden, sondern um viel mehr: Die Schönheit Cathrins betrifft insbesondere auch ihre Formulierungen, die sachlichen, dennoch bildhaften, erlebbaren Vergleiche. Wenn sie die rbb-Abendschau moderiert, stimmt das, was sie beeinflussen kann – von den drei Aufmacherthemen bis zur journalistisch aufbereiteten Berichterstattung. Für Inhalte kann sie nichts, doch die Präsentation muss in Ordnung sein. Dafür steht Cathrin Böhme. Und ihre Zuschauer bekunden das mannigfach durch ihren ganz persönlichen Zuspruch. Sie ist sehr beliebt, und das zurecht.

Die Kritische
Die hohe Kunst des guten Interviews besteht nicht nur darin, dass einem Studiogast im Gespräch möglichst viele Informationen entlockt, sondern auch kritische Fragen gestellt werden. Cathrin Böhme fragt, fasst nach, wenn jemand ausweicht, fragt noch mal modifiziert und lässt nicht locker, wenn vom Interviewpartner zu wenig preisgegeben wurde. Das finden manche aalglatten Politiker gar nicht so gut, denn plötzlich kommen sie mit ihren eingeübten Plattitüden nicht weiter. Aber keiner ist böse oder reagiert aggressiv, wie in immer mehr Szenarien diverser Fernsehformate. Cathrin hat Größe und wahrt auf diese Weise auch die Ehre ihrer Gäste. Das ist keine Selbstverständlichkeit, denn journalistische Informationspflicht wird zuweilen mit schutzbefingerter Sensationshascherei verwechselt. Nicht so bei ihr; jedes ihrer Interviews ist wie ein Lehrbuchbeispiel für guten Journalismus.

Die Positive
Angesichts der zunehmend schwierigen, bedrückenden und bedrohlich wirkenden Nachrichten ist es eine enorme Leistung, dass es Cathrin bei jeder ihrer Sendungen gelingt, niemanden im schwarzen Loch zurückzulassen. In einer kaum erklärbaren klugen, taktvoll-zurückhaltenden Art verströmt Cathrin Böhme Positives, ganz egal, wie schlimm eine Nachricht auch sein mag. Sie ist sich dessen bewusst, dass sie in den Wohnzimmern weilt bei den Familien, den Einsamen, bei allen ihren Zuschauern. Ihnen verdirbt sie nicht den Appetit am Abendbrottisch, zumal sie leidenschaftlich gern kocht, genießt und familienfürsorgend wirbelt. Freizeit ist ihr wichtig im familiären Refugium. Deshalb achtet sie darauf, auch jene ihrer Fernsehzuschauer positiv zu beeinflussen. Das gelingt ihr meisterhaft, dabei ist sie wundervoll natürlich, unkompliziert und freudestrahlend, so dass man sich davon gern infizieren lässt. Sand gibt es beim geliebten Sandgrubenhügel am Berliner Teufelssee genug, so waren es weder Sandgebäck, noch ein Sandkuchen, was sie sich auswählte, sondern eine ungewöhnliche Muffin-Geschmacksrichtung mit Zucchini und Karamell – damit es nicht staubt in der Wohnung.

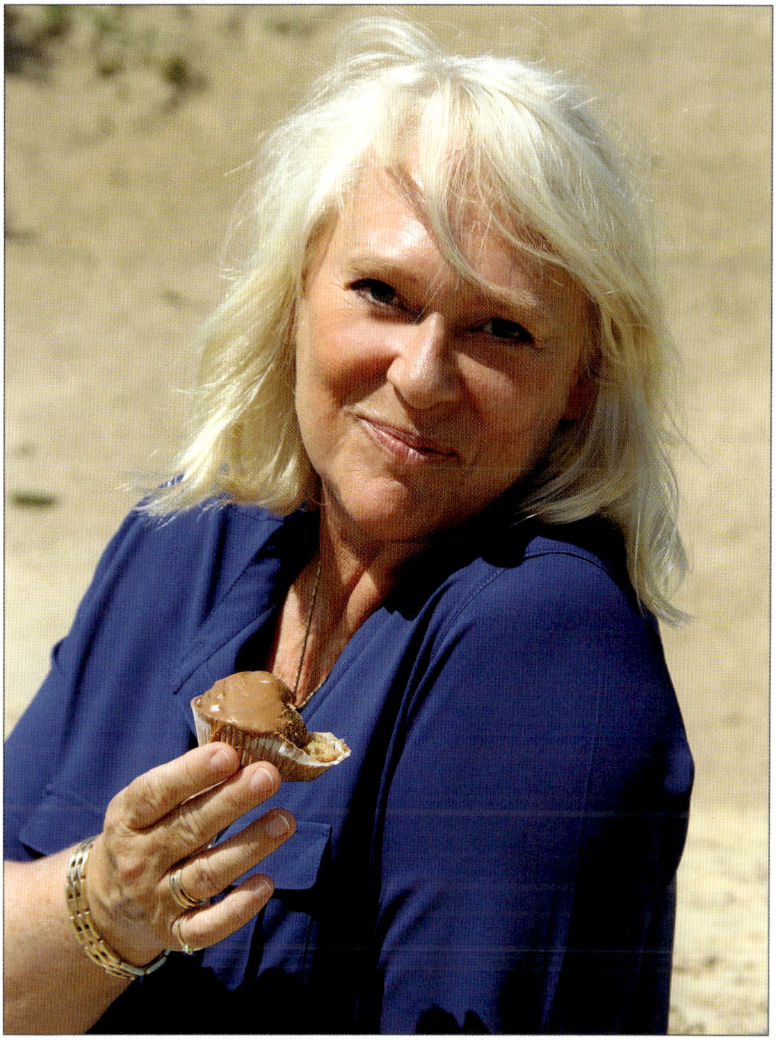

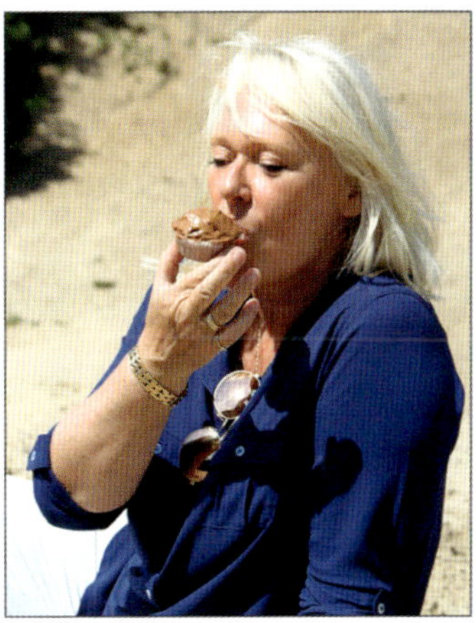

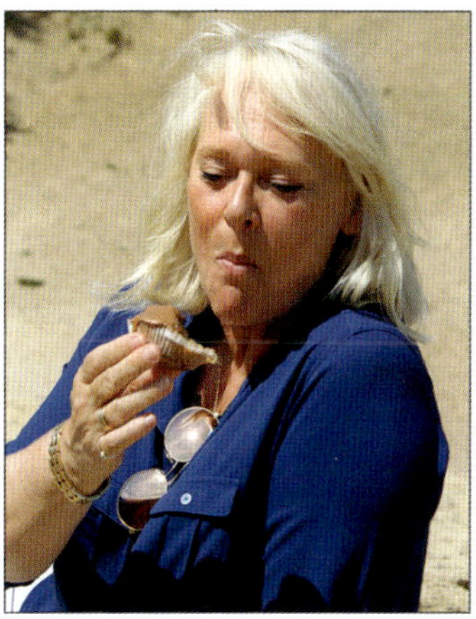

Bushido

Durch Lippenbekenntnisse in den Poetenolymp
Talent, Fleiß und starker Wille waren es, die Anis Ferchichi, also Bushido, aus dem Umfeld seiner Pubertätsumgebung emporhangeln ließen. Dazu gehörten kräftige Klimmzüge und manchmal auch ein Tritt zurück. Heute ist er der erfolgreichste deutsche Rapper, und zwar in erster Linie, weil er gute Titel schreibt, sehr schöne, zeitgemäße Arrangements

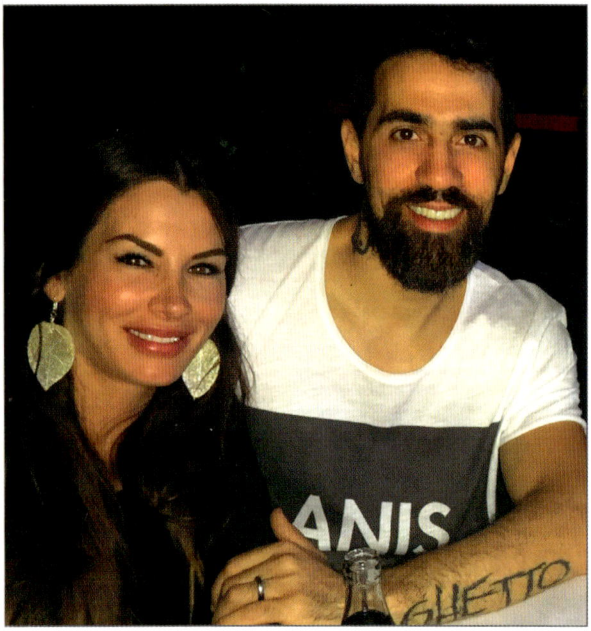

mit so manchem klassischen Zitat, insbesondere aber unorthodoxe Verse, die sich unregelmäßig reimen, waghalsige Sprachharmonien erzeugen und streitbare Inhalte vorbringen. Letztere sind es, die Metapher-Wortwahl aus dem Gangstarap, die seine Widersacher nutzen, um Bushidos Kunst als entartet zu diffamieren. Das gab es schon mal, heute wird seinerzeit „Entartetes" als Kulturgut geschützt. Damals waren es Tucholsky, Brecht und Hollaender, heute ist es Bushido, der zwischen den Satirestühlen sitzt.

Friedlicher Beispielmoslem
Man glaubt es kaum: Anis ist ein echter Muttersohn, ein treuer Ehemann und fürsorglicher Vater von fünf Kindern. Er trinkt nicht, er raucht nicht, er hurt nicht herum, nimmt keine Drogen, ist freundlich zu solchen Menschen, die ihm ebenso begegnen. Fügt sich dabei mit seiner Familie und einer großen Freundesschar in die abendländische Gesellschaft ein, feiert Weihnachten mit Christbaum und Geschenken und spielt die Basisregeln unserer Gesellschaft mit. Dass er einige davon dennoch in Frage stellt, ist legitim. Wer tut das nicht? Nur treffen seine Fragen offenbar so ins Mark; dass etliche Mächtige deshalb richtig Angst haben vor Bushido, bringt ihn immer mal wieder negativ in die Schlagzeilen.

Süßer Genießer, Kumpel, Feingeist
Pathetisch-rockige Musik mag er, alte russische Trickfilme und Rouladen, die seine Frau Anna-Maria zubereitet hat. Aber ganz besonders ist er Marzipanigem verfallen. Es fiel ihm schwer, ein Backwerk zu benennen, das er bevorzugt. Es wurde das marzipanigste von allen, Marzipanhäufchen. Zugegeben, mit Marzipan ist er bestechlich bis zu einem gewissen Grad, aber nur im internen Kreis. Überdies ist er ein verlässlicher Freund für echte Freunde, der sonst etwas opfern würde, um zu helfen. Er ist ein Kumpeltyp für seine „Gemeinde", seine Jungs, die seine Worte so verstehen, wie er sie meint. Bushido ist das, wovon Politiker träumen: bürgernah. Und wenn man mit Anis über Liebe, Tod oder Familie spricht, so erkennt man den Feingeist, den „Edelmann", ganz anders als die bewusst rüde Kunstfigur Bushido.

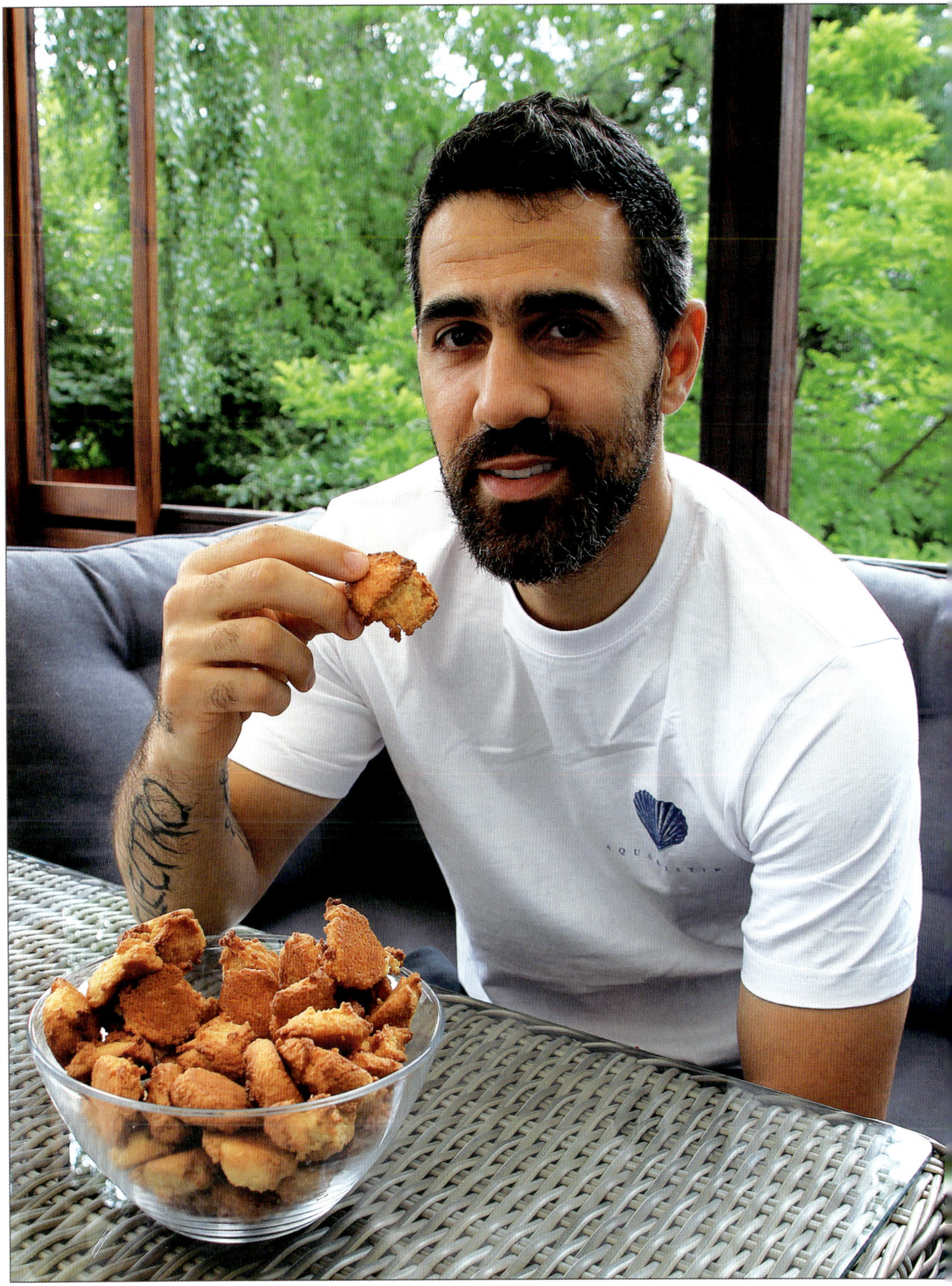

Marzipanhäufchen

Für die Backmischung:
100 g Butter
400 g Marzipanrohmasse
5 Eigelb
100 g Puderzucker
100 g gemahlene Mandeln
2 Pck. Citroback

Zubereitung des Teigs
Sehr weiche Butter und Puderzucker mit dem Mixer zu einer flüssig-geschmeidigen Buttercreme schlagen. Marzipanrohmasse in kleine Stücke zerreißen und zu dieser Creme in die Rührschüssel bröckeln. Eigelb, Citroback und Mandeln hinzufügen und gleichmäßig unterrühren, bis ein sämiger Teig entstanden ist.

Vorbereiten des Backblechs und Backen
Nachdem die Teigmasse ein bis zwei Stunden an einem kühlen Ort verwahrt wurde, lässt sie sich besser weiterverarbeiten als frisch. Man nimmt mit einem Teelöffel kleine Batzen ab und positioniert sie in ca. 1 cm Abstand auf dem Backpapier eines Backblechs. Das Blech schiebt man in einen bei Ober- und Unterhitze auf 180°C vorgeheizten Backofen und belässt es dort zum Backen ca. 20 Minuten.

Das Rezept für Bushido

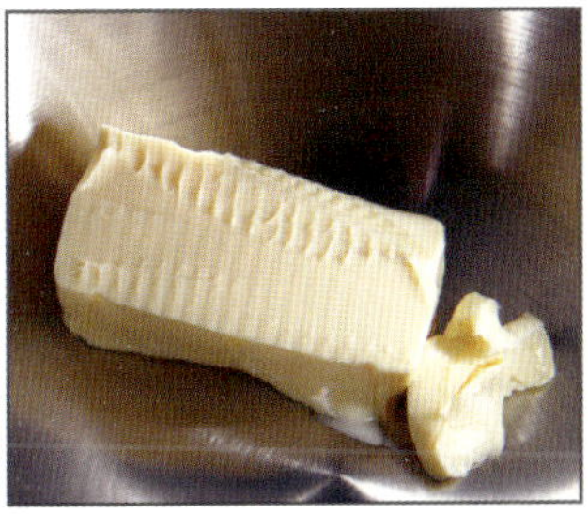

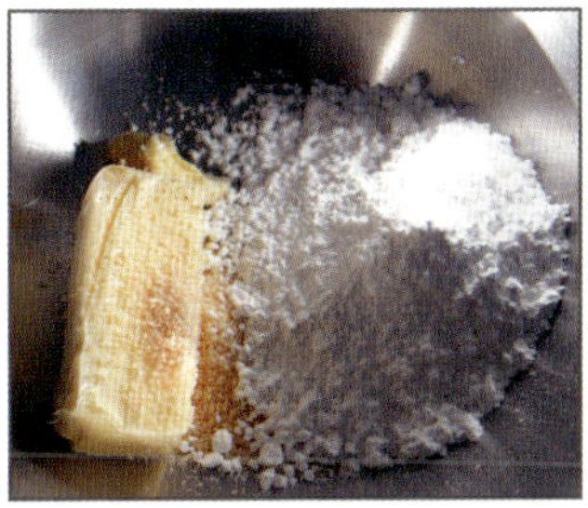

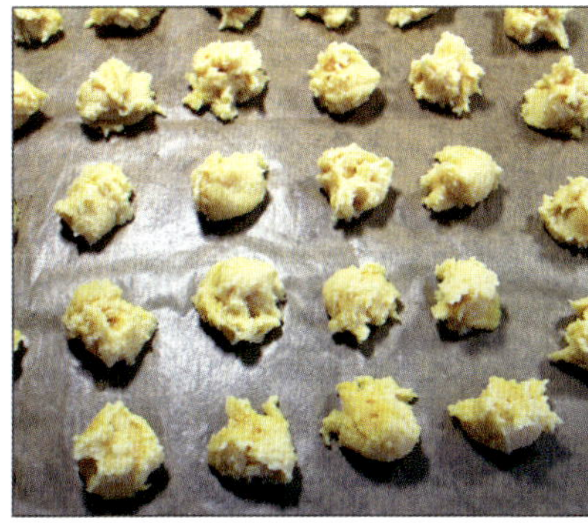

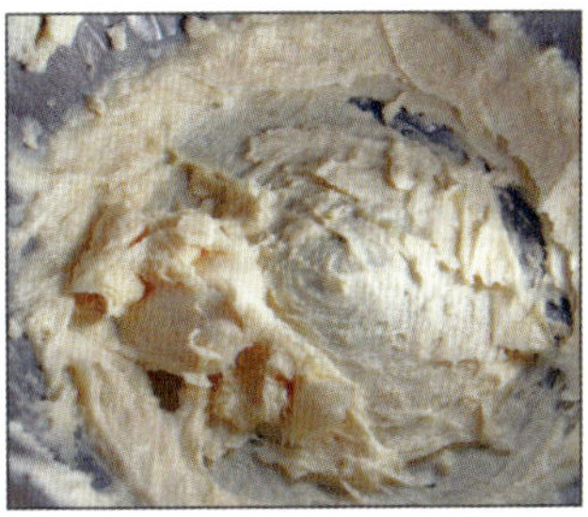

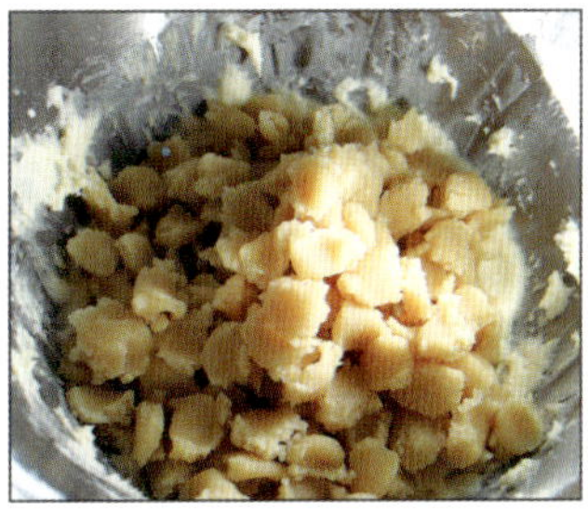

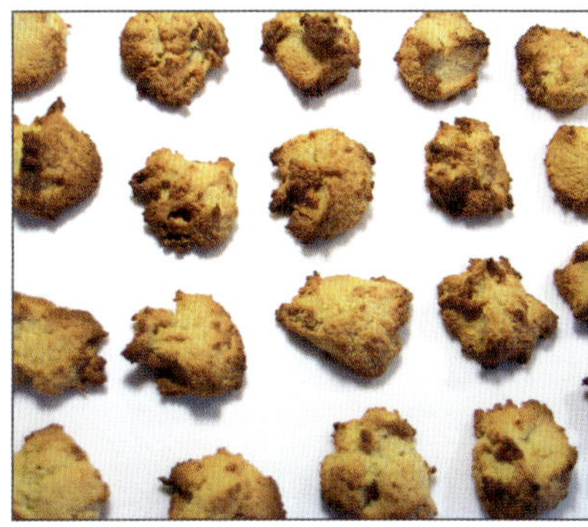

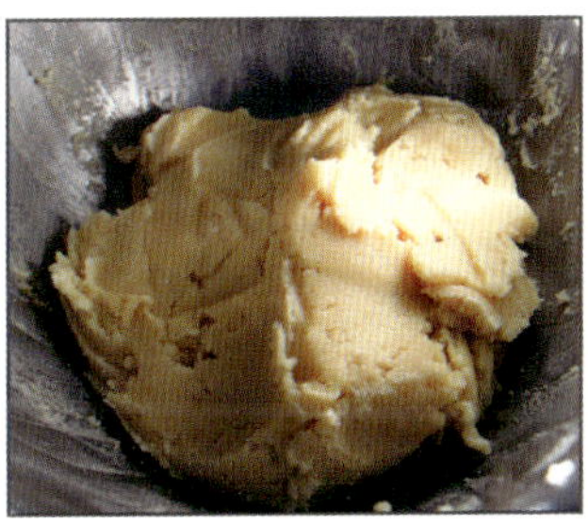

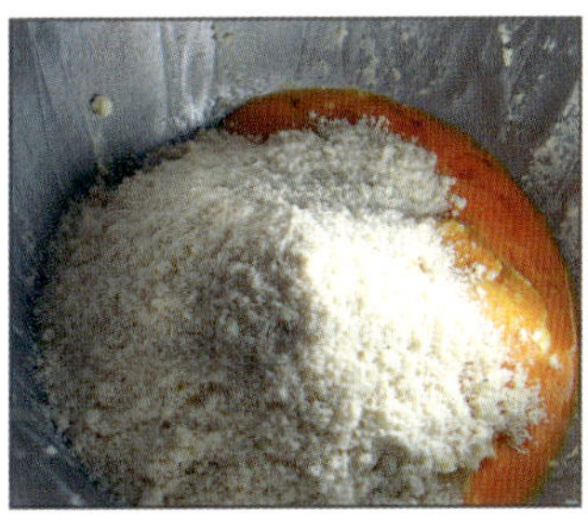

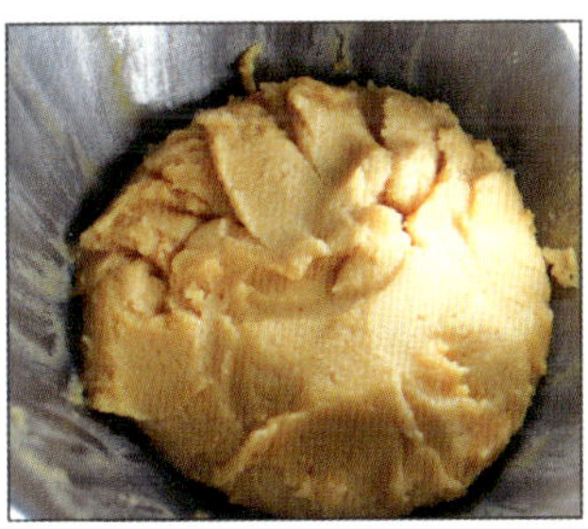

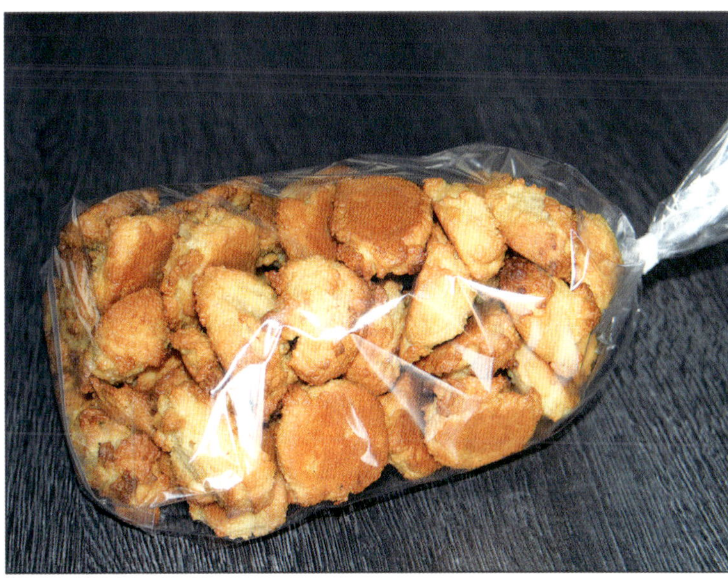

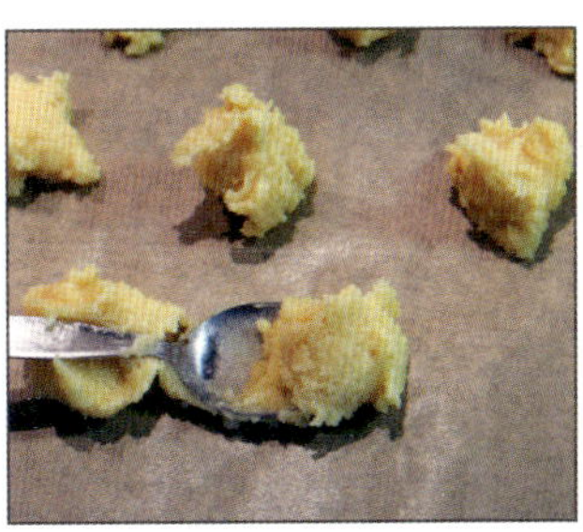

Hannelore Elsner

Die zeitlos Schöne

Sie war schon immer attraktiv, diese wundervolle Hannelore Elsner. Das sieht man auf Fotos aus ihrer Kindheit, zu bewundern in ihrem autobiographischen Buch, und natürlich in allen ihren frühen und gegenwärtigen Filmen. Sie stellt etwas dar, selbst wenn sie gar nichts darstellt, sondern einfach nur plaudert. Ihre Augen lachen, auch dann, wenn eine Rolle Traurigkeit oder Zorn verlangt. Das macht sie so interessant, denn es bleibt stets ein Rest ihrer Sanftmut, dem Hannelore ganz persönlich tief in ihren Augen dauerhaftes Wohnrecht gegeben hat. So brilliert dieser allgegenwärtige Glanz und macht sie irgendwie unwiderstehlich sexy. Generationen hat sie so verführt, ganz unverschuldet, einfach, weil sie so ist. Daran hat sich bis heute nichts geändert.

Die Empfindsame

Weil das, was sich da äußerlich zeigt, stets von innen kommt, lässt sich die Ursache nur so erklären: Hannelore Elsner verkörpert die Umkehr des Üblichen, denn sie fühlt mit dem Kopf und denkt mit dem Herzen. Das mag widersinnig erscheinen, ist es jedoch nicht. Klug und wach orientiert sie sich gegen das Grau der Durchschnittmasse. Stets hat sie ein sicheres Gespür dafür, wie weit sie gehen kann – im Leben und in ihren Rollen. Vielleicht ist es ihre bayerische Herkunft mitsamt katholischer Basis, die sie so anders, offen, positiv und lebensoptimistisch werden ließ. Also komplett entgegen den Dogmen irgend welcher Religionen oder Traditionen. Denn das Denken mit dem Herzen ermöglichte ihr diese persönliche befreiende Entwicklung. Ob sie wissen, was sie da jeweils einige Zeit lang für einen emotionalen Schatz bekommen haben, die Liebespartner ihres Lebens? In jedem Fall weiß es Hannelores Sohn Dominik, denn in seinen Fotos von seiner Mutter spiegelt sich genau diese sehr zugewandte, warmherzige Emotion.

Die Talentierte

Hätte diese Überschrift „Die Unberührbare“ heißen müssen, so benannt nach Hannelores bekanntestem Film? Sicher nicht, denn sie ist im Leben gar nicht unberührbar, und was die künstlerische Arbeit betrifft, so ist da so viel mehr als nur dieser Film. Großartige Darstellungen wie in „Das Blaue vom Himmel“, „Alles auf Zucker“ oder „Kirschblüten – Hanami“ reihen sich aneinander. Von Anfang an flankiert immer wieder von Theaterrollen, zuerst in München, später in Berlin, dann zunehmend experimentell, etwa mit dem Monolog „Eine totnormale Frau“ im TAT zu Frankfurt. Und von solchen allseits beliebten Fernsehserienrollen wie der „Kommissarin“. Namhafte Regisseure hatten dieses besondere Talent erkannt und buhlten künstlerisch um Hannelore Elsner: István Szabó, Oskar Roehler oder Dani Levi. Unzählige Preise zeugen von der Qualität dieser Zusammenarbeit. Zudem verhalf Hannelore Elsner mit ihrer besonderen Synchronstimme ihren Kolleginnen (Liza Minelli in „Cabaret“ oder Fanny Ardant in „8 Frauen“) zur angemessenen Wirkung beim deutschen Publikum. Weil Hannelore durch und durch Ästhetin ist, wählte sie Rote-Beete-Muffins aus, denn sie sollten auf den Fotos mit ihrem Rot etwas hermachen. Sie hatte gleich den richtigen Blick bei den Motiven, ob ihr Sohn da etwas geerbt hat von ihr?

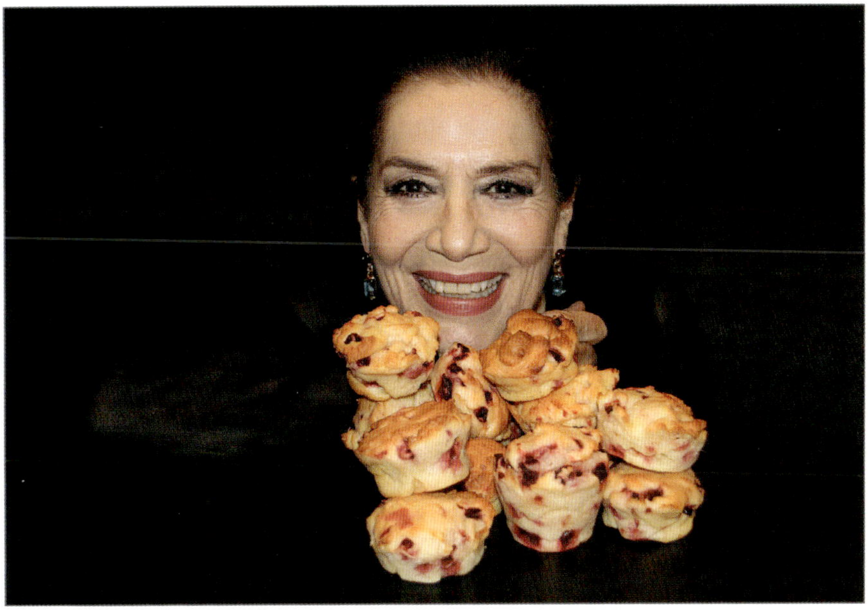

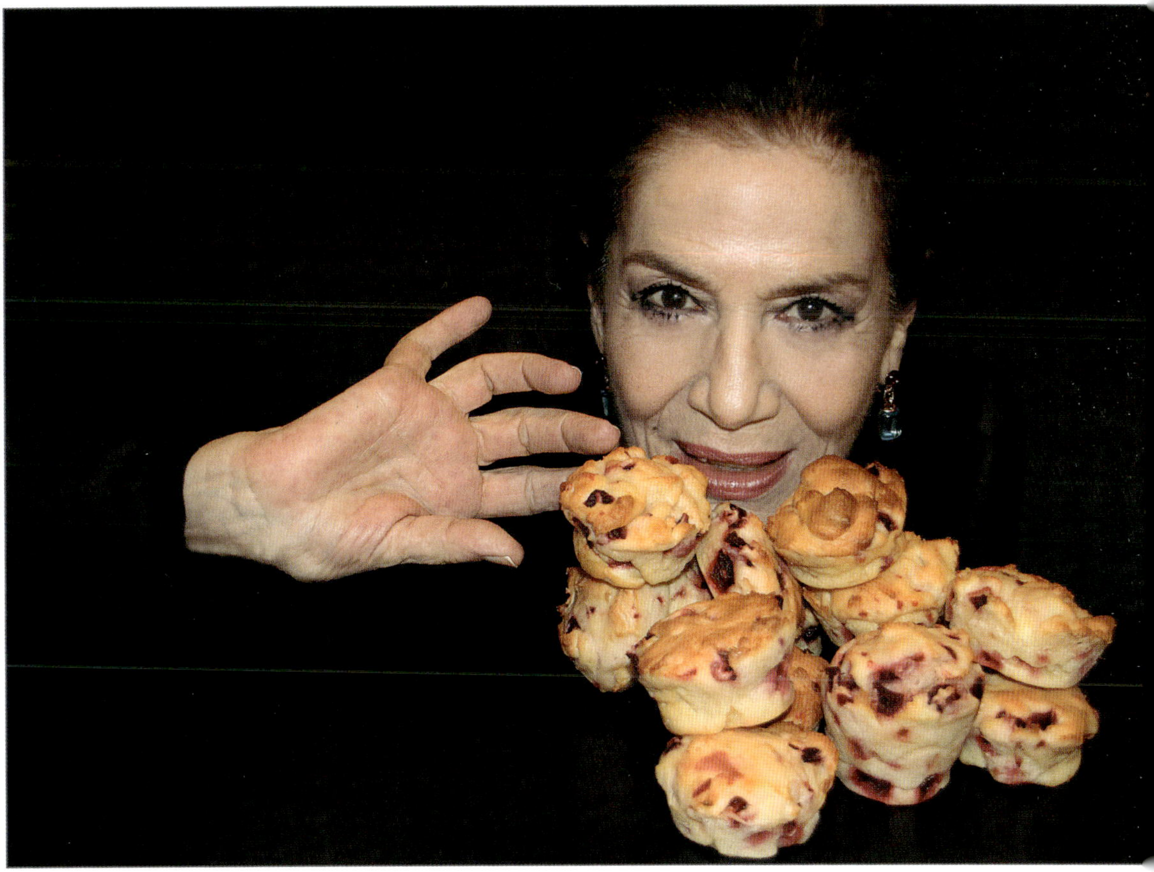

Rote-Beete-Muffins

Für die Backmischung:
300 g Magerquark
8 Essl. Öl
2 Eier
200 g Creme fraiche
400 g Mehl
1 Pck. Backpulver
1/2 Teel. Salz
1/2 Teel. Zucker
200 g gekochte Rote Beete

Zubereitung des Teigs
Quark, Eier, Creme fraiche und Öl sowie Salz und Zucker zu einer cremigen Masse vermischen. Mehl mit Backpulver unterrühren. Rote Beete in Würfel schneiden und dem Teig beimischen

Vorbereiten und Backen der Muffins
Teig in Silikon-Muffinformen füllen und im vorgeheizten Backofen bei 200°C Ober- und Unterhitze eine knappe halbe Stunde backen.

Das Rezept für Hannelore Elsner

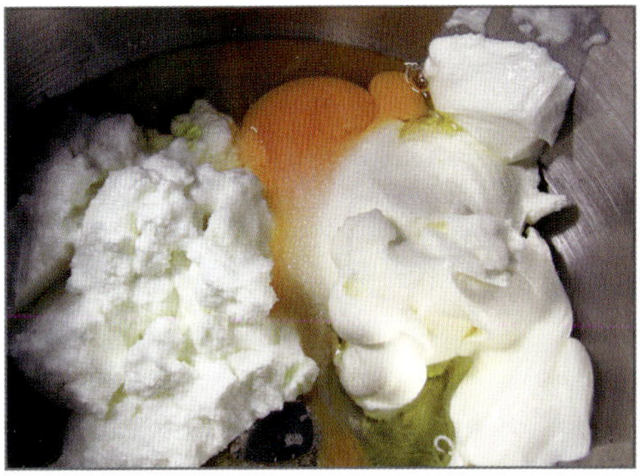

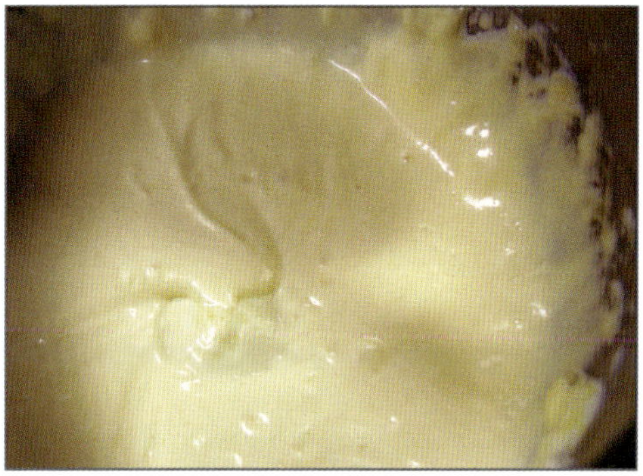

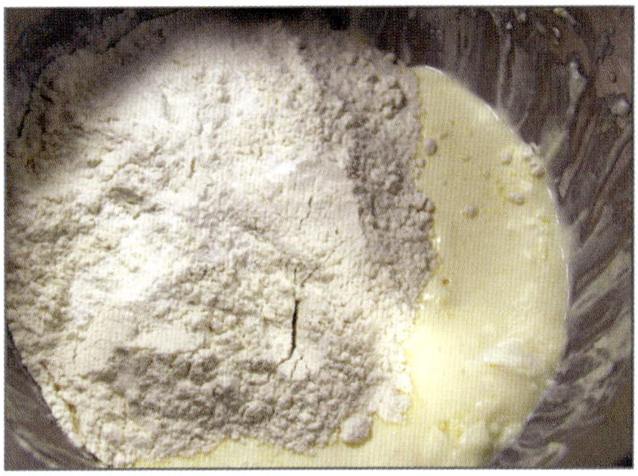

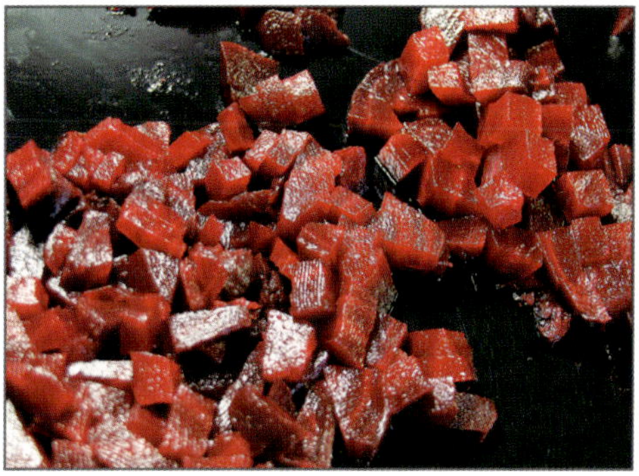

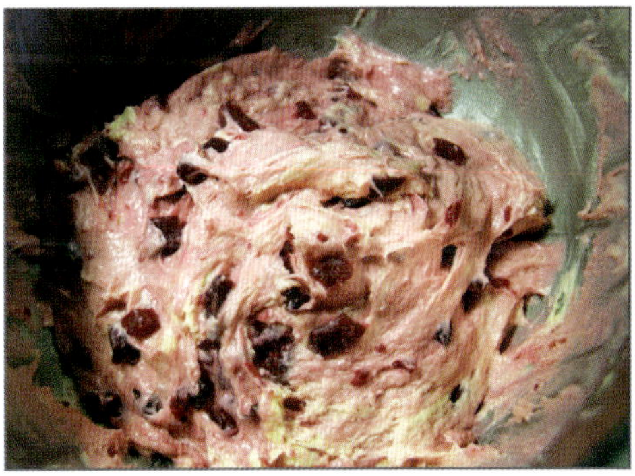

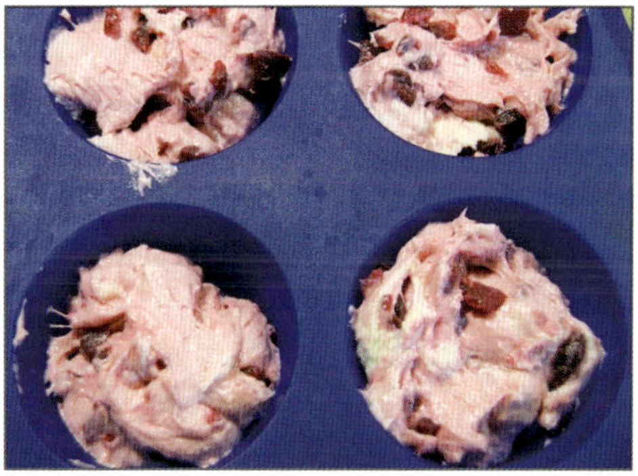

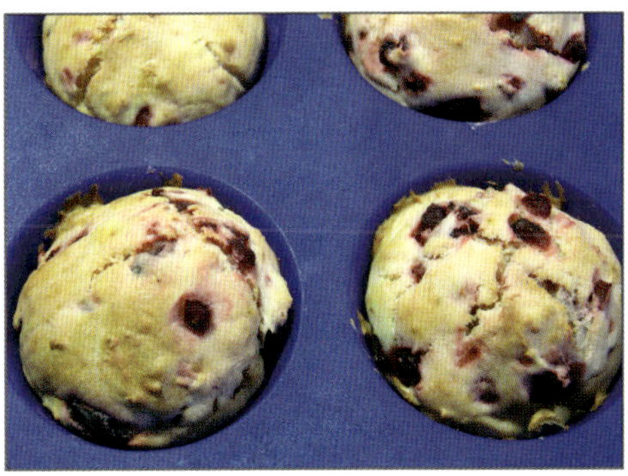

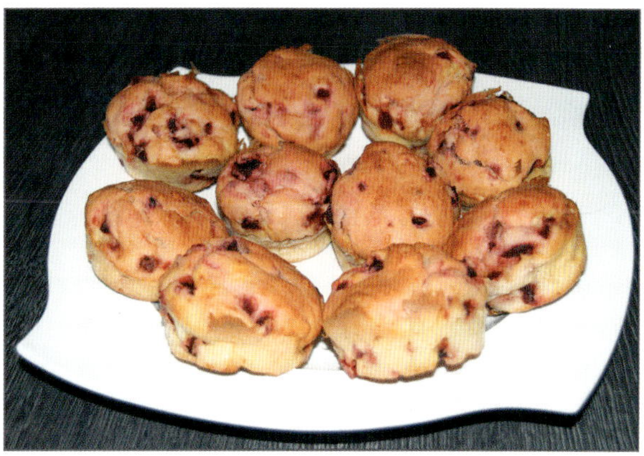

Pegah Ferydoni

Orientalische Schönheit vom Dienst
Ganz egal, in welchem Kontext, Pegah Ferydoni, die in Teheran geborene, jedoch von früher Kindheit an in Deutschland aufgewachsene Schauspielerin stellt die angehimmelten, meist emanzipierten Frauen in tragischen bis komischen „Integrationsfilmen" dar. Sie verkörpert mit Ernst und Humor das, was sie lebt, und ist damit Paradebeispiel für eine selbstständige, sehr durchsetzungsfähige, wortgewandte und trotz ihrer Jugendlichkeit mit den Achterbahnkurven des Lebens vertraute Frau. Sie hat Glück gehabt, denn in ihrer Künstlerfamilie bekam sie nicht nur Talent, sondern Feinsinn mit, um fortan beruflich davon zu profitieren. Und zwar mit Anspruch – das belegt Pegahs Philosophiestudium, das mannigfach nachhallt in den langen, oft einen heruntergebrochenen, verallgemeinernden Rundumschlag ausmachenden Gesprächen mit ihr. Sie flieht nicht vor Angst, Verantwortung oder Krisen, sondern versucht, sie zu erklären, indem sie der Ursache auf den Grund geht. Das macht sie nicht todernst, sondern bewegt, zuweilen dominant.

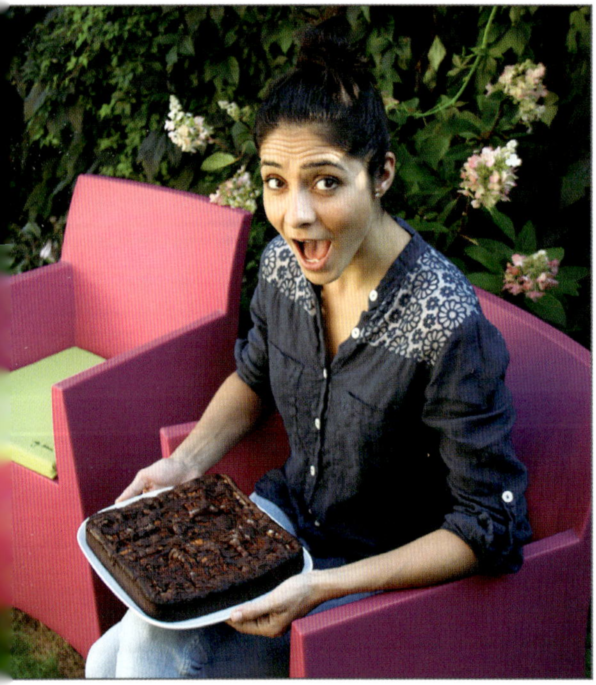

Das alles ist Pegah
„Türkisch für Anfänger" war ein Straßenfeger, seither kennt jeder Pegahs schönes Gesicht. Für sie sind aber die anspruchsvollen Hauptrollen wichtig, insbesondere in „Ayla". Dann tauchte dieses bekannte Gesicht plötzlich in ganz anderem Zusammenhang auf und viele fragten sich: Ist das dieselbe Frau? Ja, denn Pegah moderierte zwei Jahre Lang den ZDF-Kulturpalast und zeigte dabei ihre ausgeprägten journalistischen Fähigkeiten. Es ist erfrischend, heute ihre Meinung zu Medienverantwortung und künstlerischen Anspruch zu hören. Wüsste man nicht von Pegahs jugendlichem Alter (Jahrgang 1983) und ihrem Charme, entstünde der Eindruck, dass sich da eine Nestorin nach wild durchlebten Jahrzehnten wertend zu Wort meldet. Aber es stimmt ja oft, was sie schlussfolgert, beeindruckend! Pegah sieht als vielseitig arbeitende, bewusst in politisch kritische Gebiete reisende junge Mutter manche Entwicklungen unserer Zeit in einer Weise, wie sie weder aus den elitären Abschottungsfestungen von Malibu bis Mallorca, noch von den ebenso wenig vom wirklichen Lebenspuls erfassten ländlichen Gehöften und Industriebrachen erkannt werden könnten. Sie vergisst dabei nicht die Genüsse des Lebens, möchte sie jedoch für sich allein haben. Doch den Schokoladen-Birnen-Kuchen teilte sie mit Freunden, denn auch Geselligkeit ist wichtig.

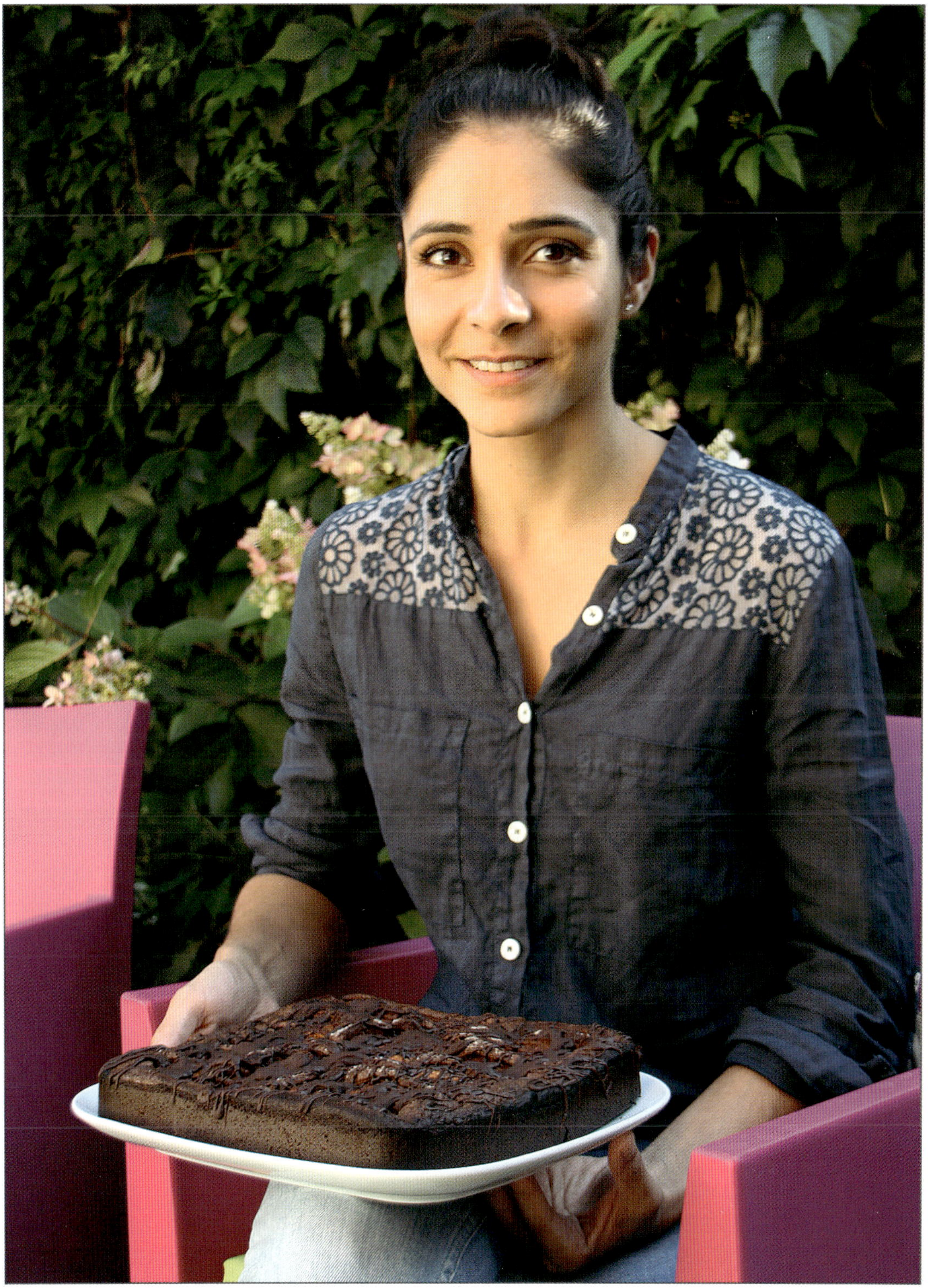

Birnen-Schokoladen-Kuchen

Für die Backmischung:
200 g Butter
200 g Zucker
200 g Mehl
4 Eier
150 g Walnüsse
100 g Zartbitter-Schokolade
1 Teel. Backpulver
1 Teel. Kakao
1 Teel. Zimt
Prise Muskat
1 Röhrchen Rumaroma

Für den Belag:
1 kg Birnen
50 ml Rum
50 g Puderzucker
50 g Schokoglasur

Zubereitung des Teigs
Eier, weiche Butter und Zucker cremig verrühren. Mehl und Backpulver zugeben und nochmals verrühren. Walnüsse hacken und Schokolade reiben, zusammen mit Zimt, Kakao, Muskat und Rumaroma in den Teig mischen. Teig in eine Silikon-Springform mit Glasboden, auf dem passend Backpapier aufgelegt ist, streichen.

Vorbereiten und Verarbeiten des Belags
Birnen schälen und in schmale Längsstücke zerteilen. Mit Rum beträufeln und ziehen lassen. Danach auf den Teig legen und leicht eindrücken. Mit Puderzucker bestäuben.

Backen des Kuchens
In auf 180 bis 180°C bei Ober- und Unterhitze vorgeheizten Backofen schieben und etwa 60 Minuten backen.

Verzierung des Kuchens
Nach dem Erkalten und dem Entfernen des Backformrandes in fadenförmigem Muster mit Schokoglasur überziehen und nochmals erkalten lassen.

Das Rezept für Pegah Ferydoni

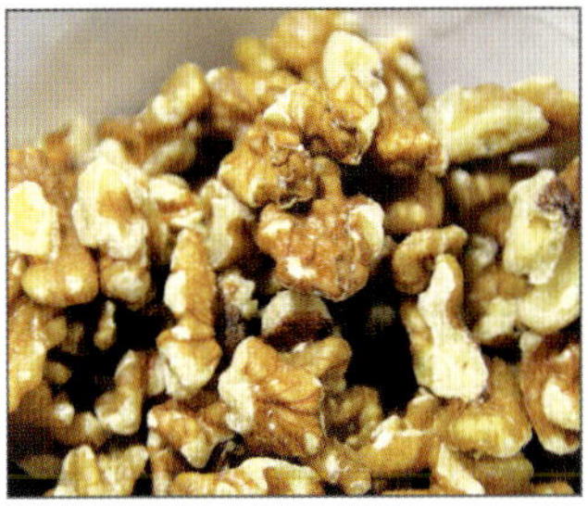
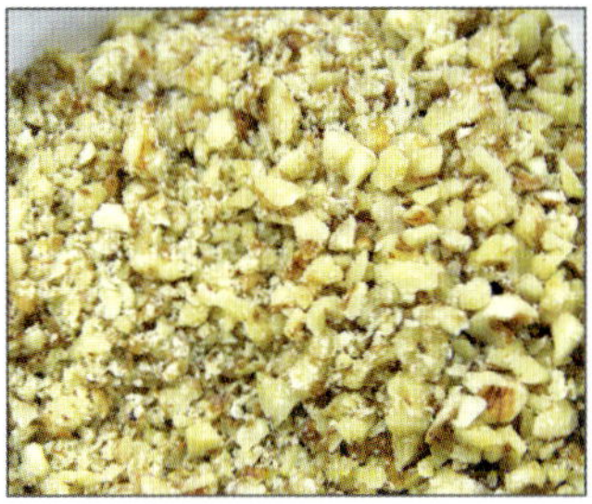
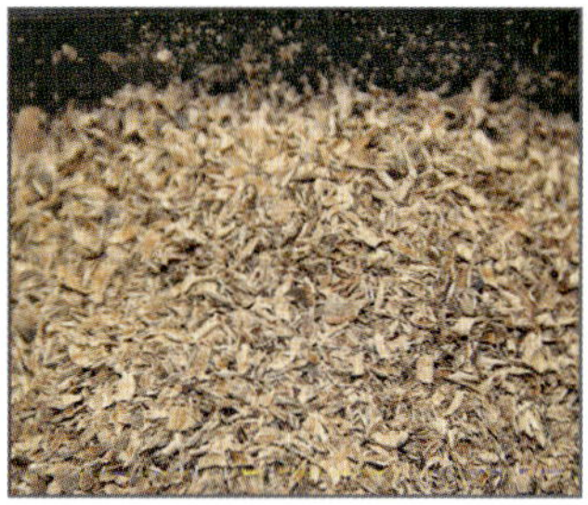
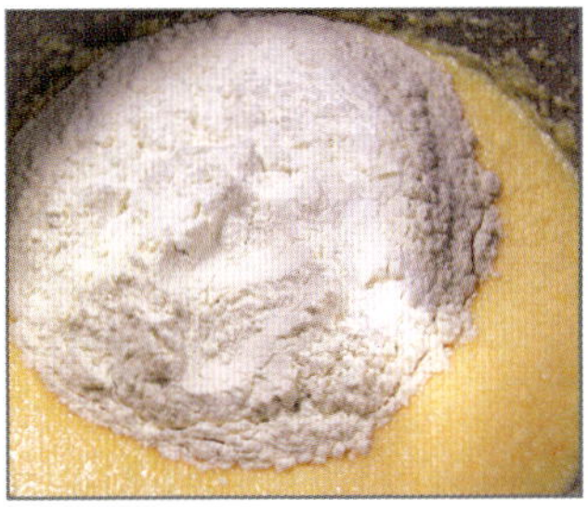
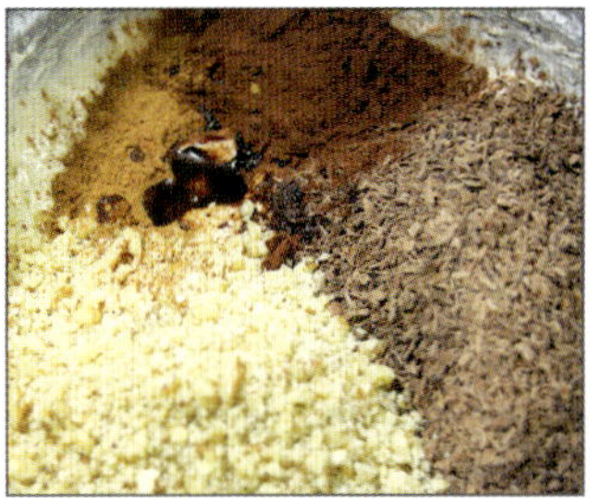
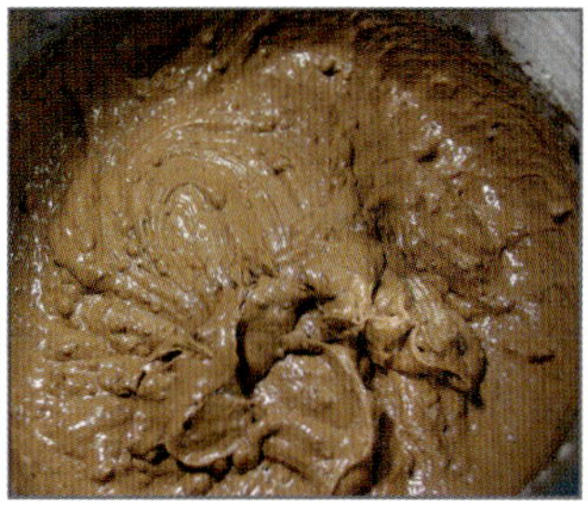
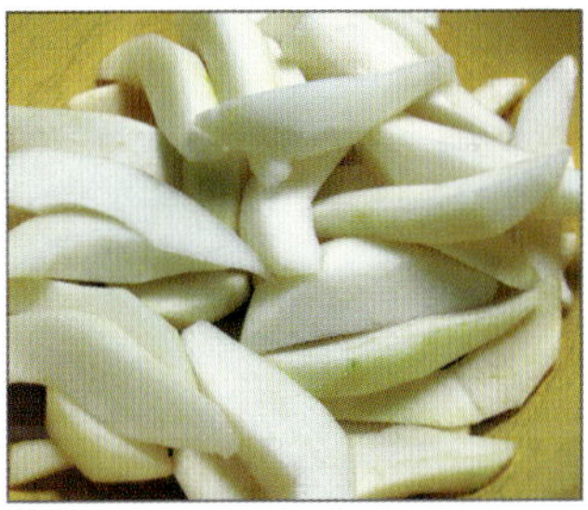
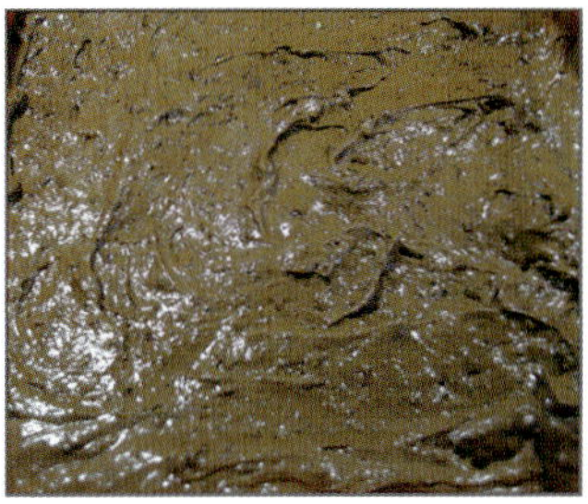
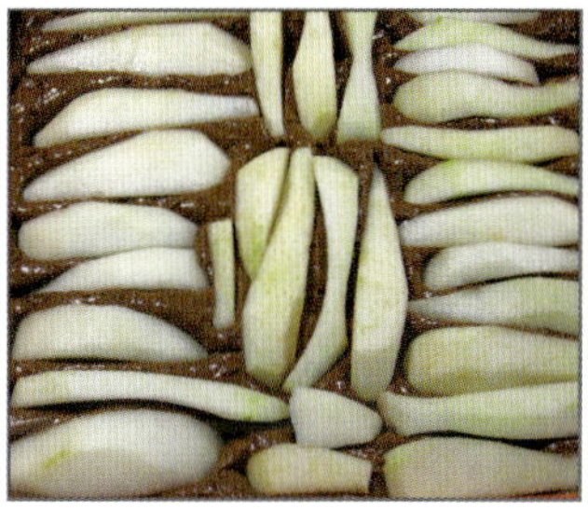
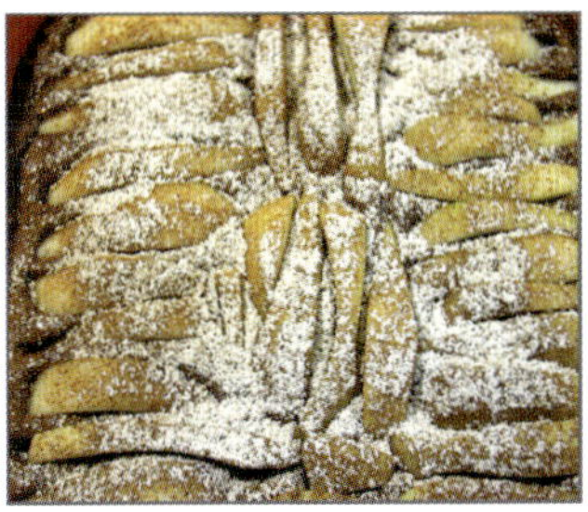
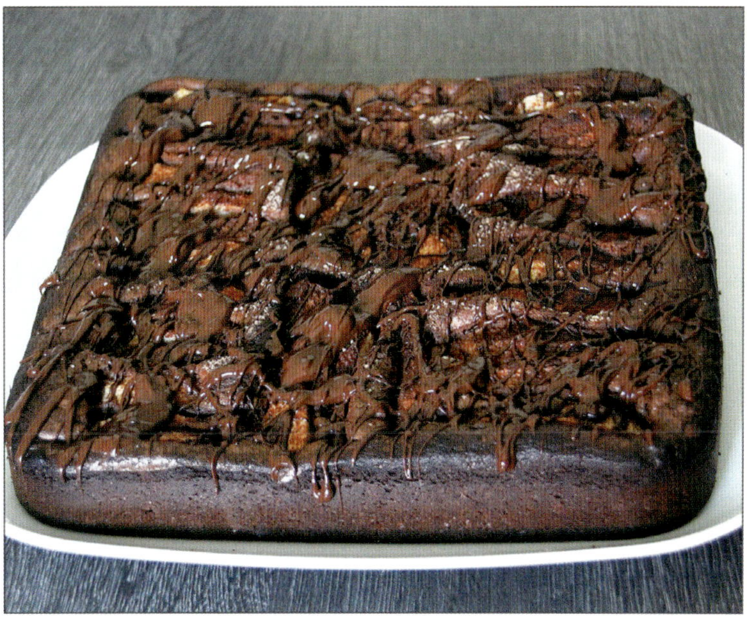
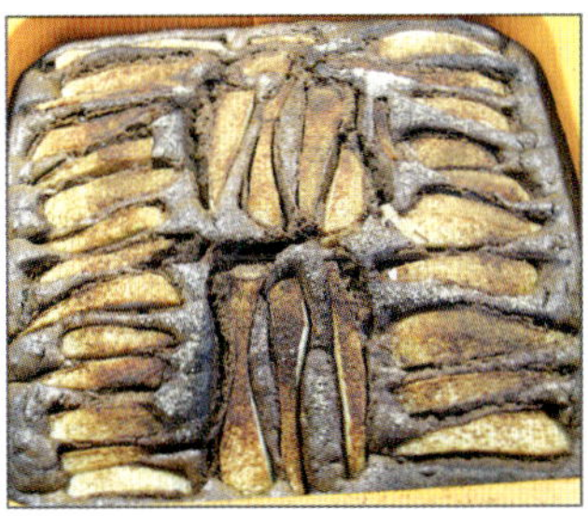

Kim Fisher

Fisher, nicht Fischer
Nicht den Fischer-Chören entsprungen, dennoch die einzige wirklich singende Moderatorin der deutschen Fernsehlandschaft (andere behaupten das zwar und drängeln sich gern sehr weit vor, sie kann es wirklich): Kim Fisher – erkennbar am fehlenden „c“ (nicht dem hohen). Doch nicht nur daran, denn sie hat Charisma, Meinung und Stimme! Letztere ist auf mehreren eigenen CDs verewigt und erhellte so manches einsame Seelchen bei häuslichem Genuss. Es sind ungewöhnliche Titel, denn die üblichen Liebeliebeliebezeilen deutscher Unterhaltung fehlen bei Kims Liedern; hier geht es um Triebersatz, virtuelle Todesfolgen von echter Liebe und Unentschlossenheit bei anspruchsvoller Partnerwahl – mal in andere Worte gefasst. Vor allem aber ist es die starke, bezaubernd klingende Stimme, die sehr sicher sehr hoch und relativ tief moduliert werden kann. Viel zu selten, doch offenbar zunehmend erlebt man Kim Fisher mit ihrer faszinierenden Live-Band, und das sogar vor öffentlich-rechtlich aussendenden Kameraanlagen – zur großen Freude sehr vieler.

Die Emotionstalkerin
Nicht nur auf Flussschiffen pflegt Kim Fisher gute deutsche Sprachkultur, sondern auch gelegentlich anderer Plaudermöglichkeiten. Die Talkshow mit dem Bootsnamen machte sie in den Jahren zu ihrer, prägte sie und hält das Niveau wie eine sturm- und mähfeste schöne Blume inmitten des rundherum inflationär zunehmenden ariden Fensehstoppelackers. Kim ist nicht nur vorbereitet, sondern baut einen individuellen Kontakt zu ihren Gesprächspartnern auf – niveauvoll und ohne Bange vor echten Gefühlen. Das kann, wie in den meisten Fällen, Zuneigung sein, aber auch deutliches Distanzieren. Kim kann so gut flirten, dass selbst nicht heterosexuelle Personen auf sie zu fliegen beginnen. Derart abhebend, kommen sie in Kims Talk-Sendungen zu neuen Auf- und Einsichten, geben – so konditioniert – einen echten Überblick preis und geraten dennoch – von ihr fürsorglich begleitet – nicht in gefährliche Bereiche zu dünner Luft.

Die Unorthodoxe
Kim strahlt etwas aus, was sie in den Augen vieler rattenscharf erscheinen lässt. Sie wirkt unglaublich offen, schreibt auch so, denn sie publizierte launig verfasste Beziehungsliteratur, hat kaum Berührungshemmungen und ist deshalb so positiv in ihrer Ausstrahlung, dass sicher hin und wieder schon mal Missverständnisse vorkommen... Ihre Aura ist wortlos vertrauensbildend, ihre unverzerrte Art öffnet die Herzen der Menschen, die – wie auch immer – mit ihr zu tun haben. Sie liebt es brodelnd. Wieso denn schmal- oder gar einspurig, wenn man doch so viele Weichen stellen und aus den Gleisführungen herausgelangen kann. Deshalb lieben sie bunte, knallige, lebenssprudelnde Leute, und sie lässt sich von ihnen feiern, mal auf einem CSD, mal bei einer besonderen Benefiz-Gala. Vielleicht ist das ihr Geheimnis, derart jugendlich zu wirken: Kollektiv geliebt zu werden ist das Vielfache von singulärer Liebe, die ja schön machen soll. Da darf es gern mal ein süßes Marzipanmakrönchen mit Quittengelee zwischendurch sein, Kim kann es sich leisten, da kommt zusammen, was zusammen gehört.

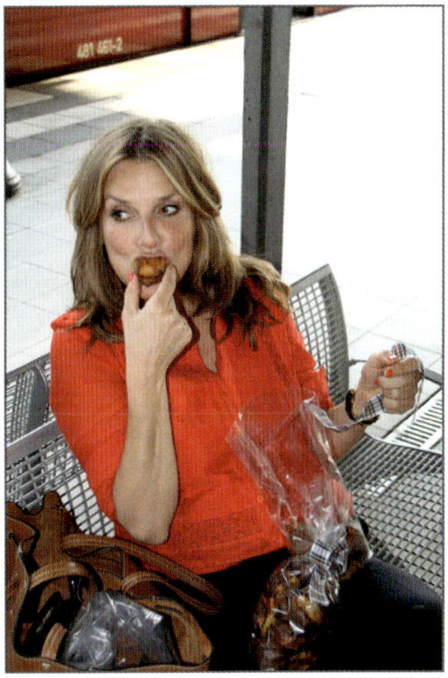

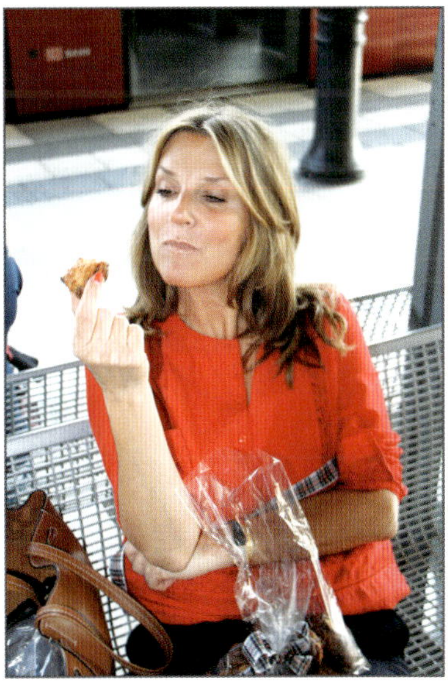

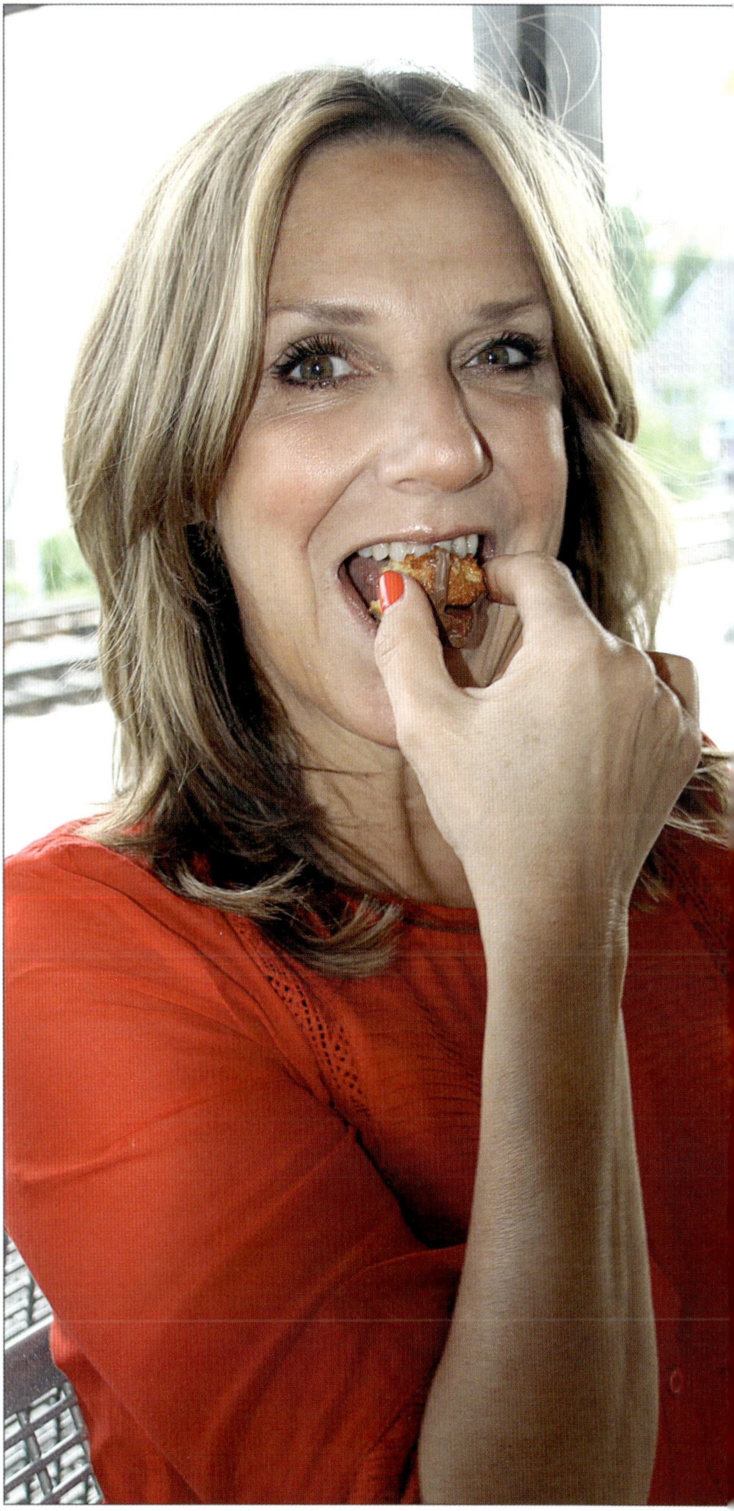

Marzipan-Quitten-Makronen

Für die Backmischung:
100 g Butter
400 g Marzipanrohmasse
5 Eigelb
100 g Puderzucker
100 g gemahlene Mandeln
2 Pck. Citroback

Für Füllung und Guss:
150 g Quittengelee
300 g Milchschokolade
ca. 50 ml Amarena-Aromaöl

Zubereitung des Teigs
Sehr weiche Butter und Puderzucker mit dem Mixer zu einer flüssig-geschmeidigen Buttercreme schlagen. Marzipanrohmasse in kleine Stücke zerkleinern und zu dieser Creme in die Rührschüssel bröckeln. Eigelb, Citroback und Mandeln hinzufügen und gleichmäßig unterrühren, bis ein geschmeidiger Teig entstanden ist.

Vorbereiten des Backblechs und Backen
Nachdem die Teigmasse ein bis zwei Stunden an einem kühlen Ort verwahrt wurde, lässt sie sich besser weiterverarbeiten als frisch. Man nimmt mit einem Teelöffel kleine Klumpen ab und setzt sie in ca. 1 cm Abstand auf das Backpapier eines Backblechs. Das Blech schiebt man in einen bei Umluft auf 160°C vorgeheizten Backofen und bäckt die Makronen ca. 25 Minuten lang.

Füllung und Guss
Nach dem Erkalten wird die Unterseite jeder zweiten Makrone mit Quittengelee bestrichen und mit einer zweiten zusammengedrückt. Schokolade schmelzen und mit Amarena-Aromaöl gut vermischen. Diesen Schokoguss mit dem Löffel auftragen und kühl stellen.

Das Rezept für Kim Fisher

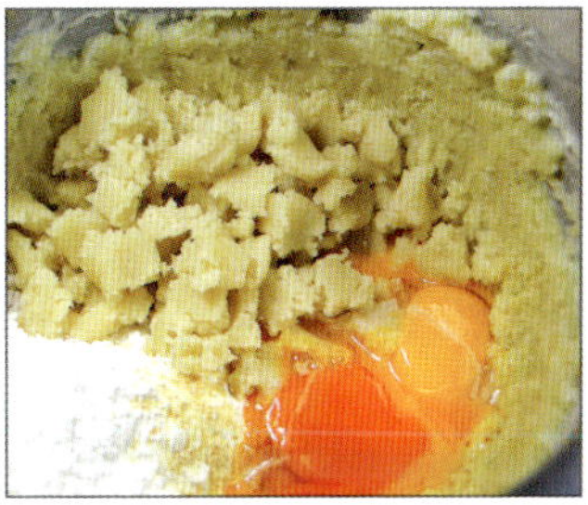
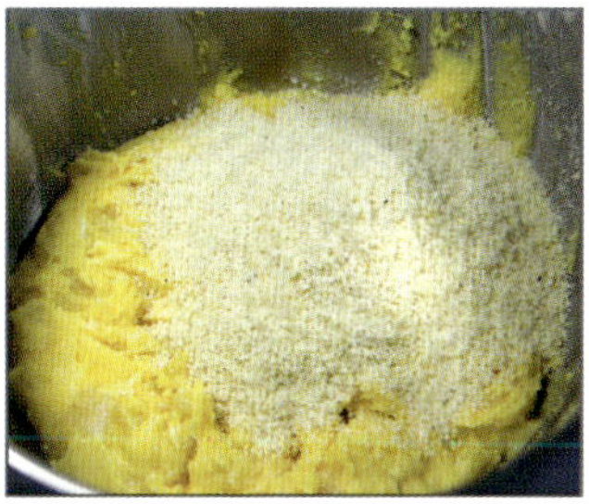
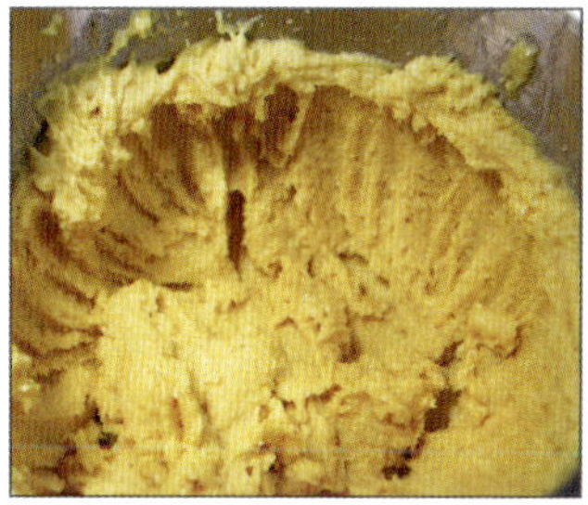
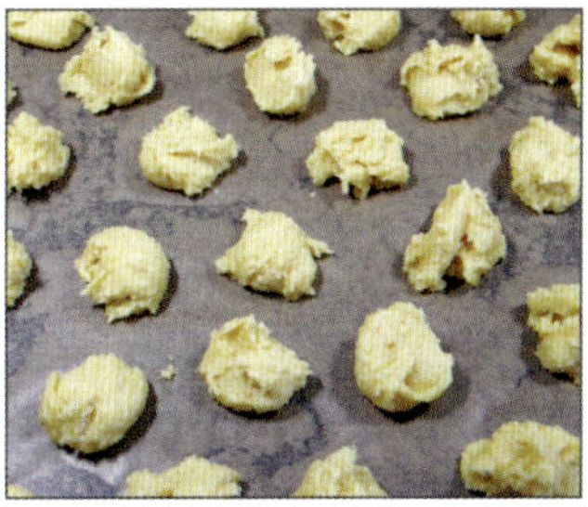
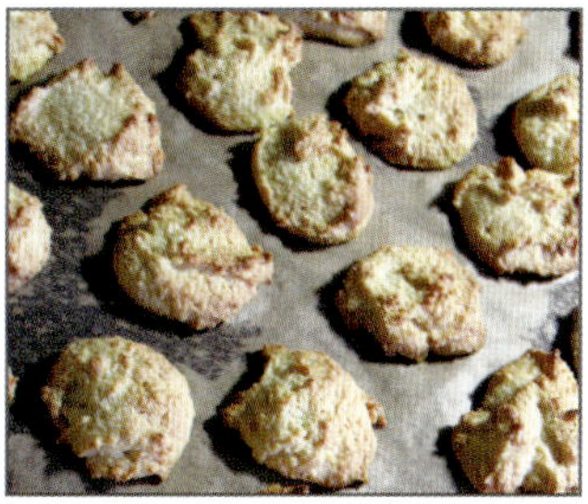
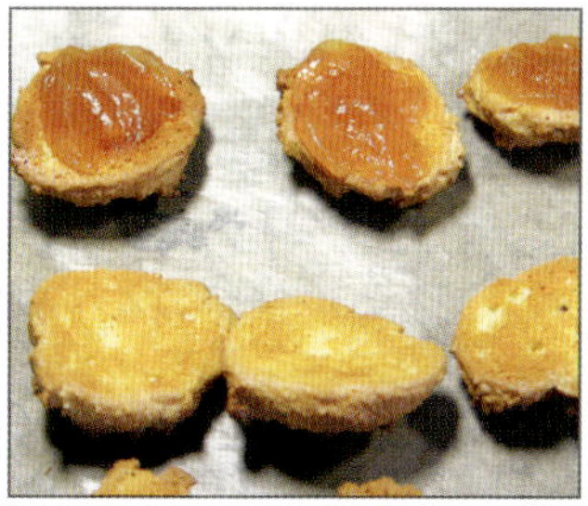
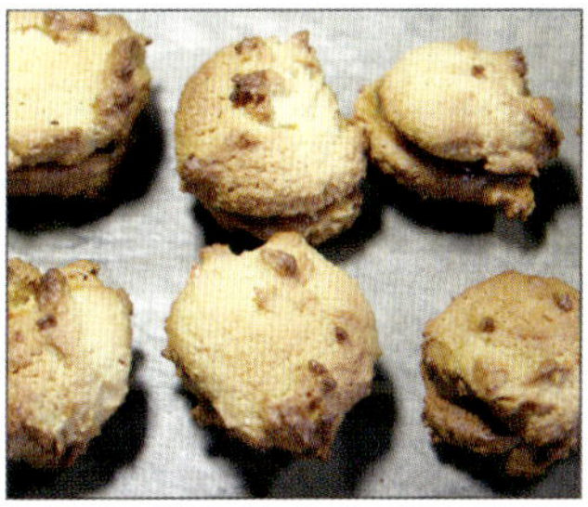
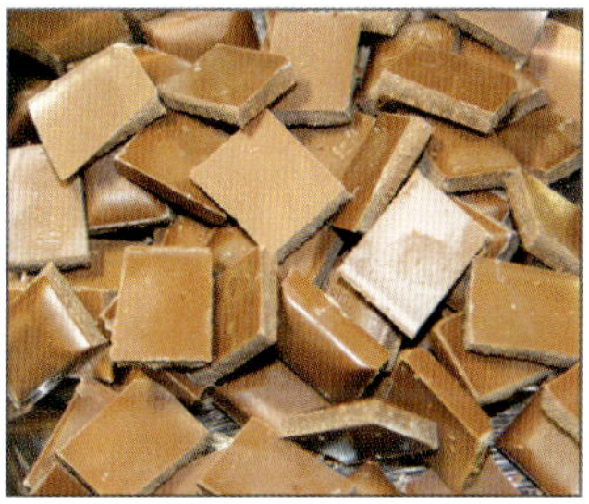
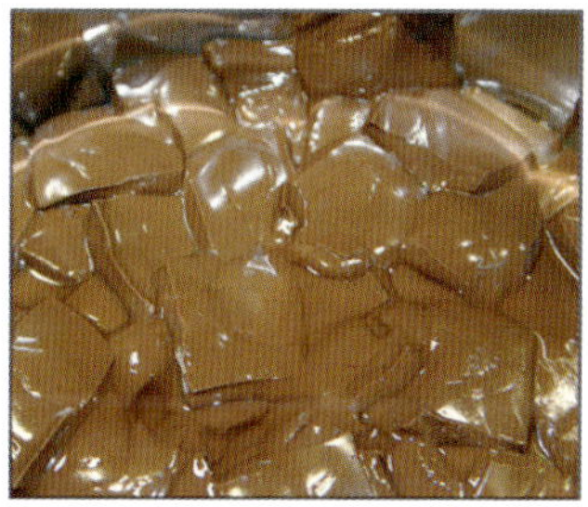
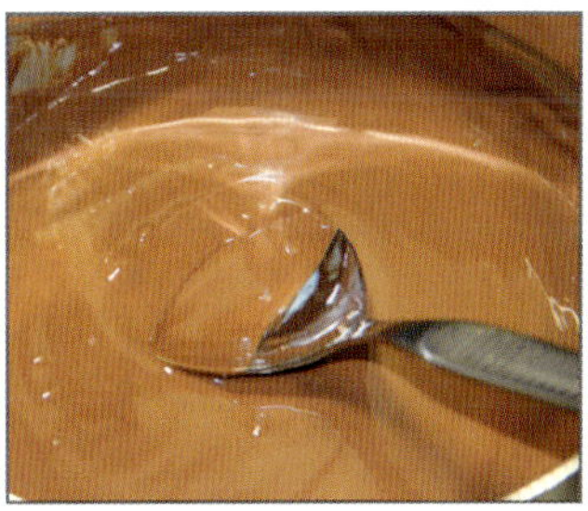
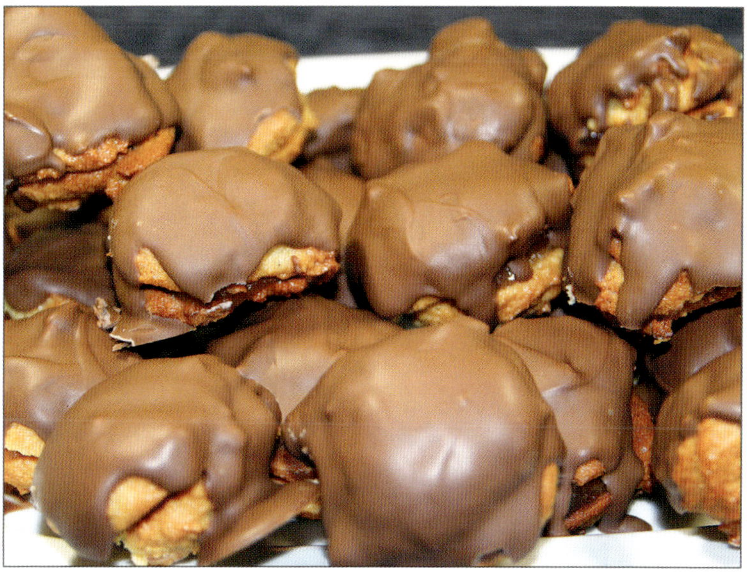
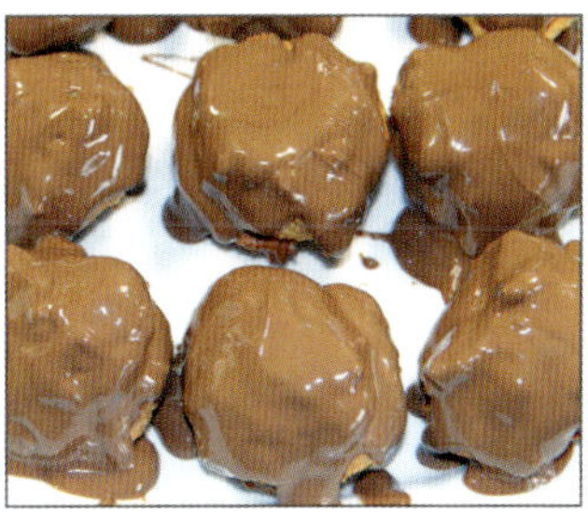

Dagmar Frederic

Zoodirektorentochter
Dagmar Schulz hieß sie, als sie im Kassenhäuschen des Eberswalder Tiergartens ihres Vaters den ersten richtigen Kuss bekam. Dagmar Frederic wurde aus ihr, nachdem Musikprofis ihre beindruckende Stimme hörten und sie zu fördern begannen. Diese Stimme ist es, die ihr einen unglaublichen Bekanntheitsgrad bescherte, denn sie verwendet ihr wertvollstes Gut als Sängerin von Musical- und Popmusik genau so wie für launige Moderationen. Viele Jahre lang mit großer Präsenz im Fernsehen, auf großen und kleinen Bühnen, aber auch im Rundfunk.

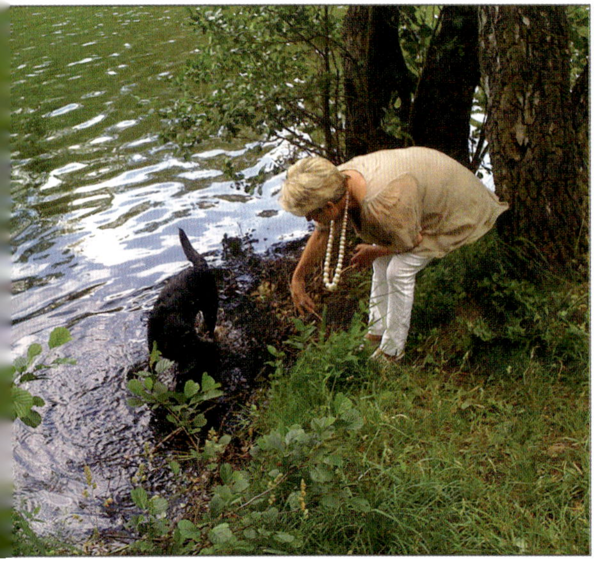

Kumpeldiva
Im Gegensatz zu vielen ihrer Kolleginnen gilt Dagmar als sehr nahbar, stets umringt von etlichen Autogrammjägern und nie abweisend, was diese emotionale Zuwendung betrifft. Auf der Bühne hat sie das Sagen (und das Singen), und zwar in jeder Hinsicht. Wer da etwas sagt und singt, ist eine oktavenreiche, extrem belastbare und starke Stimme. Sie hat einen Schmelz wie sonst keine, fadet die Töne ein (ohne jegliche digitale Technik) und aus. Die Stimme, verquickt mit dem wachen Geist, macht sie zur plaudernden Unterhalterin, zur liebenswürdigen Erzählerin, zur wachen, mitunter flippigen Showdiva.

Singende Tänzerin
Das, was man heute an so mancher jüngeren ihrer Kolleginnen bewundert, machte Dagmar Frederic schon vor Jahren – stilvoller, damals gewagter und spektakulärer. Sie ließ sich singend aus dem riesigen Wasserbecken des Friedrichstadtpalasts an einem Akrobatenseil nach oben ziehen, sie tanzte und sang mit so manchem Showballett, synchron agierend und die Beine mindestens genau so hoch schwingend wie die Tänzerinnen. Dabei traf sie jeden Ton und gab eine grazile, im besten Sinne sexy Bühnenrolle.

Bäckersfrau
Dagmar ist eine treue Seele, aber eine, die sich immer mal wieder neu verliebt und dann sämtliche Konsequenzen zieht. Ihr fünfter Mann machte sie zur Bäckersfrau, denn in seinem ersten Beruf ist Dr. Klaus Lenk eigentlich Bäcker gewesen. Was ihn nicht davon abhielt, sich zu promovieren und Kultur zu seinem Lebensinhalt (neben Dagmar natürlich) werden zu lassen. Aber durch ihn ist Dagmars Zunge verwöhnt, was die Bäckerei betrifft. Immerhin bäckt Klaus alljährlich die Weihnachtsstollen für Familie und Freunde. So ist es besonders ehrenvoll, dass die schwierig zuzubereitende Aprikosen-Haselnuss-Torte mit Marzipandecke von ihr fachfraulich als geliebtes Backwerk ausgewählt wurde.

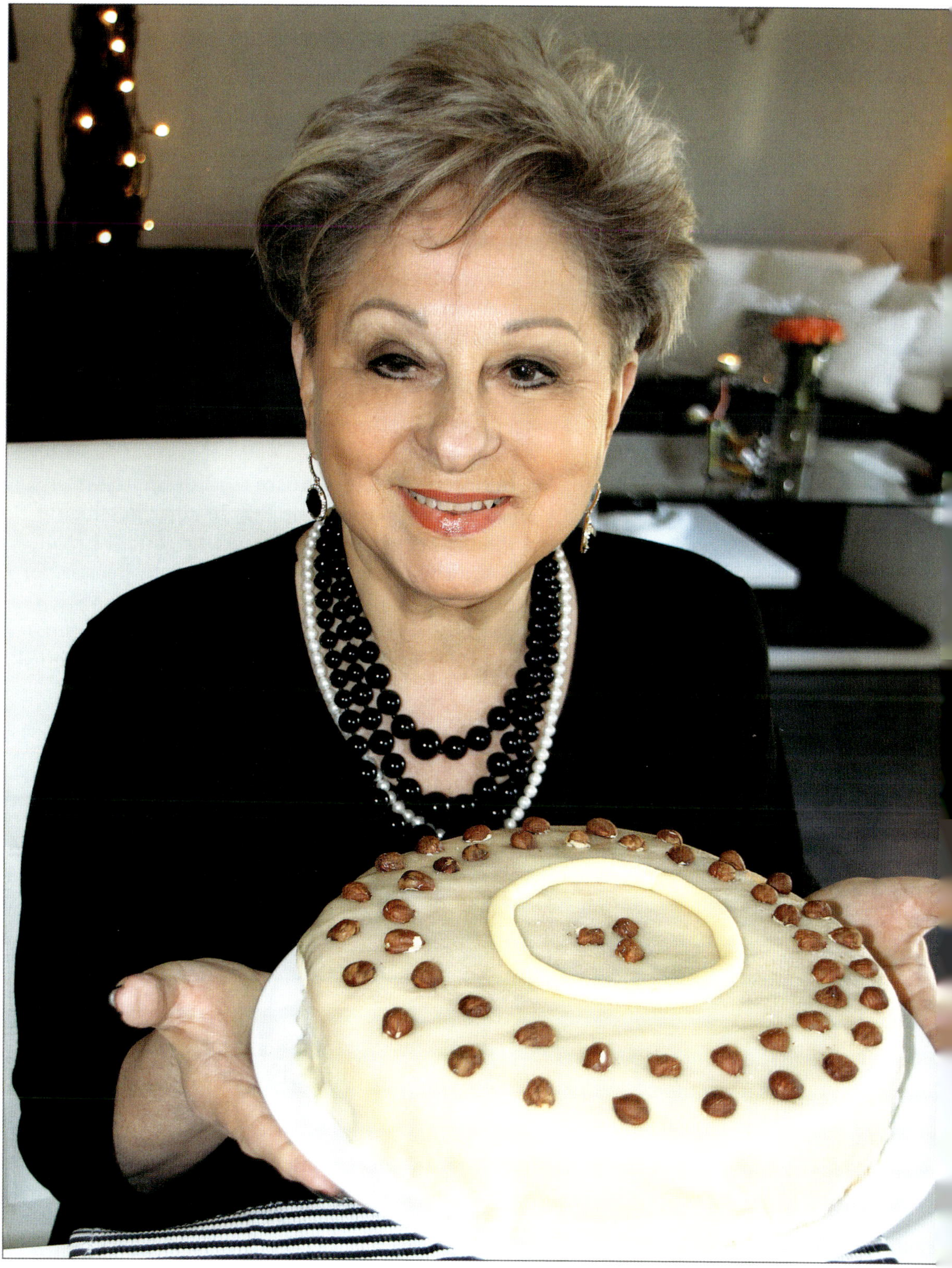

Michael Gwisdek

Ein Hundeleben in der Schorfheide

Da der Schauspieler Michael Gwisdek von der Liebe und der Luft lebt, verzichtete er auf ein Rezept zum Eigenverzehr. Viel Liebe braucht, hatte und hat er, saubere Schorfheideluft auch – so hat er einen langen Atem, wenn es mal besonders drauf ankommt. Weil es bei den anderen Pfleglingen – ob Mensch oder Tier – in seinem Umfeld hinreichend viele eh vorhandene

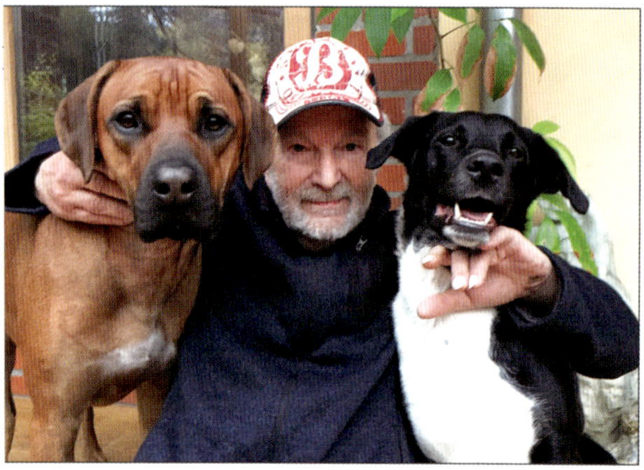

Kost gibt, entschied er sich für seinen Hund Paul (nach einer Filmrolle benannt) und den Immermalwiederzugasthund Django. Die verwöhnt er mit Snacks: Hunde kann nicht der Hafer stechen, da lassen sich also Haferflocken-Snacks verfüttern, je nach Lage und Laune mal mit Bouillon, mal mit Quark. In Vorbereitung der großen Hollywood-Karriere für Paul als neuer Filmhund ist der dritte Snack mit Erdnussbutter zubereitet. Denn es kommt beim dortigen Film darauf an, vor allem den fetten Geschmack der Amerikaner zu treffen.

Schauspieler mit Oscar(Wilde)format

Ob es noch mal einen Oscar für Michael Gwisdek geben wird? Alle großen Preise, die es im deutschen Filmbereich gibt, hat er ja eingeheimst, sehr zurecht! Seine schlagfertige Plauderweise, aufgebaut wie eine spannende, meist witzige Story mit Pointe (und wehe, es unterbricht ihn einer kurz vor letzterer) würde einen eigens dafür kreierten Oscar verdienen, den „Oscar Wilde", denn dieser war bekannt für seine launigen Tischgespräche, die alle drum herum in den Bann zogen – wie bei Micha.

Alles selbstgemacht – bis auf die Hundesnacks

Wenngleich so viele abgedrehte Leute heute von „Zurück zur Natur" faseln und sich sogar mit „Steinzeitnahrung" Kalorien zuführen, ist Michael Gwisdek einer, der auf all das nichts gibt, es aber wohl auslebt. Auf seinem Grundstück mit Wildwuchs gestaltete er ein malerisches, parkartiges Gelände. Die Gebäude, in denen er wohnt, hat er projektiert und gestaltet – Schmuckstücke mit riesigen Fensterfronten, die nicht nur für Erhellungen sorgen (Erleuchtungen sind dann nämlich gar nicht mehr erforderlich), sondern für Einsichten und den richtigen Ausblick. Nur mit Kochen oder Backen hat er es nicht so, darum auch die Hundesnacks aus Freundesproduktion.

Goldfische und Wildwuchs

Inmitten der gezähmten Wildnis gibt es außer den Hunden weitere gezüchtete Tiere. Für seine Goldfische hat Micha seinen professionell und vorbildlich mit Filteranlage ausgestatteten Teich angelegt. Lange dienten sogar Hühner sowie eine Schar Enten der Proteinversorgung aus eigener Produktion. So stammten die Eier für die Hundesnackzubereitung von den echten Gwisdek-Hühnern.

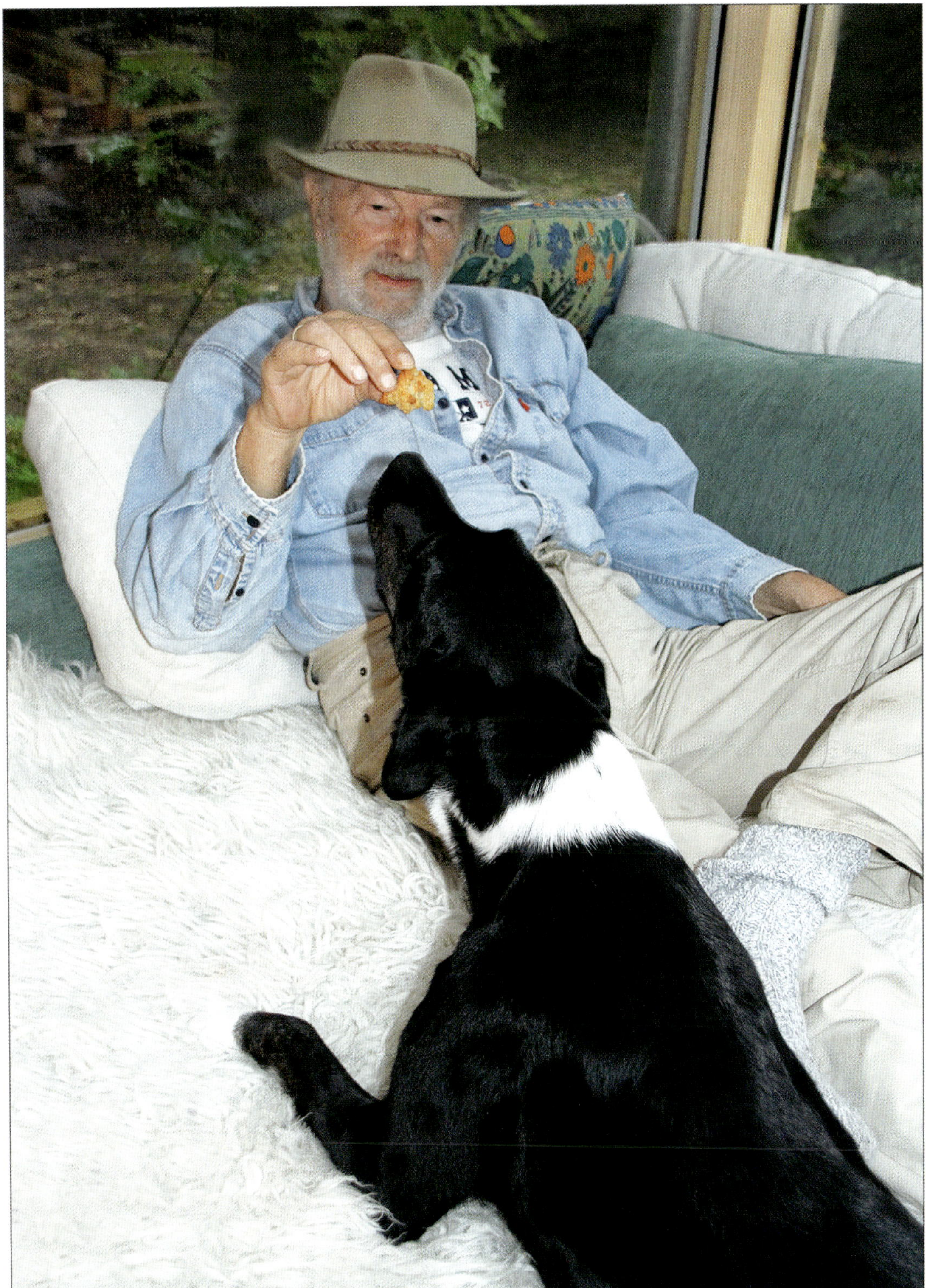

Dreierlei Hundesnacks

Für die Backmischung:
200 g Dinkelvollkornmehl
150 g Weizenmehl
1 Essl. Backpulver
250 ml Erdnussbutter
200 ml Milch

Erdnussbutter-Snacks
Mehlsorten und Backpulver mischen. Mit einem Mixer Erdnussbutter und Milch glatt rühren zu einer sämigen Flüssigkeit. Mehlmischung und Erdnussmilch zu einem Teig verkneten. Unter Zugabe von Mehl zu einigen Teigkugeln formen. Nacheinander die Teigkugeln mit den Händen walzenartig ausrollen (2 cm Durchmesser). Mit einem bemehlten, scharfen Messer flache, runde Scheiben abschneiden und auf ein mit Backpapier präpariertes Backblech legen. Bei Ober- und Unterhitze im vorgeheizten Backofen bei 200°C ca. 15 Minuten backen.

Für die Backmischung:
500 g Körnige Haferflocken
100 g Mehl
1 Tasse Instant-Rinderbrühe
2 Eier

Haferflocken-Bouillon-Snacks
Zutaten zu einem lockeren Teig vermischen. Mit einem Löffel flache Häufchen (ca. 2 cm Durchmesser) auf ein mit Backpapier bedecktes Backblech setzen. Bei Ober- und Unterhitze im vorgeheizten Backofen bei 120°C ca. 45 Minuten backen.

Für die Backmischung:
200 g Körnige Haferflocken
150 g Magerquark
1 Ei
5 Essl. Milch
5 Essl. Pflanzenöl

Haferflocken-Quark-Snacks
Zutaten zu einem lockeren Teig vermischen. Mit einem Löffel flache Häufchen (ca. 2 cm Durchmesser) auf ein mit Backpapier belegtes Backblech setzen. Bei Ober- und Unterhitze im vorgeheizten Backofen bei 200°C ca. 30 Minuten backen.

Das Rezept für Michael Gwisdek

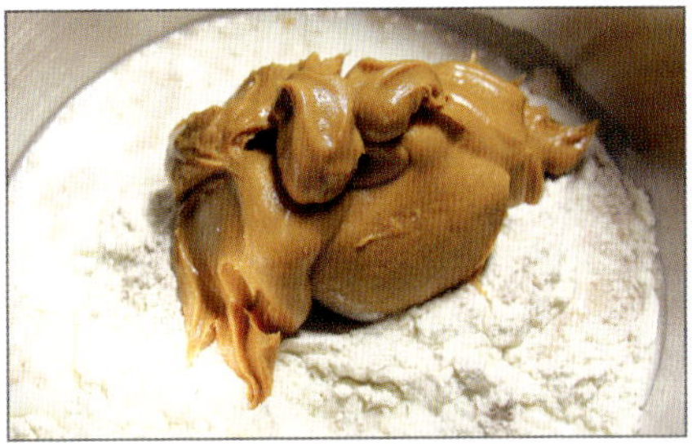
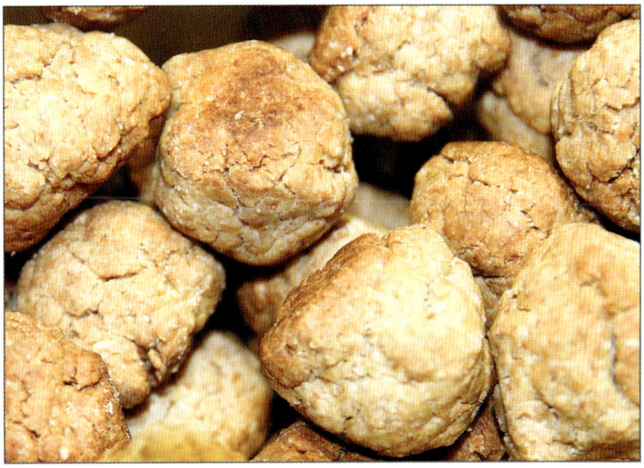
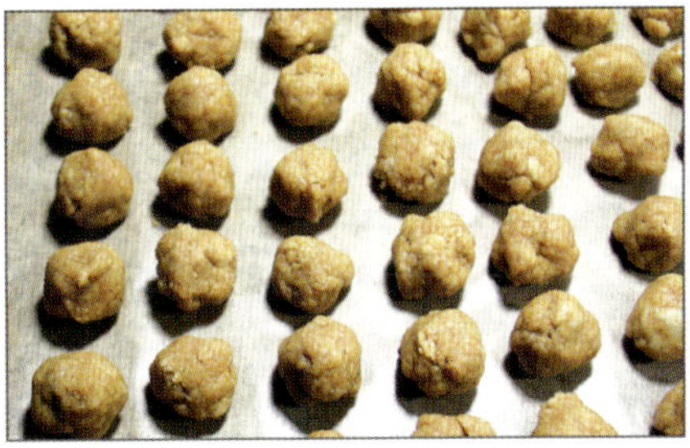
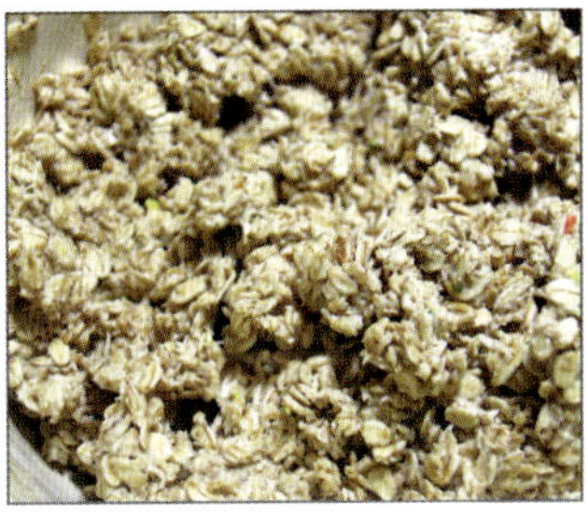
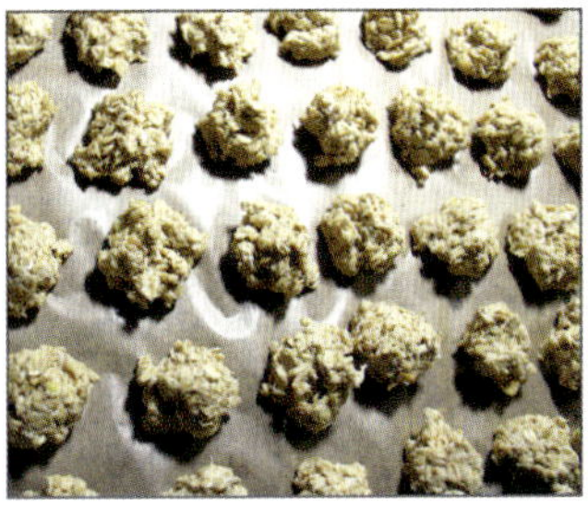
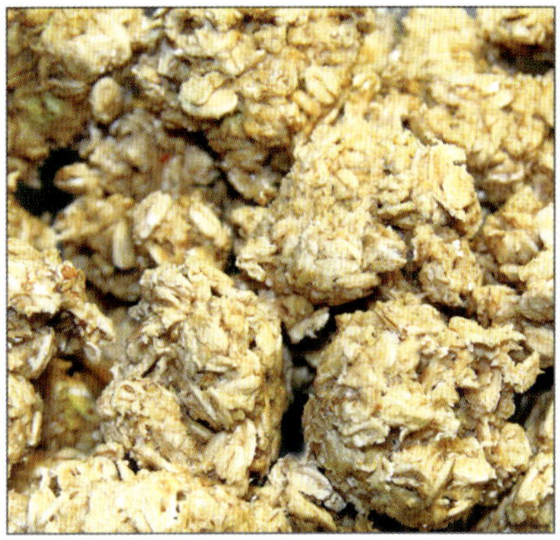
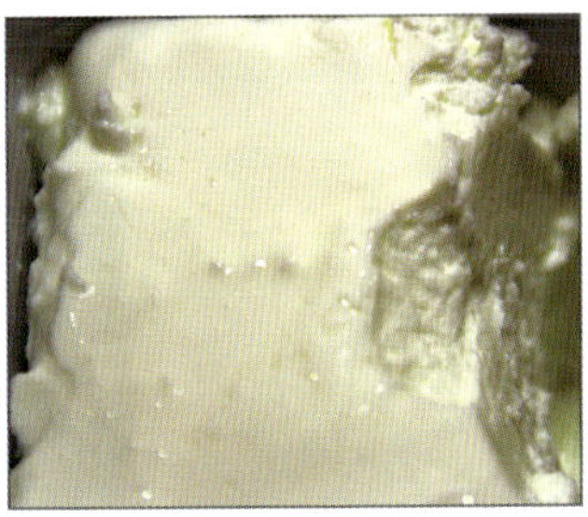
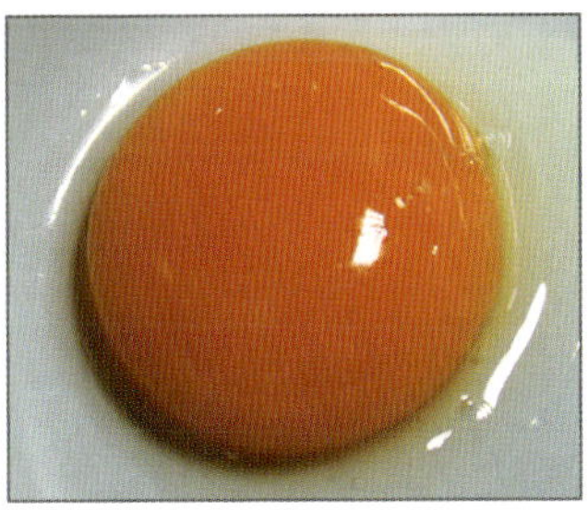
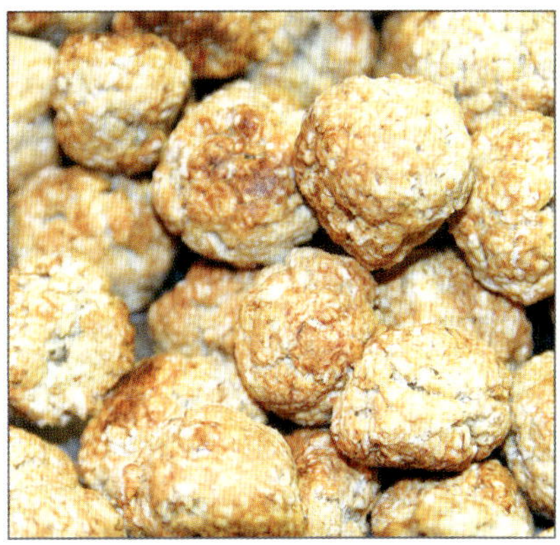
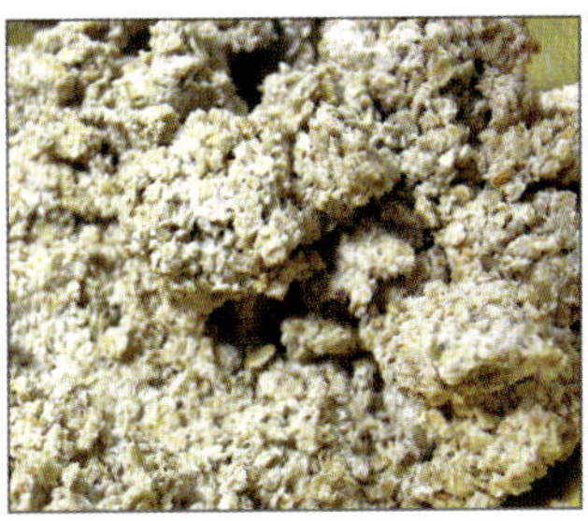
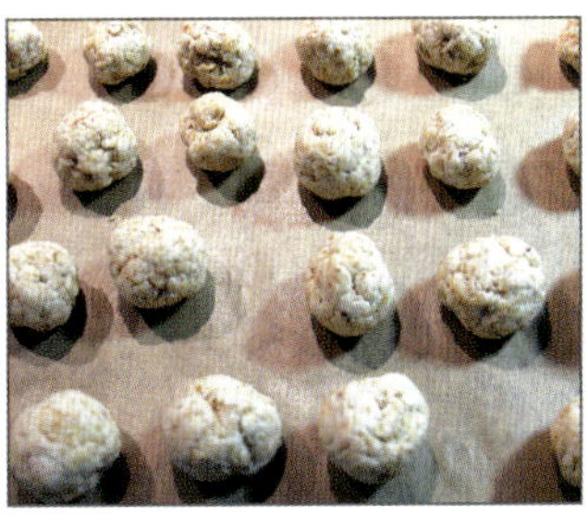

Gitte Haenning

Dem Duft des Lebens auf der Spur
Würde sie sonst nichts vom Leben wissen (was ja nicht der Fall ist), Gitte Haenning wüsste alles von seinem Duft. Schon beim allerersten Schnuppern an gebackenen Köstlichkeiten bemerkt sie, was drin sein müsste. Und beim Apfelkuchen mit Marzipanstreuseln lag sie auch sofort richtig: Zimt, Koriander, Bittermandel-Aroma und natürlich Marzipan. So wurde er zu

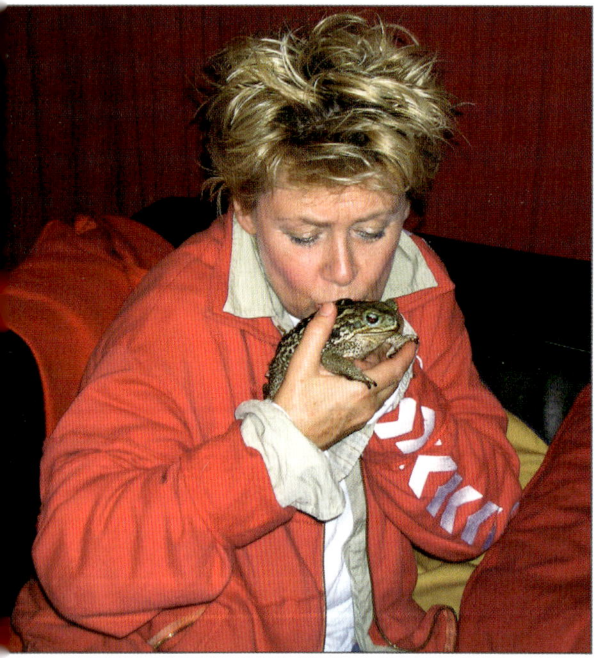

ihrem Lieblingskuchen. Gerüche gehören zu Gittes Erkennen, sie liefern ihr nicht nur Informationen, sondern sind mitunter Orientierung und dienen als Helfer, um in gute Stimmung zu kommen.

Genuss hinter der schönen Fassade
Man könnte vermuten, dass sich diese wunderschöne, alterslose Frau – lebenslang ein Kind geblieben – mit Strenge diszipliniert, um ihr Äußeres zu erhalten. Denn so viele Prominente betreiben einen enormen Aufwand, um den schönen Schein zu wahren. Bei Gitte Haenning ist es kein Schein. Sie ist ein Genussmensch, gar nicht diszipliniert, isst gern und gut, trinkt Erlesenes. Der Genuss führt zu ihrem Wohlbefinden, das strahlt nach außen, das macht sie so schön.

Kompromisslos uneitel
Diese rigorose Ehrlichkeit, nicht nur mit sich selbst, macht die Künstlerin auf der Bühne zur uneitlen Dienerin ihres Publikums. Perfekt muss es nicht sein (das wäre ja unerreichbare Theorie), sondern so gut wie genau im gegeben Augenblick erforderlich. Die Sängerin trägt ein gerüttelt Maß ihrer eigenen Emotionen und Gedanken in Herzen und Köpfe der Menschen, die ihre gewöhnlich jazzigen, anspruchsvollen, nicht den üblichen Maßstäben entsprechenden Konzerte besuchen und genießen. Das ist der Grund für den ungebrochenen Erfolg der mehr als sechzigjährigen Bühnenkarriere.

Das Leben ist eine Bühne – und die Bühne ist für sie das Leben
Gitte ist eine Philosophin, das bemerkt man rasch, wenn man sich mit ihr unterhält, klug wie ihre Texte, unglaublich viel wissend und kombinierend. Das Shakespearesche Prinzip lebt sie. Deshalb geht sie auch genau so durchs Leben, nämlich einerseits schonungslos unverblümt und ehrlich, wenn es um die eigene Arbeit geht, andererseits mit einem riesig großen Herz, einer Zuwendung und einem bemerkenswerten Verständnis für Menschen. Ganz gleich, welche Situation – diese Fähigkeit schützt vor Verletzungen auf beiden Seiten. Und sie ermöglicht unverkrampften Genuss, mal Musik, mal Gerüche oder Bilder, mal Apfelkuchen.

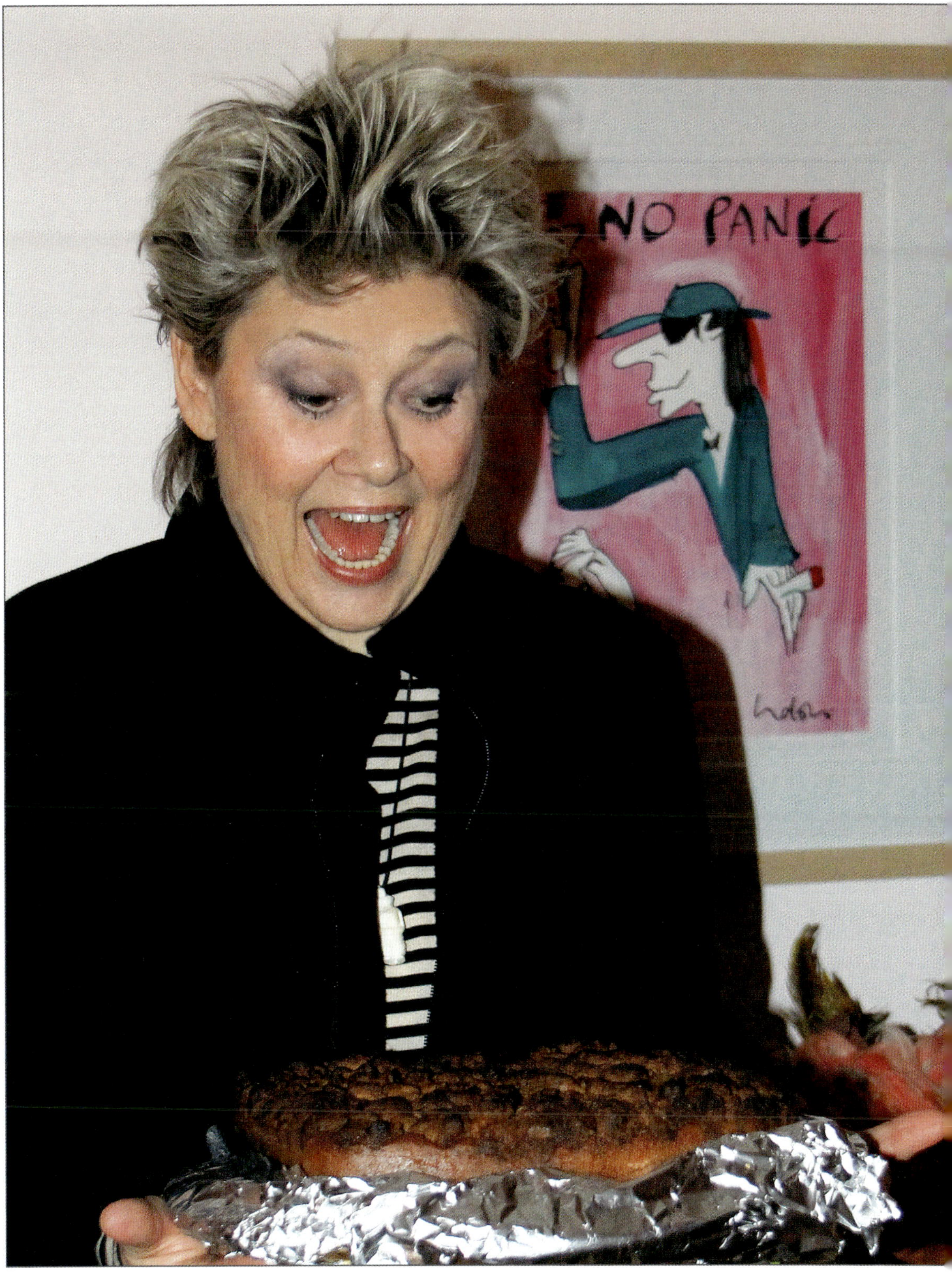
NO PANIC

Marzipanstreusel-Apfelkuchen

Für die Backmischung:
125 g Butter
125 g Zucker
100 g Marzipanrohmasse
3 Eier
1 Essl. Bittermandelaroma
4 Essl. Milch
250 g Mehl
1 Teel. Backpulver
1 Teel. gemahlener Koriander

Für den Belag:
4 bis 5 saure Äpfel

Für die Streuselmasse:
100 g Butter
150 g Brauner Zucker
200 g Marzipanrohmasse
1 EL Bittermandelaroma
150 g Mehl
1/2 Teel. Zimt
1 Teel. gemahlener Koriander

Zubereitung des Teigs
Flüssige und weiche Zutaten (warme Butter, Marzipanrohmasse, Eier, Bittermandelaroma, Milch) mit dem Zucker zu einer homogenen Creme verarbeiten (Rührfunktion einer Küchenmaschine). Mehl mit Backpulver und Koriander untermischen und zu einem Rührteig verarbeiten.

Vorbereiten des Belags
Äpfel schälen, vierteln, Kerngehäuse entfernen und danach die Viertel längs in maximal 1 cm dicke Scheiben schneiden.

Zubereitung der Streuselmasse
Kalte Butter mit allen übrigen Streuselzutaten verkneten, bis eine einheitliche, krümelige Masse entsteht (Knethaken der Küchenmaschine).

Vorbereiten des Kuchens in der Form
Silikon-Standardkuchenform mit 26 cm Durchmesser oder quadratischer Grundfläche mit zugeschnittenem Backpapier auf dem Glasboden belegen. Kuchenteig einfüllen und gleichmäßig glatt streichen. Apfelstücke mit dem Kiel nach unten in Querreihen eindrücken. Streuselmasse darüber verteilen, bis die Oberfläche nahezu komplett von den Streuseln abgedeckt ist.

Der Backvorgang
Backofen mit Unter- und Oberhitze auf 175 °C vorheizen und den Kuchen ca. 60 Minuten auf der mittleren Schiene backen. Nach dem Erkalten Springform entfernen, Backpapier unten abziehen und in der gewünschten Form servieren.

Das Rezept für Gitte Haenning

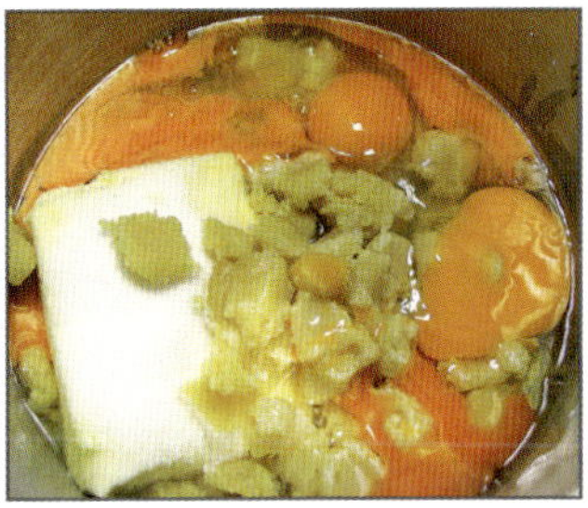
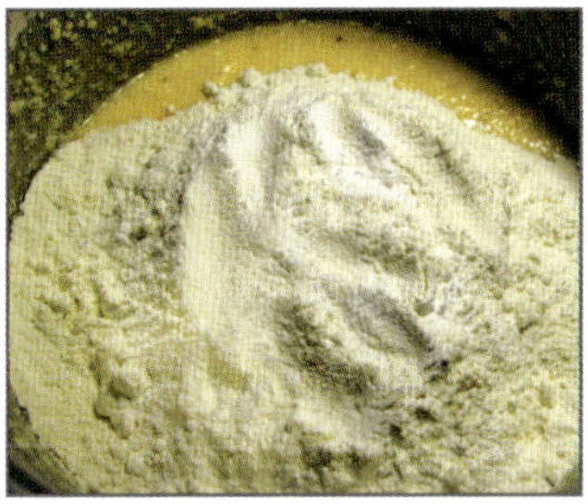
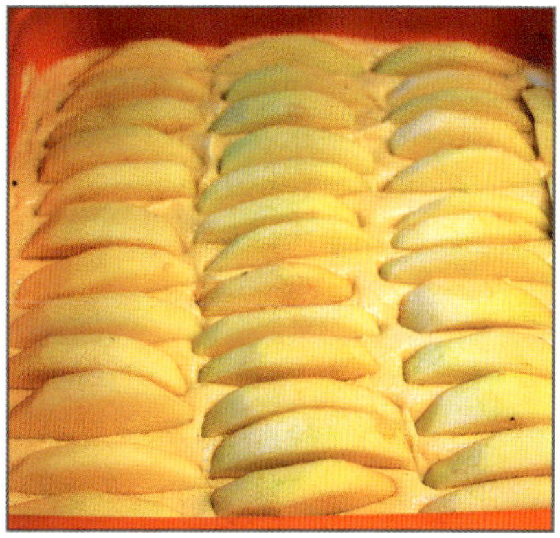
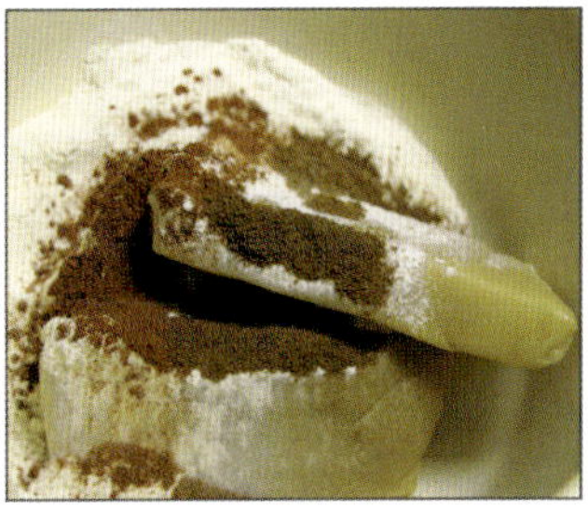
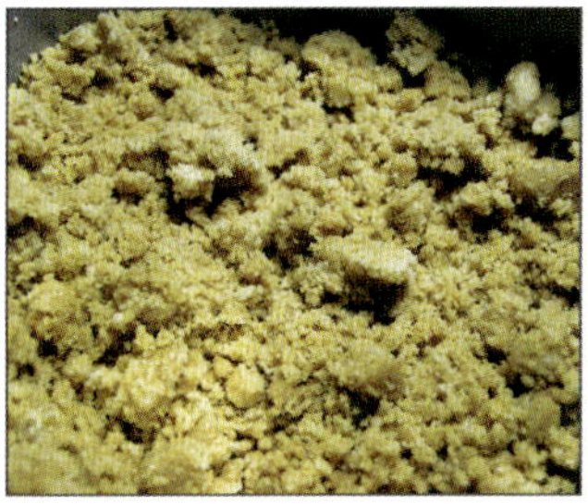
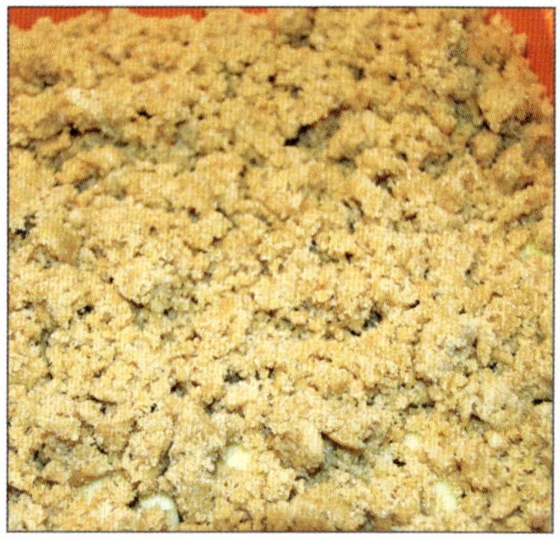
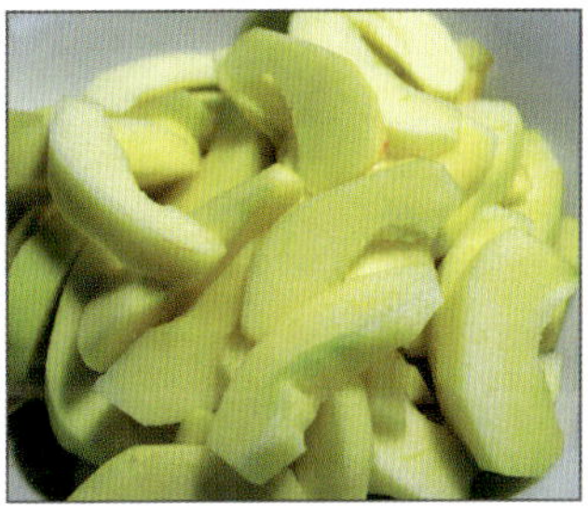
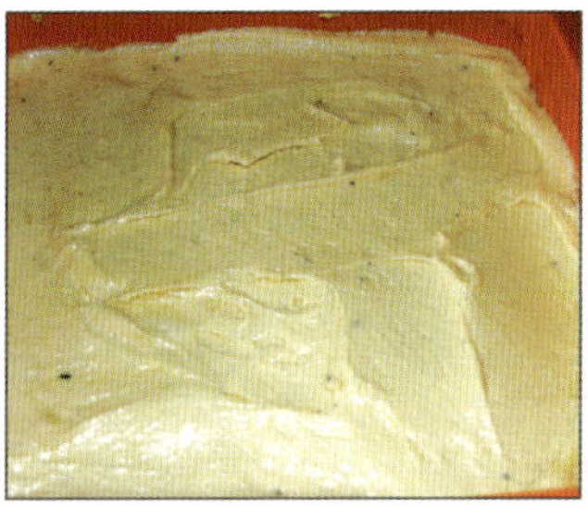
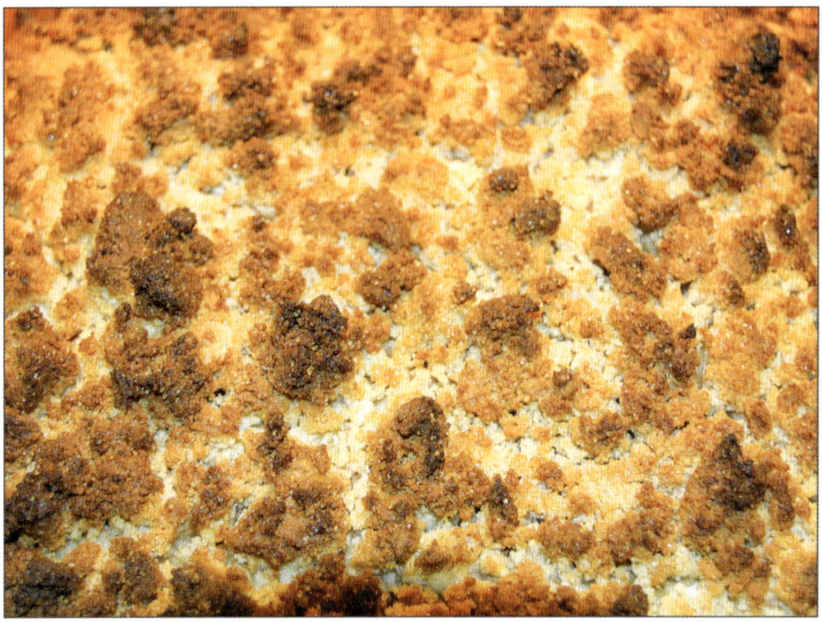

Dieter Hallervorden

Staatsoberhaupt der Hofnarren
Dieter Hallervorden gehört zu den zehn bekanntesten Menschen Deutschlands. Ganz egal, ob sein Name, sein Gesicht oder seine Stimme gemeint sind. Er ist im besten Sinne einer der wenigen Geschäftsleute unter den großen Künstlern, einer, der ein feines Gespür für lukrative und gleichsam künstlerisch anspruchsvolle Projekte entwickelt. Dabei meidet er, wenn es um Satire geht, jeglichen Radikalismus und macht sich über Dogmen gebührend lustig. Wunderbar, dass er ausgerechnet die „Mohrenstraße“ bei einer Berliner Künstleraktion in der U-Bahn ansagte, nachdem in dem von ihm „phönixierten“ Schlossparktheater ein von außen dümmlich geschürter Black-Face-Skandal eigentlich dafür sorgte, dass sich noch mehr Leute aus aller Herren Länder für seinen „Rappaport“ interessierten. Dieter Hallervorden ist ein Charakterschauspieler von Format. Das hat er auf vielen „Brettern“, nun aber vornehmlich auf seiner Theaterbühne, zuhauf bewiesen, lange vor dem „Rennen“ und dem „Honigkopf“.

Nonstop Nonsens?
Sicher begann die Prominenz mit der gleichnamigen Fernseh-Sketch-Serie, aus der man allerlei Sprachklassiker kennt. Aber es war eben nie nur Nonsens. Immer inhaltsreicher, philosophischer, politischer wurde Hallervorden. Oder besser: Er offenbarte seine Einstellung immer klarer. Nein, er schwamm und schwimmt nicht immer nur gegen den Strom. Deshalb hat er noch viel vor sich, bis er an der Quelle ankommt, was immer das für ihn bedeuten mag. Denn eine wichtige Weisheit aus seinem Munde lautet: Wer immer gegen den Strom schwimmt, kommt einmal bei der Quelle an. Biologisch anadrom weitergedacht, ist sie für einen alten Lachs eben auch der Quell der Arterhaltung. Mit Freude lässt sich das am Einarbeiten seines Sohnes Johannes in die Theaterarbeit verfolgen.

Bauhaus und Château de Costaérès
Durch Hallervordens Geburt in der Bauhausstadt Dessau gab es mannigfach Bezüge zur Architektur, auch der schöner Gärten, denn sein Großvater war einer der Gestalter des Wörlitzer Parks. Aber die Sprachgewandtheit des Künstlers (er ist der Übersetzer vieler französischer Stücke) wird wohl eher die Entscheidung geprägt haben, an die bretonische Küste auf die Insel mit dem Schloss Costaérès zu ziehen. Und der Sinn für Schönheit, Romantik, ein wenig Naturverwilderung. Veränderung, Risiko, das Prickeln, wenn es um neue Erkenntnisse, Gefühle, Erfolge geht, das sind die Ingredienzien seiner Tankfüllung mit extrem hoher Oktanzahl. Das muss nicht umweltfreundlich zu fahren sein, es geht um Geschwindigkeit, rasche Beschleunigung, mitunter Abheben. Nur, wer bei diesem Tempo für Reibung und Abschürfungen an den Rändern seiner Wege sorgt, kann jene mitreißen, die dort am Rande stehen. Das ist sein Ziel, das ist ihm fast immer gelungen, deshalb kennen ihn alle, achten ihn (das ist das Mindeste). Warum hat er sich für den Rhabarber-Baiser-Kuchen entschieden? Weil er Rhabarber liebt, er ist ein wenig sauer (macht also lustig). Aber unser Geheimnis bleibt: Im Baiser ist Honig verarbeitet. Nun stimmt es wieder nach dem Verzehr: Dieter Hallervorden hat Honig im Kopf (kurzzeitig).

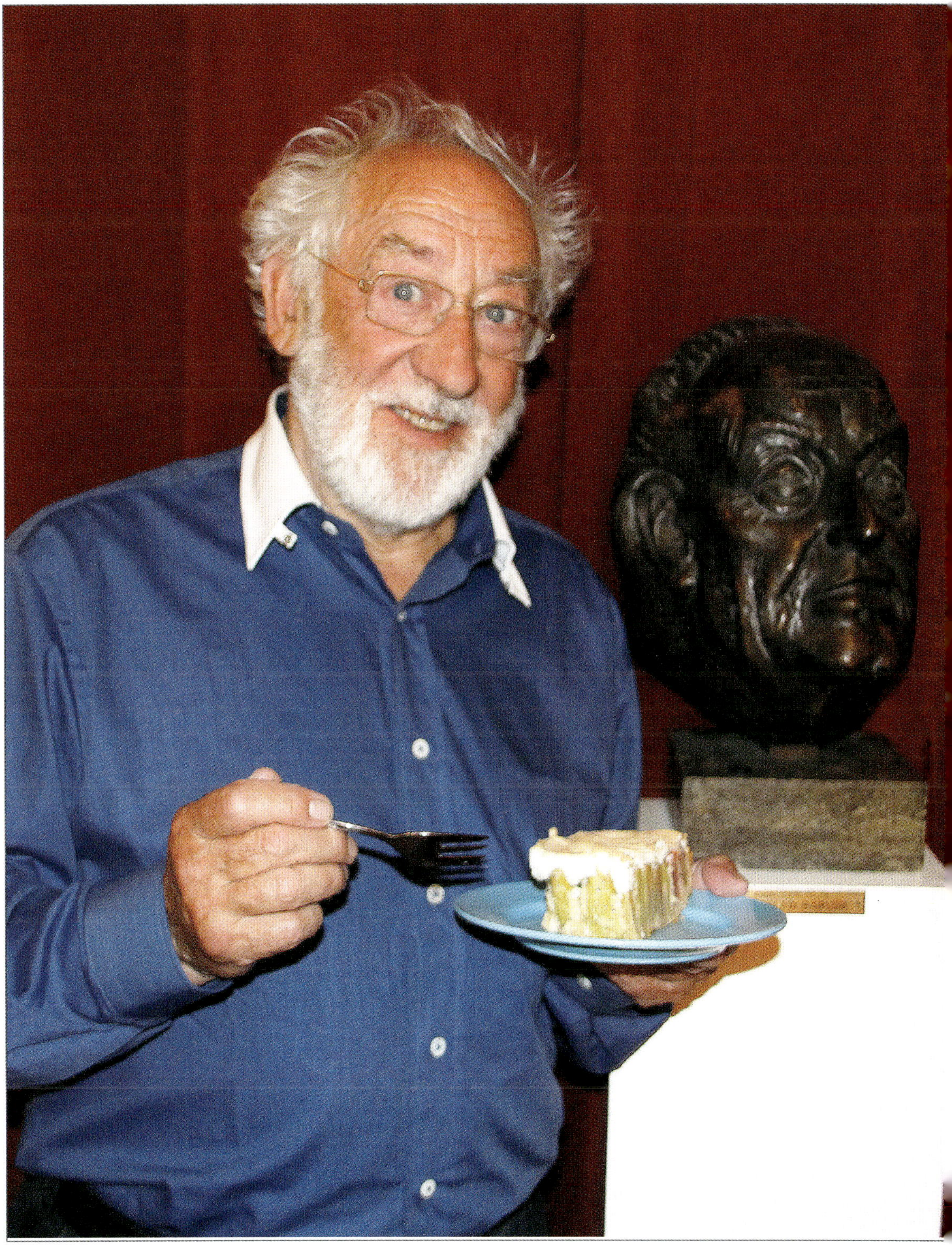

Rhabarber-Baiser-Kuchen

Für die Backmischung:
125 g Butter
125 g Zucker
1 Pck. Vanillezucker
1 Ei
2 Eigelb
50 g Speisestärke
1/2 Pck. Backpulver
1/2 Teel. Zimt
1/2 Pck. Citroback

Für den Belag:
ca. 1,5 kg Rhabarber
1 Teel. Zitronensaft

Für das Baiser:
2 Eiweiß
100 g Zucker
50 g flüssiger Honig

Zubereitung des Teigs
Ei und Eigelb, weiche Butter, Zucker und Vanillezucker cremig verrühren. Speisestärke, Citroback, Zimt und Backpulver zugeben und nochmals verrühren. Teig in eine Silikon-Springform mit Glasboden, auf dem passend Backpapier aufgelegt ist, streichen.

Vorbereiten und Verarbeiten des Belags
Rhabarber schälen und in ca. 3 cm lange Stücke zerschneiden. Rhabarberstücke dicht senkrecht wie kleine Basaltsäulen auf den Teig stellen und dabei leicht eindrücken. Zitronensaft gleichmäßig darauf verteilen.

Backen des Kuchens
In auf 180 bis 200°C bei Ober- und Unterhitze vorbereiteten Backofen schieben und etwa 50 bis 60 Minuten backen.

Zubereitung und Backen des Baiser
Eiweiß mit zunächst etwas Zucker sehr steif schlagen, dann allmählich restlichen Zucker und Honig untermischen. Eischnee auf dem heißen, gerade herausgenommenen Kuchen gleichmäßig verteilen und nochmals 15 Minuten bei gleichbleibender Hitze backen.

Das Rezept für Dieter Hallervorden

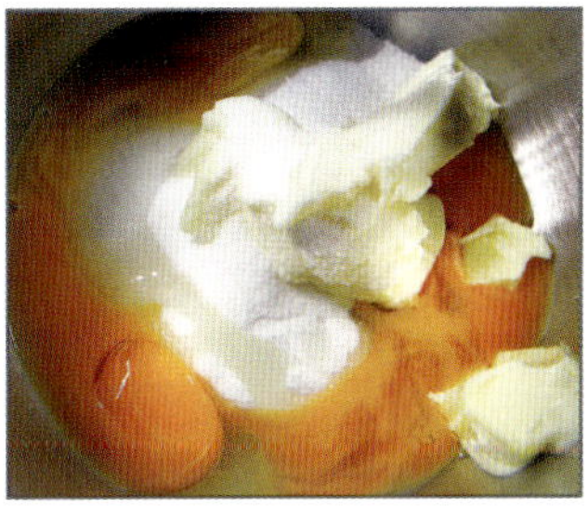
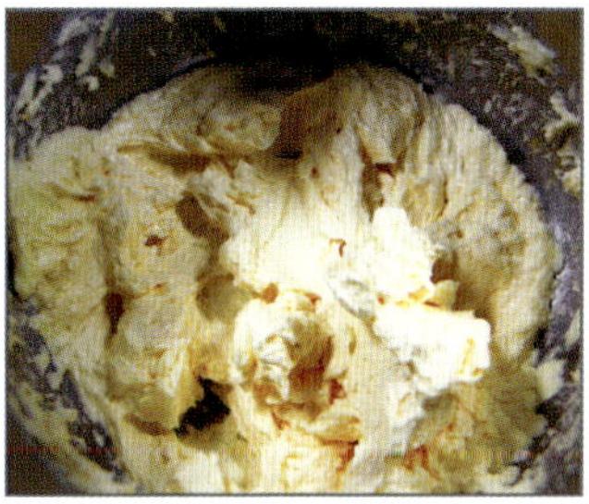
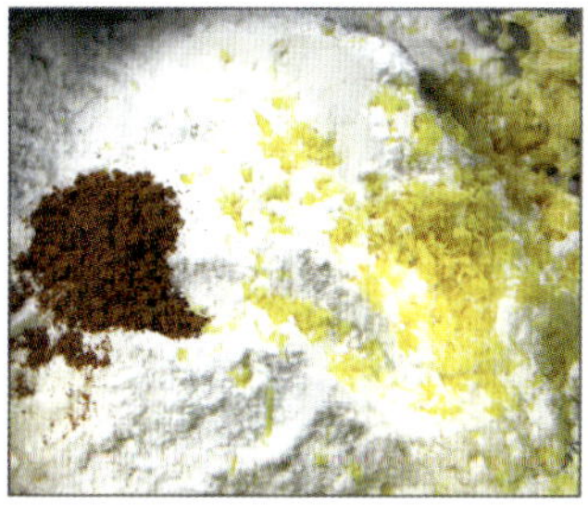
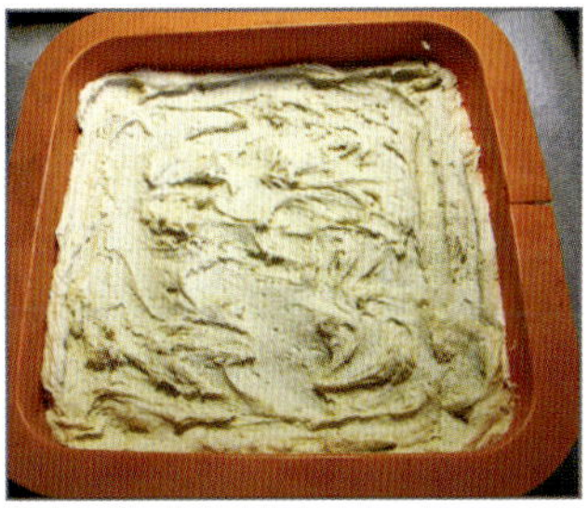
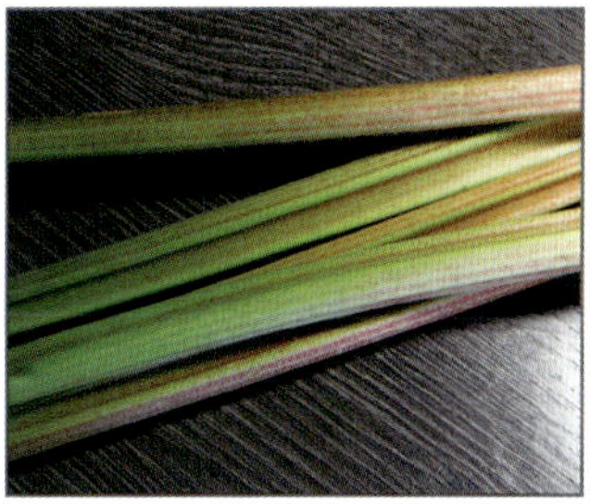
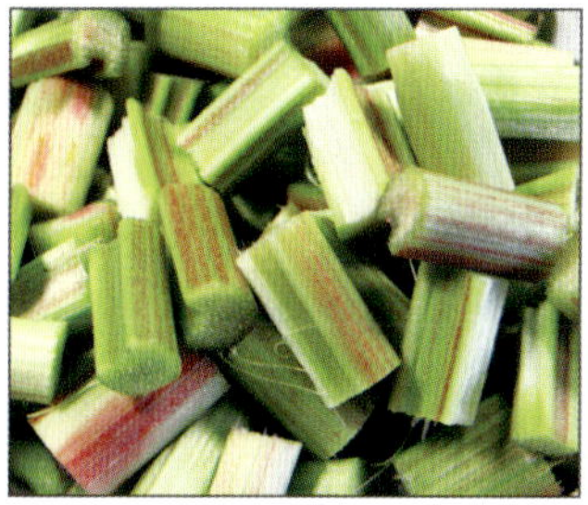
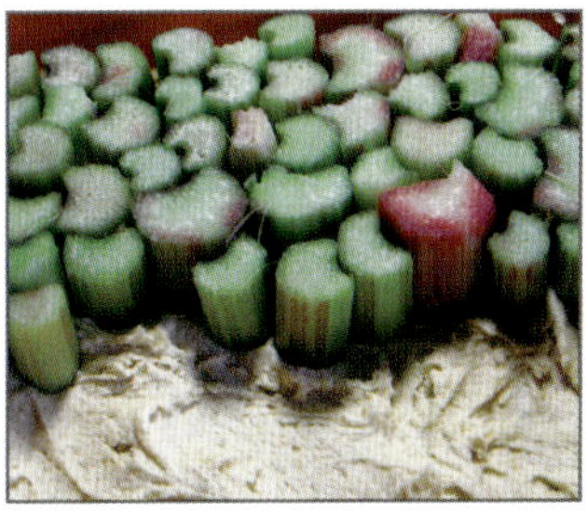
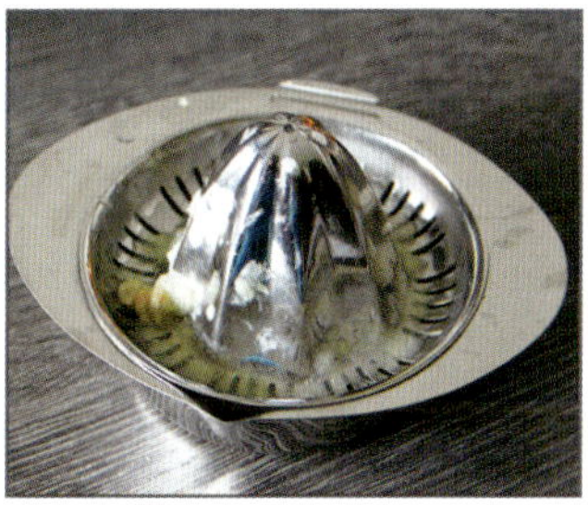
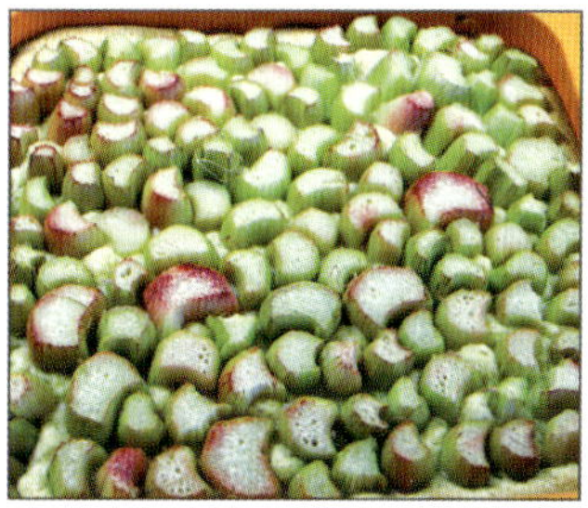
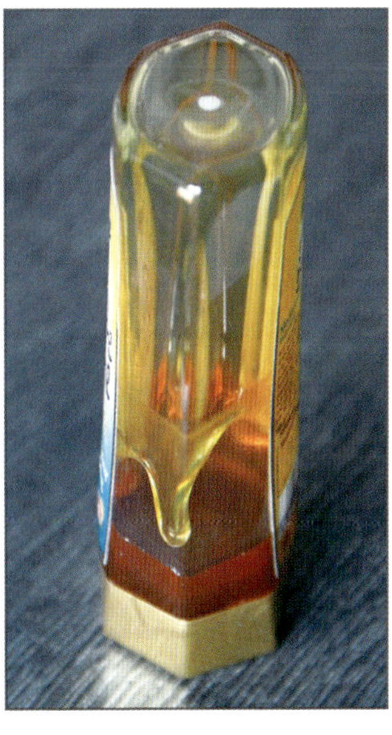
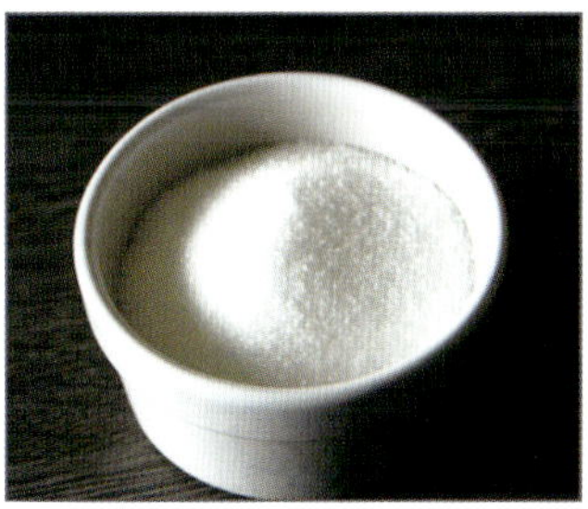
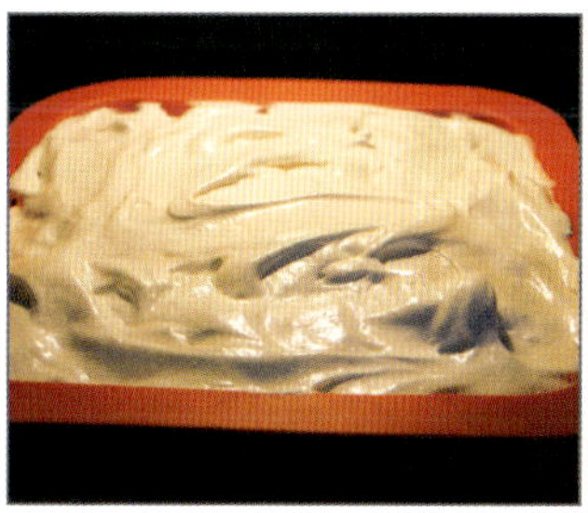
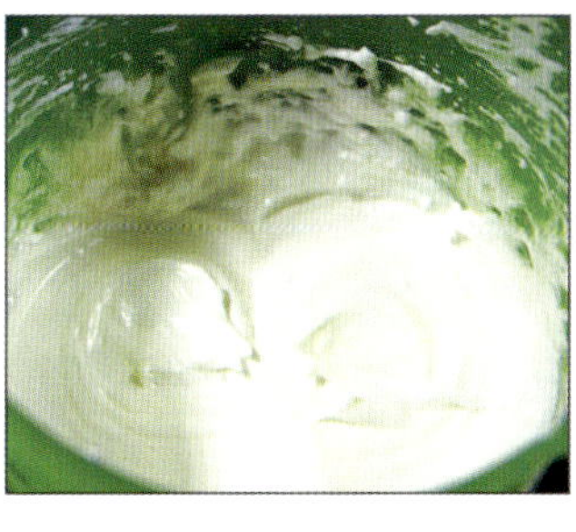
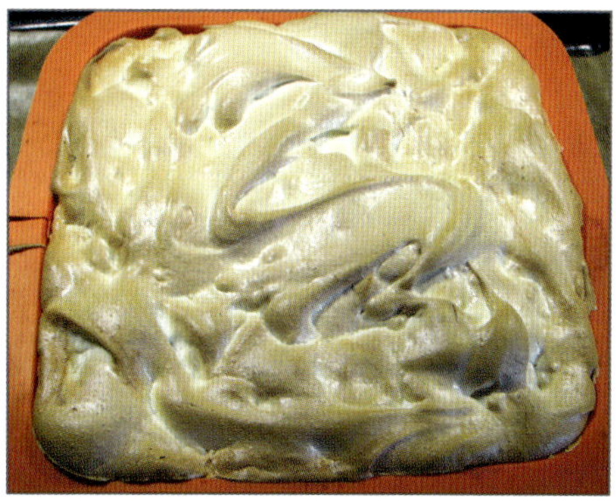

Corinna Harfouch

Die Königin
Wenn eine Schauspielerin diese Bezeichnung verdient, dann Corinna Harfouch. Nein, es ist nicht die Königsklasse, denn zu der gehören mehrere, es gibt nur eine Königin. Wie erreichte und hält sie diese thronende Regentschaft? Da ist natürlich ein unglaubliches schauspielerisches Talent dem kleinen Eichhörnchen (Corinnas allererste Rolle in einem Schulkinderstück) zugehüpft – später veredelt und qualifiziert durch die Zusammenarbeit mit großen Regisseuren. Aber all das wäre nichts ohne ihre schier grenzenlose Identifikation mit ihrem künstlerischen Beruf. Nicht etwa nur in einem vielleicht lukrativen Bereich wie dem Film, sondern auf unzähligen Theaterbühnen, bei Lesungen, Installationen, experimenteller Regiearbeit und vielem mehr. Corinna Harfouch verschlingt Bücher exzessiv, verarbeitet das Gelesene und verknüpft es mit ihren Arbeiten. Ihr Reichtum an Wissen und Emotionen macht es möglich, dass diese kluge Frau so tiefgängig agieren kann. Ihr intensives Schauspiel macht sie zur Königin ihres Berufes.

Ewig junger Freigeist
Nur mit ihrer Intelligenz und der bemerkenswert komplexfreien Offenheit lässt es sich erklären, dass man mit Corinna Harfouch über alles angeregt und tiefschürfend, verschmitzt und ernsthaft zugleich debattieren kann, wobei sie nicht mit so etwas wie „Sendungsbewusstsein“ ihre Sicht der Dinge oktroyiert. Dieses Unorthodoxe, verbunden mit Neugier und Zweifel, macht die Gespräche mit ihr zu Erlebnissen. Ganz egal, ob über irgend ein philosophisches Detail der jüngsten Lesung, den Personengeschmack in Sachen Erotik, politische Schauderhaftigkeiten oder ein Backrezept, etwa das zum Paprika-Rupfkuchen. Die Vielfalt in den großen und kleinen Dingen von Leben und Kunst treibt sie, die Schöne, stets jugendlich Wirkende, die Unstetige in jeder Hinsicht – bis auf die Treue zu ihrem eigenen hohen Niveau.

Lebensbrodeln und Naturruhe
Nur wenigen Menschen gelingt es, sich situativ einzustellen auf das Notwendige einerseits und das Erhoffte, selten Erlebte andererseits. So umringt Corinna Harfouch der Trubel ihrer Arbeitsplätze am Filmset, in den Theatern und auf den Wegen dorthin. Hat sie dann mal Zeit, lädt sie sich die Stille ein. Das gelingt ihr, weil sie inmitten von Natur wohnt. Und eben diese Fähigkeit – so etwas wie zur darstellenden Expression kommende Anpassungsfähigkeit – pointiert und mit perfektem Timing von Körper, Mimik und Sprache, macht ihre schauspielerische Darstellung so besonders, unverwechselbar, meisterlich. Wie oft fällt dann bei Rezensenten der Satz: „Das kann nur die Harfouch spielen!“ Bei Klassikern oder oft inszenierten Stücken, in denen Corinna eine Hauptrolle spielte, wird das mitunter zum Problem, denn alle Darstellungen nach ihr erscheinen irgendwie fad. Dabei verteidigt sie ihre Kolleginnen, indem sie von unterschiedlichen Stilen und Versionen spricht, doch wir kennen den feinen Unterschied. Corinna saugt Wissen und Gefühl an sich – in angeregten Gesprächen bei guten Speisen, edlem Wein und den zarten Geräuschen der Natur drum herum, der knorzigen Kiefern im Wind, der Taucher auf dem See, der Eichhörnchen in ihrem Garten...

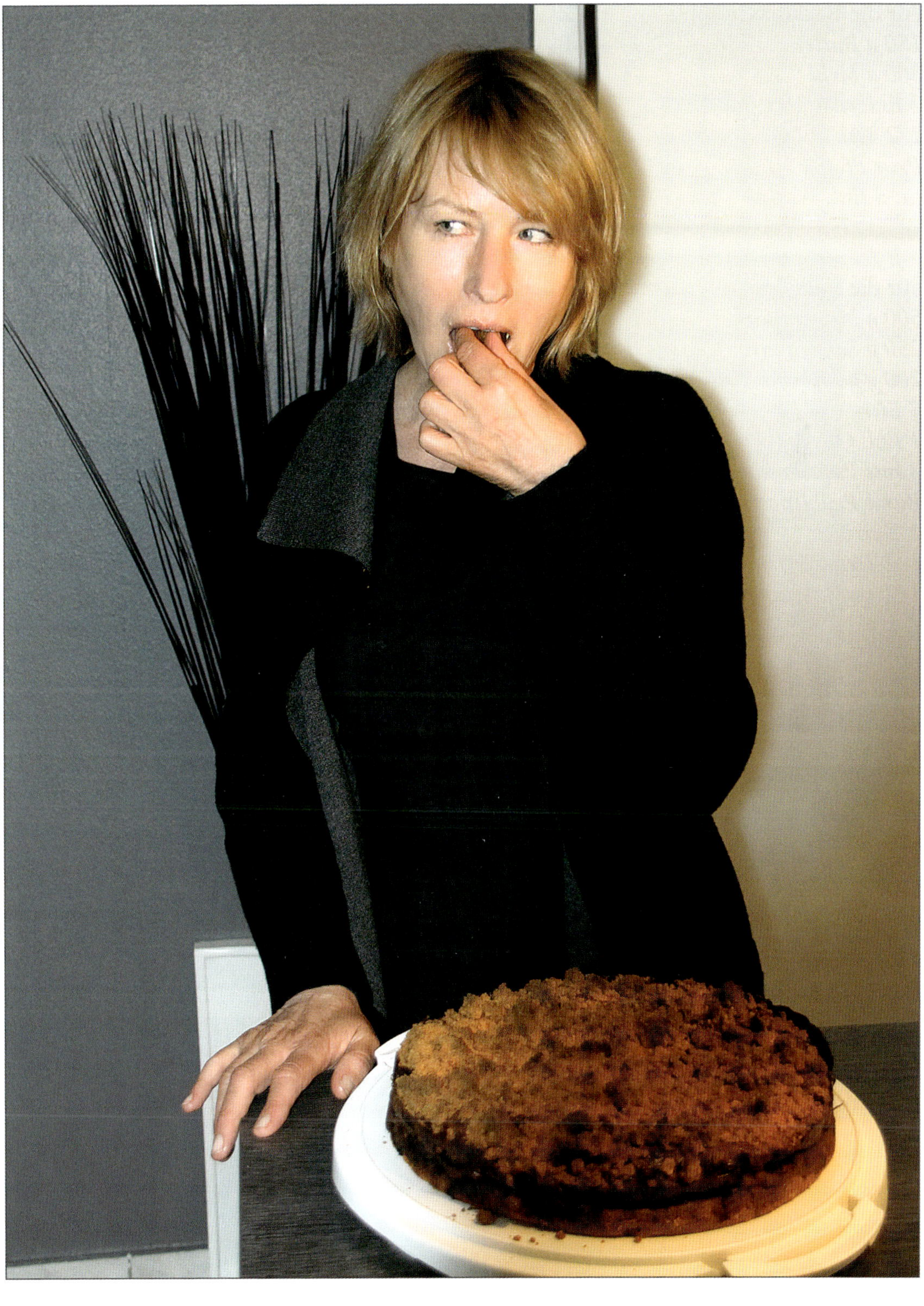

Henry Hübchen

Gigantischer Hubraum
Ein „Henry“ sollte die Maßeinheit für den „Gigahub“ sein, also eine gigantische Kraft, hervorgebracht durch Hebelgesetzgeschicklichkeit und unbändigen Auftrieb. Der Hubraum macht die Leistungsfähigkeit einer Maschine aus, der Tidenhub beschreibt die Höhe der Gezeiten. Der junge „Henry Hub“, damals stimmte der Familienname Hübchen vielleicht sachlich noch, war nationaler Meister im Windsurfen und wusste seine Hubkraft bezüglich der Tide trefflich einzusetzen. Wie es eben oft so ist, konnte er nichts für seinen Namen mit der Verkleinerungsform des eigentlich kraftvollen Namens, und so ging er seit den „Söhnen der großen Bärin“ (DEFA-Indianerfilm aus dem Jahr 1965) allbekannt in die Filmgeschichte ein als DER Henry Hübchen.

Von Casablanca bis Castdorf
Mädchen- und Jungenschwarm war er, der den gerade fertil gewordenen jungen DDR-Bürgerchen schmucke Eigenkompositionen nebst flippigen Texten zur Klampfe intonierte und damit estradentelevisionspräsent samstagabendlich den Kopf verdrehte. Weil das gut war, was er da an Notenfolgen musikalisch thematisierte, erbaten sich die Musiker der legendären Gruppe „City“ ein paar Lieder von Henry, wobei sein „Casablanca“ bis heute ein Dauerbrenner geblieben ist und in aller Ohren klingt. Wo andere mit solchen Bezeichnungen wie „Volksschauspieler“ zu punkten versuchen, hat Henry Hübchen in Berlin eine ganze Volksbühne zu bieten. Auf deren Brettern war seine theatralische Heimat, geformt und gefordert von Frank Castdorf, dem langjährigen Intendanten und streitbaren Regisseur. Ungewohnt mannigfaltig sind Henrys Rollen, es gab und gibt für ihn kein „Fach“.

Kodakmeilen
Diesen Begriff hat mal Hilde Knef geprägt. Wenn er für einen Filmschauspieler zutrifft, dann unangefochten für Henry Hübchen. Aus der in ihrer länge geradezu tapezierfähigen Filmtitelliste ragen viele Produktionen hervor, die längst legendär geworden sind. Die hier genannten sind sehr der individuellen Auswahl des Schreiberlings geschuldet: Mit „Jakob der Lügner“ nach Jurek Beckers Drehbuch war sogar eine Oscar-Nominierung dabei. Unvergessen bleibt „Sonnenallee“ über die Bewohner einer Straße Berlins, die es östlich und westlich der Demarkationslinie gab. Judenwitz ist mit das Subtilste bei den Komödien, zu bestaunen und zu genießen in „Alles auf Zucker!“ Mit Ironie für sein eigenes Fach spielte Henry einen schrulligen, dem Alkohol zugetanen Filmschauspieler in „Whisky mit Wodka“, kammerspielartig brillierte er in „Am Hang“. Hochkarätige Preise blieben folgerichtig nicht aus, etwa der Adolf-Grimme-Preis, der Deutsche Filmpreis oder der Theaterpreis Berlin. Vor einem Drehtag muss es schnell gehen, Energie muss das Frühstück liefern, also: Rührei. Henry meint, er könne ein Buch mit unzähligen Rührreirezepten schreiben, denn die hat er drauf und variiert beim Zubereiten immer wieder, damit es nicht langweilig wird. Deshalb ist die Rühreitorte eine quasi doppelt rührende Eikreation – speziell als Energielieferant vor Henry Hübchens langen Drehtagen für viele weitere Rollen.

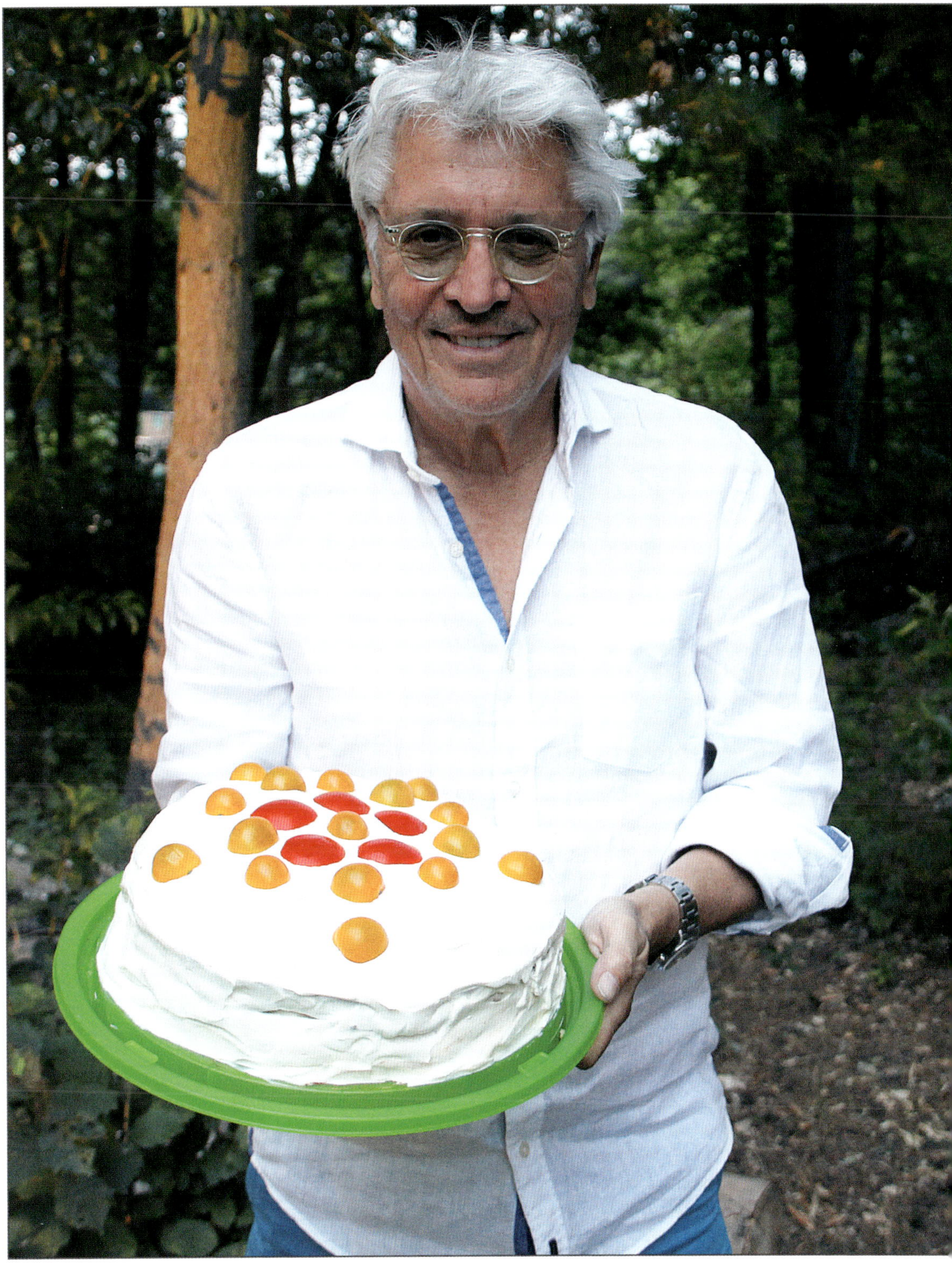

Rühreitorte

Für die Backmischung:
6 Eier
150 ml Olivenöl
150 ml Brühe
350 g Mehl
1 Pck. Backpulver
1 Dose Mais
1/2 Pck. gefrorener Schnittlauch

Für die Füllung
8 Eier
250 g Kochschinkenabschnitte
200 ml Tomatenmark
250 g Gouda light, Scheiben
Butter zum Braten
1/2 Pck. gefrorener Schnittlauch

Für die Verzierung:
600 g Creme legére
ca. 12 Cocktailtomaten

Zubereitung des Teigs
Olivenöl und Brühe in Messbecher füllen, Eier hinzufügen und mit dem Mixer zu einer homogenen Flüssigkeit verrühren. In eine Schüssel überführen und mit Mehl sowie Backpulver zu einem cremigen Teig verrühren. Mais und gefrorenen Schnittlauch unterrühren.

Vorbereiten und Backen
Boden einer Silikon-Springform (26 cm Durchmesser) mit zugeschnittenem Backpapier abdecken. In auf 180°C bei Ober- und Unterhitze vorgeheizten Backofen schieben und etwa 50 Minuten backen.

Herstellen des Rühreiomeletts
In einer Pfanne, die etwa dem Durchmesser des Tortenbodens entspricht, reichlich Butter einbringen. Eier und Schnittlauch verquirlen und in das geschmolzene Fett in die Pfanne gießen. Behutsam braten und dabei gerinnen lassen, so dass eine omelettartige, pfannengroße Scheibe entsteht, die sich gut vom Pfannenboden lösen lässt. In der Pfanne abkühlen lassen.

Aufbauen und Garnieren der Torte
Nach dem Backen um den Tortenboden Form entfernen und abkühlen lassen. Überführen auf den Tortenuntergrund zum Transportieren oder Servieren, waagerecht durchschneiden. Oberen Teil abheben und beide Teile auf der Schnittseite mit Tomatenmark bestreichen. Auf die Tomatenmarkschicht des Tortenbodens Kochschinkenstücke auflegen und überhängende an der Seite abschneiden. Rühreiomelett passgerecht aus der Pfanne auf die Schinkenschicht stürzen. Goudascheiben auflegen und Überhang am Tortenrand abschneiden. Tortendeckel auflegen. Mit Creme legére wie eine Sahnetorte einstreichen und mit Cocktailtomaten garnieren. Vor dem Servieren sollte die Torte einige Stunden lang im Kühlschrank auskühlen.

Das Rezept für Henry Hübchen

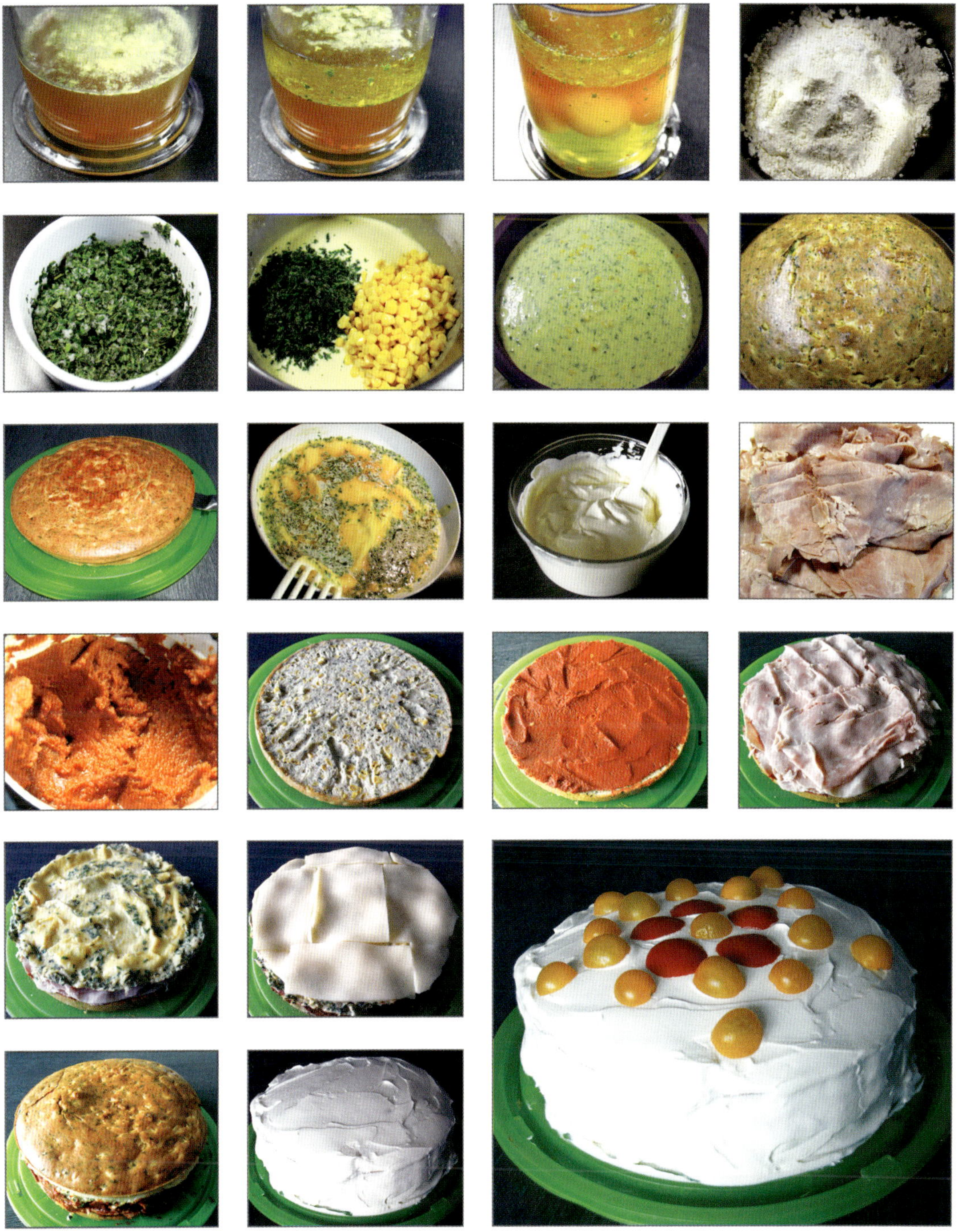

Ursula Karusseit

Die Lieblingskollegin

Ganz egal, mit wem von ihren unzähligen namhaften Schauspielerkollegen man über Ursula Karusseit spricht, jeder schwärmt von der Zusammenarbeit mit ihr. Sie ist ein großartiger Mensch, wird da als erstes gesagt, sie fängt einen auf, wenn es nötig ist, sie mag keine Stutenbissigkeit, sie ist eine wunderbare Schauspielerin, sicher, diszipliniert, stets mit dem richtigen Maß – je nach Genre, sie steht, und zwar eben wie ein „Theatergaul", ganz egal, wie Physis oder Psyche gerade beschaffen sind, sie gibt alles an das Spiel, den Berufungsberuf aus berufener Hand und für ihr Publikum.

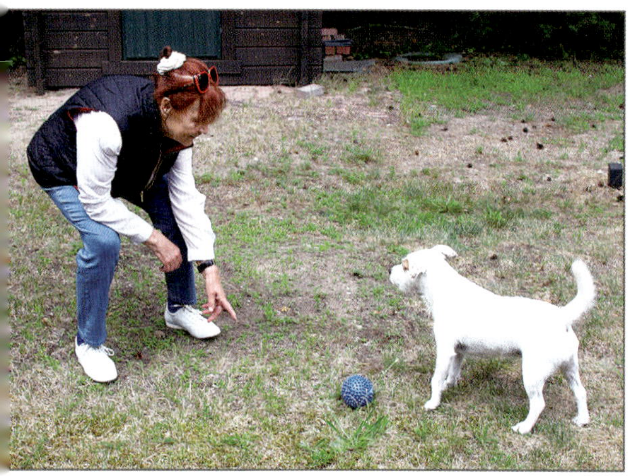

Noch besser mit Besson

Eine riesige Theater- und Filmrollenkarriere beschreibt den schauspielerischen Weg, der mit jenen übers Land so vielen Verehrern als Markstein auf der Rollenlandschaft in Erinnerung geblieben ist. Fast alle großen Bühnenrollen, die zu ihrem rassigen Frauentyp passen, hat sie gespielt. Manche sind in die Theatergeschichte eingegangen, etwa ihre Rolle als Tochter des Archivars Charlesmagne in der berühmten Benno-Besson-Inszenierung von „Der Drache" am Deutschen Theater Berlin. Besson war ihr erster Ehemann, er forderte, förderte, prägte Ursula Karusseit, doch korsettlos, dafür mit geradezu experimentellen künstlerischen Freiheiten. Überall pflegte sie diese – egal in welchem europäischen Theater (und sie hat in sehr vielen gespielt). Sie blieben bis heute, großartig beispielsweise ihre Mutterrolle in „Eine Familie".

Stil – Sprache – Leidenschaft – Haltung

Gespräche mit Ursula Karusseit sind von ihrer Seite so gut formuliert, dass man sie aufschreiben und veröffentlichen kann. Das hat der Autor Hans-Dieter Schütt in einem herrlichen biographischen Buch über „Usch" getan – launig, wortgewandt und voller Haltung. Es dokumentiert ein Stück von dieser lebensprallen, attraktiven, klugen Frau. Doch da gibt es noch so viel mehr: Ihre Liebe und gegenseitige Fürsorge mit Johannes, ihrem zweiten Ehemann, ihre Nähe zum Grün, ganz egal, ob selbst kultiviert oder einfach wild da draußen, ihre Affinität zum Leben mit Verstand und der klaren Wertung, um wen es geht, um Menschen oder Tiere (diese zutiefst humanistische Differenzierung ist leider nicht mehr alltäglich und deshalb so besonders). Letztere umgeben sie mit Helmut und Lotti, kein Sänger, zwei Hunde, aber auch mit Fischen im Gartenteich und einer Goldenen Henne ohne Stall. Warum die Kartoffelsalattorte für Usch Karusseit? Weil es sich beim Verzehr solcher herzhaften Speisen herzlich plaudern lässt. Und weil das Herz links schlägt, gibt es auch mannigfach Verstehen, stilvollen Genuss, leidenschaftliche Formulierungen in guter Sprache, Haltung beweisend.

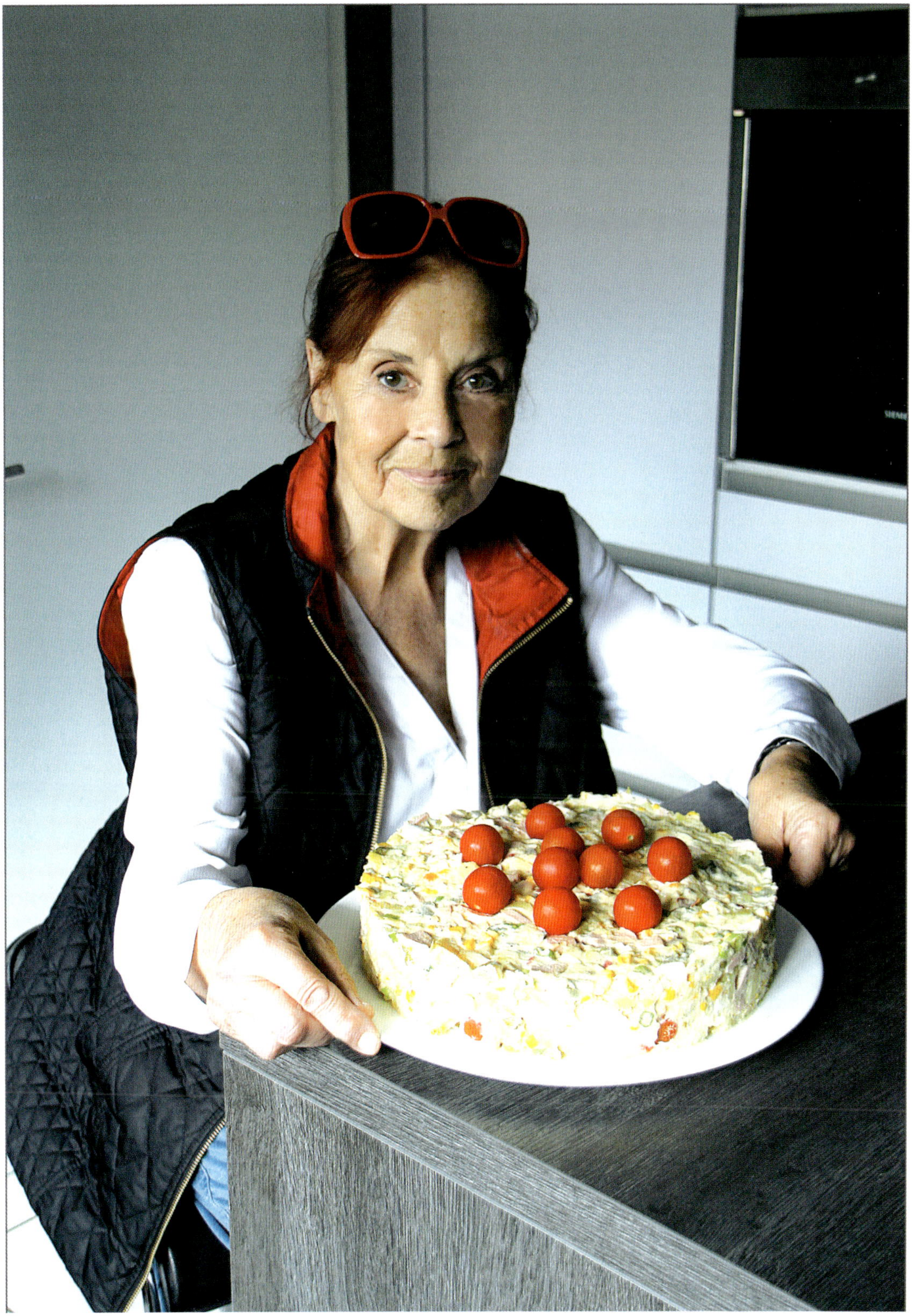

Kartoffelsalattorte

Für die Tortenzubereitung:
1,5 kg Kartoffeln
300 g Fleischwurst
6 Eier
ca. 20 Coctailtomaten
5-6 Gewürzgurken
1 Dose Mexiko-Mix
200 g Miracel Whip light
150 g Creme legére
1 Teel. Senf
1 Pck. Sofort-Gelatine
Salz, Pfeffer, gemalener Kümmel, Piment, Muskatnuss nach Geschmack

Vorbereitung der Zutaten
Kartoffeln mit Schale wie Pellkartoffeln kochen. Nach dem Abkühlen schälen und in Scheiben oder kleine Stücke schneiden. In eine geräumige Schüssel überführen, in die auch alle weiteren Zutaten passen. Eier hart kochen, abkühlen lassen und schälen. Frühlingszwiebeln, Fleischwurst, Gewürzgurken und Eier in kleine Stücke schneiden und in die Schüssel füllen. Die Hälfte der Cocktailtomaten halbieren und den Zutaten in der Schüssel zufügen.

Zubereiten der Tortenmasse
Alle klein geschnittenen Zutaten in der Schüssel gut vermengen, Mexiko-Mix, Gewürze, Senf, Mirakel-Whip und Creme legére hinzufügen und sehr gut miteinander vermischen, so dass eine kompakte Menge entsteht. Sofort-Gelatine hinzufügen und nochmals kräftig umrühren.

Anrichten der Torte
Tortenring auf dem Servierteller in der gewünschten Größe positionieren und die Tortenmasse einfüllen. Mittels eines flach aufgelegten Teigschabers oder mit der flachen Hand festdrücken. Mit den restlichen Cocktailtomaten garnieren und einige Stunden lang im Kühlschrank kalt stellen. Vor dem Servieren eine Messerschneide innen am Tortenring entlangführen, danach Tortenring entfernen. Nach Geschmack kann noch mit Kräutern etc. nachdekoriert werden.

Das Rezept für Ursula Karusseit

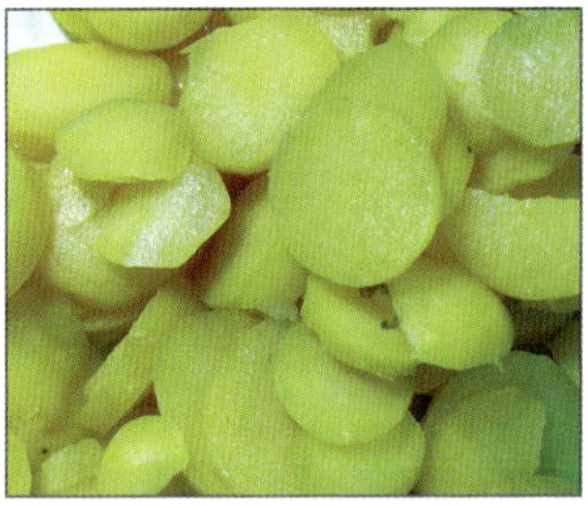
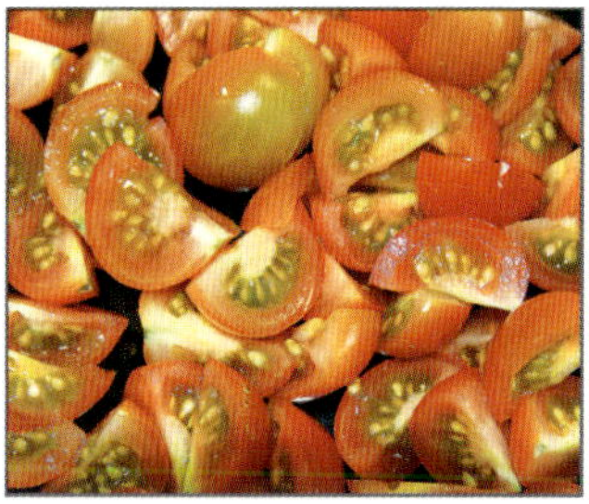
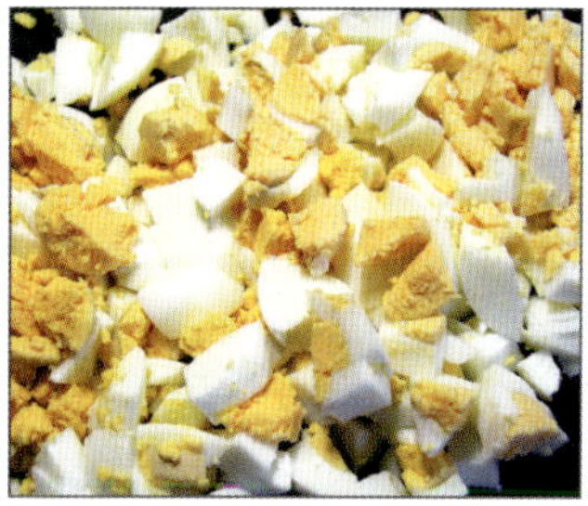
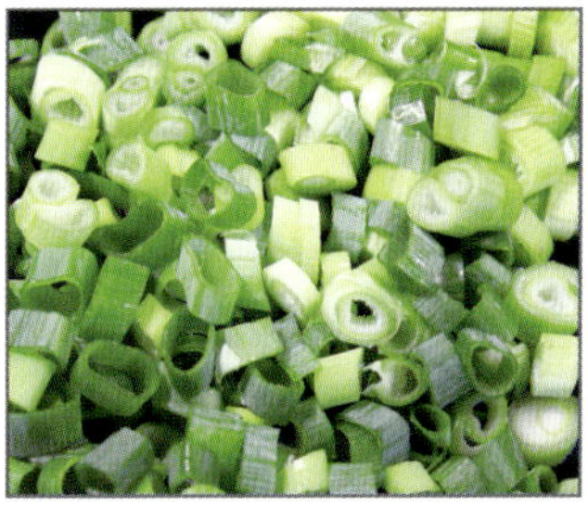
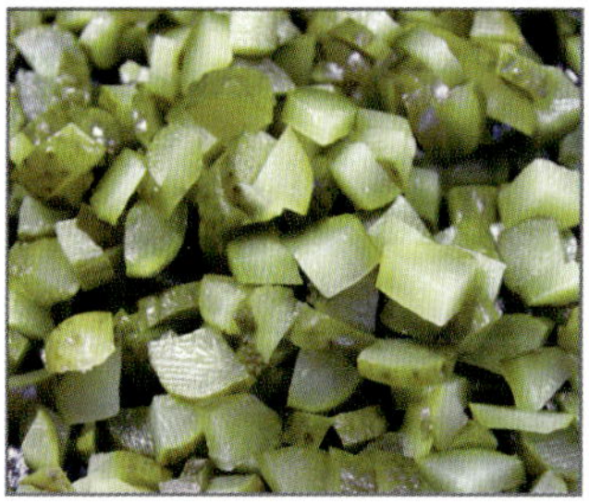
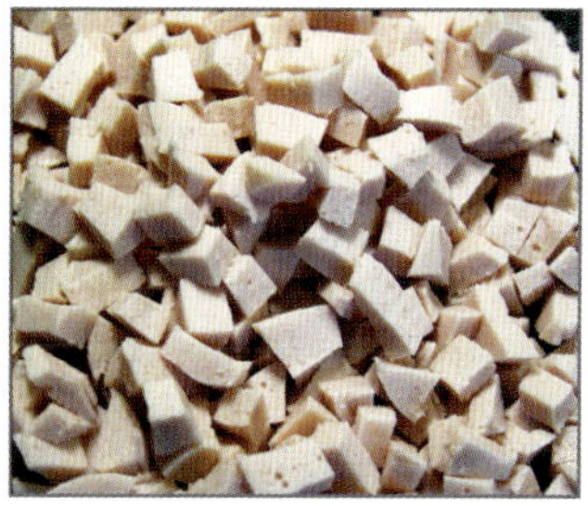
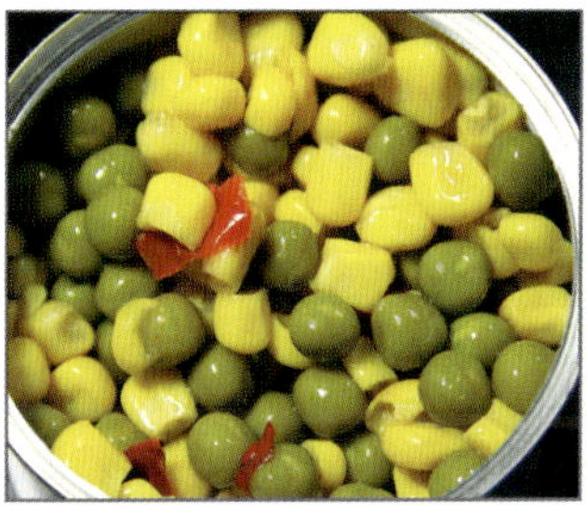
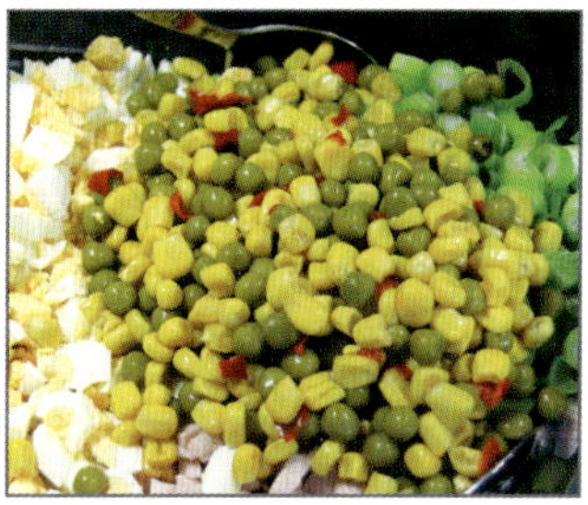
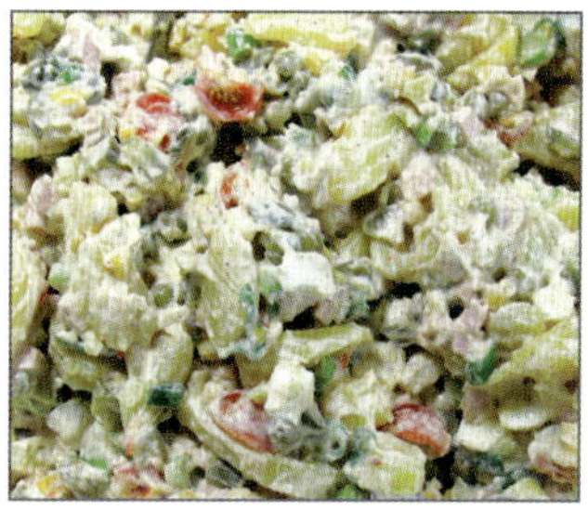
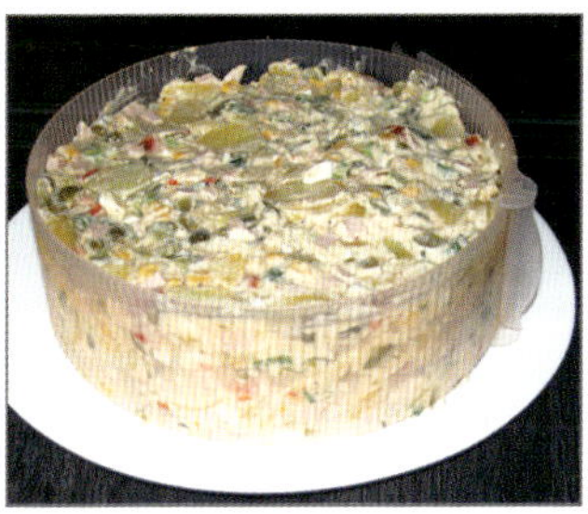
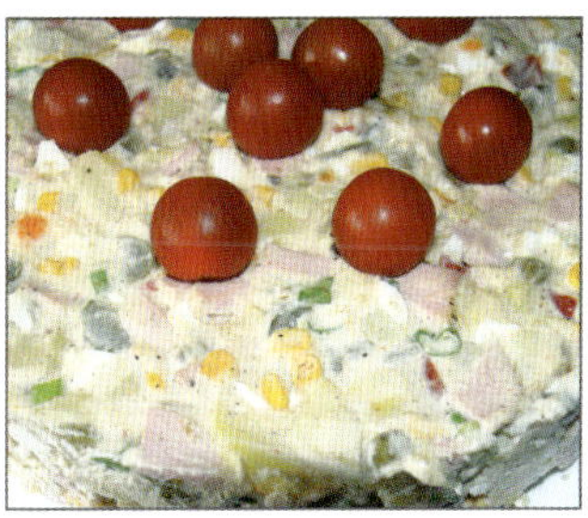
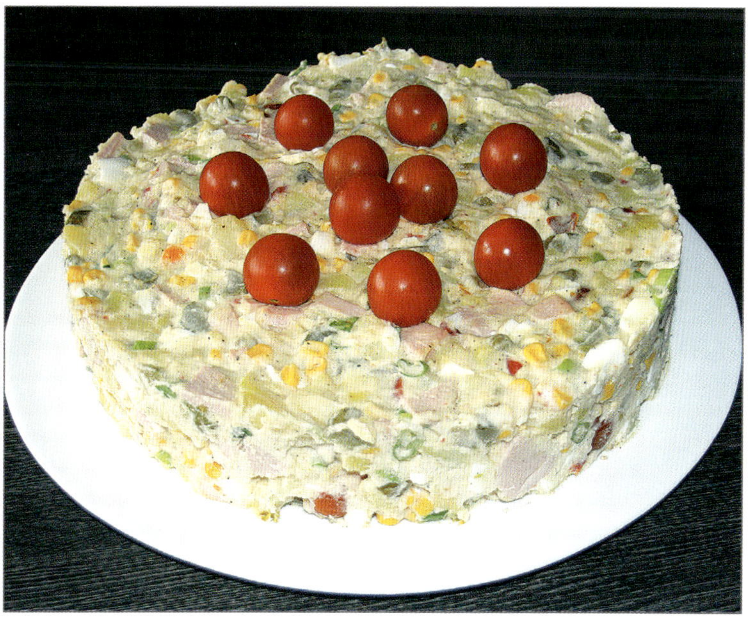

Vladimir Korneev

Der markante Georgier
Manches ist schön an Vladimir Korneev, sein Gesicht, seine schwarzen Haare, sein sehniger Körper. Aber was ist schon die schnöde Oberfläche eines Mittelasiaten, der ab dem siebten Lebensjahr in Bayern mehrsprachig aufwuchs, aber nie richtig tief Wurzeln schlug? Seine Attraktivität liegt vor allem in ganz anderen Bereichen. Seine schöne Stimme erstrahlt kraftvoll und sinnlich. Seine ehrliche, emotional feinsinnige Natur beruht auf Vladimirs schöner Seele. Sie nährt alles, was er künstlerisch entwickelt.

Seine Musik: Talent, Fleiß, Virtuosität
Wie so oft bei Kindern aus einem kulturvollen Elternhaus, lernte auch Vladimir schon frühzeitig ein Instrument: Klavier. Es sollte neben seiner Stimme sein wichtigstes bleiben. Er erzielte eine derartige Virtuosität beim Spiel, dass er sich nicht nur selbst begleitet, sondern auch durch Kenntnis etlicher klassischer und neuzeitlicher Stücke aus unterschiedlichen Genres ungewöhnliche Kombinationen für die Interpretation bekannter Kompositionen zusammenfügt. Und er schreibt selbst, immer mehr und immer besser – Musik und Texte. Aber was ist es noch, was er da vorträgt? Es sind Liedklassiker aus Kulturkreisen, die Vladimir Korneev sprachlich beherrscht, also viel Russisches, Französisches, Englisches. Manchmal bricht er aus und flamenciert mediterran oder schmettert mal kurz ein altes deutsches 20er-Jahre-Chanson in seiner ganz eigenen Weise. Was da auf der Bühne passiert in seinen Konzerten, ist so etwas wie Stimmakrobatik, denn seine vier Oktaven umfassende Stimme kann durchaus klassisch genannt werden und ist auch so ausgebildet. Das hört jeder, und das bezweckt er auch. Vladimir zeigt, was er kann. Warum sollte er auch hinter dem Berg damit halten? Manche nennen es pathetisch, andere gefühlsprall. Aber es gab lange niemanden, der einen solchen Stil vertritt und vor allem mit Hilfe seiner persönlichen Präsentation in die heutige Zeit hinüberholt. Bei Vladimir ist es umgekehrt als bei vielen seiner Kollegen: Er kann sprechend-flüsternd werden, macht es aber leider zu selten, weil er die ausschließlich pralle Interpretationsform bevorzugt. Das unterscheidet ihn von jenen, die sicher gern großstimmiger sein würden und diesbezüglich begrenzter bleiben, die aber dafür häufiger durch Differenzierung ausgleichen.

Mehr als das zweite Gesicht
Ist Vladimir Korneevs erstes Gesicht bereits schön, so ist es das zweite nicht minder: Er hat ein gehöriges Schauspieltalent, wohl geformt und professionell ausgebildet. Das zeigt sich nicht nur in seinen Theaterrollen, sondern zunehmend auch vor der Kamera. Da kann er mit seinem georgisch-stalinesken Düsterblick schon mal ein gnadenloser Killer sein. Aber seine Hauptrollen sind dann doch die jungen Liebhaber – trefflich passend irgendwo zwischen den Geschlechtern wie in „Eine Sommerliebe zu dritt“. Sein jugendlicher Charme wird also auch hier mannigfach genutzt, es wäre ja auch schade drum, wenn es eingleisig bliebe. Für ihn gibt es eine Sahnetorte, als Sahnehäubchen gewissermaßen. Mal sehen, ob wir mithalten können, denn Vladimirs Mutter bereitet ihm regelmäßig zum Geburtstag eine Erdbeer-Sahne-Torte zu.

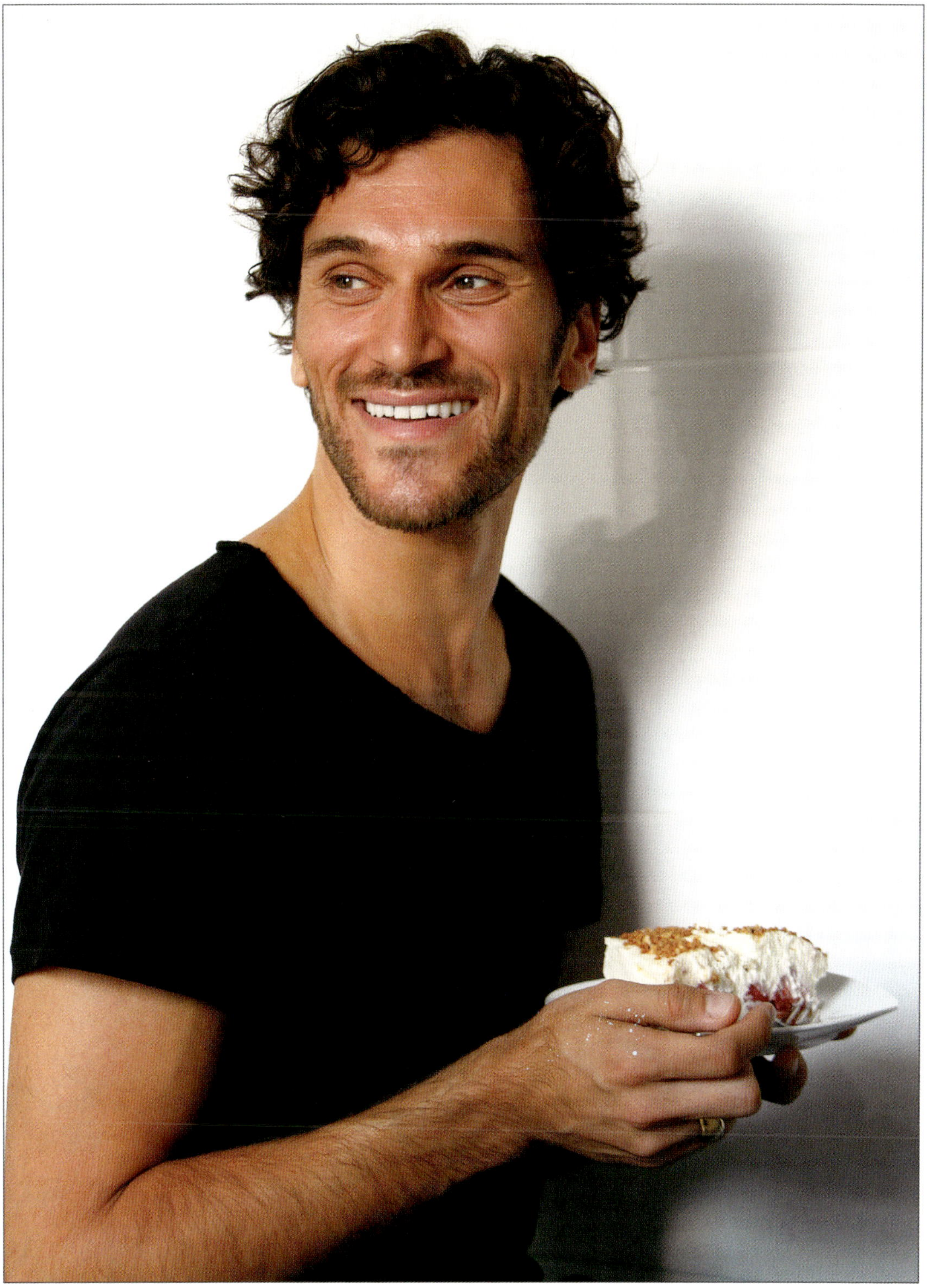

Erdbeer-Sahne-Torte

Für den Boden:
100 g Butter
200 g Amarettini

Für die Füllung:
600 g Schlagsahne
ca. 300 g Erdbeeren
3 Pck. Sahnesteif
3 Pck. Vanillezucker
1 Pck. Sofort-Gelatine
ca. 150 g Weißer Schokoladenaufstrich

Für das Verzieren:
100 g Krokant-Streusel
Dekorschokolade

Zubereitung des Bodens
Weiche Butter mit den zerbröselten Amarettini zu einer bröckeligen Masse verarbeiten. Springform mit Backpapier auslegen und die Masse darauf gleichmäßig verteilen. Brösel fest andrücken und einige Stunden kalt stellen. Dann der Form entnehmen, Backpapier vorsichtig abziehen und auf einen flachen Teller legen.

Zubereiten der Füllung und Verzieren
Boden mit weißem Schokoladenaufstrich bestreichen. Geputzte und gewaschene Erdbeeren auflegen. Sahne mit Vanillezucker, Sahnesteif und Gelatine schlagen. Tortenring um den Boden stellen und Sahne auftragen. Mit Krokant-Streuseln und Dekorschokolade verzieren. Vor dem Abnehmen des Tortenringes mehrere Stunden kalt stellen.

Das Rezept für Vladimir Korneev

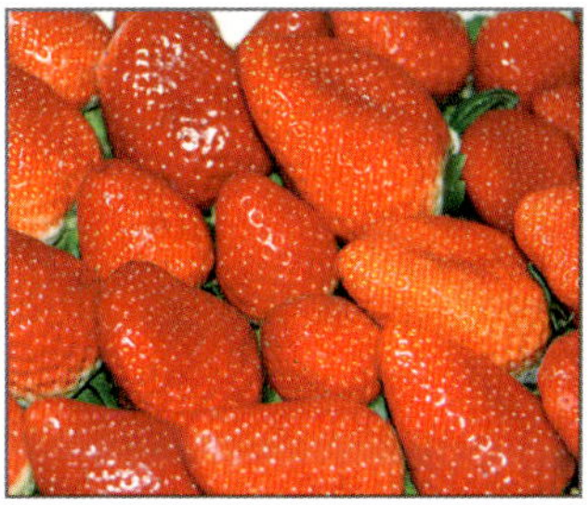
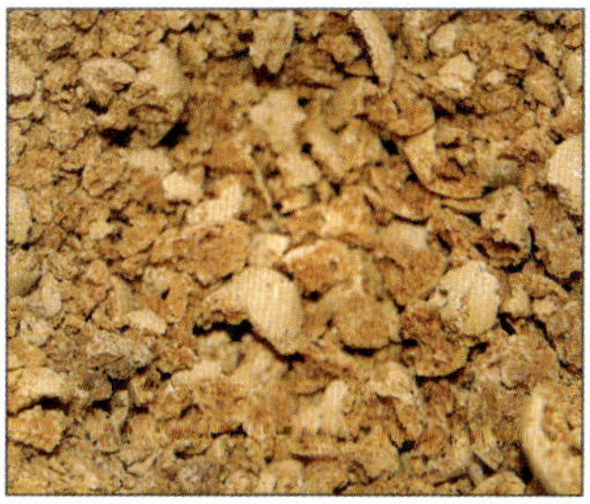
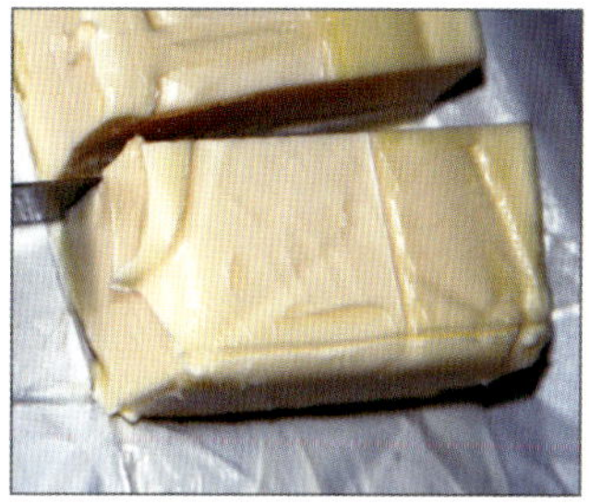
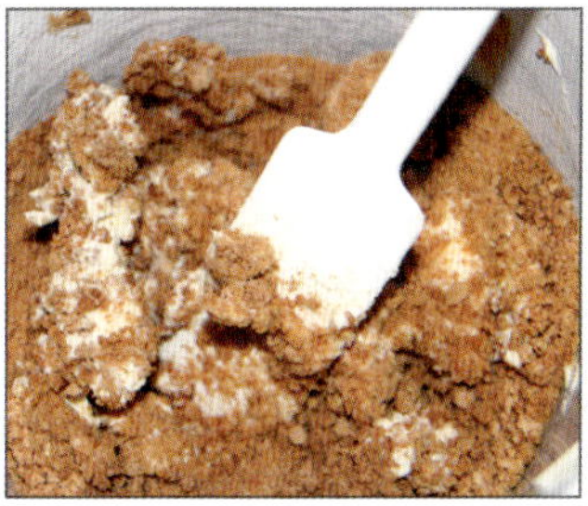
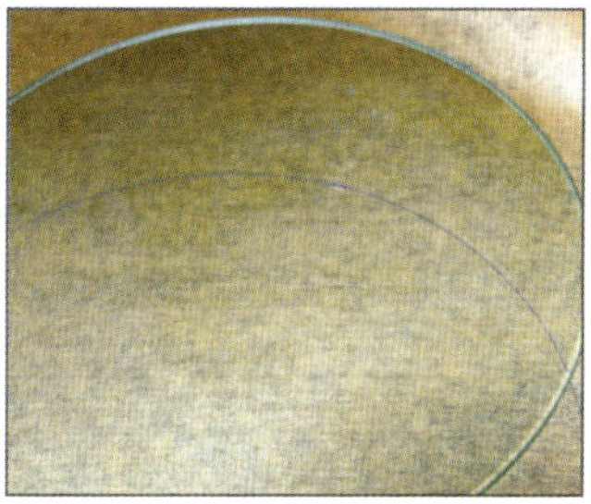
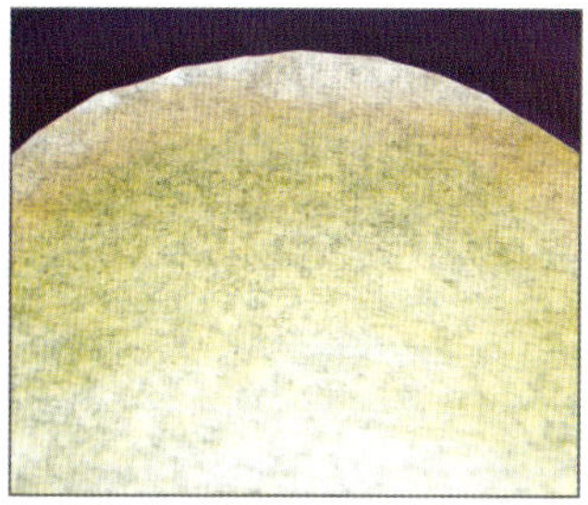
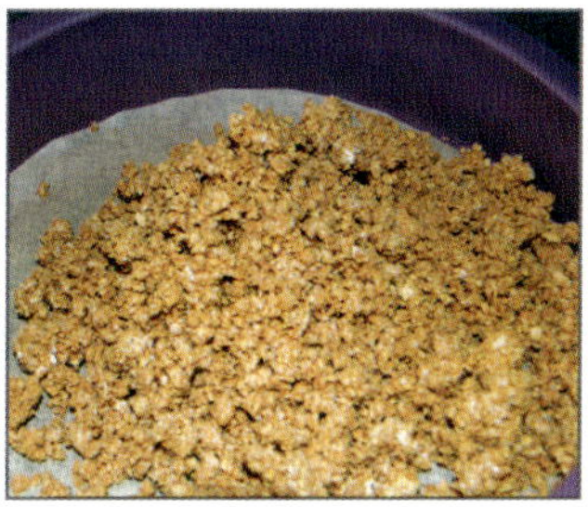
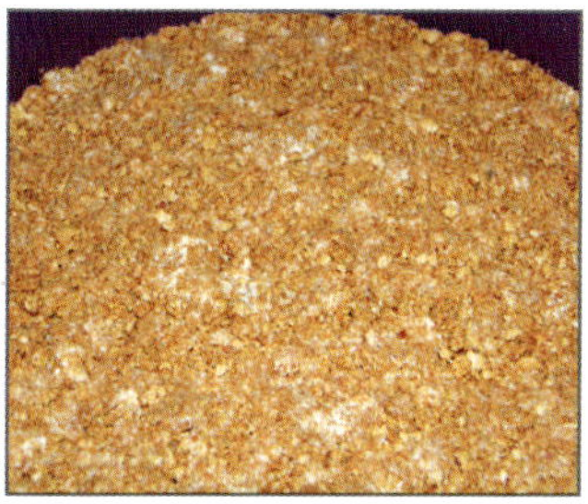
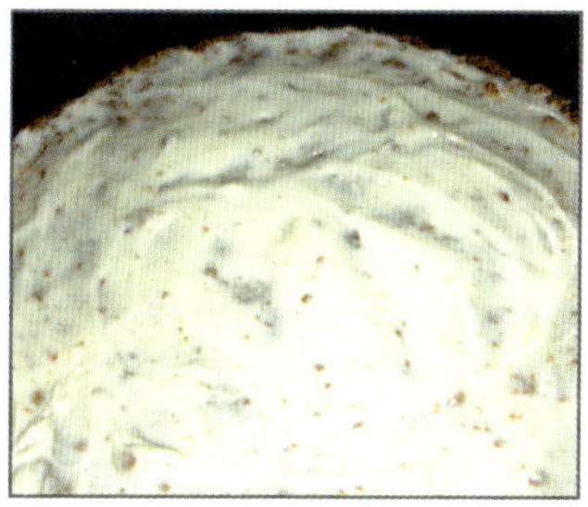
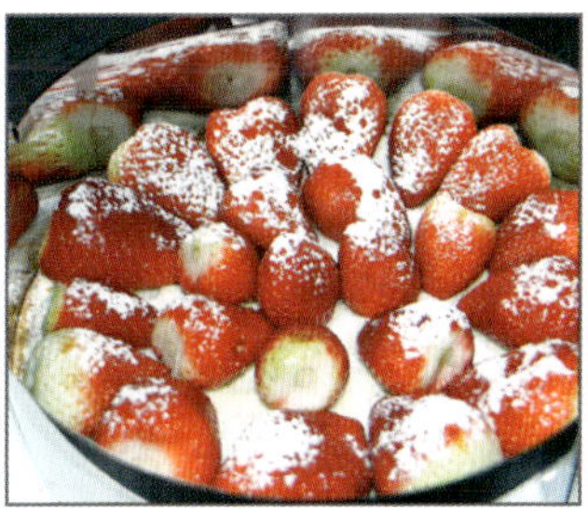
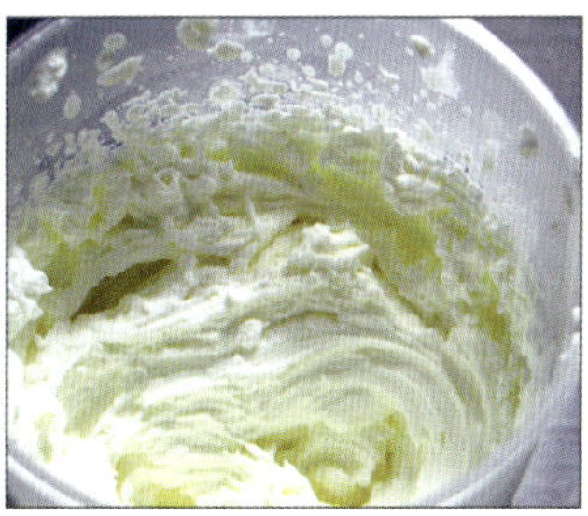
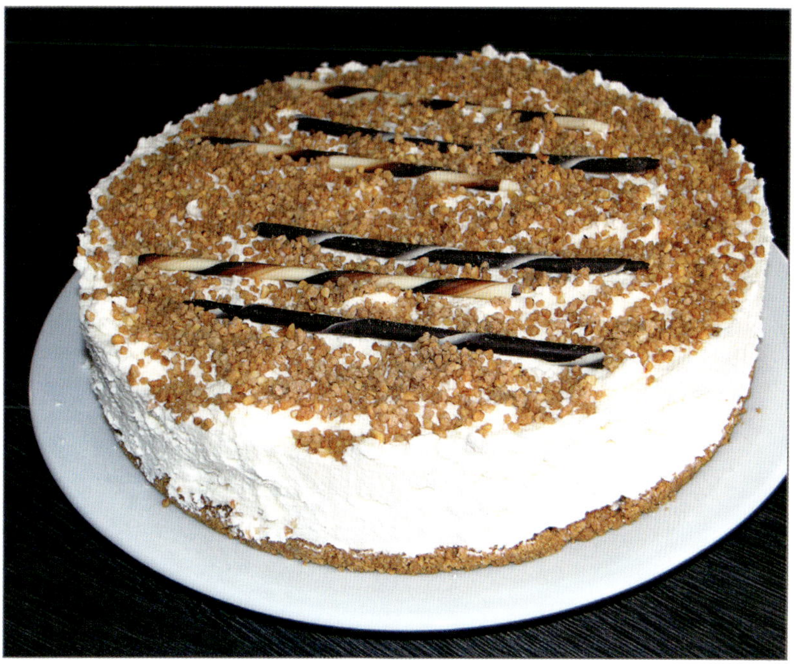

Kurt Krömer

Deutschlehrer-Erbe
Hätte Alexander Bojcans Weddinger Deutschlehrer Kurt Krömer je gedacht, dass sich sein begabter Schüler mal den Pädagogenname entlehnen und ihn als sein Künstlernahme zu Ruhm führen würde? Aber Alex versuchte sich zunächst mit dem wilden Allerlei als Herrenausstatter, Bauarbeiter oder Gebäudereiniger. Das Reinigen hatte es ihm offenbar angetan, denn das tat er dann kabarettistisch mit Modetrends und Zeitgeistlichkeit. „Meinungsbereinigung durch gesprächsinduzierte Selbsthilfe" könnte man das nennen, was er da immer in gleicher Weise mittels des Duktus eines Bauarbeiters und Herrenausstatters zugleich mit seinen meist prominenten Gästen betreibt. Das ist so etwas wie Talkshow und Stehgreifcomedy zugleich – entlarvend, Marotten vorführend, unterhaltend. Derb wie ein Prolet, behäbig und zuweilen faul wie ein spanischer Maisbauer während der Siesta, dabei schlagfertig wie ein Straßenganger, doch nicht physisch, sondern allein wortgewandt tritt er seinen Gästen entgegen und verhindert damit jegliche Entgegnung dererseits. Das ist eine neue Kunstform, so etwas wie Spontankabarett, gewürzt durch das Reaktionsunvermögen der oft eitlen, Selbstdarstellung erhoffenden Gäste. Nur wenige halten Kurt Krömer stand – Sternstunden für ihn und das Publikum, etwa Michael Gwisdek, Wolfgang Rademann oder Gregor Gysi.

Kinder-Erbe
Der von Konservativen, Doppelmoraligen gefürchtete „Böse Krömerwolf" ist eigentlich der Lämmchenpapa Alex zu Hause mit seiner Kinderschar. Häuslich und sogar weitgehend introvertiert erscheint er, mit Verantwortung und Hingabe für sein Refugium nebst menschlichen Nachzuchtprodukten. Dort ist er Aquarianer, mag die beruhigende, entschleunigende Wasserwelt.

Marlenes Erbe
Was gab es da nicht alles für Fernseh-Krömer-Shows – von der schlichten über die latenightige bis zur internationalen. Kurt Krömer wurde einer der bekanntesten Komiker und Schauspieler, hoch dekoriert mit Preisen, und das auch für seine Film- und Bühnenrollen als Schauspieler. Aber seine Haltung, sein inhaltliches Engagement spiegelt sich am besten in den eigenen Shows wider, die nunmehr auf den großen Bühnen des Landes stattfinden, weil er vom Fernsehen zunächst mal genug hatte. Zuvor pflegte er in den Fußstapfen Marlene Dietrichs als Kulturbringer an der afghanischen Bundeswehrfront eine Tradition der mutigen, konsequenten Künstler. Er berichtete darüber in der ARD und in einem Buch über diese ungewöhnliche Reise in den Krieg. Traditionen liebt er, so die des 20er-Jahre Kabaretts der Großen jener Zeit. Da sind inhaltlich und künstlerisch seine Vorbilder, während er darstellerisch zum Beispiel Louis de Funès oder Klaus Kinski nacheifert. Ganz bestimmt sprießt aus diesem Nährboden noch manches bei Kurt Krömer. Von seinem Fernweh, ja geradezu Tropenfieber, ließ er sich bei der Auswahl des Kuchens stimulieren: Allein die Vorstellung süßer Mangostücke inmitten von brombeergeschwängertem Rührteig entlockte ihm vor dem ersten Biss ein verklärtes Grinsen. Er spie die Bissen nicht wieder aus, das will etwas heißen bei ihm: Akzeptiert!

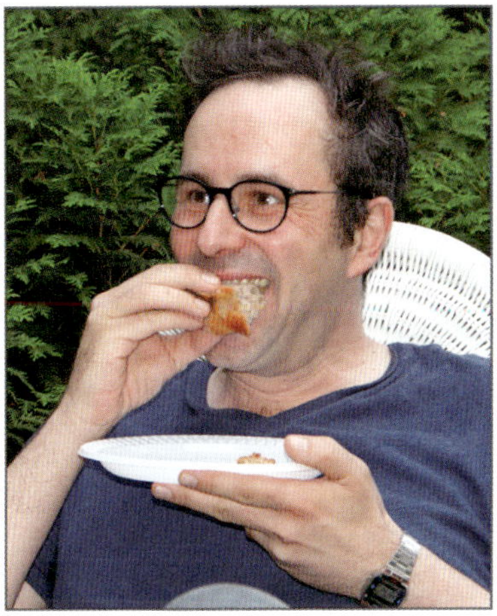

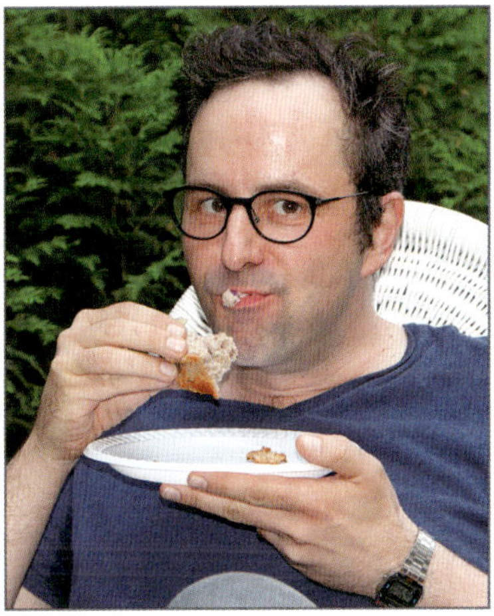

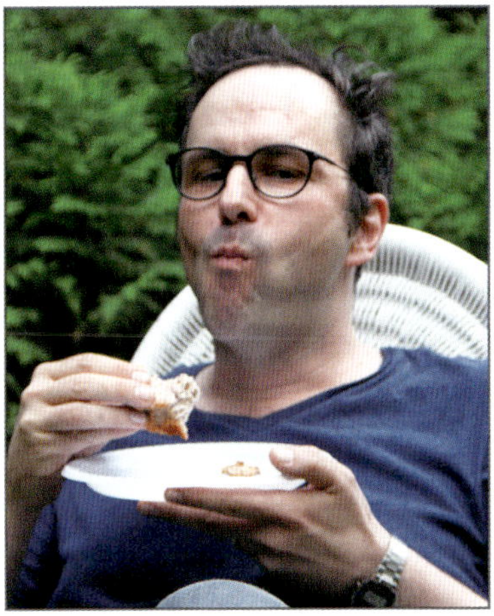

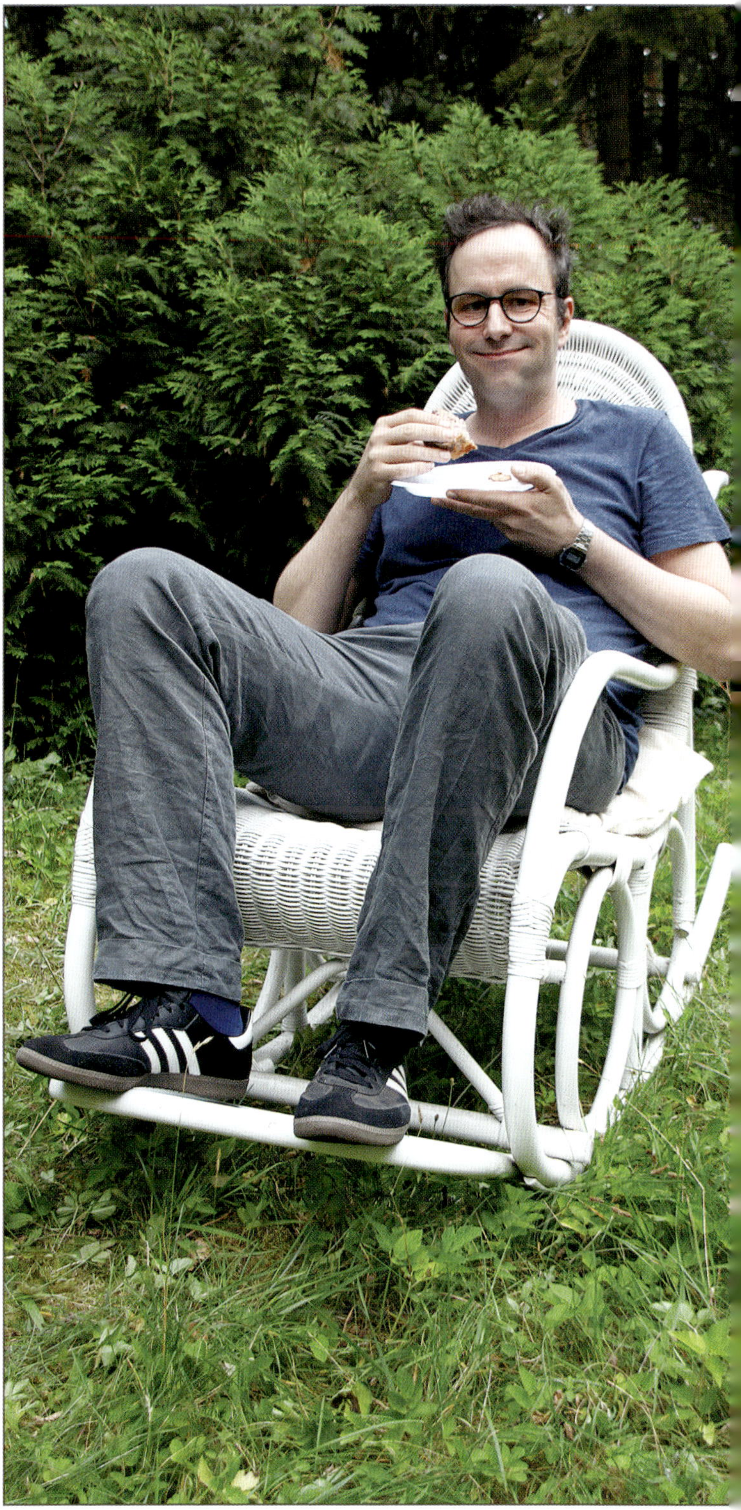

Tropenfrüchtekuchen

Für die Backmischung:
250 g Butter
200 g Zucker
1 Pck. Vanillezucker
4 Eier
2 Eigelb
200 g Saure Sahne
50 g Speisestärke
250 g Mehl
1 Pck. Backpulver
100 g gefrorene Mangostücke
100 g gefrorene Brombeeren

Zum Bestäuben:
50 g Puderzucker

Zubereitung des Teigs
Je 100 g Brombeeren und Mangostücke der Tiefkühltruhe entnehmen. Butter, Zucker, Vanillezucker, Saure Sahne und Eier zu einer cremigen Masse schlagen. Mehl, Speisestärke und Backpulver hinzufügen und zu einem Teig vermengen. Früchte in gefrorenem Zustand einzeln unterheben.

Vorbereiten und Backen des Kuchens
Einfetten einer Silikonbackform und Einfüllen des Teigs. Ca. 60 Minuten in einem auf 200°C vorgeheizten Backofen bei Ober- und Unterhitze backen. Mittels Holzstäbchen überprüfen, ob der Kuchen hinlänglich durchgebacken ist und gegebenenfalls einige Zeit länger backen.

Fertigstellen nach dem Backen
Kuchen in der Form erkalten lassen und stürzen. Mehrfach mit Puderzucker bestreuen (Zucker sinkt immer wieder in die äußeren Kuchenschichten ein).

Das Rezept für Kurt Krömer

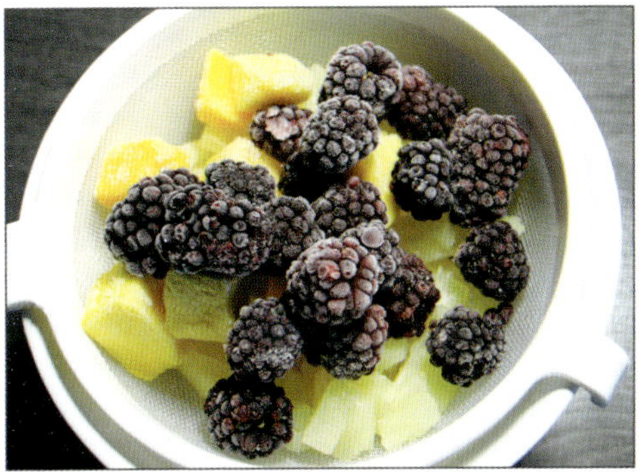

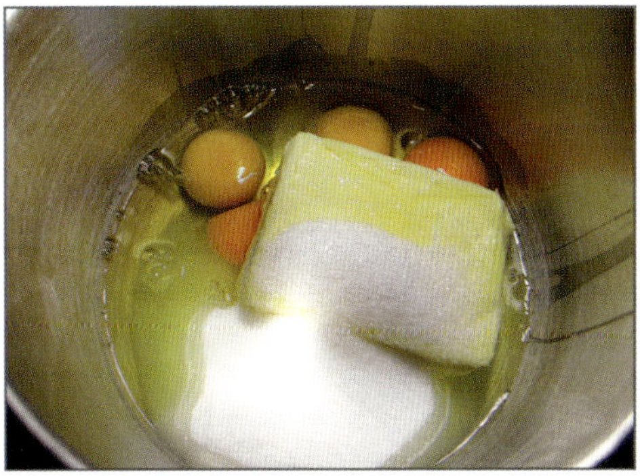

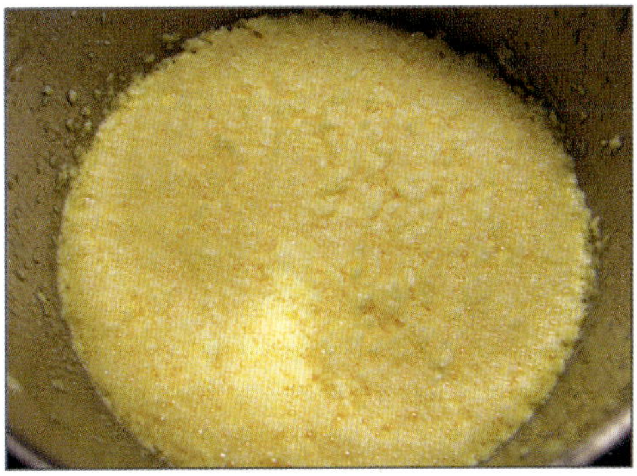

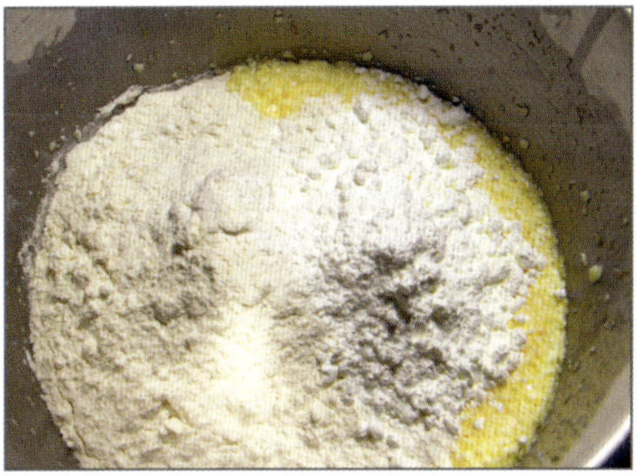

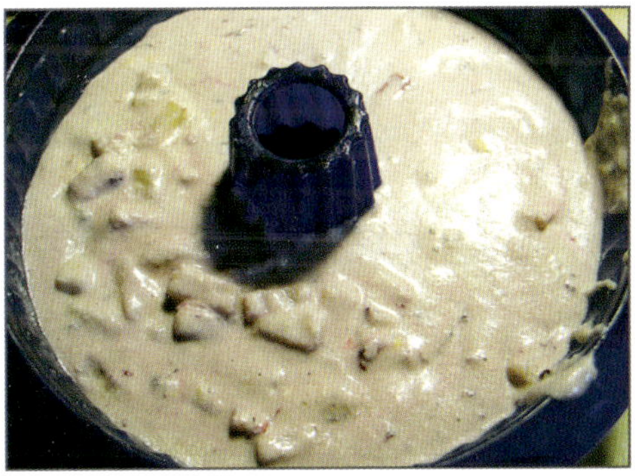

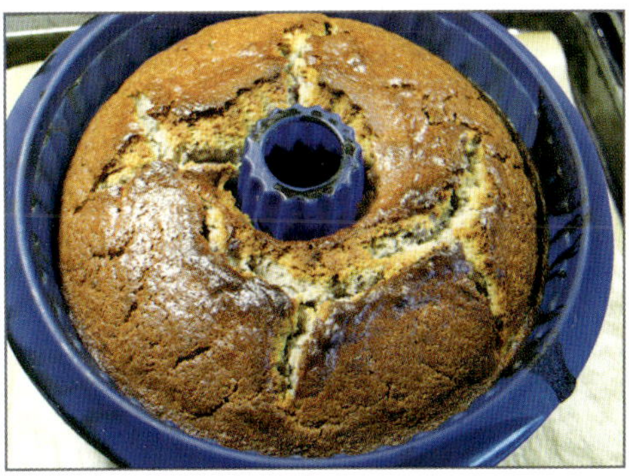

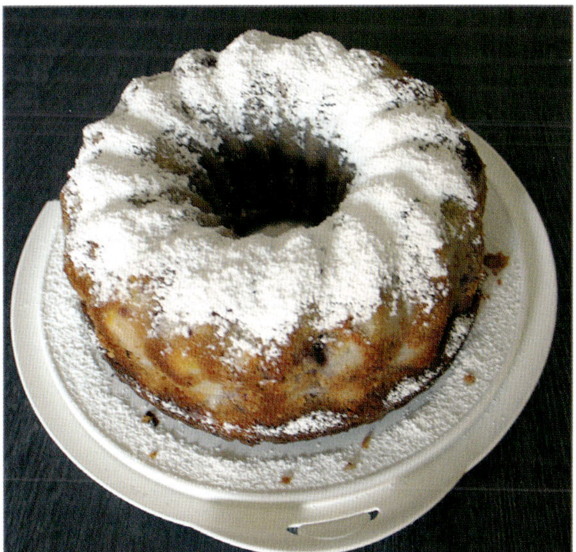

Rolf Kühn

Die bescheidene Legende

Wenn ein Jazz-Musiker eine lebende Legende ist, dann Rolf Kühn. 1929 in Leipzig als Halbjude geboren, hatte er das Glück, die Nazizeit zu überleben. Was dann in seiner Heimatstadt politisch folgte, veranlasste ihn, westwärts zu ziehen. Er war schon damals der erste Saxophonist und Klarinettist der Bigband des Senders Leipzig und wechselte als ebensolcher 1950 nach Berlin zum RIAS-Tanzorchester. Was folgte, klingt heute wie ein erfüllter Künstlertraum: Mit Catarina Valente eroberte er als Bandleader New York. Sein langjähriges Wirken in den USA gipfelte darin, dass er zwei Jahre lang die Benny-Goodman-Band leitete, wenn der namengebende Chef abwesend war. Rolf hatte Kontakt zu Marylin Monroe und anderen Größen. Fragt man ihn nach diesen Jahren, lächelt er bescheiden, zufrieden und mild.

Dirigate und Kompositionen

Klarinette immer perfekter auf seine ganz persönliche Weise zu spielen (man hört Rolfs Spiel unter allen anderen heraus), genügte ihm nicht, zumal er ja Verantwortung für immer größere Klangkörper bekam. So entschied er sich für ein Dirigierstudium bei Charles Mackerras. Das Lernen von Partituren öffnete die Schleusen des Vollblutmusikers. Viele bekannte Kompositionen entstanden. Außerdem war Rolf Kühn Vorreiter für die musikalische Leitung von Musicals in allen diesbezüglich namhaften Theatern. Er sorgte für die Musik von zahlreichen deutschsprachigen Uraufführungen, etwa „Chicago“ oder „Jesus Christ Superstar“. Im Theater des Westens zu Berlin fand er schließlich seine langjährige Wirkungsstätte in dieser Funktion – und seine heutige Frau Melanie. Immer, wenn man einen brauchte, der den ganz großen Rahmen bewältigte, holte man Rolf, für die musikalische Leitung der 750-Jahr-Feier Berlins am Großen Stern genau so wie bei der 700-Jahr-Feier der Schweiz.

Ein Mensch – ein Standard

Unzählige Jazz-Aufnahmen sind in Rolf Kühns langem Leben entstanden, manchmal gemeinsam mit seinem Bruder, dem bekannten Jazz-Pianisten Joachim Kühn. Vielen Künstlern hielt er die Tretleiter für ihre musikalische Karriere, vom Travestiestar Mary bis zu Katharine Mehrling, ohne je selbst zu treten. Wenn Rolf etwas macht, ist das Qualität, das weiß die Musikwelt. Die Jazzer verehren ihn wie einen Heiligen und vernehmen seine Synkopen wie sakrale Betklänge. So bekam er gemeinsam mit seinem Bruder nach all den vielen vorigen Auszeichnungen den Jazz-Echo fürs Lebenswerk. Doch wer Rolf Kühn kennt, weiß, wie bescheiden, wie unverkrampft, wie wenig sein eigenes Tun hofierend er ist. Wenn ein Mensch als die Inkarnation der Freundlichkeit und des guten Stils angesehen werden kann, dann er. Dabei war er nie ein Kostverächter – in jeder Hinsicht, doch stets mit Stil und Anstand. Klar, so wie er noch heute aussieht, sprüht er Erotik aus jeder Pore. Und mit seinem Genuss ist es auch kulinarisch gesehen gut bestellt. Rolf Kühn lässt sich eben gern verwöhnen. Traditionell oder experimentell – alles war und ist möglich für diesen welterfahrenen Mann. Für den Thüringer Pflaumenkuchen hat er sich aber ein wenig aus nostalgischen, um nicht zu sagen dialektischen Gründen entschieden.

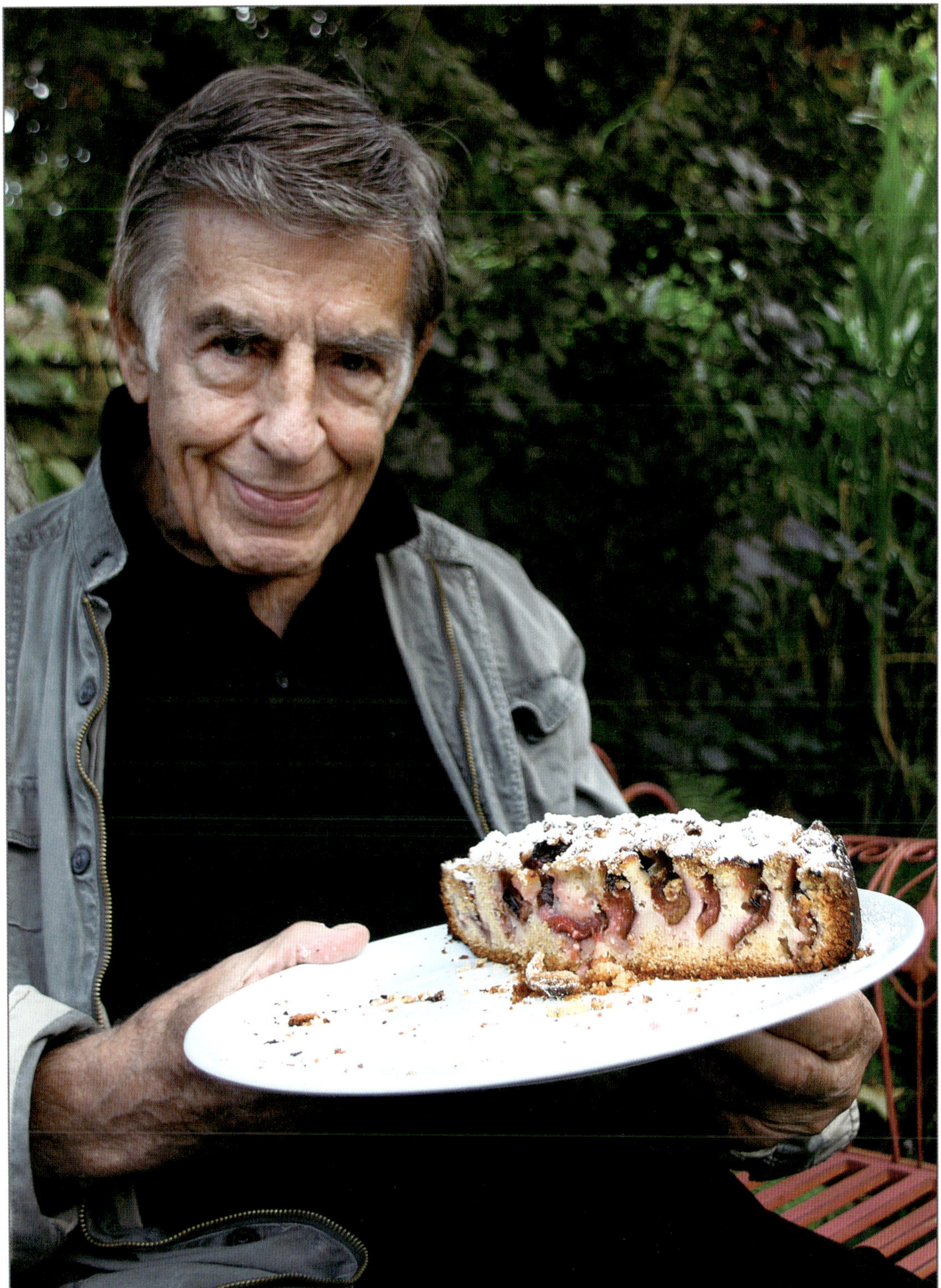

Thüringer Pflaumenkuchen

Für den Teig:
125 g Butter
125 g Zucker
250 g Mehl
100 g Marzipanrohmasse
3 Eier
1 Röhrchen Bittermandelöl
4 Essl. Milch
1/2 Pck. Backpulver

Für den Belag:
ca. 1 kg Zwetschgen
50 g Puderzucker

Für die Streusel:
75 g Butter
75 g Zucker
150 g Mehl
1 Pck. Vanillezucker
Prise gemahlene Nelken

Zubereitung des Teigs
Weiche Butter, Milch, Zucker und Vanillezucker cremig verrühren. Eier, Bittermandelöl und Marzipan hinzufügen und nochmals verrühren. Mehl und Backpulver unterrühren. Teig in eine Silikon-Springform mit Glasboden, auf dem passend Backpapier aufgelegt ist, streichen.

Vorbereiten und Verarbeiten des Belags
Zwetschgen halbieren und entkernen. Fruchthälften hochkant auf den Teig in der Form stecken.

Zubereitung und Aufbringen der Streusel
Butter, Zucker, Vanillezucker , Mehl und Nelken zu einer locker-krümeligen Streuselmasse vermengen und gleichmäßig auf den Zwetschgen verteilen.

Backen und Nachbereiten des Kuchens
In auf 180°C bei Ober- und Unterhitze vorgeheizten Backofen schieben und etwa 60 Minuten backen. Den warmen Kuchen mit Puderzucker bestäuben.

Das Rezept für Rolf Kühn

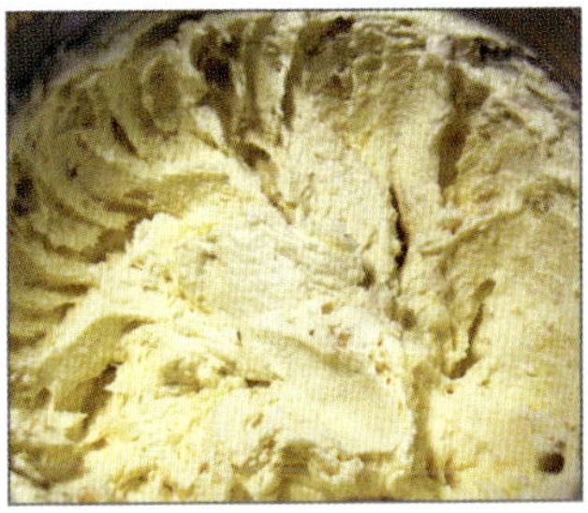
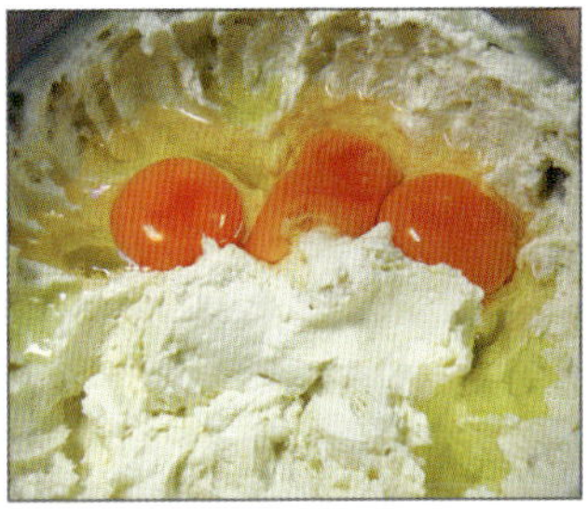
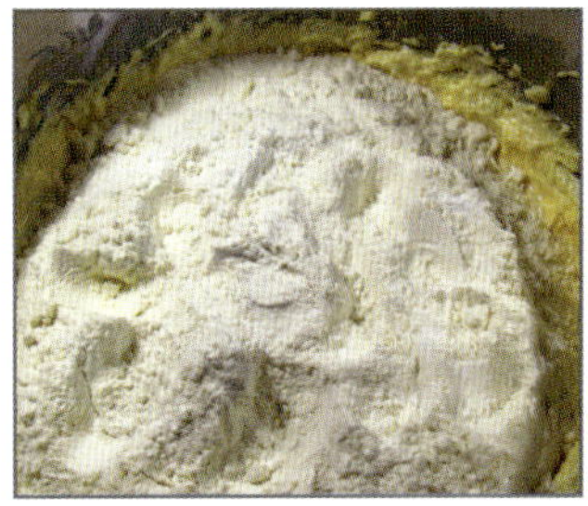
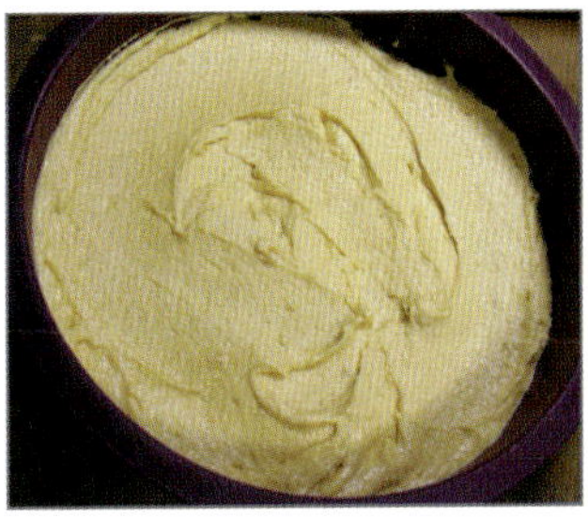
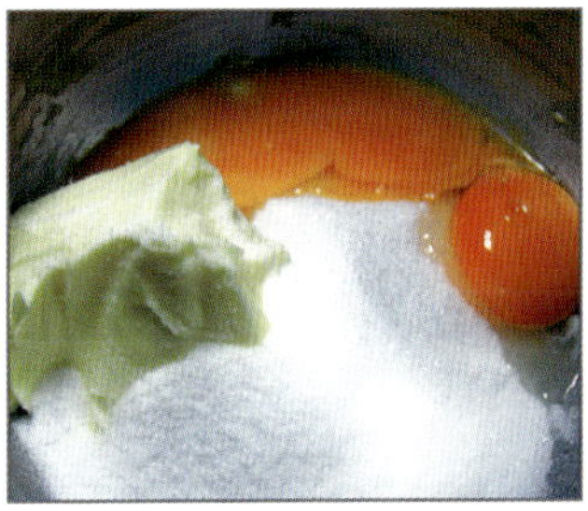
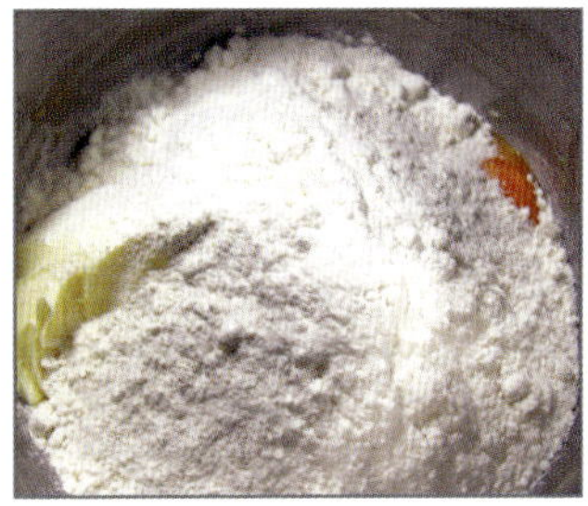
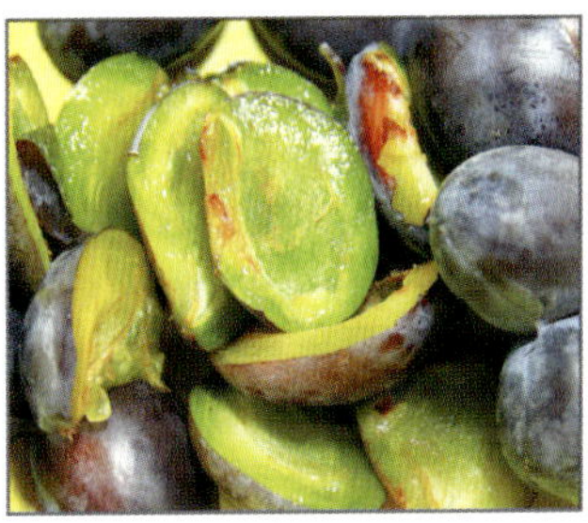
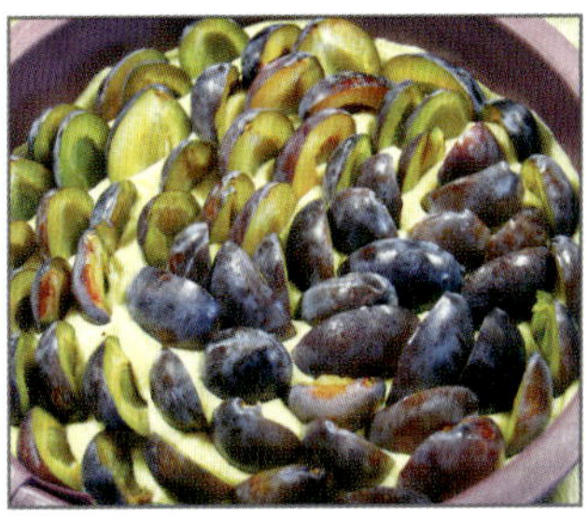
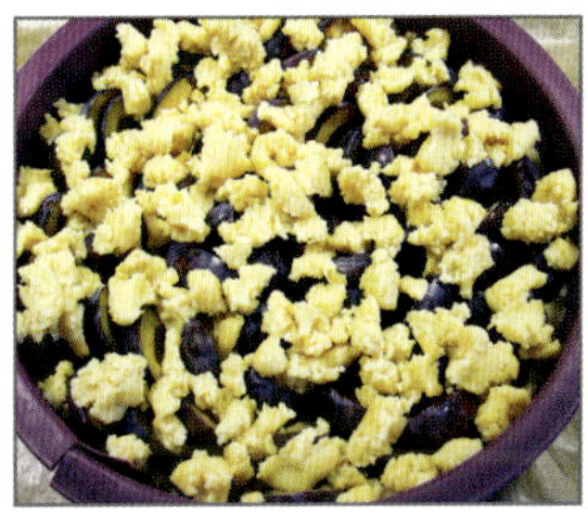
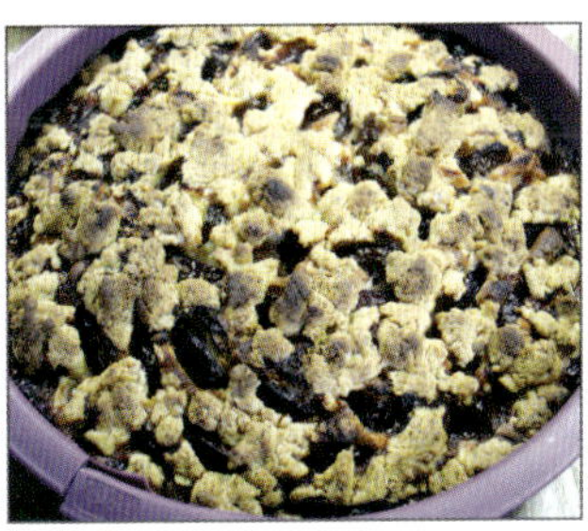
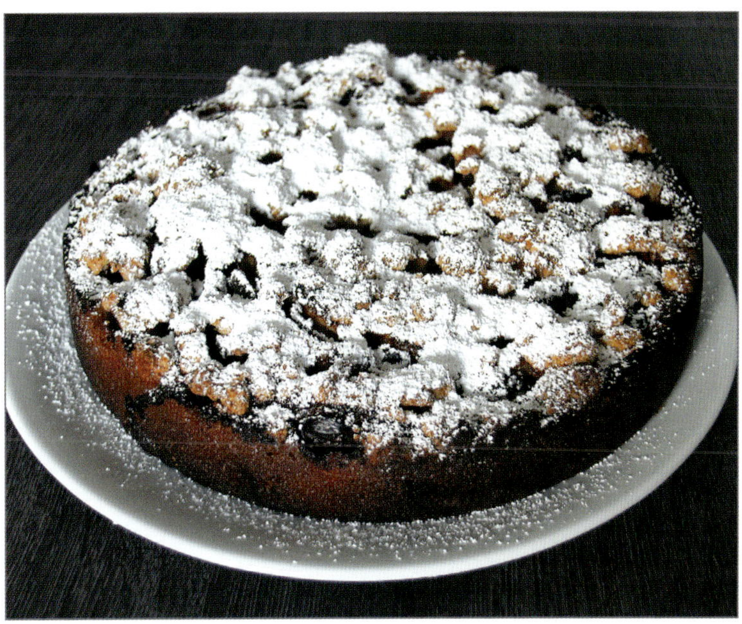
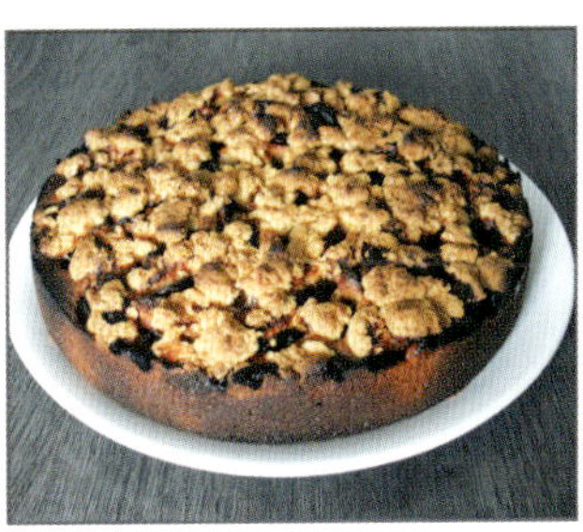

Bjarne Mädel

In der großen weiten Welt

Hafennah aufgewachsene Menschen bleiben entweder sehr standorttreu oder es treibt sie in die Ferne. Letzteres trifft auf den Hamburger Bjarne Mädel zu. Wer kann schon von sich sagen, dass er Kreatives Schreiben und Weltliteratur in Kalifornien studiert hat. Und welcher deutsche Schauspieler lebte mehr als ein Jahr in Nigeria, fuhr dann Jahre später mit alten Peugeots durch die Sahara, um sie danach zu verkaufen? Erst nach Afrika folgten die

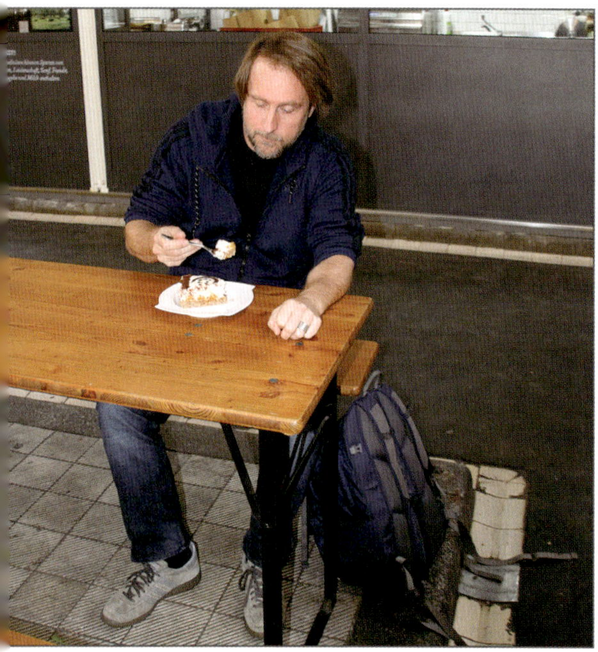

üblichen deutschen Hochschuljahre in Sachen Theaterwissenschaft, Literatur und Schauspiel. Bjarne wirkt auf den ersten Blick wie einer Wohngemeinschaft entsprungen, irgendwie unterwegs, nie so richtig angekommen. Dabei hat er mit seinen Theater-, Film- und Fernsehrollen mittlerweile richtig Ruhm geerntet. Aber offenbar treibt ihn die Neugier, das Besondere, auch ein wenig das Ungewisse, die nächste Herausforderung zu finden.

Stabile Rampenbasis

Nur Theaterschauspieler wollte er werden, direkt mit seinem Publikum die Auswirkungen der darstellenden Kunst verspüren, Reaktionen aus dem Auditorium vernehmen, natürlich auch den Applaus. So wurde Bjarne Mädel Ensemblemitglied des Schauspielhauses seiner Heimatstadt. Und er spielt bis heute leidenschaftlich Theater, selektiert genau seine Rollen, achtet auf Aussagen und Haltung in jeglicher Hinsicht. Zum Beispiel im Stück „Benefiz“, das sich mit den luxurierenden Auswüchsen der Wohlstandsgesellschaft auseinandersetzt.

Klug, schrullig, sexy – Rollenspiele

Bjarne hat so etwas, wenn man ihn auf dem Schirm sieht, das er gemeinsam mit seinem jeweiligen Team aus den für ihn geschriebenen Personen darstellerisch erarbeitet: irgendwie liebenswürdig-schrullig, dabei meist auch herzlich, klug, lebensfreudig, durchaus sexy mit seinen relativ langen Haaren. Und so ein bärtiger Typ kann klug sein, ja sogar Parlamentspräsident werden wie ein irgendwie äußerlich ähnlicher Politiker (den Thierse könnte Bjarne mal spielen, falls es je einen Film über sein Leben geben sollte). Manches feinsinnig zu einer sparsam gestikulierenden Komik zu führen, ist Bjarnes spezielles Talent. Doch er kann so viel mehr und gar nicht nur komisch, hat eben auch viel mehr erlebt als die meisten seiner Kollegen. Das ist emotional eingebrannt und lässt sich abrufen, es schwingt latent mit bei „Tatortreiniger“ und „Mord mit Aussicht“. Der Großstädter mag Fleischeslust und süßes Leben, so verköstigt er die Mandarinen-Nuss-Sahnetorte vor dem Fleischstand.

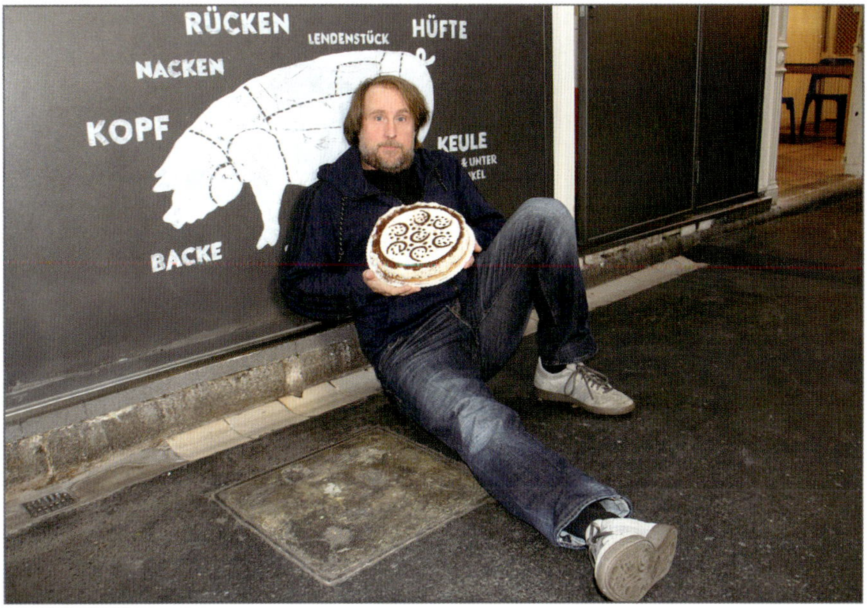
RÜCKEN
LENDENSTÜCK
HÜFTE
NACKEN
KOPF
KEULE
BACKE

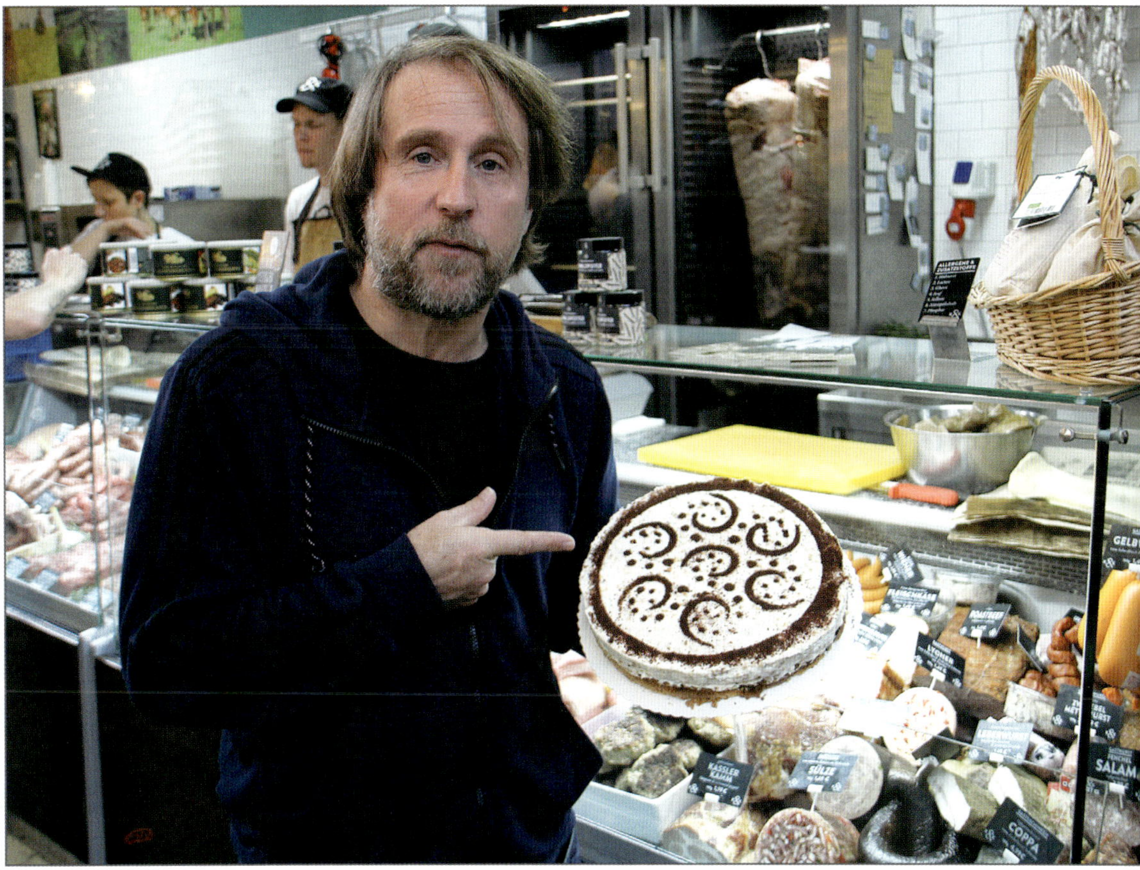
KASSLER KAMM
SÜLZE
COPPA

Mandarinen-Nuss-Sahnetorte

Für die Backmischung:
50 g Speisestärke
60 g Zucker
100 g gemahlene Haselnüsse
1/2 Pck. Backpulver
1 Pck. Vanillezucker
2 Eier
2 Essl. Wasser

Für den Belag:
100 g Mandarinenmarmelade
2 Dosen Mandarinen
800 g Schlagsahne
1 Pck. Mandarinen-Sahnestand
4 Pck. Vanillezucker
100 g gehackte, geröstete Haselnüsse
50 g Kakao

Zubereitung des Teigs und Backen des Bodens
Eiweiß abtrennen und mit dem Wasser zu einem steifen Eischnee schlagen. Die übrigen Zutaten verrühren und danach unter den Eischnee ziehen. In eine mit Backpapier ausgelegte Springform (26 cm Durchmesser) streichen und im auf 180°C vorgeheizten Backofen bei Umluft etwa 20 Minuten Backen.

Tortenaufbau
Bestreichen des abgekühlten Tortenbodens mit Mandarinenmarmelade. Mandarinen abtropfen lassen und auf die Marmeladenschicht legen. Sahne mit dem Vanillezucker schlagen und nach Vorschrift mit dem Sahnestand stabilisieren. Haselnüsse untermischen. Tortenring um den belegten Boden stellen und Sahnemischung einfüllen. Nach dem Kaltstellen für etwa zwei Stunden Aufstreuen von Kakao durch eine Schablone.

Das Rezept für Bjarne Mädel

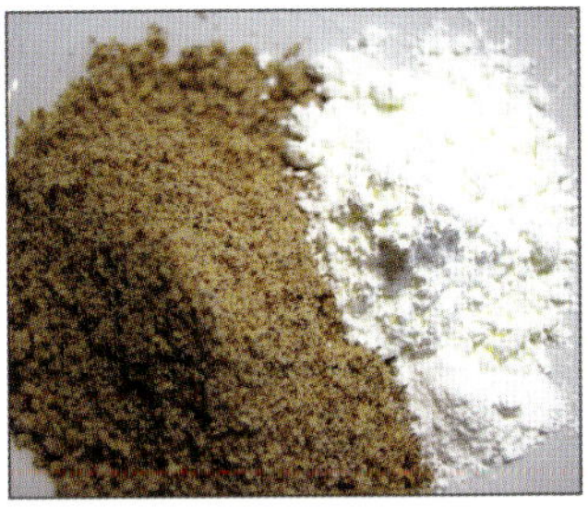
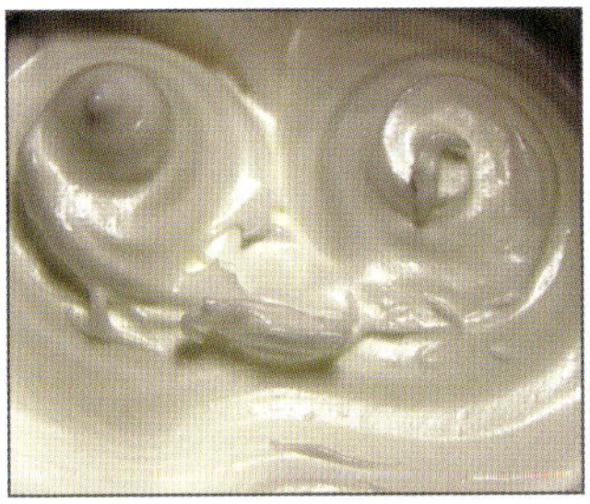
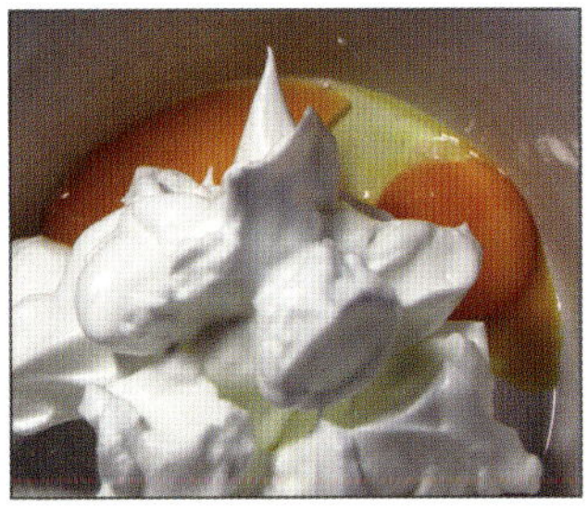
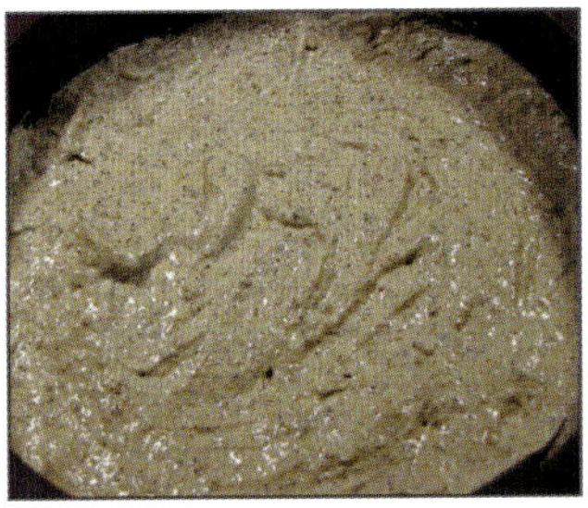
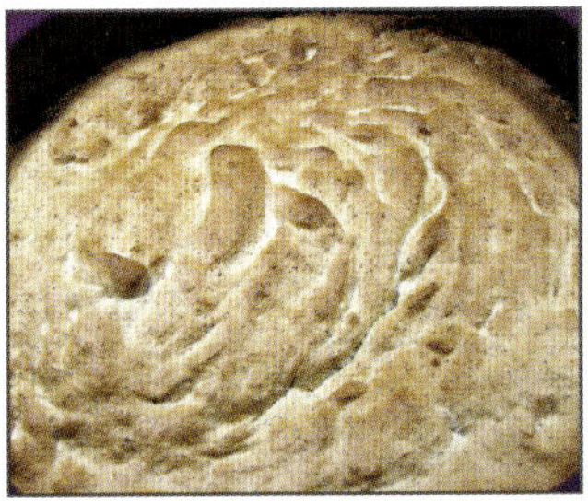
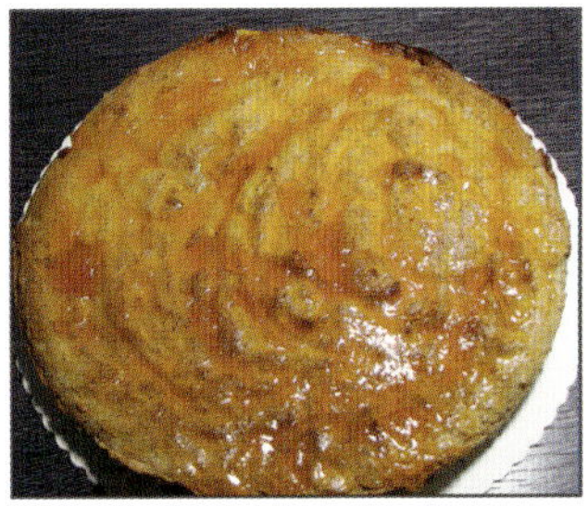
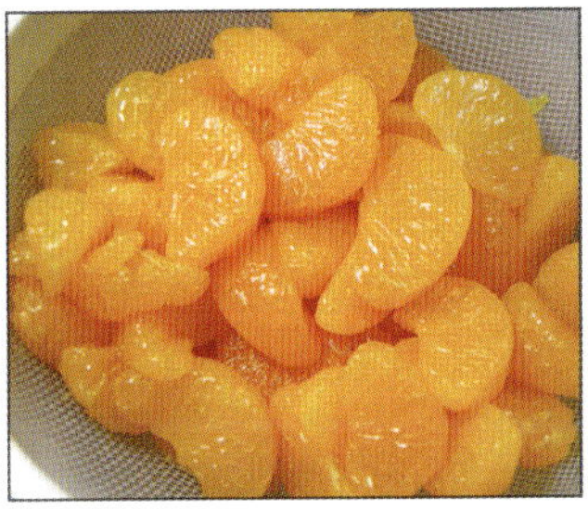
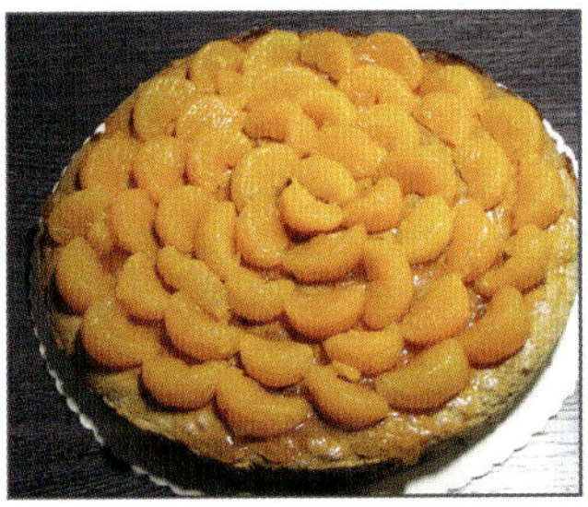
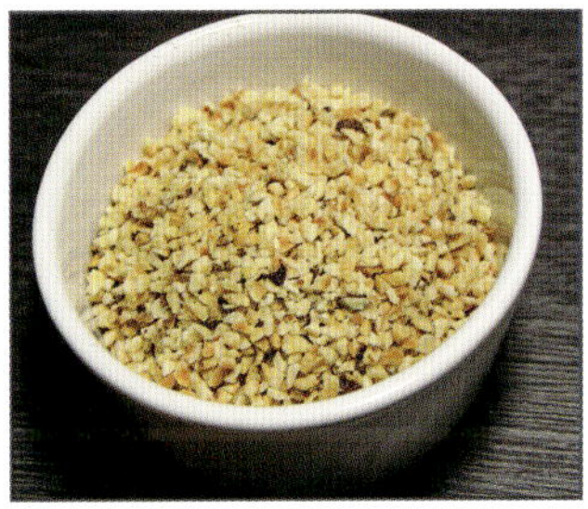
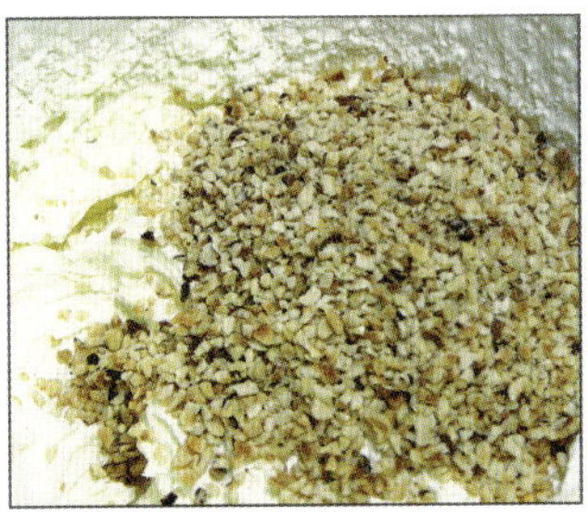
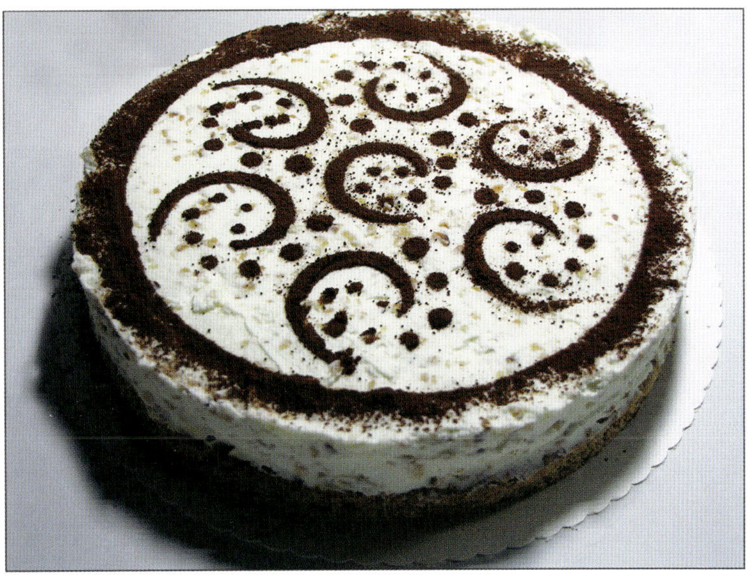
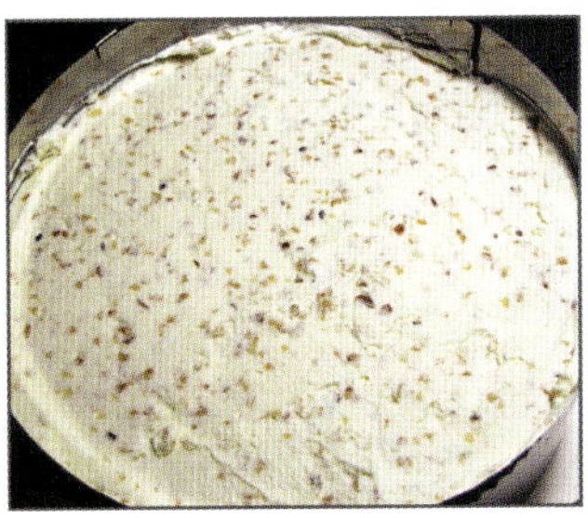

Angelika Mann

Lütte, die Große
Ihr Kosename bezieht sich auf die Körperlichkeit: Klein, Kompakt, knuffig, könnte man sagen. Dieser Name stammt nicht etwa von Fans aus den frühen Jahren, sondern von Angelikas Mutter. Nur hat sich „Lütte" irgendwie eingebürgert und bezeichnet bis jetzt noch die mittlerweile gestandene Frau und Künstlerin

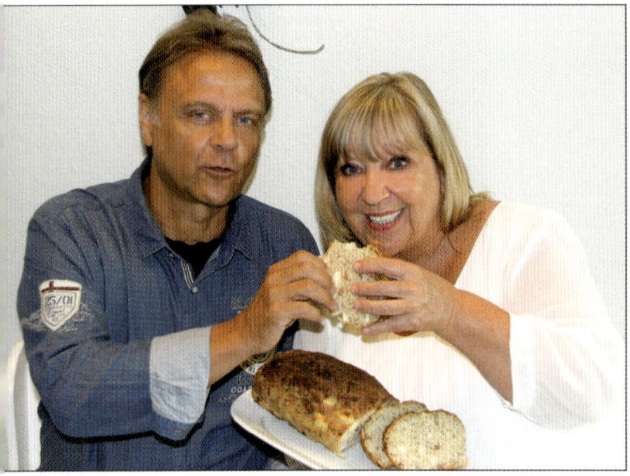

Angelika Mann. Heute heißt es… „Die Manns kommen", wenn Angelika mit ihrem Mann Ralf, der einen ganz anderen Familiennamen hat, bei einer offiziellen Veranstaltung auftaucht. Das klingt doch edel und hat was von Kompetenzbeweis.

Rockröhre, Diseuse, Schauspielerin
Funk ist es, was ihr am meisten liegt, auch Rock und jazzig-harte Sachen, begleitet von handgemachter Musik. Die meisten Kompositionen hat sie Reinhard Lakomy zu verdanken, der aber auch ihre sanfte Seite wach kitzelte. Eigentlich weiß man gar nicht so recht, was eindrucksvoller ist, Lüttes Version von „Mercedes Benz" oder ihr „Elfhundert Tränen", ein berührendes Lied wie viele von Frank Golischewski. Diese Facetten kommen ihr zugute, wenn sie als singende Schauspielerin agiert, als Claire Waldoff, Trude Herr oder in den Rollen diverser Musical-Produktionen, etwa „Heisse Zeiten". Da rockt, popt und trällert sie geradezu unbändig und wirbelt unermüdlich über die Bühne.

Hexe, Dreigroschenlady, Hausmutter
Sie verzauberte die Kinder vorweihnachtlich nach jahrelangem Traumzauberbaumtraining als RBB-Telehexe, sie war Lucy von Mackie Messers Gespielinnen in der Dreigroschenoper-Inszenierung des Theaters des Westens. Und nicht nur einmal setzte man sie als die derbe und gleichsam herzensgute Hausmutti ein. Warum eigentlich nicht Maria Stuart? Das fragt sie in einem Chanson. Aber Lütte ist im Leben ein Schmetterling, interessiert sich sogar für diese (gemeinsam mit Bio-Ralli), und zwar eher ein Nachtfalter. Und so faltet sie denn in der Nacht mal so nebenbei tausende Besucher eines Open-Air-Jazzfestivals gemeinsam mit ihrer ebenfalls singenden Tochter Ulrike derart zusammen, dass diese von der Stimmgewalt geplättet sind. Das kommt aus dem alles andere als riesigen Körper. Aber irgendwie passt das auch im Leben wie in den Rollen ganz gut. Lütte kann – klein aber fein – Fächer bedienen, die für die andere zu klein sind, zu unbequem, zu wenig tief anmutend. Dafür liegt ihr Ohr gleich am Herz eines anderen Menschen, wenn der sie umarmt. Nicht nur am Puls der Zeit, sondern auch an der Sauerstoffpumpe des Lebens. Knackigherzhaft ist denn auch die Backauswahl, nämlich das saftigste, würzigste und gleichsam lockerste Brot mit Salami, viel Käse und allerlei Kräutern.

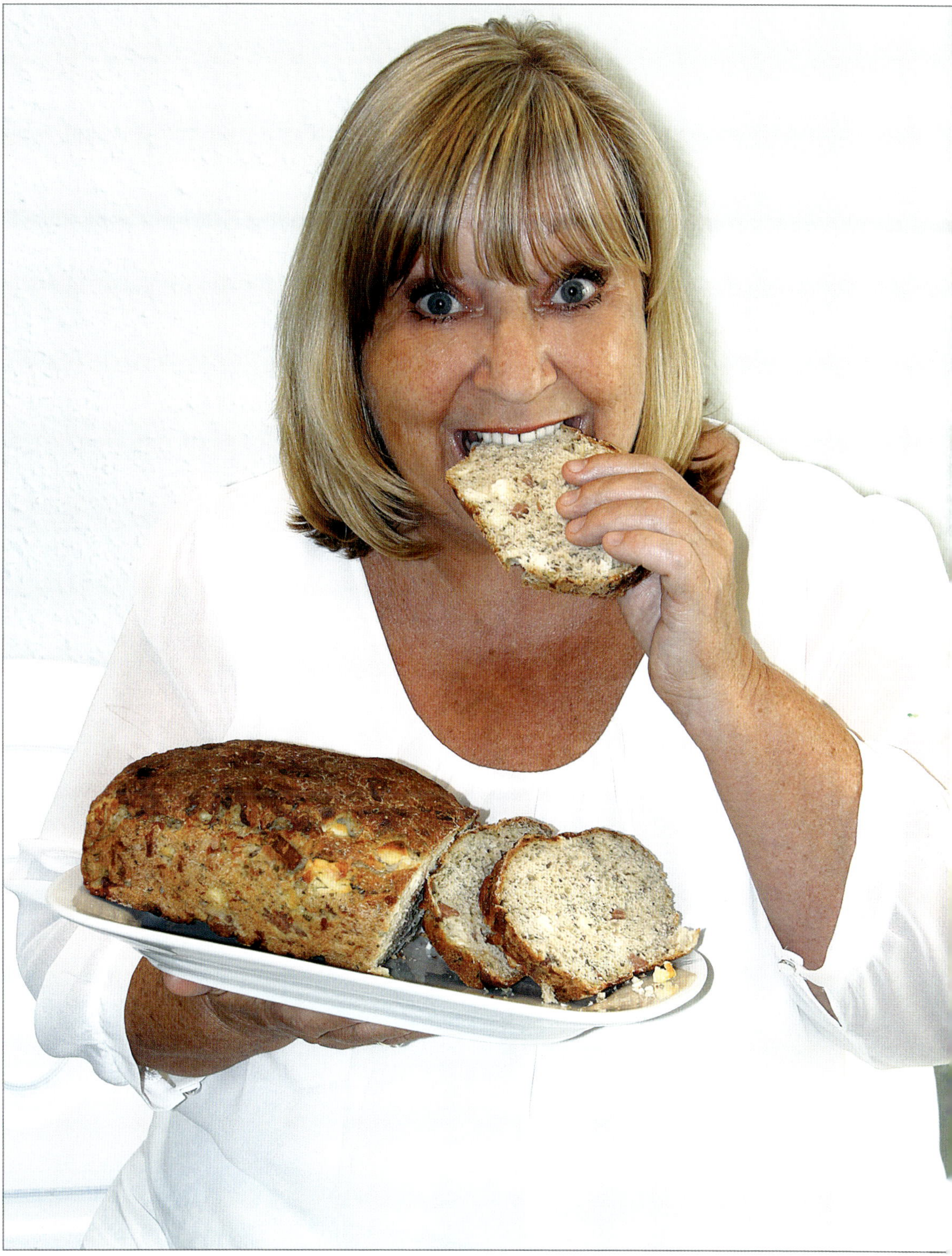

Schafskäse-Salami-Brot

Für die Backmischung:
400 g Weizenmehl
200 g Roggenmehl
1 Pck. Hefe
30 g Hefebackmittel
500 ml Joghurt
2 Eier
200 g Salami
200 g Schafskäse
100 g geriebener Käse
4 Essl. Basilikum
4 Essl. Oregano
Pfeffer
Salz

Zubereitung des Teigs
Hefe im lauwarmen Joghurt suspendieren. Salami und Schafskäse in kleine Würfel schneiden. Mehlsorten und Hefebackmittel miteinander mischen. Salami, Schafskäse und geriebenen Käse trocken hinzufügen und mischen. Frisches gehacktes oder gefrorenes Basilikum sowie Oregano, Pfeffer und Salz ebenfalls trocken hinzufügen, so dass sich um alle in Mehl eingemischte Zutaten ein Mehlmantel gebildet hat. Eier und Joghurt mit der darin suspendierten Hefe hinzufügen und gut verkneten.

Vorbereiten und backen des Brots
Hefeteig zugedeckt bei gehobener Zimmertemperatur etwa eine Stunde lang gehen lassen. Einfüllen in zwei Silikon-Kastenformen. Darin nochmals etwa eine halbe Stunde lang gehen lassen. In auf 200°C vorgeheiztem Ofen bei Ober- und Unterhitze etwa 50 Minuten backen.

Das Rezept für Angelika Mann

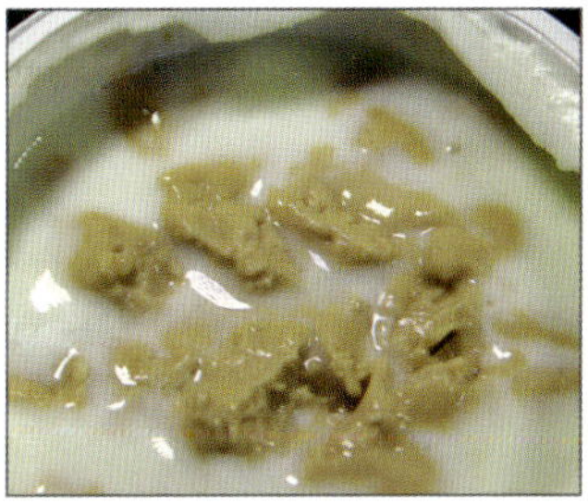
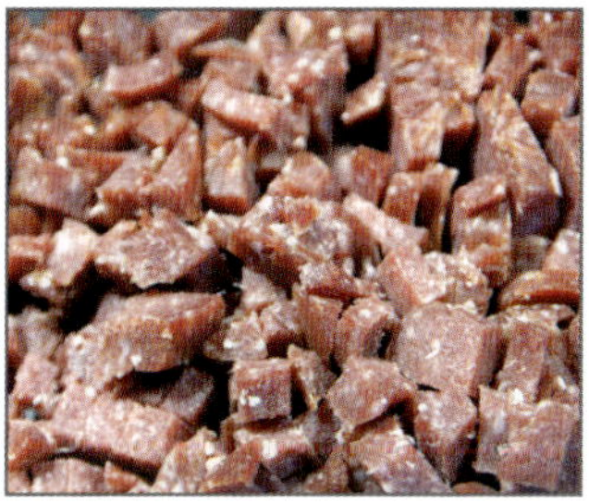
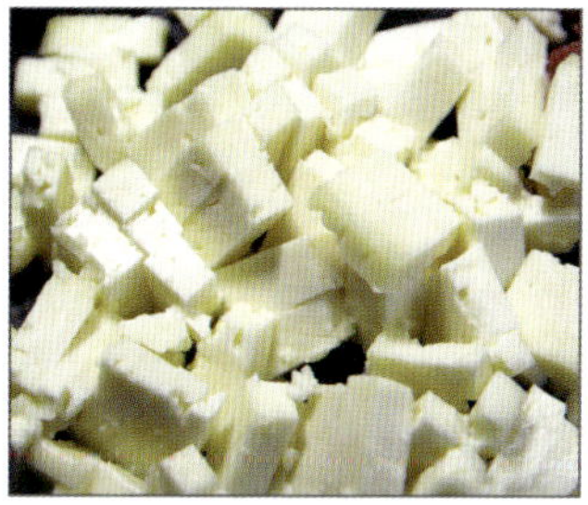
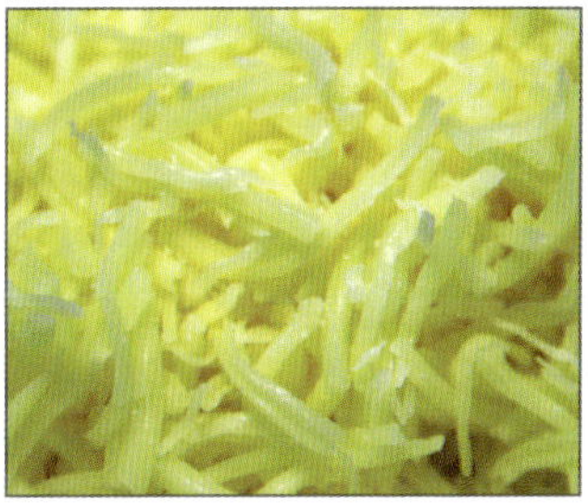
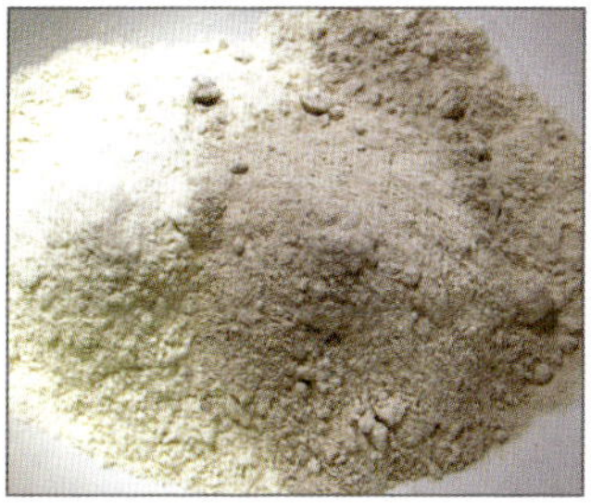
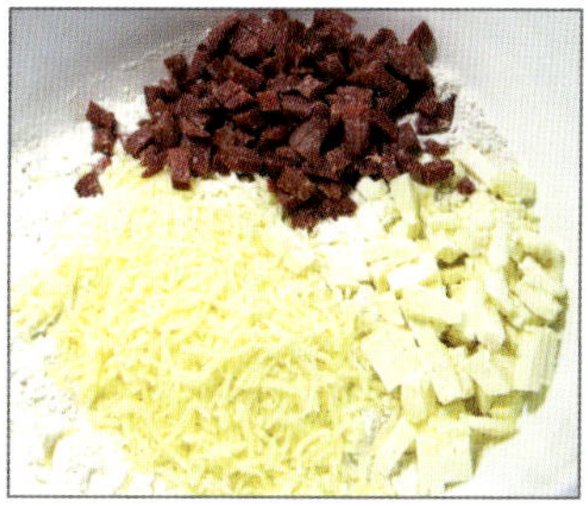
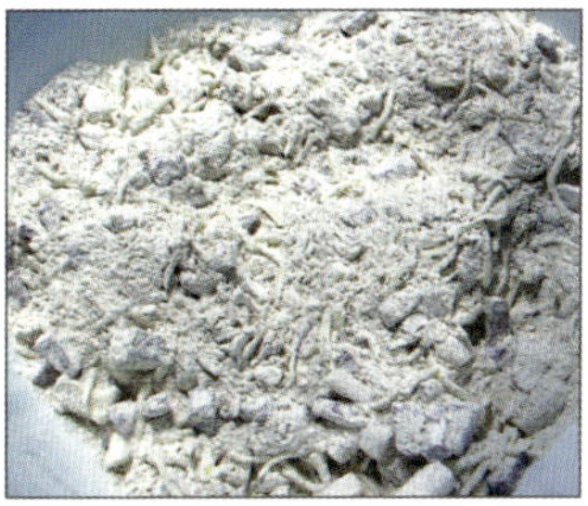
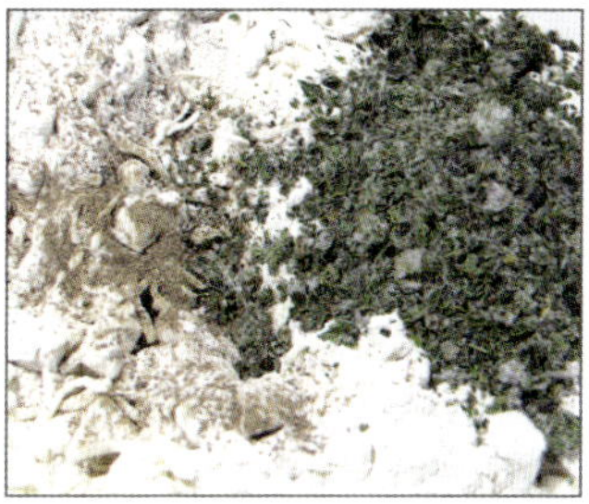
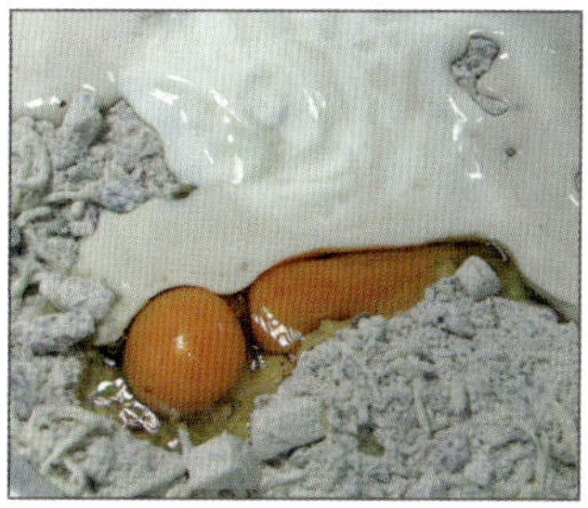
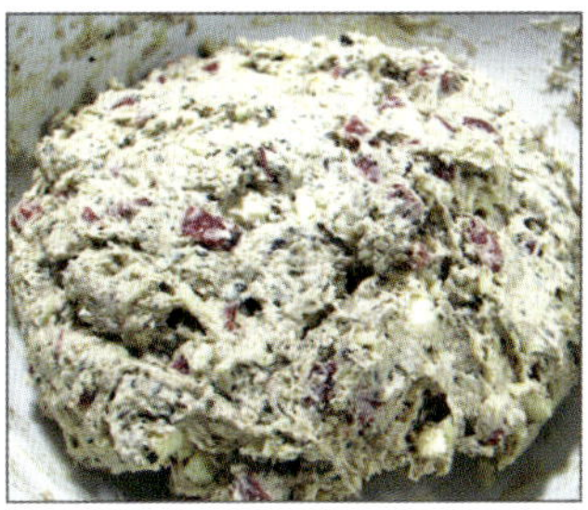
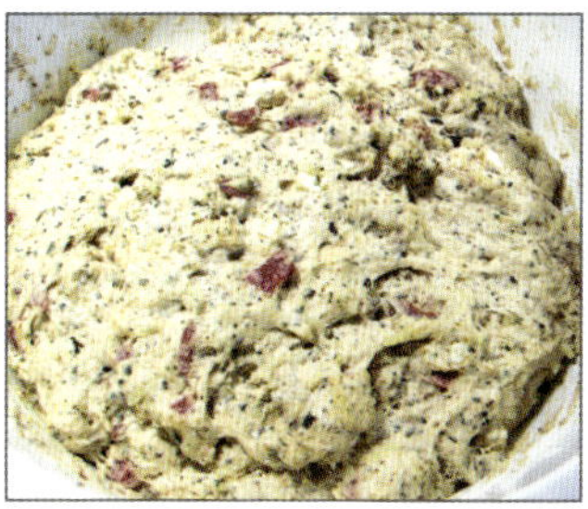
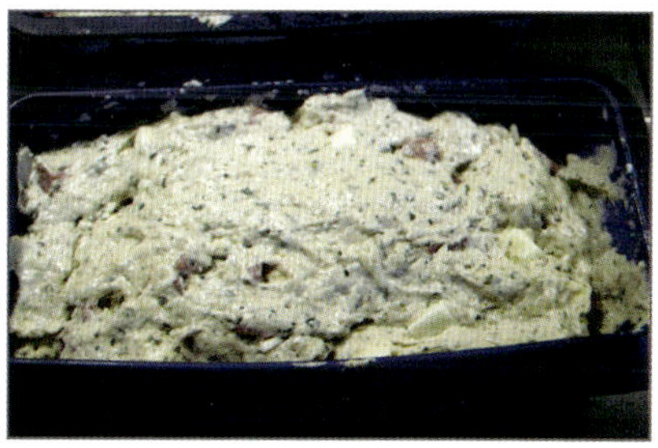
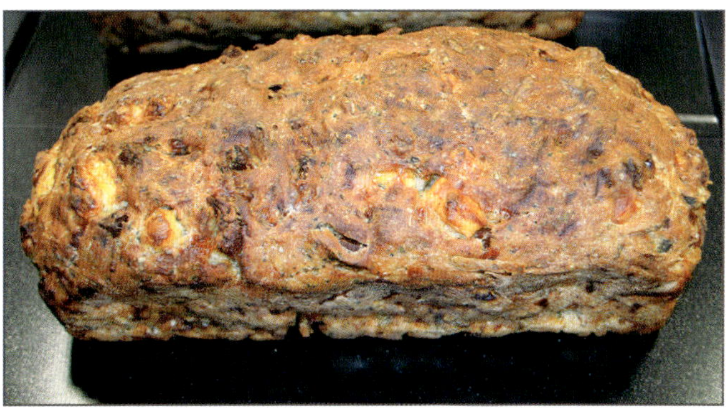
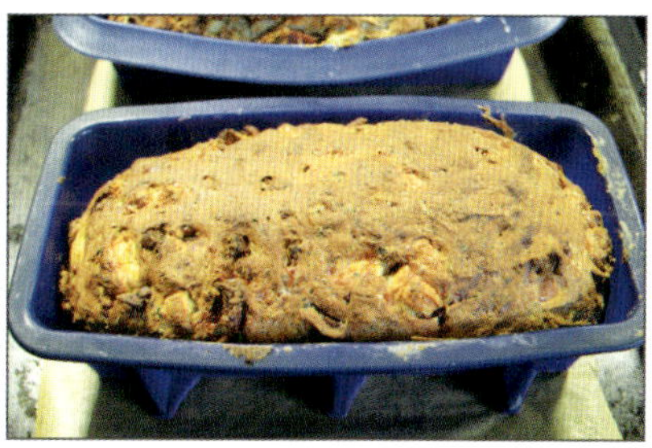

Dagmar Manzel

Unverschämte Talentballung

Wenn es möglich wäre, die speziellen Besonderheiten vieler großer Künstlerinnen jeweils ein bisschen als besonderes Talent, mimische Nuance oder eine ganz eigene Art des Sprechens, Gehens oder Singens an eine Nachfolgerin zu vererben, dann hätte Dagmar Manzel so etwas wie das große Los unter diesen Spezialeigenschaften gezogen. Aber es würde ihr nicht gerecht, wenn man hier auch nur einen Namen nennt, denn aus allen die-

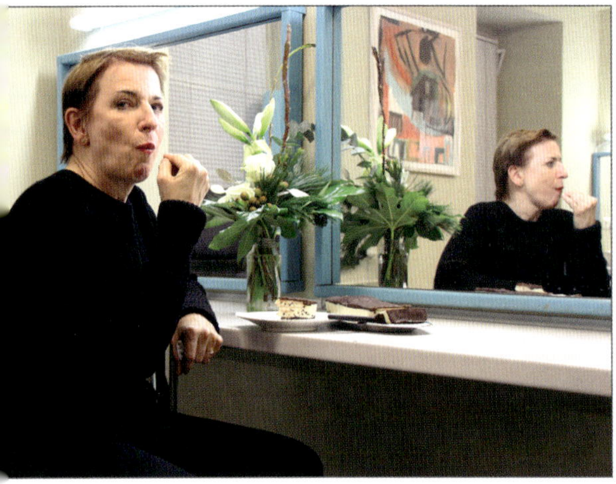

sen Talentschnipseln entwickelt sie ein so eigenes, typisches Flair, das sie zur unverwechselbaren Künstlerin macht. Und sie ist eine, die wirklich spielt, die aber sofort damit aufhört, wenn der Vorhang gefallen, die Kamera ausgeschaltet ist. Dann erscheint sie komplett uneitel und ist ein Kumpel.

Sprecherei und Spielerei

Wer in den 80ern und 90ern Dagmars Arbeiten verfolgte, erlebte sie in sehr unterschiedlichen Rollen, tragisch und lustig, hochanspruchsvoll oder auch mal sehr leicht. Sie ist damals das Allround-Talent gewesen, jung, hübsch, disponibel, aber immer sehr gut, mit den Aufgaben wachsend und sich selbst verbessernd. Von ihren schwulen Fans wird sie wegen des Filmklassikers „Coming Out" als Ikone angehimmelt, von jenen, die es nachdenklich mögen, sind da „Der Laden" oder „Klemperer". Die Theatergänger werden sich vor allem ihre Hauptrollen in „Kirschgarten", „Totentanz" und „Gift" eingeprägt haben – intensiv und unverwechselbar durch Dagmar Manzel.

Mehr als eine singende Schauspielerin

Die Theaterlieder-Aufführungen wie „Ich bin ein Wesen leichter Art" waren nur ein Schaufensterchen für das gesangliche Können dieser wundervollen Künstlerin. Aber auch da gurrte und schmetterte sie schon in unglaublichen Sekundenbrüchen. An BE, DT und Komischer Oper zu Berlin sind die prominenten Musical- und Operettenhauptrollen von der „Herzogin von Gerolstein" über „Kiss me, Kate" bis hin zu „Perlen der Cleopatra" unter unorthodoxer Regie durch Dagmar Manzel zu ungewöhnlichen Ereignissen geworden. Da kam nämlich ihre starke, selbst schwierige Koloraturen meisternde Stimme zum wundervollen Schauspiel und wurde kombiniert mit dem Gurren, Schluchzen, Quäken – es gibt gar keine richtigen Worte für das, was sie da macht, aber es ist großartig! Mit ihrer enormen Puste und der starken Stimme fegt sie kraftvoll eine gehörige Schicht Staub von den alten Vorlagen. Dagmar sagt von sich, sie sei eigentlich Bäuerin. Sie beackert ein riesiges Grundstück – ihr Fitnessprogramm, und fit ist sie! Warme Hunde braucht sie dafür nicht, aber ein Kalter Hund ist nach ihrem Geschmack, außerdem liefert er Energie.

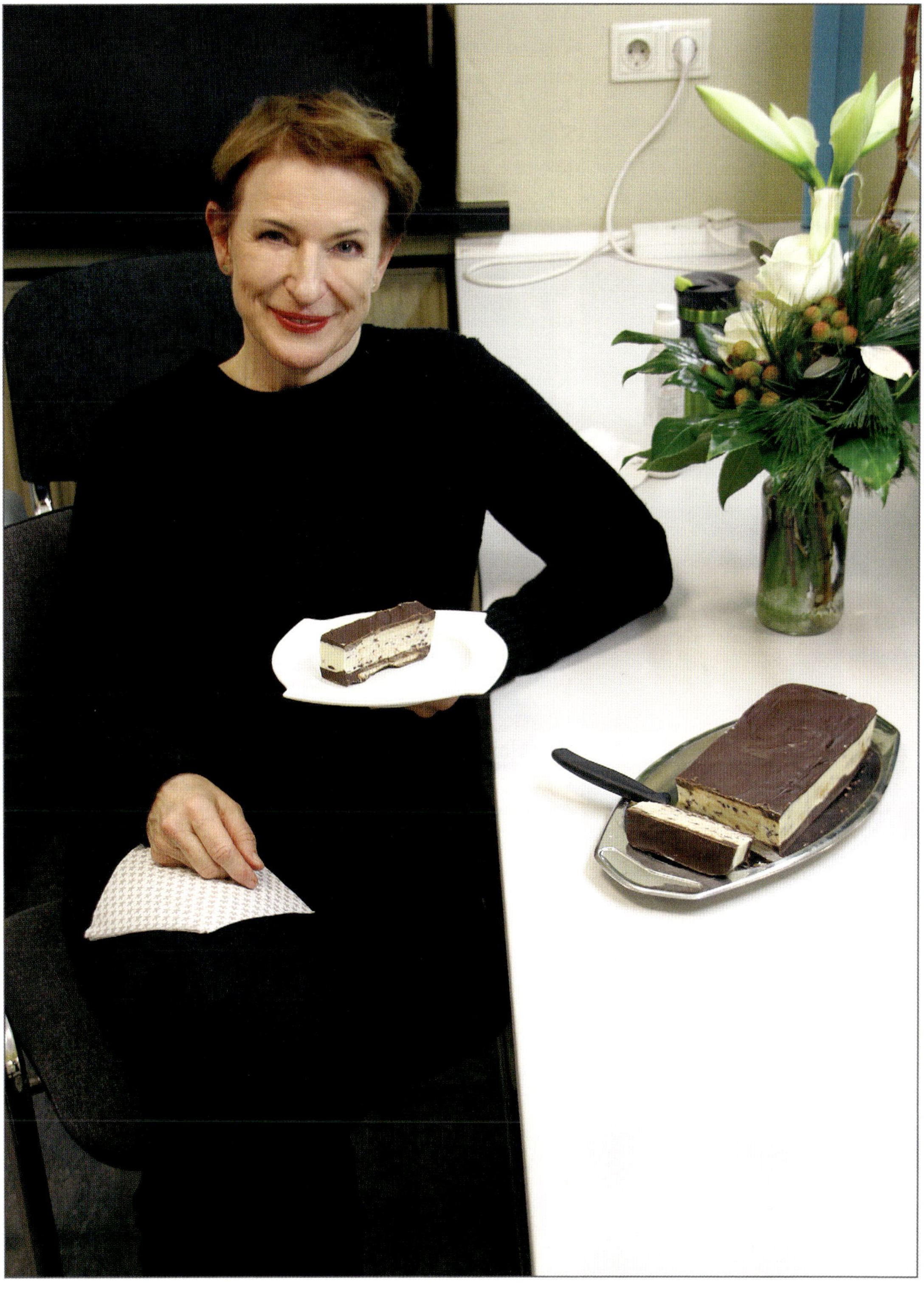

Ulrich Matthes

Von einem Held empfangen
Nicht nur empfangen, sondern auch mit Weisheit in Sachen Textanalyse versorgt wurde der junge Germanistik- und Anglistikstudent Ulrich Matthes von Martin Held, seinem Vorbild und irgendwie auch Idol. Trainiert von Else Bongers, die schon Hilde Knef zur richtigen Schauspielerin und zu einem Mensch gemacht hatte. Matthes wusste, wo er Blütennahrung zum Öffnen seiner Talentknospen bekommen konnte. Die Langzeitdüngung funktionierte und hält bis heute den verspielten, vielgestaltigen Flor. Mehr noch: Beim Zusammenspiel mit seinen jüngeren Kollegen ist Ulrich Matthes heute selbst der Nährstofflieferant für neue Generationen.

Bescheidenheit zeigt Größe
Dieser interessante, schlanke, noch immer irgendwie studentisch wirkende Mann hat auf den ganz großen Bühnen Europas gespielt, und zwar hauptrollig-präsent mit enormem Zuspruch von Publikum und Kritikern gleichermaßen. Ob an den Münchener Bühnen, am Wiener Burgtheater oder seit 2004 als Ensemblemitglied des Deutschen Theaters Berlin – die tiefen Eindrücke seiner Darstellungen sind dort überall bis heute geblieben. Moderat sprechend, sich nie so wichtig nehmend, stets freundlich, dennoch konsequent und mitunter sogar bissig erscheint Uli Matthes in Gesprächen, Disputen, sinnvollen Diskussionen. Letzteres Attribut ist ihm wichtig, denn das, was da von ihm gesprochen wird, ist klug, zeugt von großem Interesse an vielem, von sehr menschlicher, wissensbasierter politischer Haltung und von der Überzeugung, dass künstlerische Arbeit zwar nachdenklich, erweckend oder sogar überzeugend sein kann, doch – pur verabreicht – die Welt nicht verändern wird. Matthes fasziniert übriges immer dann ganz besonders, wenn er kompliziert anmutende Texte so interpretiert, dass sie plötzlich zeitgemäß irdisch, durchaus erschließbar, für fast jedermann verständlich erscheinen.

Die Kontradiktion der Charaktere
Spielt Matthes einen Bösen, dann gibt er ihm etwas warmes Gutes mit dazu (Tatort „Im Schmerz geboren"), spielt er einen Schwächling, dann bäumt sich dieser auch mal zwischendurch in gewisser Stärke auf (Gosch-Inszenierung von „Wer hat Angst vor Virginia Woolf" im DT), spielt er einen Liebenden, so gibt es Momente, in denen man an der Liebe zweifeln könnte („Der einsame Weg" am DT). Das ist es, was seine Darstellung so besonders macht, weitab vom Üblichen. Und weshalb die großen Regisseure in Theater und Film ihn haben wollen für das Schwierige. Es bleiben keine Rollen hängen am Schauspieler Ulrich Matthes; nach seinem Goebbels in „Der Untergang" kann er problemlos alle anderen Fächer bedienen ohne Erinnerungsassoziationen. Das zeigt seine Kunst, darzustellen ohne zu verschmelzen – eben mit Abstand am besten. Zweimal „Gift", und zwar nicht das gleiche, auf der Bühne und im Film, ja sogar schon einmal „Backstage" in Buchform gibt es mit Uli Matthes. Er hat eben fast alles schon mal gemacht. Herzhaft mag er es, nicht süßlich, deshalb war seine Entscheidung für ein Rezept sofort ganz klar: Der Kartoffel-Käse-Kuchen musste es sein, nicht zu scharf, nicht zu bitter, nicht zu salzig und schon gar nicht zu süß.

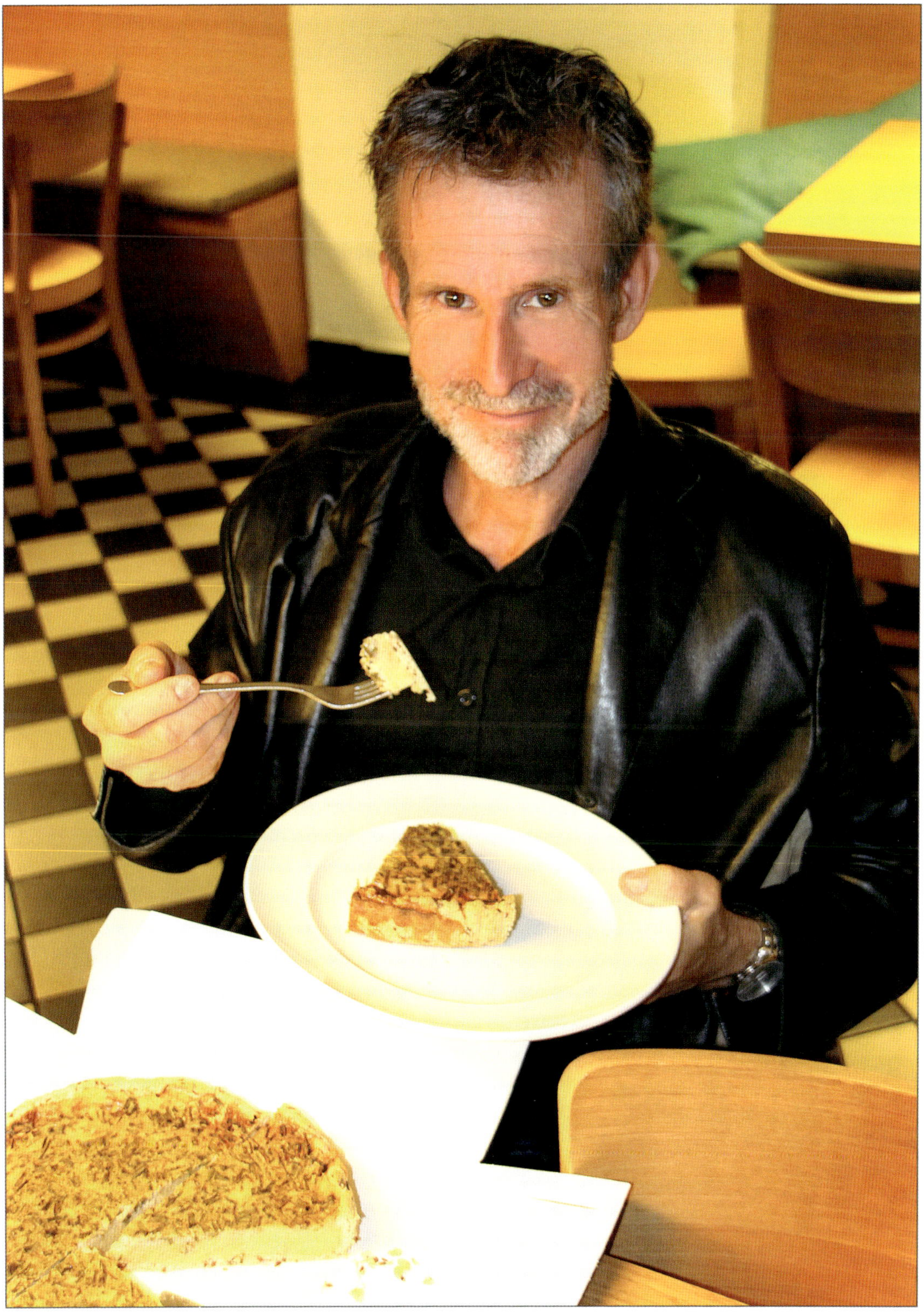

Kartoffel-Käse-Kuchen

Für die Backmischung:
250 g Dinkelmehl
50 g Leinsamen
120 g Butter
20 g Saure Sahne
1 Essl. Zitronensaft
1 Teel. Salz

Für die Füllung:
600 g Pellkartoffeln
200 g geriebener Emmentaler
2 Bunde Schnittlauch

Für den Guss:
180 g Saure Sahne
100 ml Milch
1 Ei
2 Essl. Kartoffelstärke
Salz, Pfeffer, Muskat,
geriebener Kümmel

Zubereitung des Teigs
Teigzutaten miteinander zu einem festen Mürbteig verkneten und eine halbe Stunde kalt stellen. Dann in eine mit Backpapier ausgelegte Springform (28 cm Durchmesser) so eindrücken, dass die Ränder etwa 2 cm hoch gezogen sind.

Füllung zubereiten
Kartoffeln in gesalzenem Wasser kochen, pellen und abkühlen lassen. Mit Kartoffelstampfer zu einem Brei zerdrücken und geriebenen Emmentaler einmischen. Aufstreichen der Kartoffel-Käse-Masse auf den Mürbteig und Bestreuen mit dem zuvor in kleine Röllchenstücke zerschnittenen Schnittlauch.

Herstellen des Gusses und Backen
Zutaten für den Guss mit dem Mixer vermischen und auf die Füllung so auftragen, dass nichts davon über den Kuchenrand läuft. Im auf 180°C vorgeheizten Backofen bei Ober- und Unterhitze ca. 50 Minuten Backen.

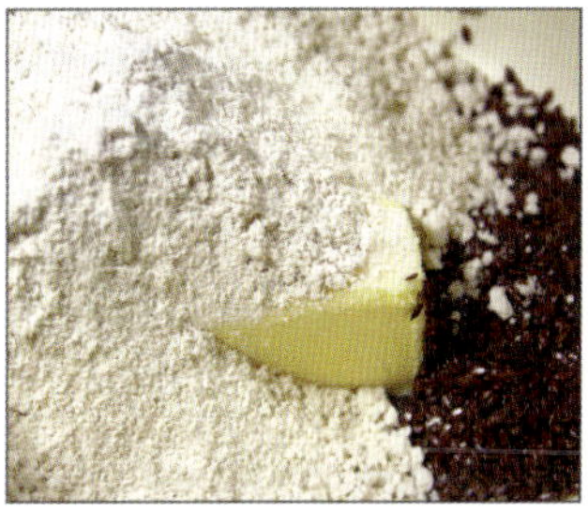
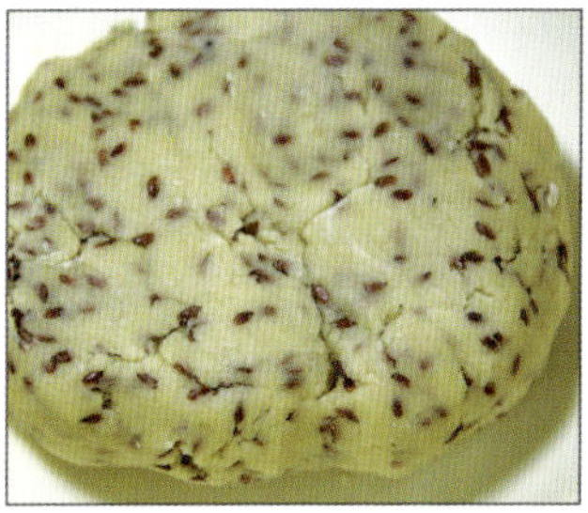
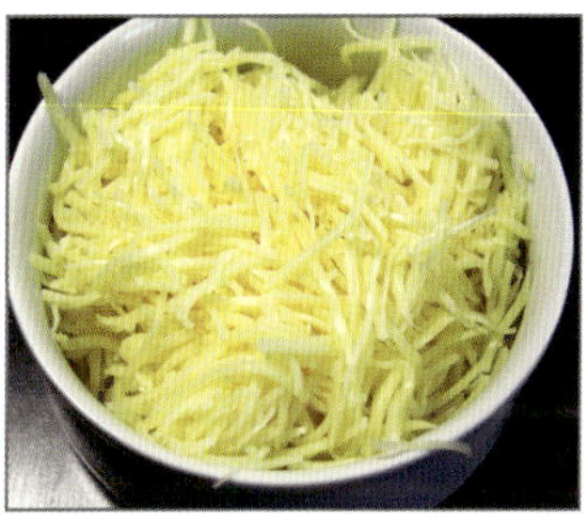
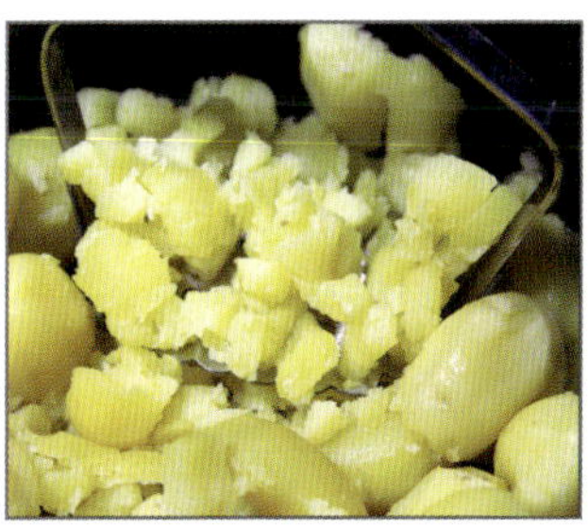
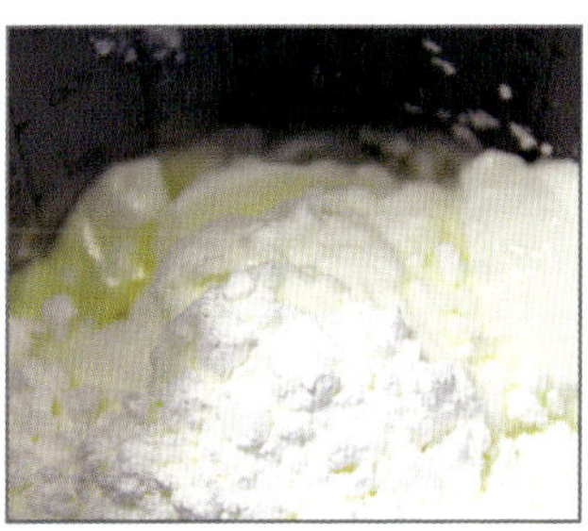
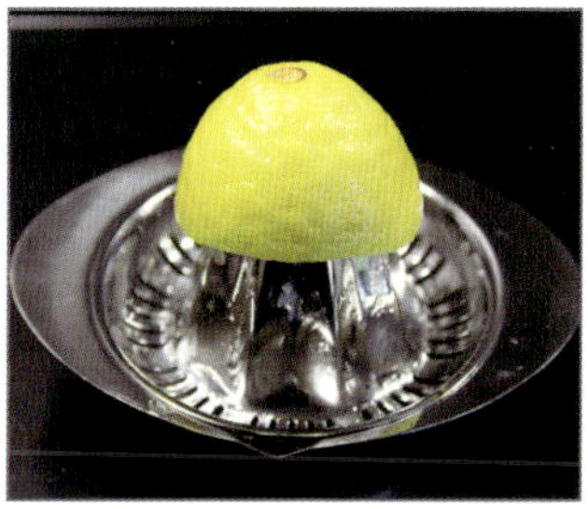
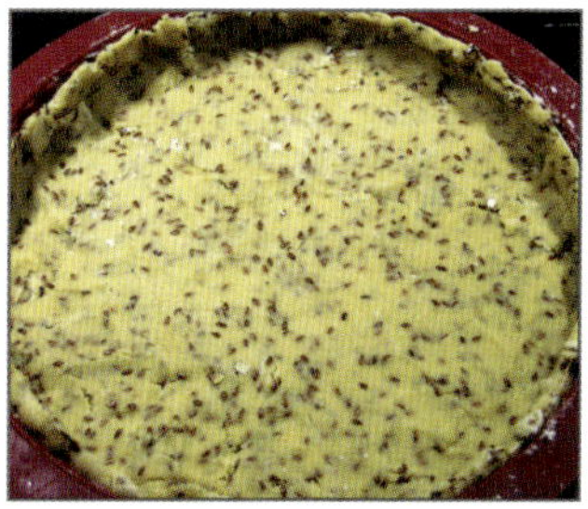
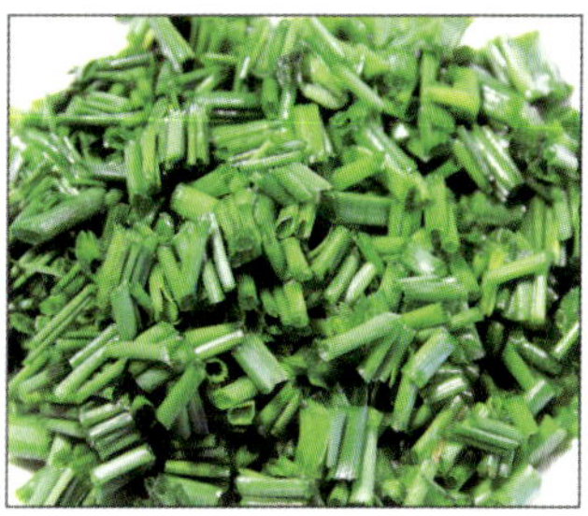
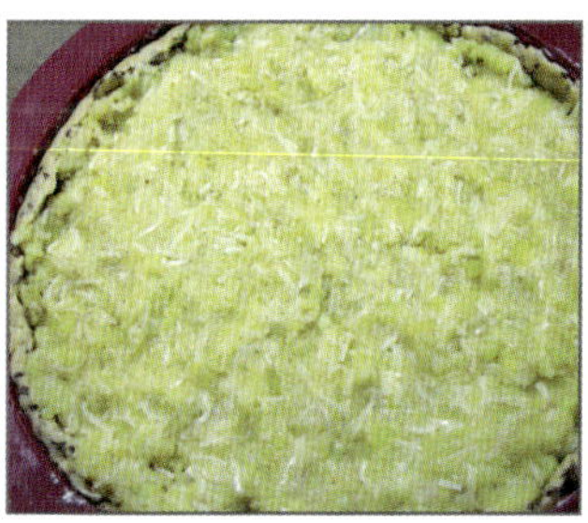
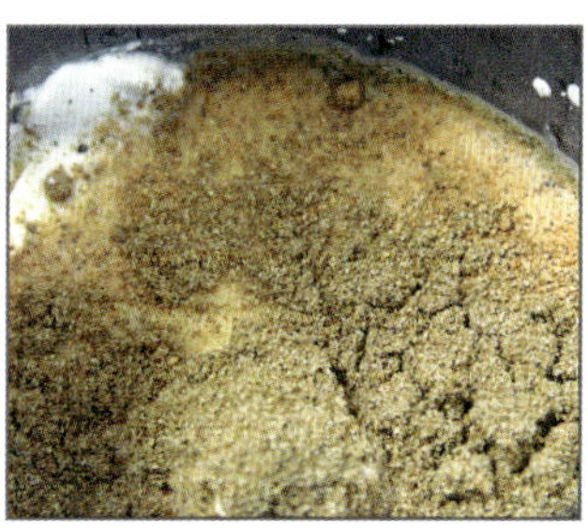
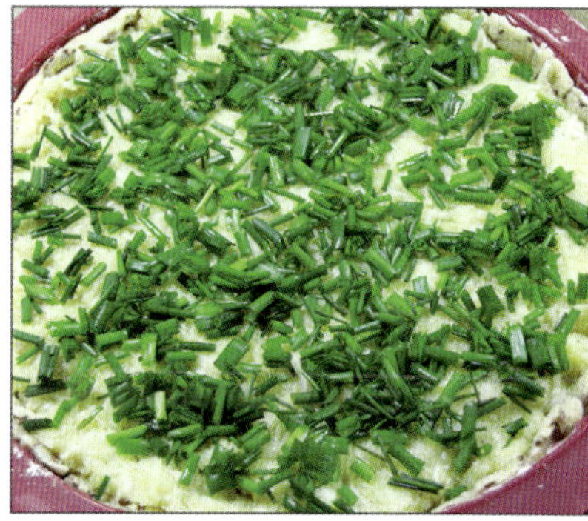
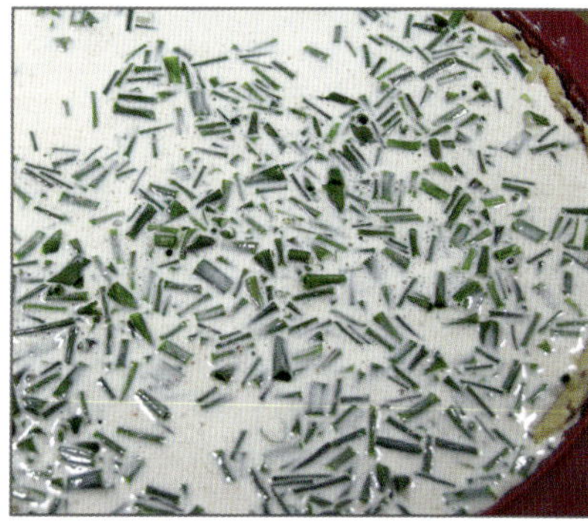
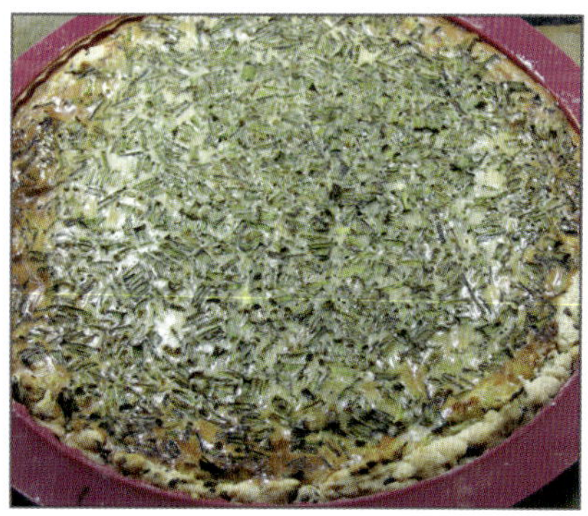
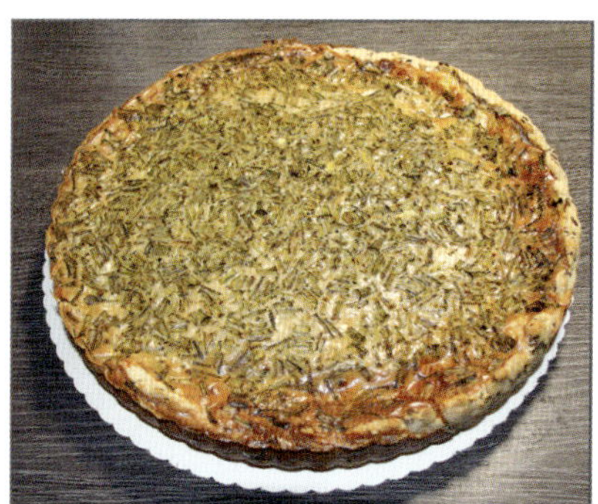

Katharine Mehrling

Mademoiselle Stimmwunder
Keine Bardame, sondern ein Barkind ist Katharine Mehrling, denn sie wuchs in ihrer hessischen Heimat in der elterlichen Bar auf. Die diseusende Mutter kitzelte Katharines Berufswunsch heraus, den sich die Tochter selbst konsequent erfüllte. Und zwar mit Energie und Fleiß beim Schauspiel- und Musicalstudium an den weltweit führenden Talenttankstellen – London Studion Centre und Lee Strasberg Theatre & Film Institute New York.

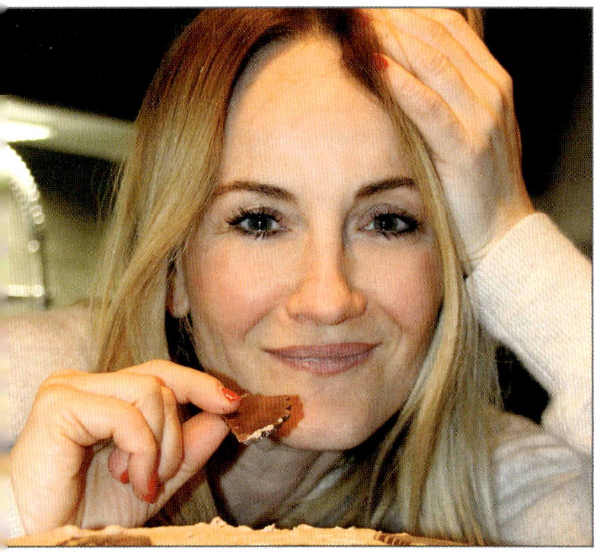

Das Londoner Westend wurde zum Nährboden für Katharines Debut. Betritt sie die Bühne, ganz gleich ob in einer Rolle oder als die Mehrling, so fragen sich die wenigen, die sie noch nie live gehört haben, was das wohl werden wird. So ein fragiles Persönchen taucht da ganz unspektakulär auf, aber dann explodiert ein Vulkan derart, dass sich die Tonlava extrem heiß in die Seelen des Publikums einbrennt, ihre Herzen und Seelen auch dann noch erwärmt, wenn Katharines reelle Töne längst verklungen und die Bühnenspektakel beendet sind.

Passer domesticus berlinensis
Die Berliner Unterart des Haussperlings, nahe verwandt mit jener aus der französischen Hauptstadt, leider schon vor etlichen Jahren ausgestorben, das ist Katharine. Sie ist ihr ähnlich, der legendären Piaf, und zwar in Stimme und Erscheinung. Was lag da näher als Edith Piaf zu spielen. Es gibt keine, die sie besser darstellt, singt und emotional erreicht. Und wenn Katharine Piaf-Chansons singt (was sie auch bei völlig anderen Auftritten schlichtweg muss, denn das Publikum fordert es), kommt da ihre junge, frohnaturelle und moderne Lebensart hinzu, so dass die großen Lieder einen neuen Zauber entwickeln, ihren. Auch eine andere Diva stellte Katharine Mehrling dar, Judy Garland. Was so nah beieinander liegt in den Schicksalen dieser Frauen, ihr Ruhm, ihr Glück und ihre Tragik, lässt Katharine meisterlich erlebbar werden für ihre Theatergäste.

Die Süße verzaubert
Und zwar in Musical-Hauptrollen in „Funny Girl", „Cabaret", „Evita" und unzähligen weiteren. Doch auch als Film- und Fernsehschauspielerin be- und verzaubert Katharine. Ihre Stimme ist auf etliche Scheiben gebannt, besonders und ungewöhnlich zum Beispiel die mit Rolf Kühn gemeinsam entwickelte CD „Am Rande der Nacht". Aber die Süße ist auch durch die Süße verzaubert. Sie liebt nämlich Nougat über die Maßen. Deshalb war die Wahl schnell getroffen: die Nougat-Pfirsich-Sahnetorte. Und wenn man so etwas Süßes zudem gemeinsam mit Freunden genießt, von denen Katharine stets umgeben ist, dann versüßt dass alles zugleich kulinarisch und persönlich.

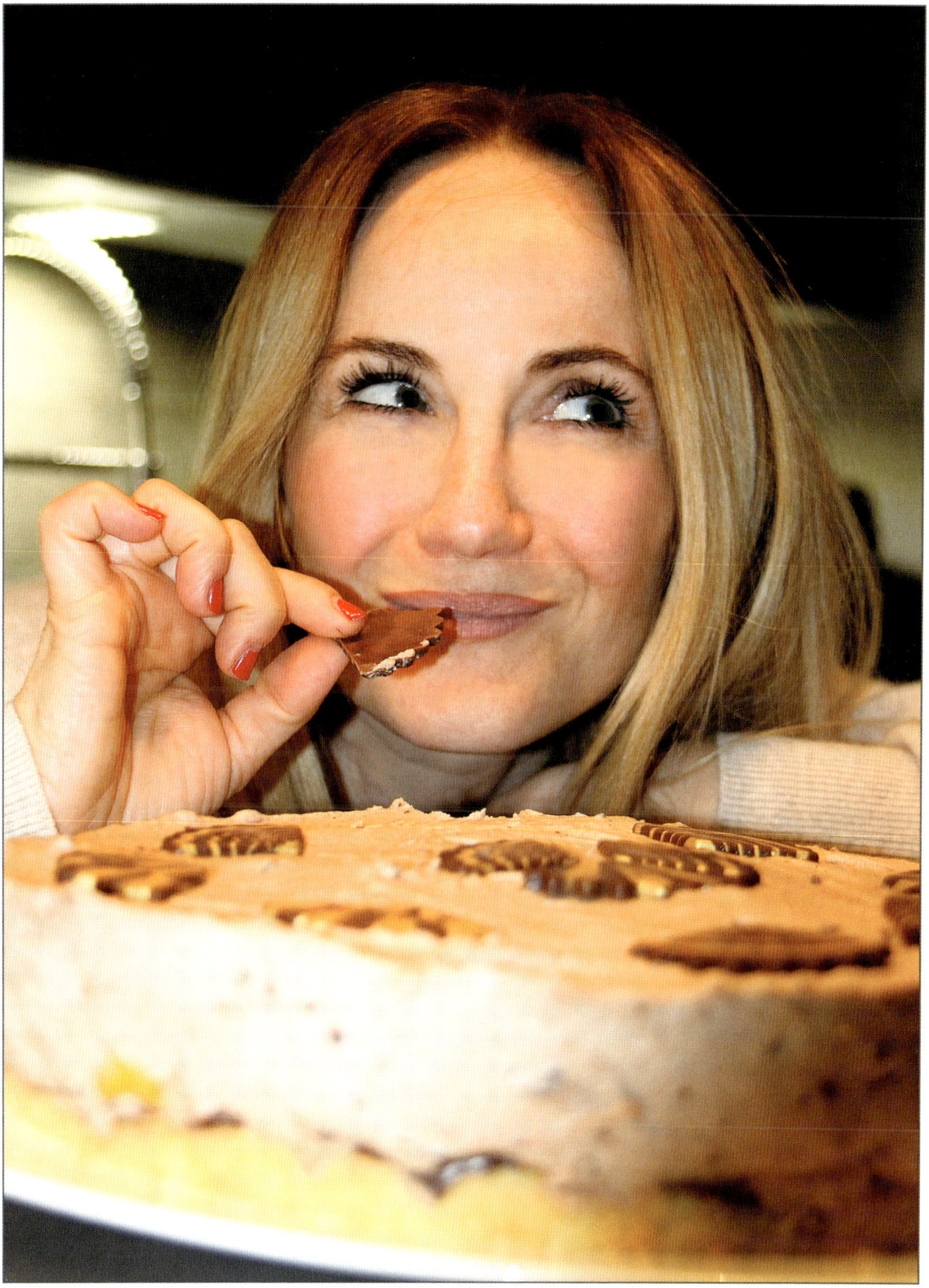

Nougat-Pfirsich-Sahnetorte

Für die Backmischung:
100 g Mehl
100 g Speisestärke
150 g Zucker
4 Eier
1/2 Pck. Backpulver

Für die Füllung:
Dose Pfirsiche
750 g Schlagsahne
1 Pck. Sahnestand Nougat
ca. 150 g Nougat-Aufstrich
Dekorschokolade

Zubereitung des Teigs und Backen
Eiweiß mit dem Zucker steif schlagen. Eigelb, Mehl, Speisestärke und Backpulver unterheben. In einer mit Backpapier ausgelegten Springform im auf 170°C Ober- und Unterhitze vorgeheizten Backofen 30 bis 40 Minuten backen.

Zubereiten der Füllung und Dekoration
Schlagsahne steif schlagen ohne jegliche Zusätze. Sahnestandpulver nach Vorschrift mit 180 ml Wasser mischen und mit der geschlagenen Sahne vermengen. Oberen Teil des Bisquit-Tortenbodens quer abschneiden und verwerfen. Auf die plane Oberfläche Nougat-Aufstrich streichen. Pfirsiche von der Flüssigkeit trennen, abtropfen lassen und auf der Nougatfläche verteilen. Tortenring anbringen und die Nougatsahne auffüllen. Mit Dekorschokolade garnieren und einige Stunden lang kalt stellen vor dem Abnehmen des Tortenringes.

Das Rezept für Katharine Mehrling

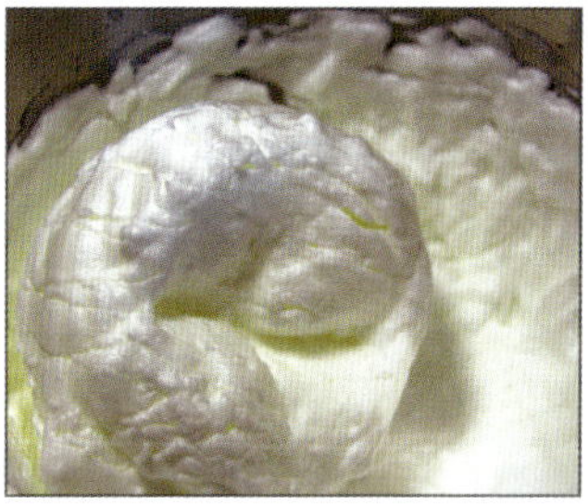
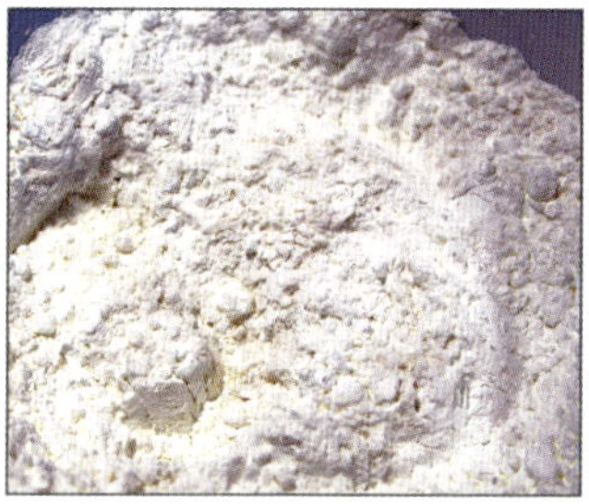
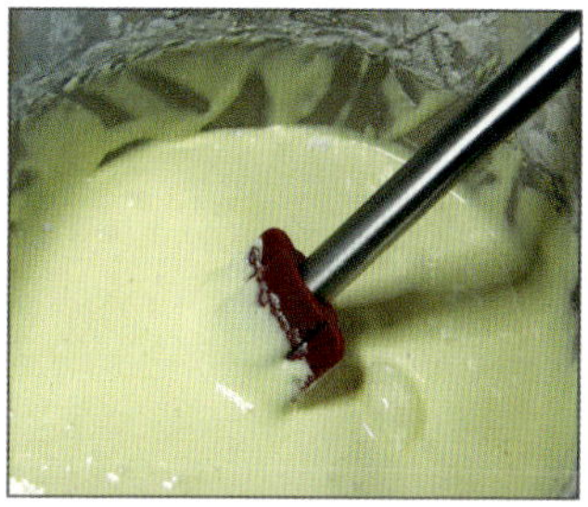
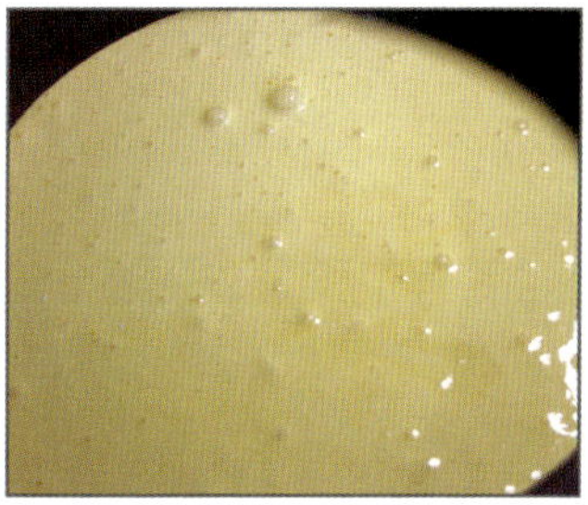
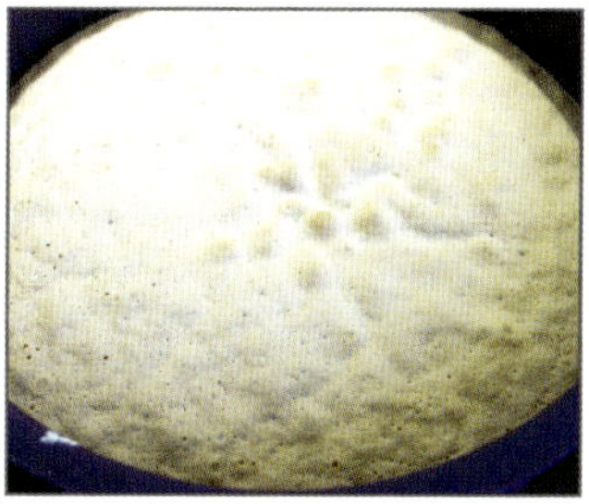
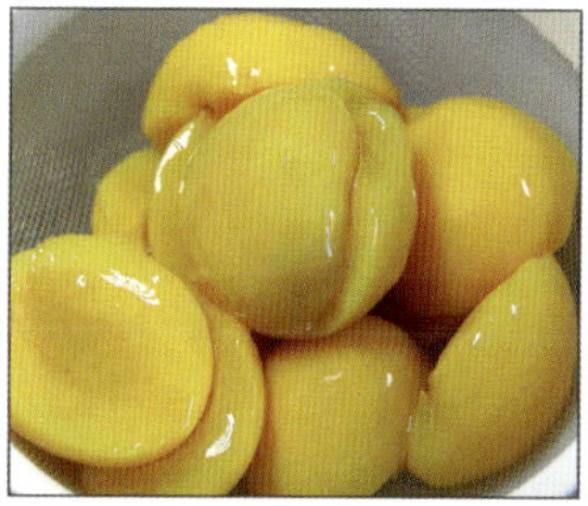
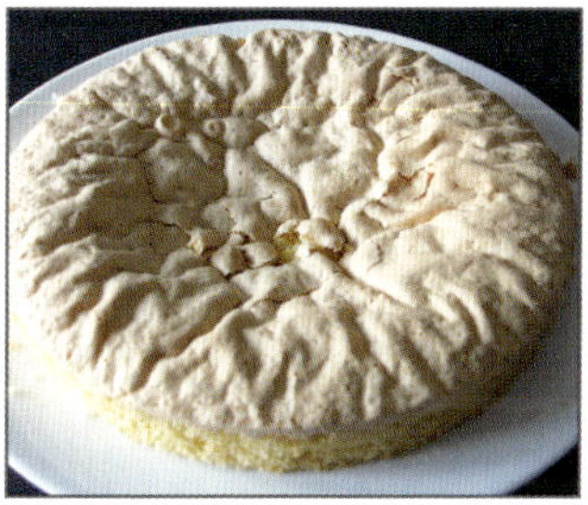
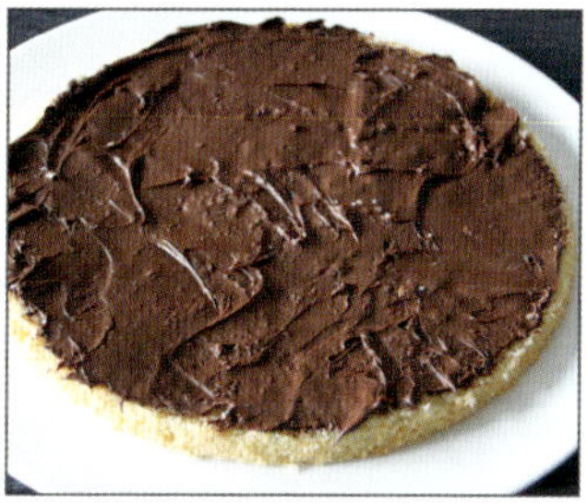
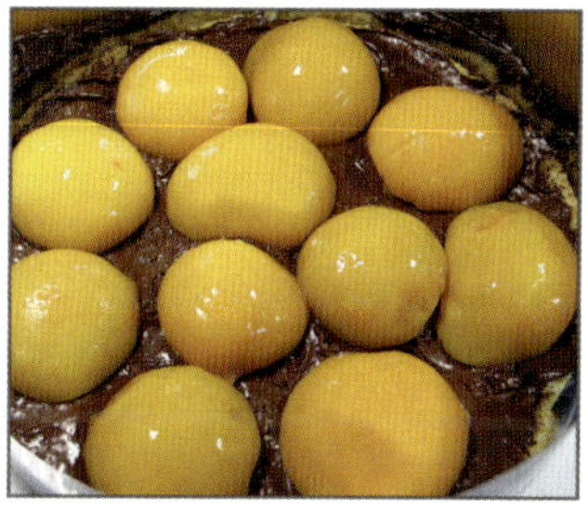
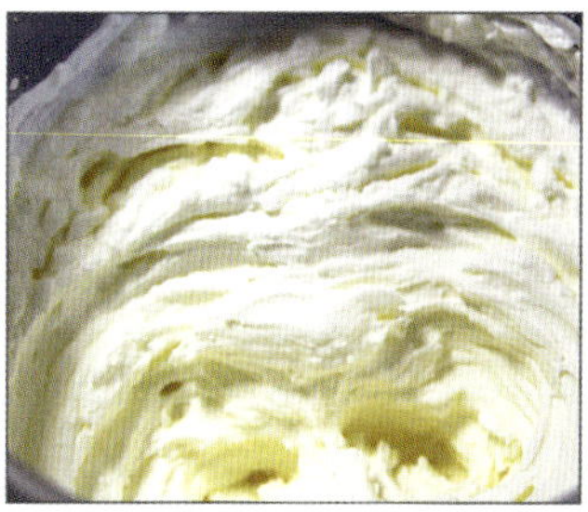
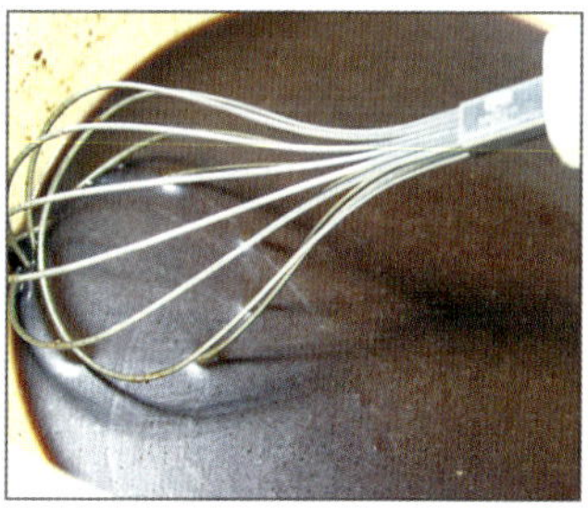
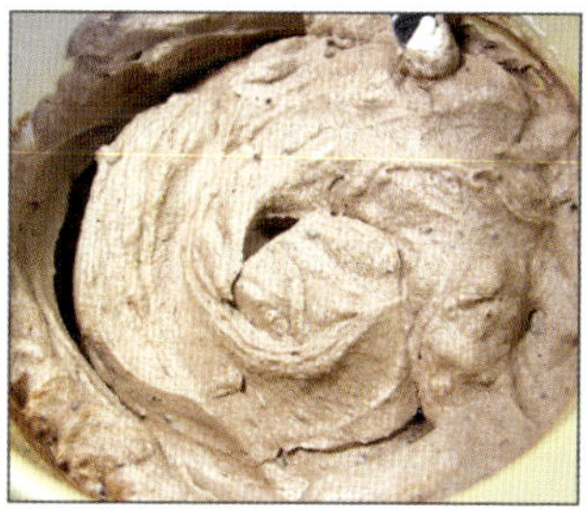
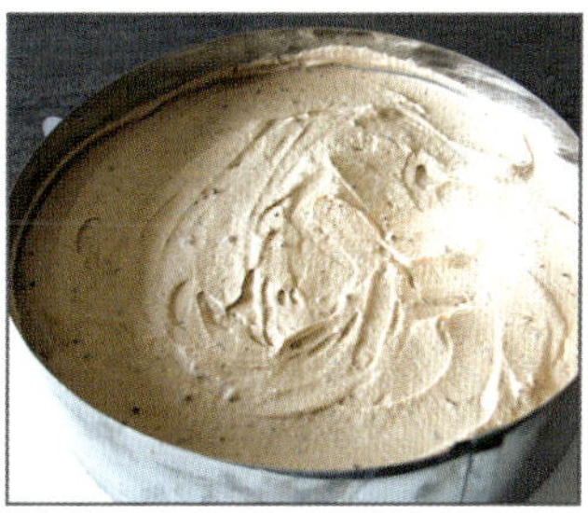
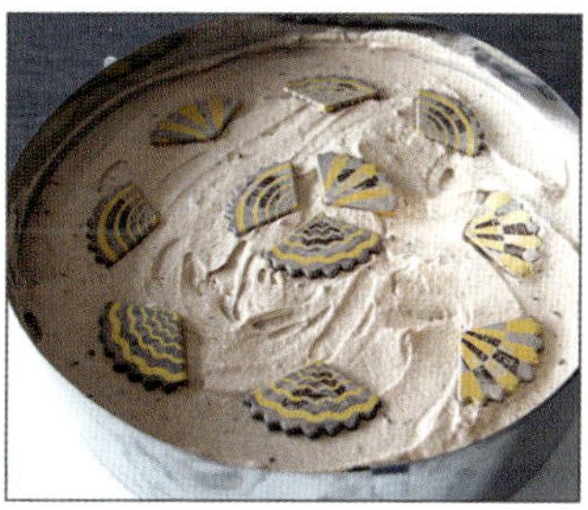
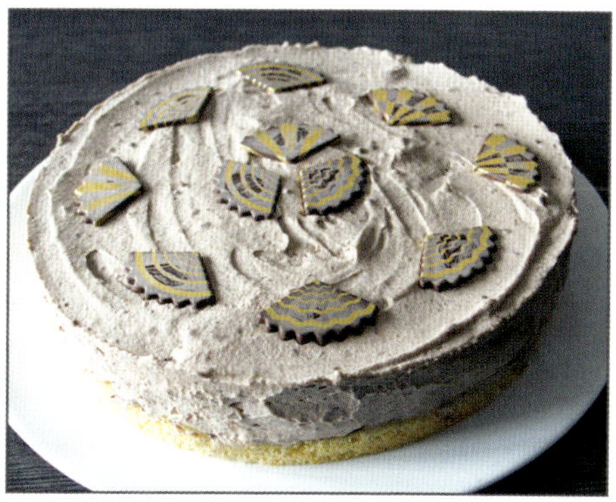

Angelika Milster

Grande Dame des deutschen Musicals
Wenige Musical-Darsteller sind allgemein bekannt, warum auch immer. Aber einen Namen kennt jeder: Angelika Milster. Sie ist die Urkatze Grizabella in „Cats“, an ihr mussten sich alle folgenden messen. Ob Dolly oder Gypsy, ihre Stimme füllte die Musicaltheater mit Wohlklang und Stärke. „Gold von den Sternen“, ihr wundervolles Lied aus dem Musical „Mozart!“, könnte auch ein Charakteristikum ihrer Stimme sein, denn die ist golden und strahlend wie von den Sternen. Angelika Milster braucht eigentlich kein Mikrophon. Hat sie eins in einer Musical-Inszenierung, dann deshalb, weil der Sound für alle gleich sein muss. Oder weil etwas aufgezeichnet wird. Ihre Stimme lässt sich schwer beschreiben, denn sie liegt irgendwo zwischen Klassik und Pop. Vielleicht am besten so: Wenn eine klassische Arie zu altbacken-fad erscheint, wertet sie Angelika durch ihre Interpretation stimmlich auf. Wenn ein Pop-Titel zu flau und schlicht daherkommt, qualifiziert sie ihn wie mit ihrer Edelmetallumhüllung, stimm(un)bändiges Blattgold strahlt da unverkennbar weit leuchtend.

Blonder Kirchenengel
Gediegen soll es sein, das ist Angelika Milsters Anspruch, wenn sie ihre Konzerte gibt. Kaum Halbplaybacks, wenn möglich, nichts aus der Retorte. Eine Orgel fordert bei ihren Kirchenkonzerten stimmlich-physisch heraus. Wer gewinnt? Beide, das sakrale Instrument und ihr ganz persönliches. Heraus kommt Ungewöhnliches, wundervoll wohlklingend in der meist imposanten Akustik der Kirchen. Zu einem Milster-Konzert kommen ganz unterschiedliche Menschen. Solche, die ihre schlageresken Lieder aus Unterhaltungssendungen kennen, andere, die sich an ihre Musical-Rollen erinnern und mal etwas anderes erleben wollen, jene, die bisher nur die Schauspielerin kennen (das sind sicher die wenigsten) und natürlich die treuen Fans, die nichts auslassen. Dann tritt sie auf mit ihrem rassigen Gesicht, den blonden Haaren – eine imposante Erscheinung wie ein blonder Engel, schließlich singt sie noch engelsgleich. Weil es passt mit diesem attraktiven Frauentyp, lag die Rolle als Doris Day auch nicht all zu fern. Manchmal sinniert man dann darüber, wie es wohl gewesen wäre, wenn Angelika Milster damals als erste die bekannten Melodien gesungen hätte. Vielleicht hätte es Doris Day nach ihr schwer gehabt. Beide Blondinen vereint, dass sie auch die komische Seite uneitel bedienen können.

Lebensfrohe Genießerin
Angelika schafft sich täglich eine Wohlfühlwelt, ein ganz privates Umfeld, das ihr gut tut. Dazu gehören liebe Menschen, meist irgendwie musikalisch oder darstellerisch mit ihr verhakt, aber auch ihre Hunde. Sie genießt das, was sie kann, weiß von ihrem Naturgeschenk Stimme und pflegt es vorbildlich. Doch nichts gelänge, wenn es um Emotionen auf der Bühne oder vor der Kamera geht, wenn sie nicht spezielle Nahrung bekämen. Angelika ist Genießerin, auch, was die kulinarische Seite ihres Lebens betrifft. Sie wählte sich einen extravaganten Kuchen aus, milchig-süß, kirschfruchtig und heiß zerfließend wie Karamell. Irgendwie so hochkarätig, vielfältig und dem guten Geschmack verbunden wie ihr künstlerisches Schaffen.

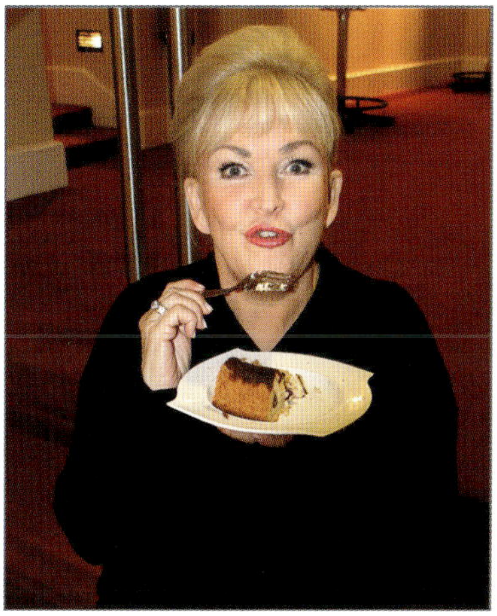

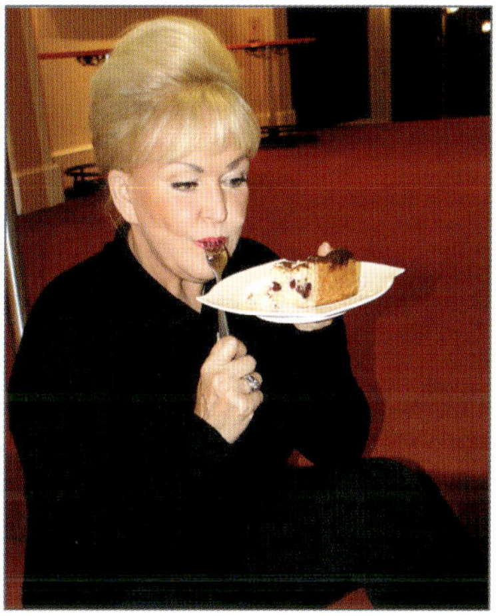

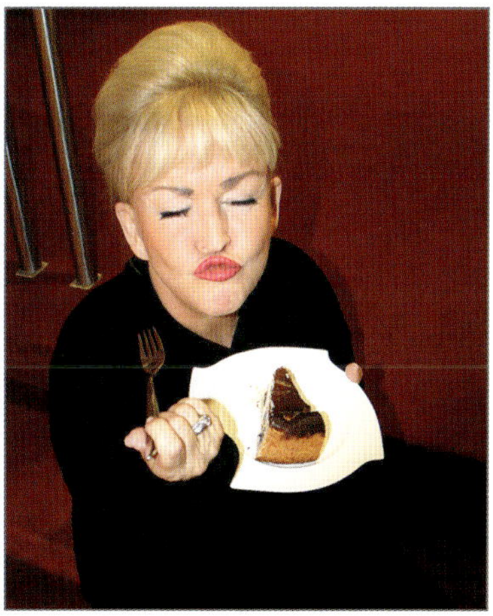

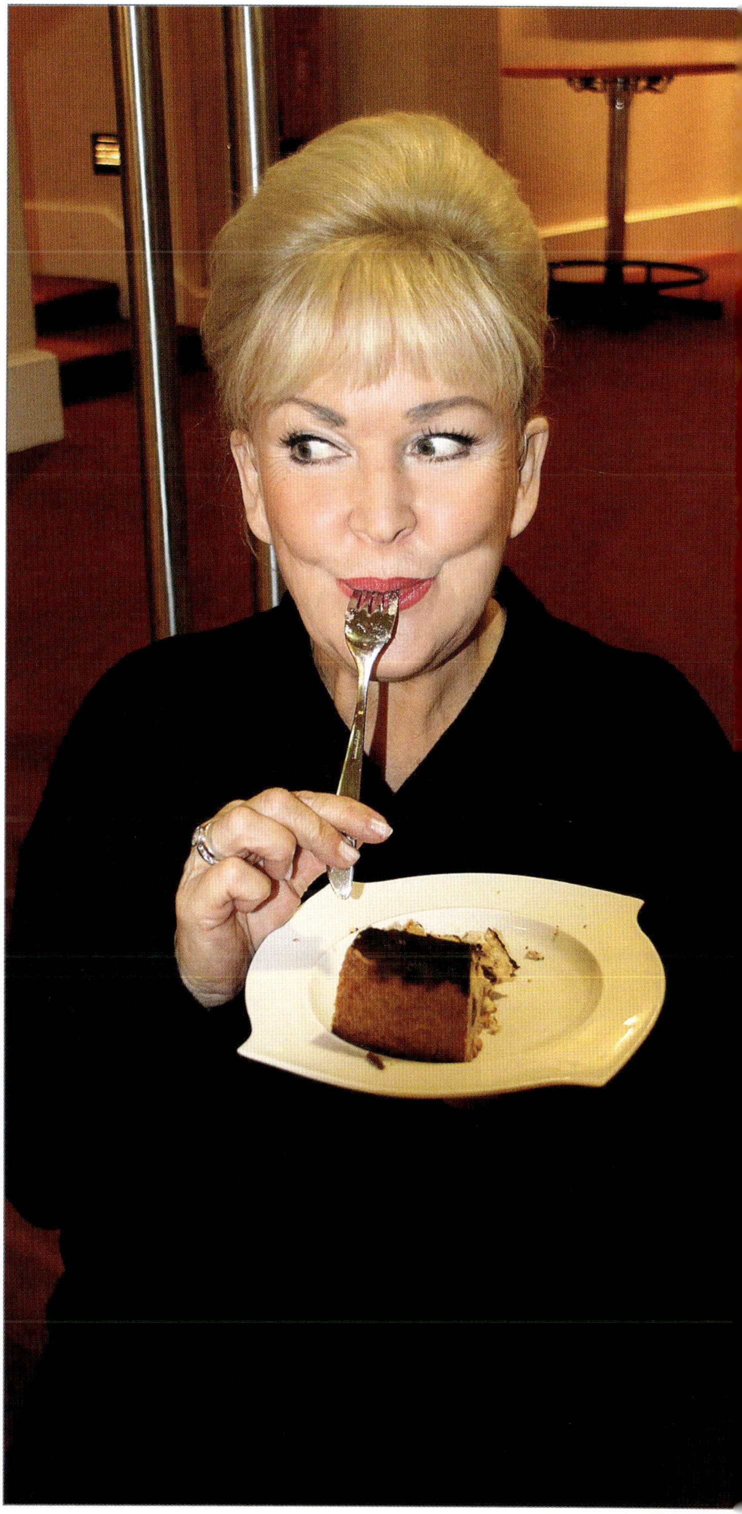

Kirschkäsekuchen mit Toffee

Für die Backmischung:
200 g Mehl
100 g Butter
50 g Zucker
1 Ei

Für die Füllung:
1 kg Magerquark
125 g Butter
150 g Zucker
4 Eier
4 Essl. Grieß
4 Essl. Zitronensaft
2 Pck. Vanillezucker
150 g Sahne-Karamell-Toffees
400 g Süßkirschen

Zubereitung des Teigs
Mehl, Butter, Zucker, Ei und Salz zu einem Mürbteig verkneten. Nachdem der Boden einer Silikon-Springform von 26 cm Durchmesser mit Backpapier ausgelegt wurde, drückt man den zuvor kalt gestellten Mürbteig fest darauf und an den Seiten ungefähr 4 cm hoch.

Zubereiten der Füllung
Weiche Butter mit dem Zucker, dem Vanillezucker und den Eigelben verrühren. Zitronensaft, Quark und Grieß hinzufügen und zu einer homogenen Masse verrühren. Entsteinte Kirschen (entweder frische, eingefrorene oder konservierte) und in kleine Stücke gehackte Toffees untermischen. Eiweiß steif schlagen und unterheben.

Backen des Kuchens
Die Füllung wird auf den Mürbteigboden in die Springform eingefüllt. Im auf 200°C bei Ober- und Unterhitze vorgeheizten Backofen etwa 80 Minuten lang backen.

Das Rezept für Angelika Milster

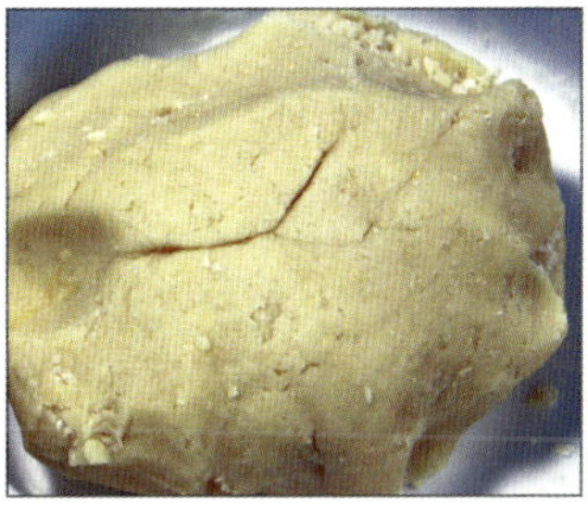
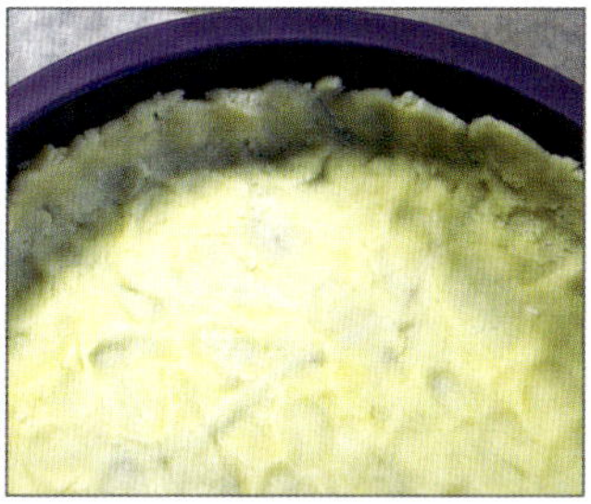
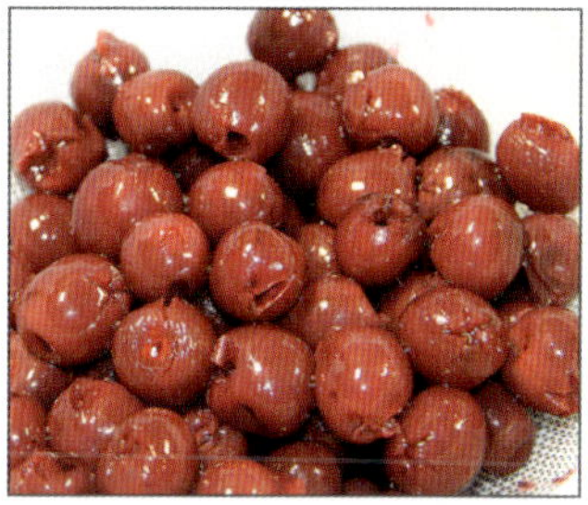
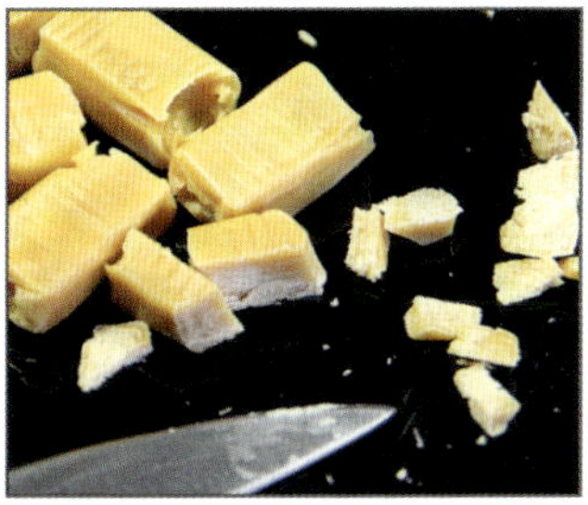
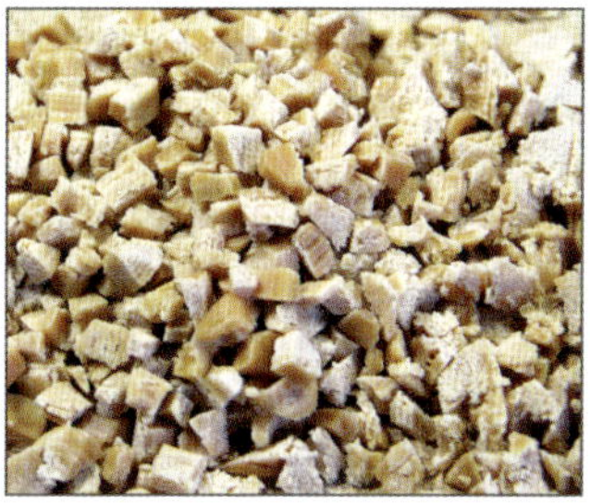
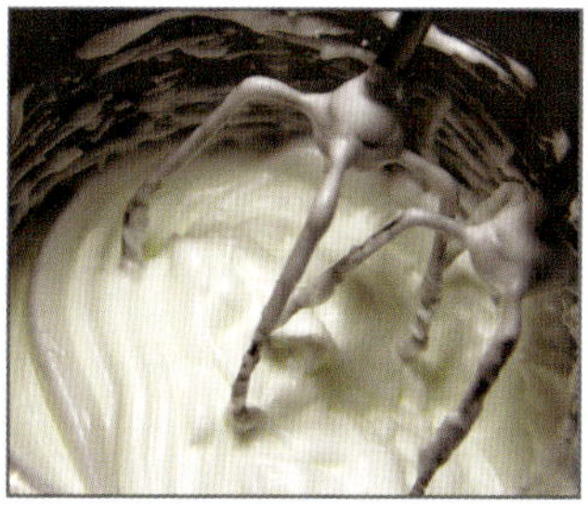
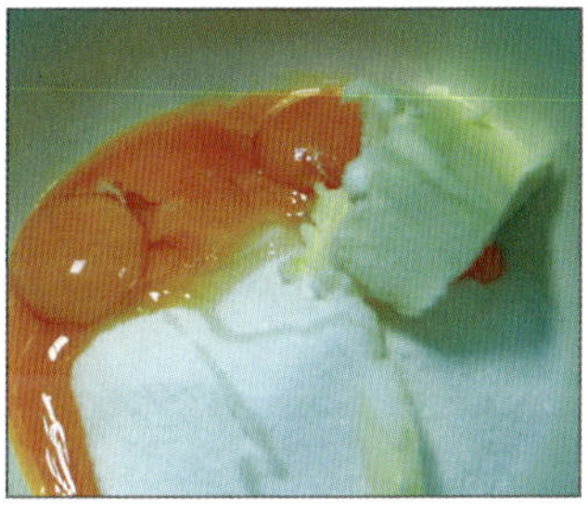
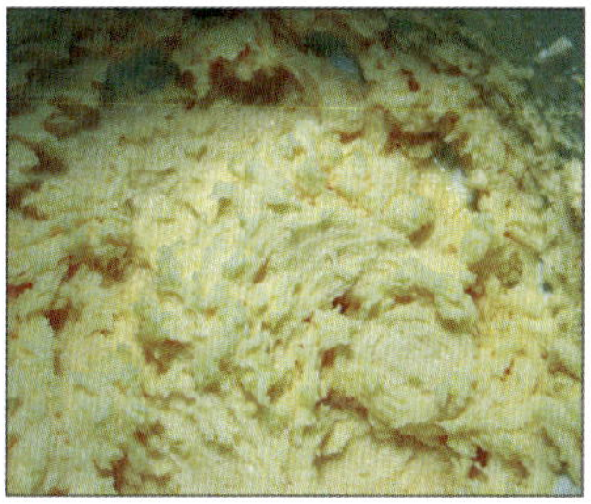
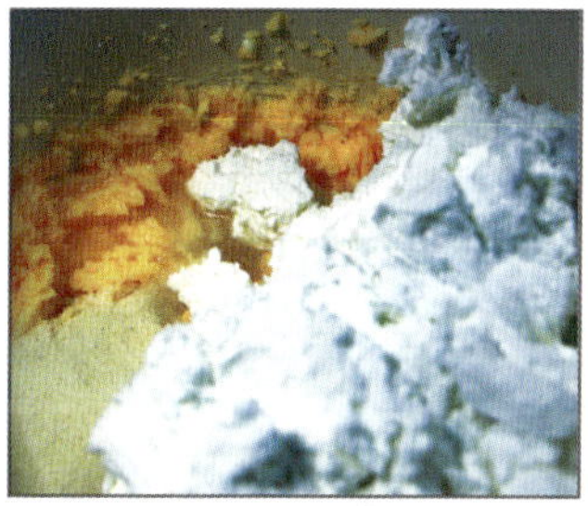
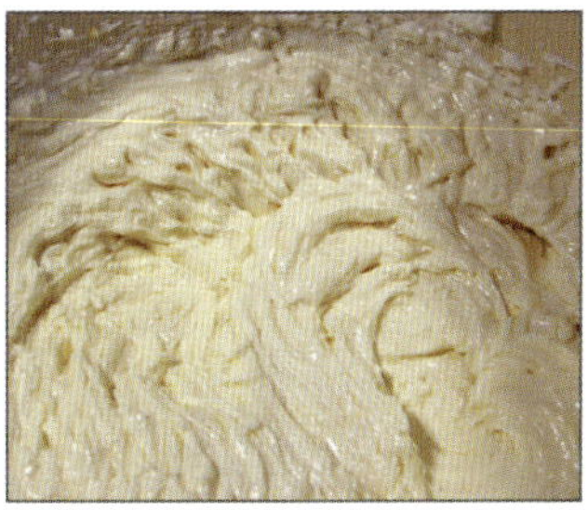
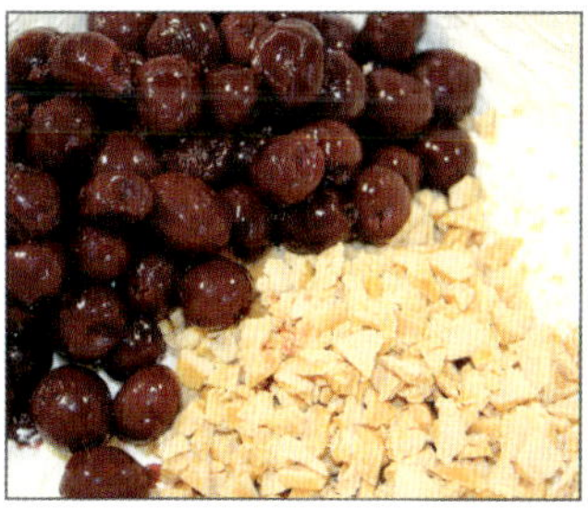
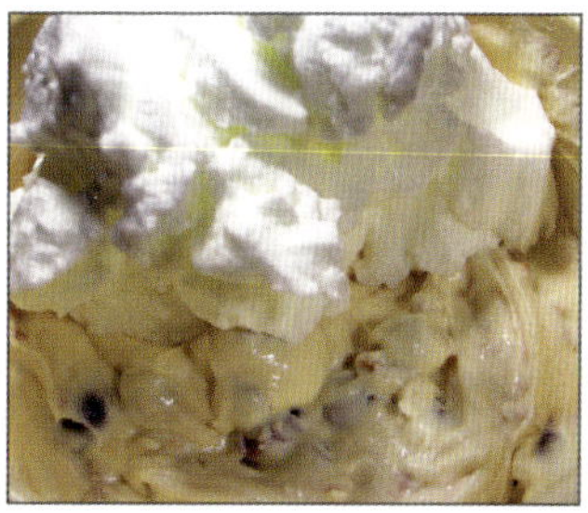
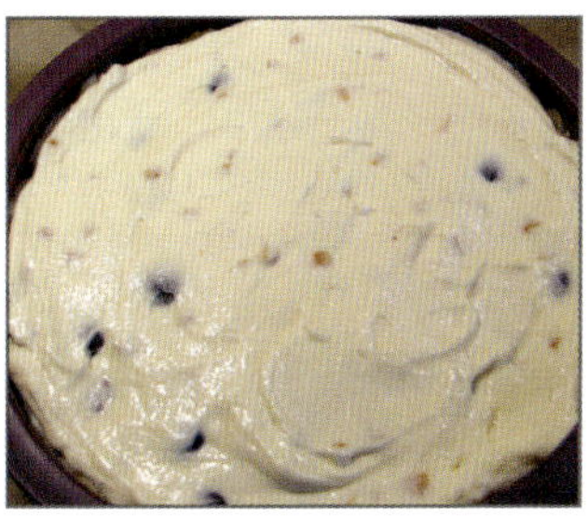
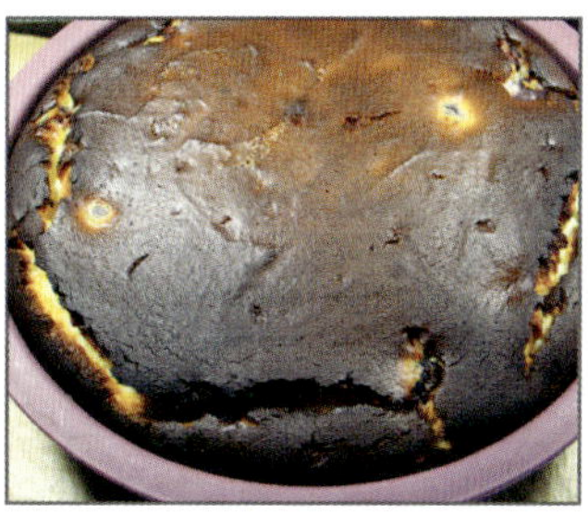
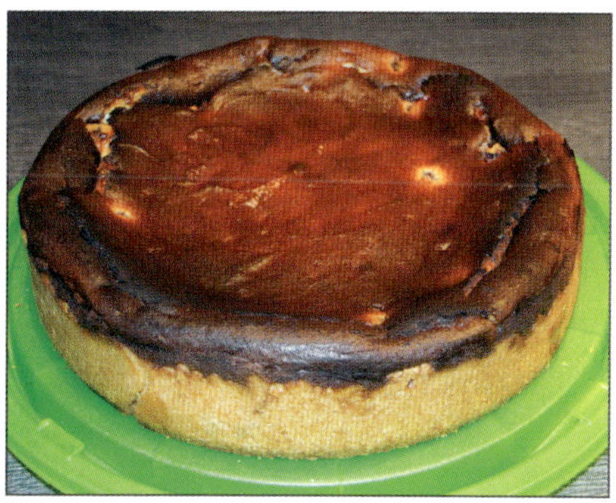

Milan Peschel

Vom Operntischler zum Hamlet

Irgendwie begann es musikalisch, das Theaterleben Milan Peschels, nämlich mit einer Tischlerlehre an der Deutschen Staatsoper in Berlin. Die Volksbühne nutzte sodann seine technischen Fähigkeiten, doch zur Bühnentechnik im eigentlichen Sinne gesellten sich schnell andere Theatertechniken, die der Sprache, der Körperbeherrschung, des Rollenstudiums. Derart schauspielhochgeschult und „aufgebuscht“ wurde Milan Peschel zum Ensemblemitglied der Volksbühne, leistete fortan dort und auf anderen Bühnen so viel mehr als nur Technisches. Von Anfang an komplett Schubfachfrei spielte

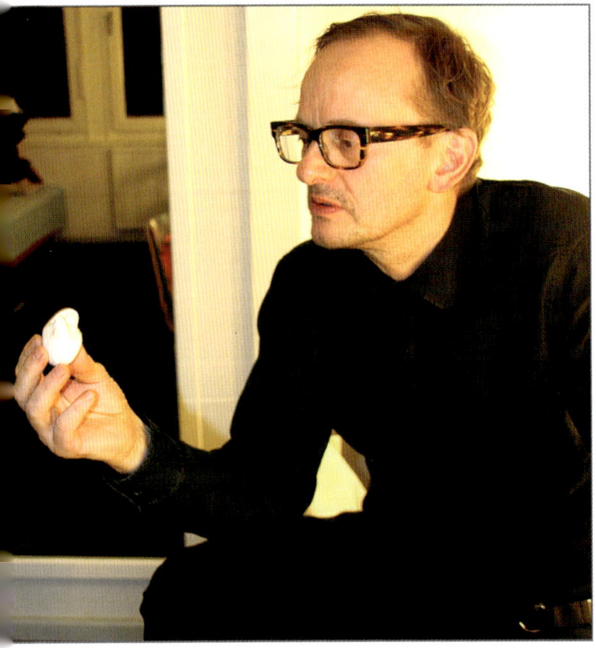

er sehr verschiedene Rollen in Stücken von Autoren mit wohl klingenden Namen: Shakespeare, Brecht, Dostojewski, Tolstoi, Sartre und Kästner. Mehrfach war er „Hamlet“ – intensiv, auf seine eigene Art imposant und stark in der Darstellung, eben typisch Peschel.

Der ganz ehrliche Lügner

So spielt Milan Peschel am Deutschen Theater Berlin notorische Lügner, aber derart überzeugend, dass es eine Wonne ist, ihm dabei zuzuschauen. Irgendwie passt „Der Hauptmann von Köpenick“ ganz genau zu ihm, verschmitzt, ein bisschen tragisch, aber das Beste aus der Situation herausholend. Im Stück „Münchhausen“ gibt allein der Titel die Verbindung zur bekanntesten Lügnergeschichte der Literatur. Milan Peschel liebt das, was er gerade macht, am meisten. Er entwickelt eine Rolle, auch wenn die Premiere schon einige Zeit zurückliegt. Vielleicht liegt es daran, dass er auch Regie führt und von den Entwicklungen weiß.

Diszipliniert interdisziplinär

Sicher ist die Hauptrolle in Dresens „Halt auf freier Strecke“ die bisher wichtigste von Milan Peschels Film- und Fernsehrollen. Aber er ist ungemein vielseitig, oft auch im komischen Fach (als Seelenvertreiber im „Tatortreiniger“, als einer der Ganoven in „Huck Finn“ oder als grantiger Nachbar in „Rico, Oskar und das Herzgebreche“). Figuren in Kinderfilmen haben es ihm angetan. Milan Peschel fördert mit seiner Darstellung die Fantasie der Kinder, schließlich inszenierte er auch die namhaften Kästner-Kinderstücke. Irgendwie reicht ihm das alles nicht, denn er spielt auch Gitarre, malt und liest, sofern der Vielspieler letztere Tätigkeit mal nicht zur Schau stellt, was allerdings selten passiert. Der Verträgliche ist unverträglich gegenüber Gluten, deshalb suchte er etwas Mehlfreies, Süßes aus, die altbekannten Baiser, die er schon als Kind mochte, weil sie fest sind und doch sanft auf der Zunge zergehen.

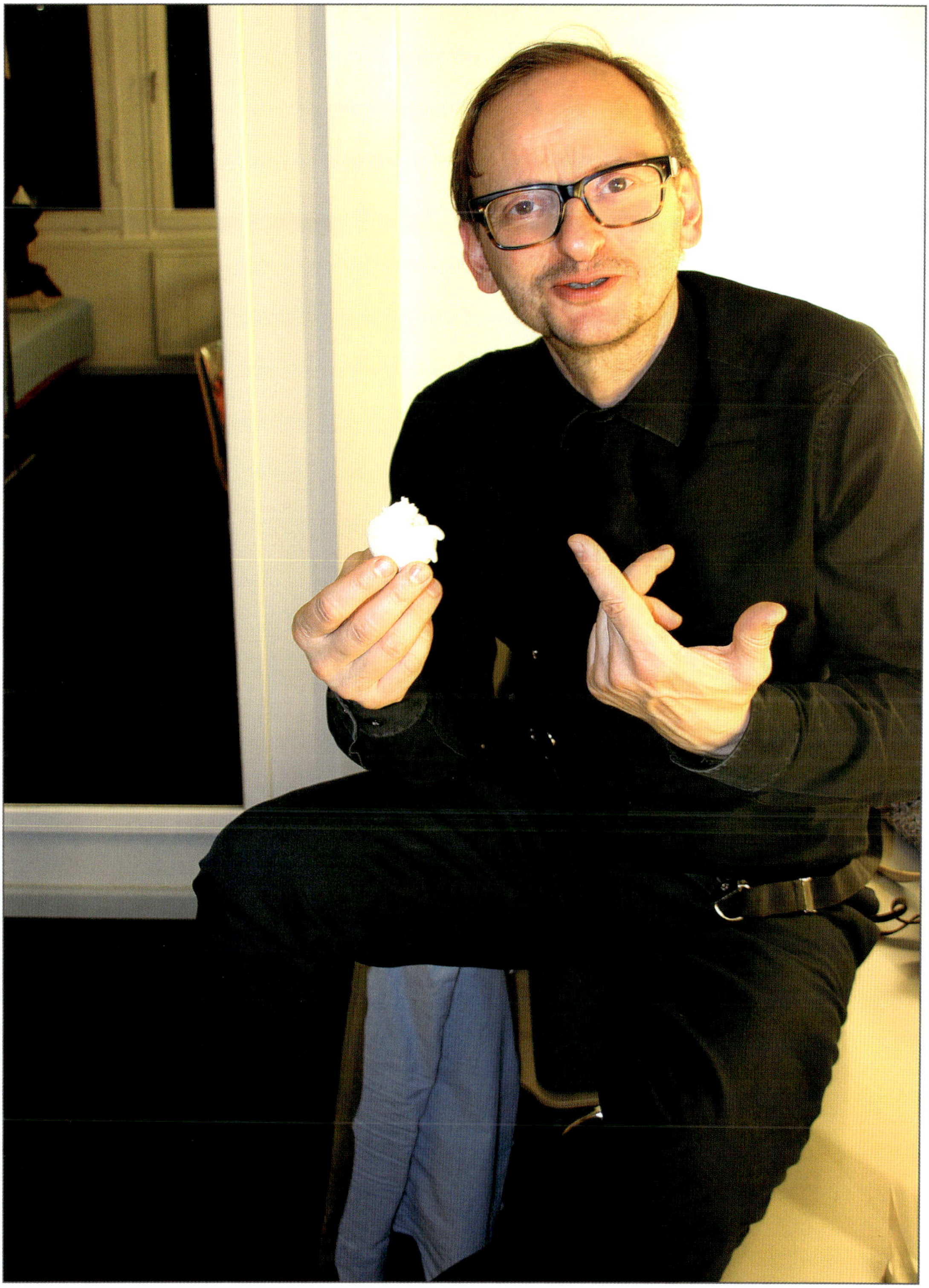

Baiser

Für die Zubereitung:
Eiweiß von 4 Eiern
200 g Zucker
2 Pck. Vanillezucker

Zubereitung
Eiweiß separieren und zu einem steifen Schnee schlagen und dabei allmählich den Zucker zugeben. Vanillezucker hinzufügen. Aus der löffelfesten Masse kleine Häufchen von etwa 3 bis 4 cm Durchmesser auf ein mit Backpapier ausgelegtes Backblech setzen. Backofen auf 120°C vorheizen und bei Ober- und Unterhitze ca. 30 Minuten backen.

Das Rezept für Milan Peschel

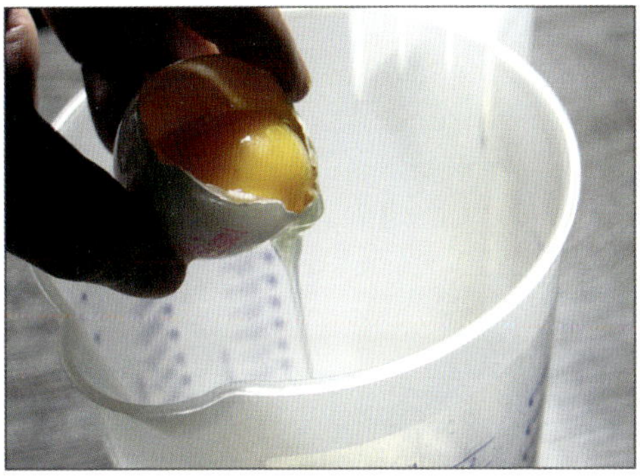

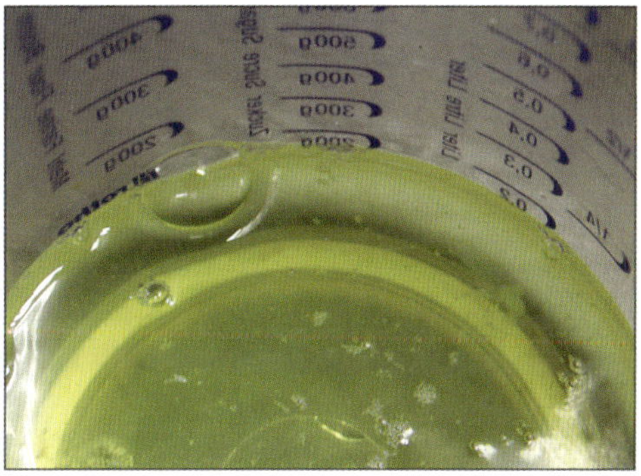

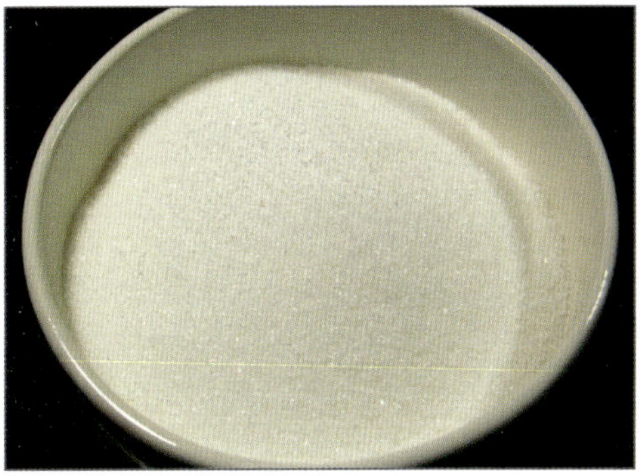

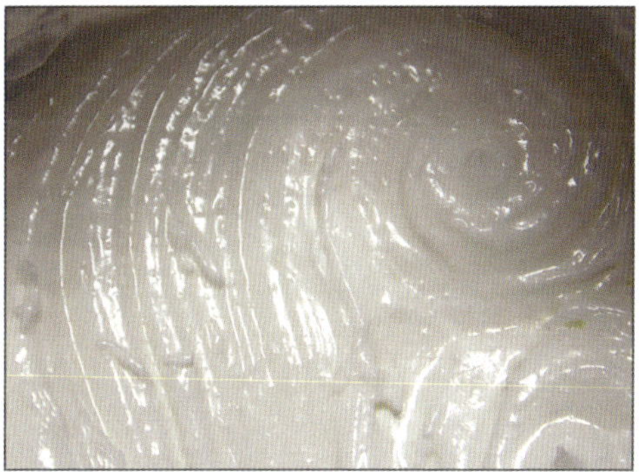

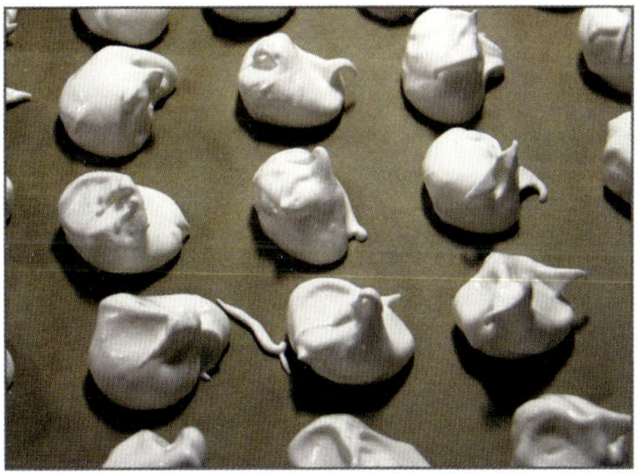

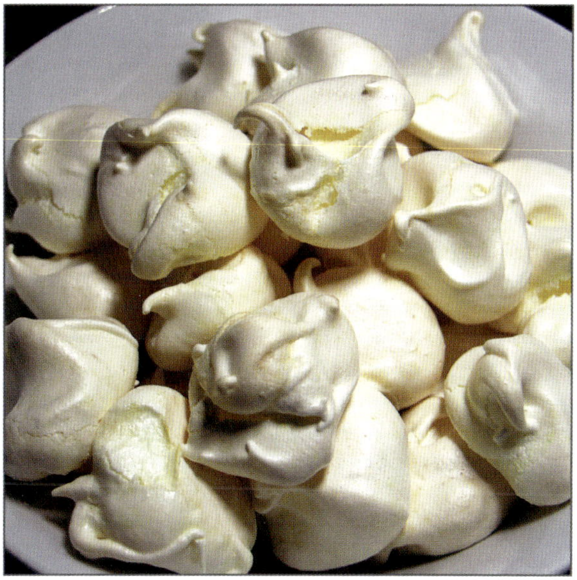

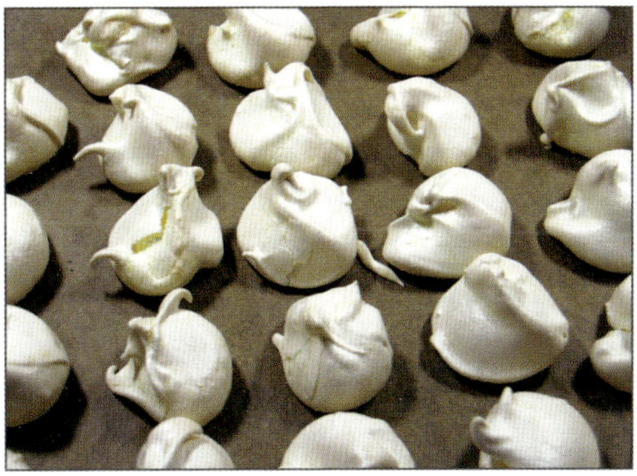

Walter Plathe

Zoofachverkäufer und Schauspieler
Wenn etwas auf Walter Plathe zutrifft, dann die Aussage: Er ist ganz nah am Leben dran. Schon immer begeisterte er sich für Menschen, Tiere und Pflanzen. Immerhin absolvierte er eine komplette Ausbildung zum Zoofachverkäufer in der Berliner Zoologica, und zwar bei dem bekannten Autor aquaristischer Literatur Helmut Stallknecht. Fast 50 : 50 stand es,

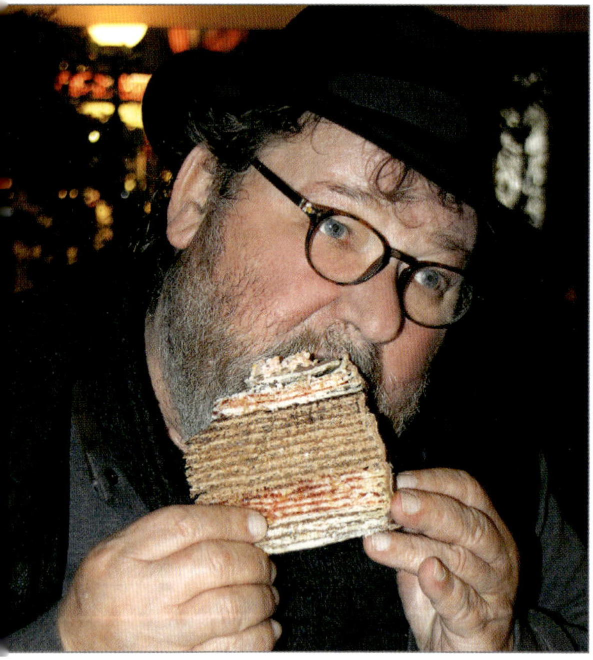

als er sich dann doch für die Schauspielerei entschied und das Wasserflohfangen seiner fast angeheirateten damaligen Freundin mit Zooladenanhang überließ. Was den Aquarianern verloren ging, erhielt die Bühnenwelt als Bereicherung: Den talentierten, vielseitigen, umtriebigen und spielfreudigen Walter Plathe.

Allseits beliebt und allen zugetan
Er war ausgesprochen attraktiv, das machte ihn sicher und unsicher zugleich, brachte ihm manchen Auftritt mehr als einem „grauen Mäuschen", forderte und förderte – man wächst mit seinen Aufgaben. Auf der Strecke zum Showmasterruhm auf den großen Bühnen und bei den Samstagabend-Fernsehshows sammelte Walter allerlei weibliche und männliche Erfahrungen mit Haut, Haar und Herz – eben ganz nah am Leben dran. Sein Gefühlsgedächtnis ermöglichte ihm folgerichtig Authentizität in der Darstellung, allseits bekannt durch solche Fernsehvielteiler wie „Märkische Chronik" oder „Der Landarzt".

Von Schwejk bis Zille
Vor allem aber auf der Bühne lebt Walter Plathe auf, ob mit kabarettistischen Liederabenden – bevorzugt Otto Reutter – oder solchen lebenssaftvollen Charakteren wie dem Eisernen Gustav, Professor Unrath, Heinrich Zille oder dem Soldaten Schwejk. Walter inkorporiert diese Personen derart prall, dass geradezu Verwechslungsgefahr besteht. Ist das nicht doch dieser Zille da an der Rampe, der gerade für seinen Komponistenfreund mal die Promillereimchen zu „Immer an der Wand lang" melodisch schleichend herunterträllert? Am meisten besteht aber Verwechslungsgefahr mit dem böhmischen Schwejk; hätte der berlinert, wäre es fast eine Personalunion. Denn Walter sitzt der Schalk genauso im Nacken wie seinem Seelenverwandten, dessen Lebensart er nicht nur spielt, sondern verkörpert. Das Prinzip, Ungerechtigkeiten durch Lachen für sich selbst erträglicher zu machen, ist ein besonderes schwejksches Talent Walter Plathes. Deshalb passt auch die schwejksche Torte aus Karlsbader Oblaten so gut zu diesem fantastischen Kumpelschauspieler.

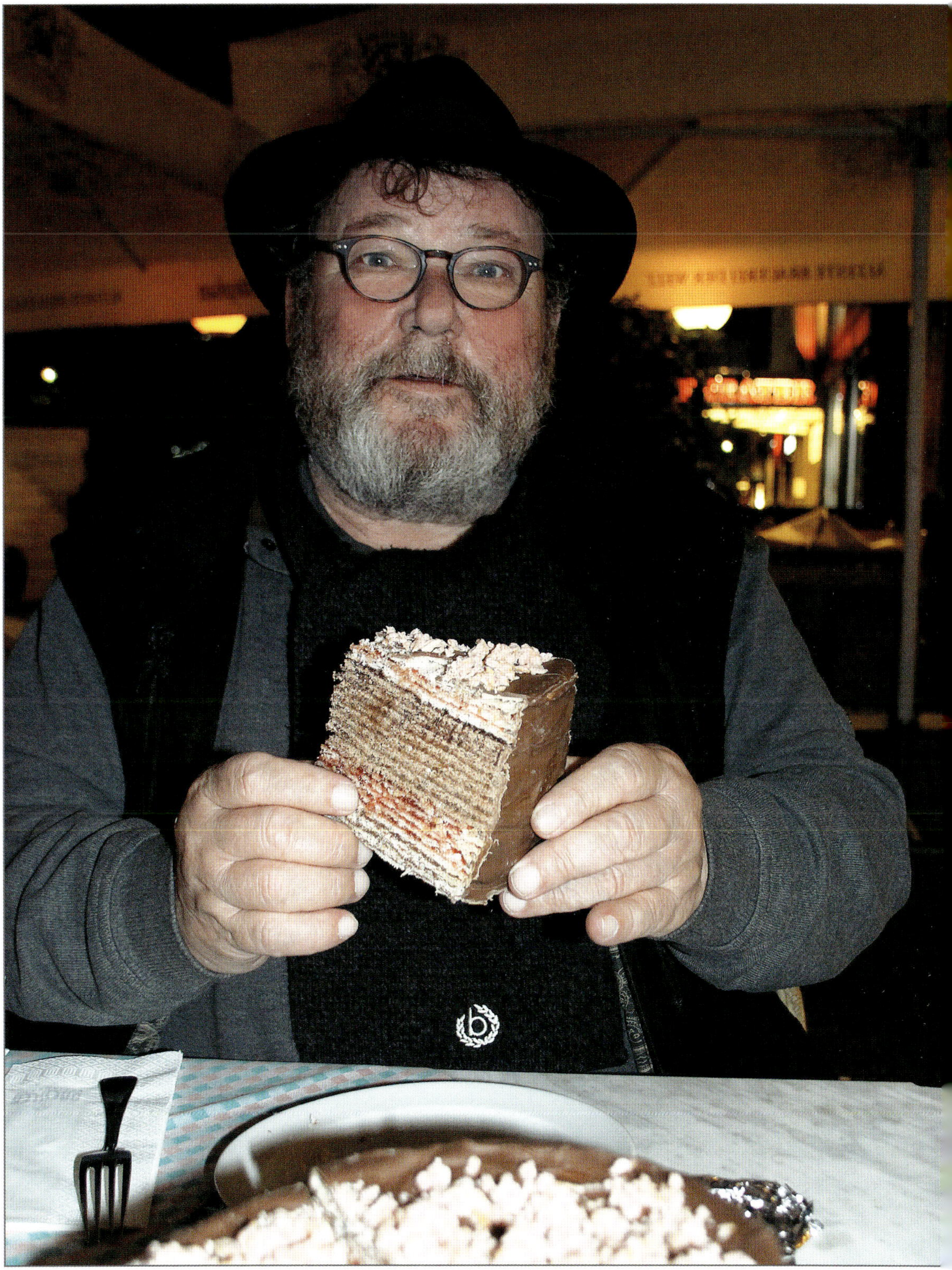

Gudrun Ritter

Die ritterliche Ritter
Ehrenvoll, stets auf Augenhöhe mit ihren Mitmenschen, dabei durchaus bewaffnet und manchmal sogar mit einer gewissen Rüstung um sich herum, das ist sie, die großartige Gudrun Ritter. Aber Rüstung kommt von Rüstzeug, gar nicht kriegerisch, sondern zu friedlichen Zwecken,

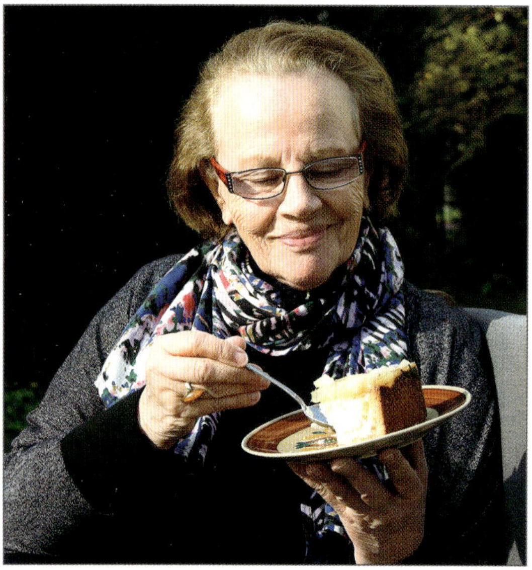

dabei durchaus bereit für manche Schlacht, die es im Leben zu gewinnen gilt. Letzteres hat sie zuhauf, ihre gesamte Persönlichkeit, ihre Biographie ist ein Gewinn, nämlich ihr ganz persönlicher. Ritterlichkeit steht auch für „geradeheraus", „offenherzig", „edel" und „klug".

Die Knappschaft urteilt ritterlich
Fragt man Gudrun Ritters Schauspielkollegen, dann gibt es niemanden, der sie nicht schätzt, gern mit ihr arbeitet und vor allem ihre Professionalität erwähnt. Die gern Provokanten sagen, dass sie noch ein bisschen provozierender sei als alle anderen. Die Lustigen sagen, dass sie immer noch eine bessere Pointe draufsetzen könne. Und die Bissigen werden geschickt ihrer Dritten beraubt. Sie ist, wenn es um Ernsthaftes geht, ganz gerade, das hilft und fördert Qualität. Schon immer wollte Gudrun Ritter Schauspielerin werden, bereits als Mädchen in ihrer erzgebirgischen Heimat. Dass sie nach ihrem Schauspielstudium in Leipzig sofort ans Deutsche Theater in Berlin engagiert wurde, stellte die Weichen für ihre Bilderbuchkarriere. Alle großen Regisseure arbeiteten mit ihr, und zwar oft und gern. Das betraf zunehmend auch Film und Fernsehen. Nur zwei imposante Kinofilme seien hier exemplarisch genannt: „Boxhagener Platz" und „Coming Out". In letzterem spielte Gudrun Ritter gleich zwei völlig unterschiedliche Rollen – ihre Vielseitigkeit entspringt dem Streben, nie eine Rolle gleich anzulegen. Das ist ihr Anspruch. Und das gelingt ihr vorzüglich. Ihre Stimme mit dem sanften Timbre ist unverkennbar und gab unzähligen Hörspielen eine besondere Note.

„Kolonialwaren" fürs „Rittergut"
Das „Rittergut" befindet sich in Form eines schönen Hauses nebst großflächigem Garten im Norden Berlins und dient Gudrun Ritter als Refugium für sich und ihre Familie, die sich dort regelmäßig einfindet. Der Ananas-Kokosmilch-Kuchen, den sie sich aussuchte, war dann sehr modern und gar nicht mittelalterlich-rittergütlich. Er wurde ihr von zwei, wie sie sagt, „Hormonsexuellen" (Autor nebst Lebenspartner) gebracht und sogleich im sonnigen Garten verköstigt. Den Löwenanteil sollte aber die kurz darauf eintreffende Familie bekommen – guten Appetit den Rittersleut'!

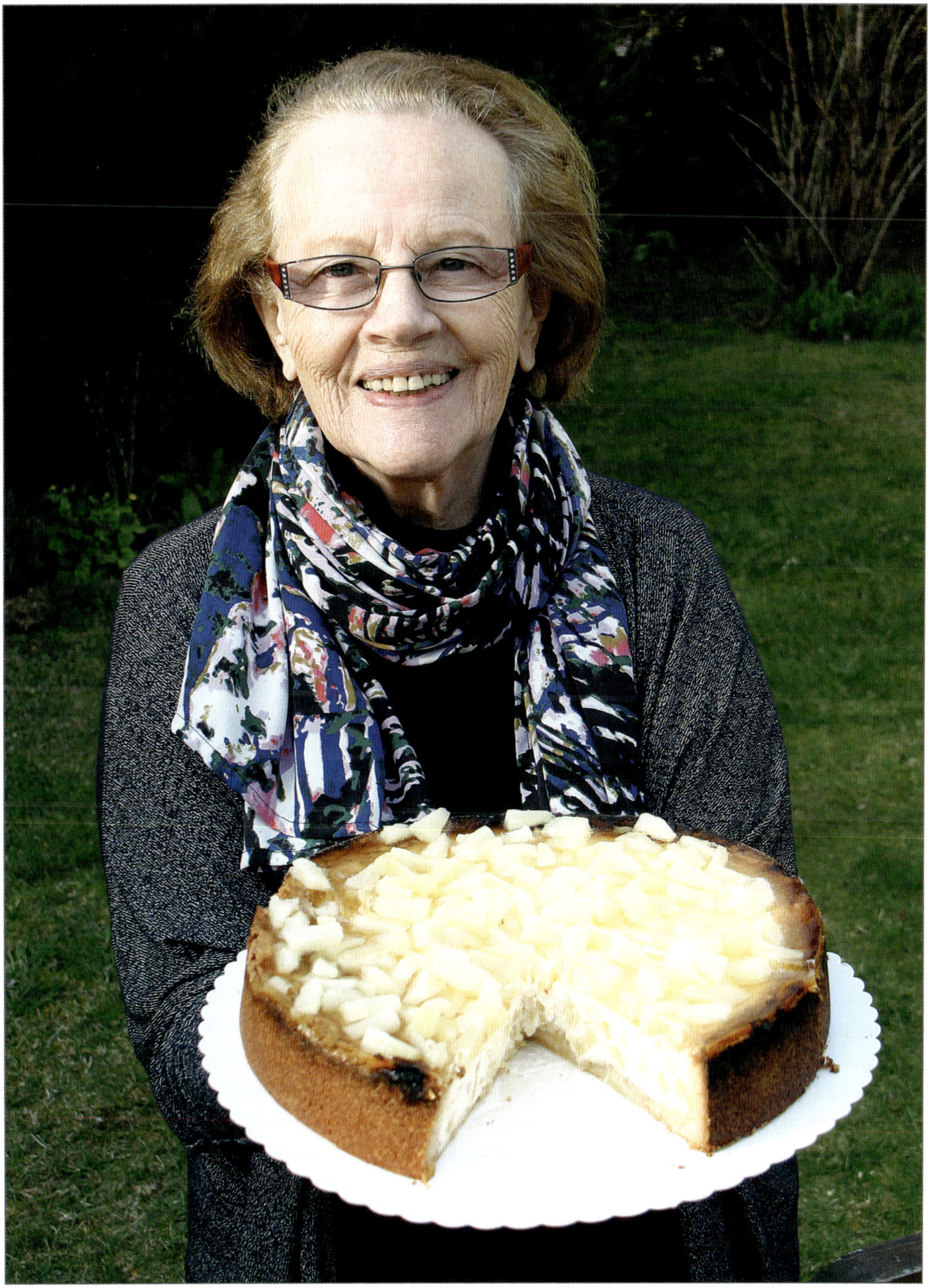

Ananaskuchen mit Kokosmilch

Für die Backmischung:
200 g Mehl
100 g Butter
100 g Zucker
1 Ei
1 Teel. Backpulver
150 g Ananaskonfitüre

Für die Füllung:
500 g Magerquark
150 g Zucker
1 Ei
1 Pck. Vanillepuddingpulver
400 ml Kokosmilch
1 Dose Ananasstücke

Für den Belag:
1 Dohse Ananasstücke
2 Pck. Tortenguss (hell)

Zubereitung des Teigs
Weiche Butter, Zucker, Ei und Mehl mit Backpulver zu einem Mürbteig verkneten. Teig in eine mit Backpapier ausgelegte Springform eindrücken, so dass der Rand ca. 8 cm nach oben gezogen ist. Komplett mit Ananaskonfitüre bestreichen.

Zubereiten der Füllung
Quark, Zucker, Vanillezucker, Ei, Puddingpulver und Kokosmilch zu einer cremigen Masse mixen. Ananasstücke mittels Sieb vom Saft separieren und abtropfen lassen, den Saft für den Belag aufbewahren. Ananasstücke hinzufügen, gut mischen und in die mit Teig ausgekleidete sowie mit Konfitüre bestrichene Form gießen. Backofen auf 180°C vorheizen und bei Umluft eine Stunde lang backen. Kuchen in der Springform abkühlen lassen.

Zubereiten des Belages
Ananasstücke der zweiten Dose mittels Sieb vom Saft separieren und nach dem Abtropfen auf der Oberfläche des Kuchens verteilen. Tortenguss mit dem Ananassaft nach Vorschrift zubereiten, auf die Kuchenoberfläche aufbringen und abkühlen lassen, erst dann den Kuchen aus der Form nehmen.

Das Rezept für Gudrun Ritter

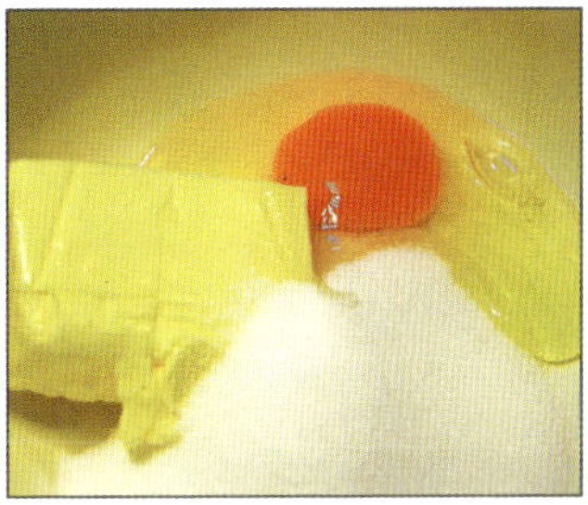
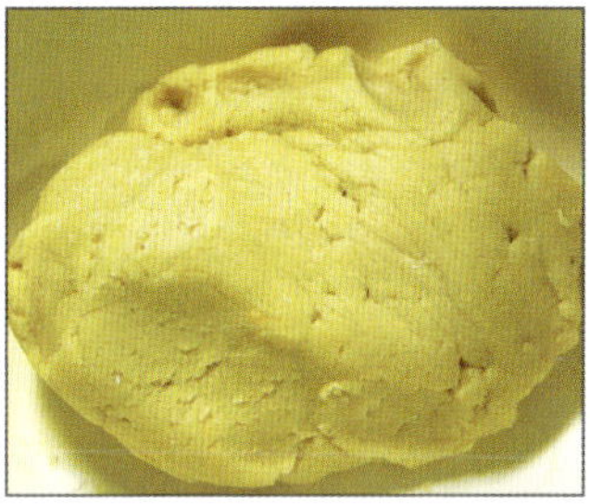
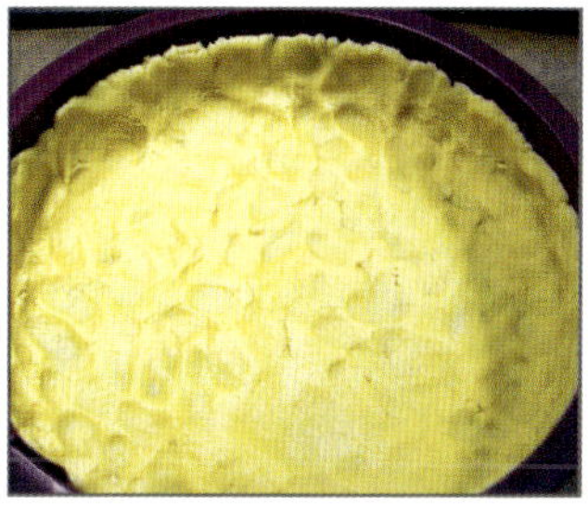
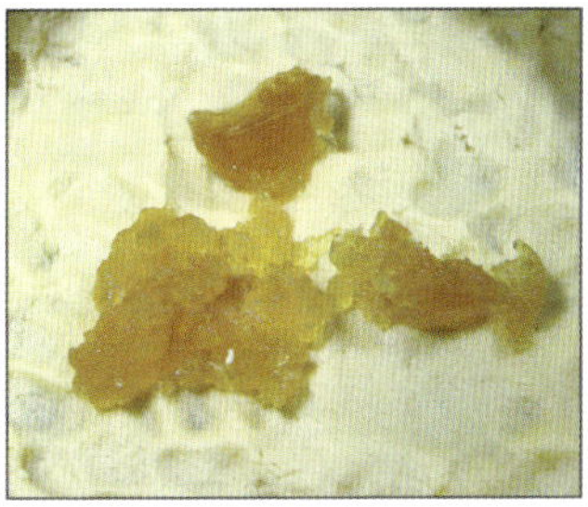
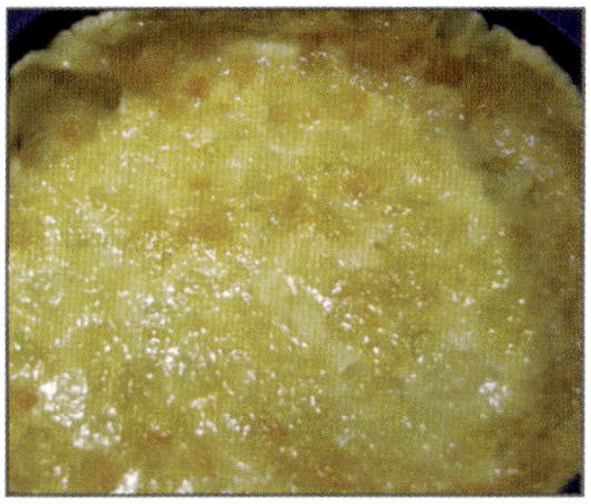
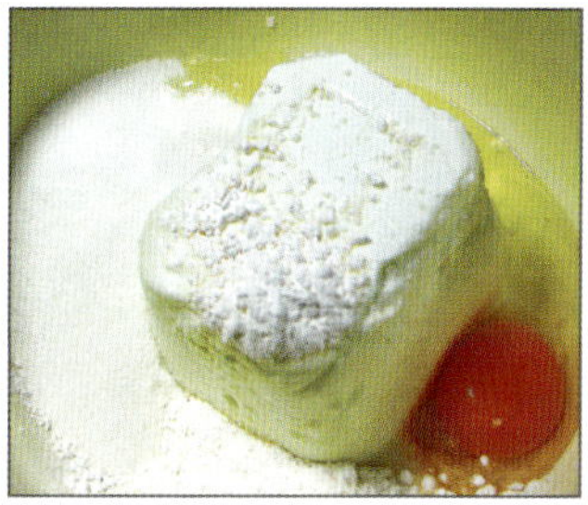
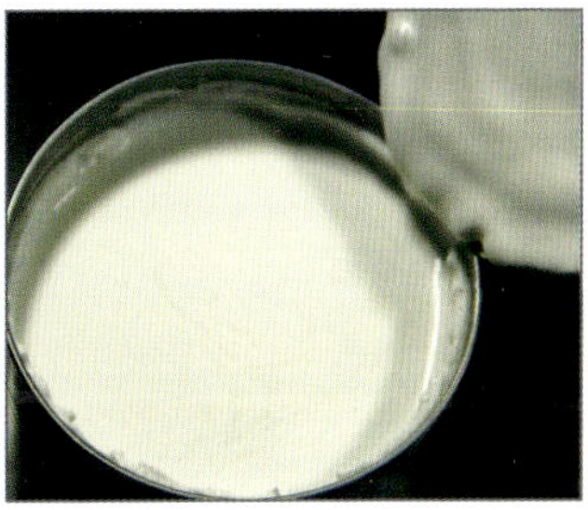
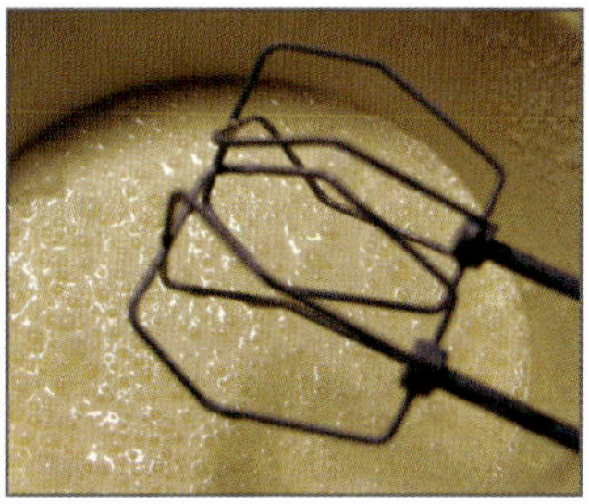
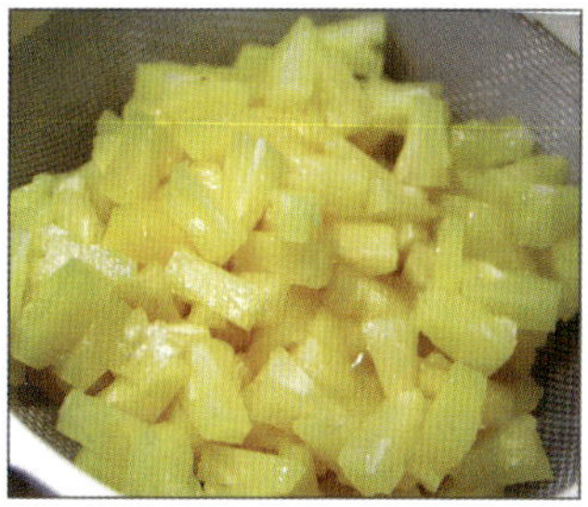
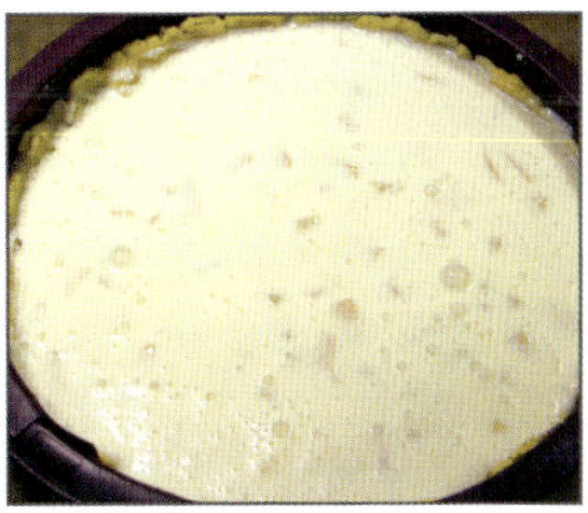
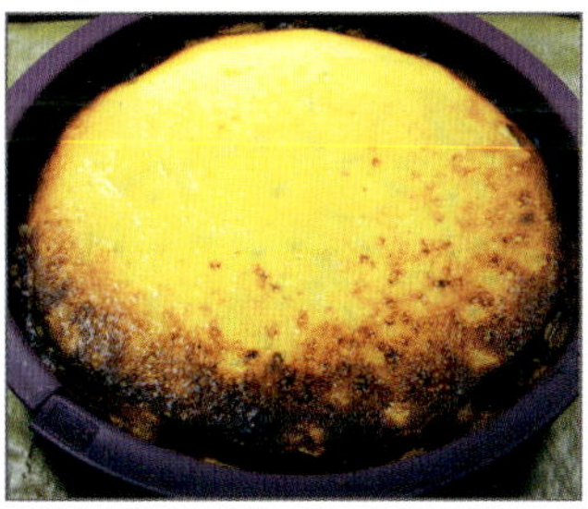
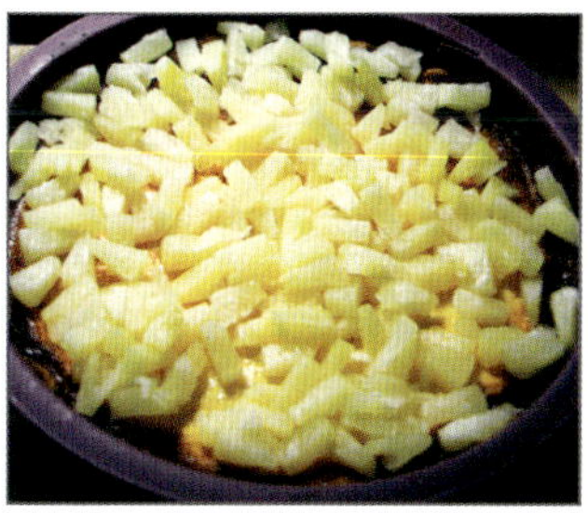
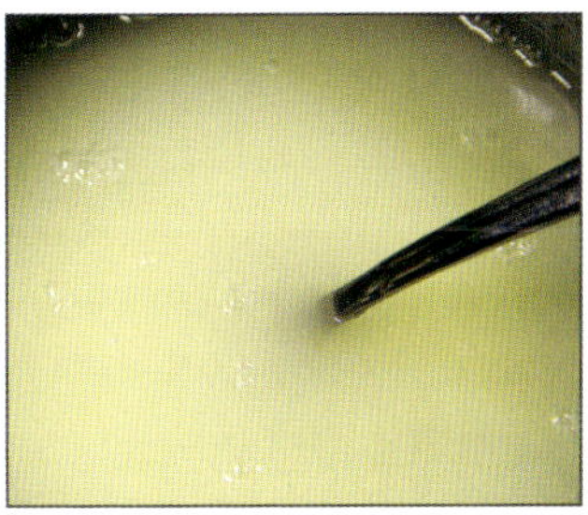
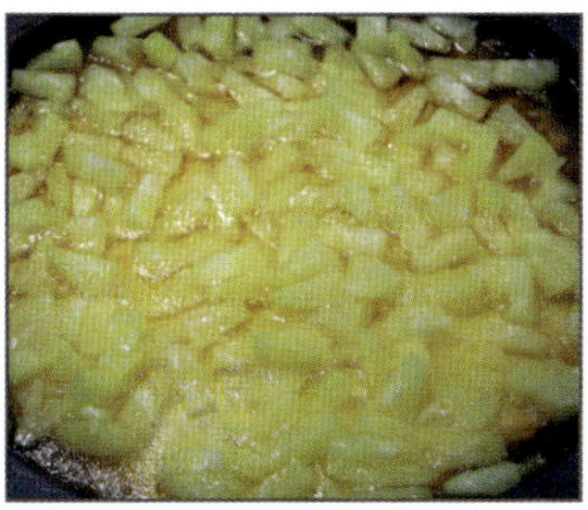
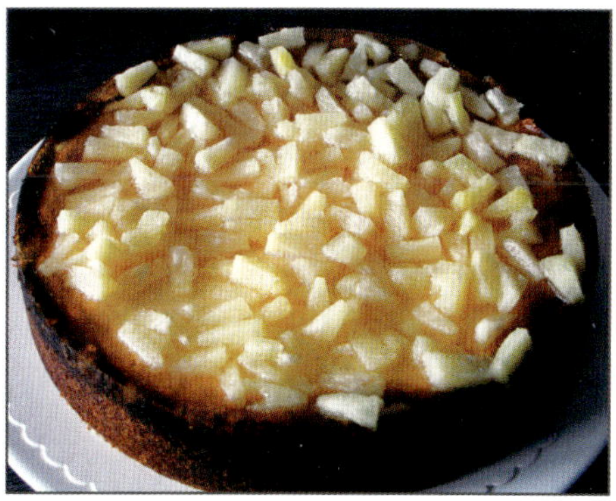

Mary Roos

Gute-Laune-Therapeutin
Zwei Gebäcksorten hatte Mary vorausgewählt, Basilikum-Rouladen und Zitronenringe. Letztere hatten es nicht geschafft, brauchten es auch nicht (trotz „Sauer macht lustig!"), denn Mary Roos ist eine so unglaublich frohnatürliche Person, dass man sie allein deshalb bei den Krankenkassen als diesbezüglich verbürgte Therapeutin zulassen sollte. Genussvoll verkostete sie die mit Schinken und Käse

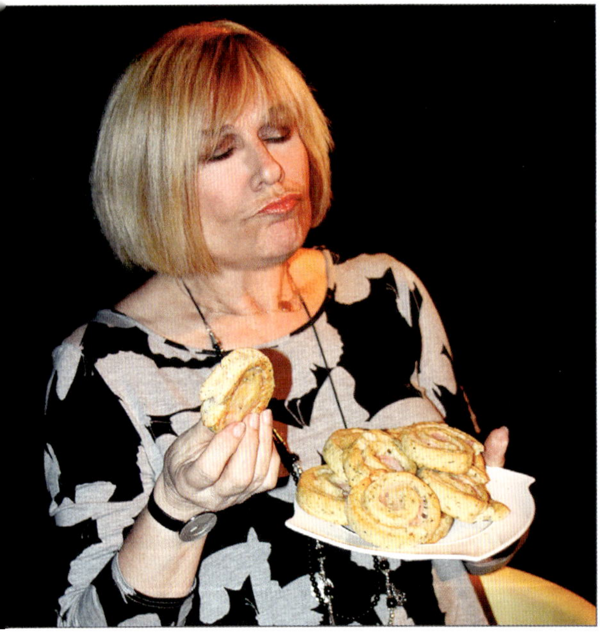

gefüllten Basilikum-Rouladen kurz vor einem Konzert direkt auf der Bühne. Dort ist sie Profi. Und wenn sie eben als Profi diesem Backwerk eine Bühne gibt, heißt das etwas!

Erfolgsgarantin für alles
Ganz egal, was sie in ihrem Künstlerleben so alles machte, eigentlich geriet es sämtlich zum Erfolg. Ob als prominenter Gast der Muppet-Show, als erste deutsche Sängerin im Pariser Olympia, mehrfach als die deutsche Stimme für den Eurovision Song Contest und mit unzähligen Chansons, Liedern, Swing- und Jazztiteln. Jeder, der sie in seine Fernsehshow einlädt, weiß, dass sie eine sichere Bank ist. Sie ist immer bei Stimme, nicht nur, wenn sie singt. Das zeigt sich, wenn sie talkt und die Runde aufmischt mit ihrem klugen, stets freundlich-bestimmten Auftreten, nie „stutenbissig", immer sehr gerade heraus und vor allem nie gestelzt oder verstellt.

Der Grund für die Persönlichkeit
Wie kann man nur unablässig so sein? Stets ansteckend gut drauf? Indem man die Ursache für das Lächeln stets bei sich hat, nämlich sich selbst. Mary kann derart grob und gleichsam herzlich über sich lachen, und zwar über eigentlich alles, was sie betrifft, dass man es fast nicht für möglich hält. Nur so war ein selbstpersiflierendes, oft sarkastisches Programm gemeinsam mit Wolfgang Trepper möglich, in dem sie sich willig vorführen lässt – zu aller Freude, denn jeder merkt, worum es sich da eigentlich handelt. Alles andere sagen ihre Lieder über sie aus, deren Texte ihr von den besten Autoren auf den Leib geschrieben werden. Einmal um die Welt, dabei aufrecht gehen, zusammen mit einem Hund, einer Katze und einer Maus; ja, Frau Roos, wie lange wollen Sie das noch machen? Hoffentlich noch sehr lange! Denn wer sonst singt davon, wie schön es ist, Single zu sein (unbemannt ist besser), älter zu werden, unikale Werte zu haben – ungeachtet der Fassaden und Hüllen. Und das mit einer so wandelbaren, starken, in vielen Sprachen erklingenden Stimme, dass es niemals aufzuhören braucht, schon wegen der therapeutischen Funktion.

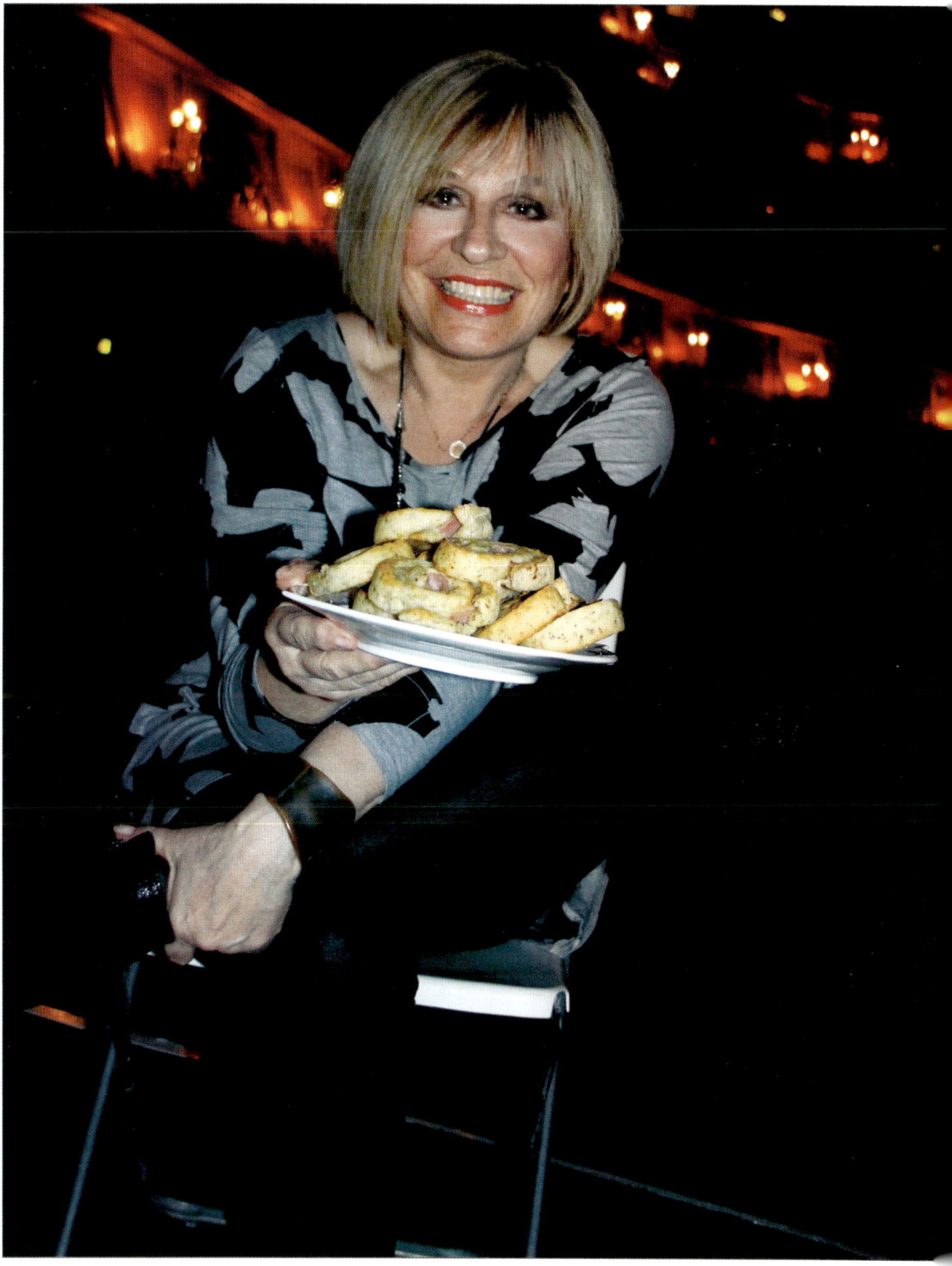

Basilikum-Rollen

Für die Backmischung:
600 g Mehl
300 g Magerquark
150 ml Öl
100 ml Milch
1 Essl. Salz
1 Pck. Backpulver
2 Essl. Oregano (gerebelt)
400 g Gouda (Scheiben)
400 g Kochschinken (Scheiben)

Zubereitung des Teigs
Quark, Öl, Milch, Salz und Oregano zu einer weichen Masse verrühren. Mehl und Backpulver hinzufügen und zu einem Mürbteig verkneten.

Ausrollen und Beschichten
Teig auf einem großen Brett ausrollen und dabei eine möglichst längliche, ungefähr rechteckige Form erzeugen. Mittels Backpinsel mit Wasser bestreichen, so dass eine klebrige Haftoberfläche entsteht. darauf Schinken- und Käsescheiben in je einer Schicht legen und an den Rändern beschneiden (mit den Abschnittresten lassen sich Lücken beim Belegen füllen).

Herstellen der Rollen und Backen
Von der Längsseite wird der belegte Teig zu einer Roulade eingerollt und mit einem scharfen Messer in ca. 1 cm dicke Scheiben geschnitten. Sie werden auf einem mit Backpapier belegten Backblech angeordnet und bei Ober- und Unterhitze auf 200°C vorgeheizt etwa 20 Minuten gebacken.

Das Rezept für Mary Roos

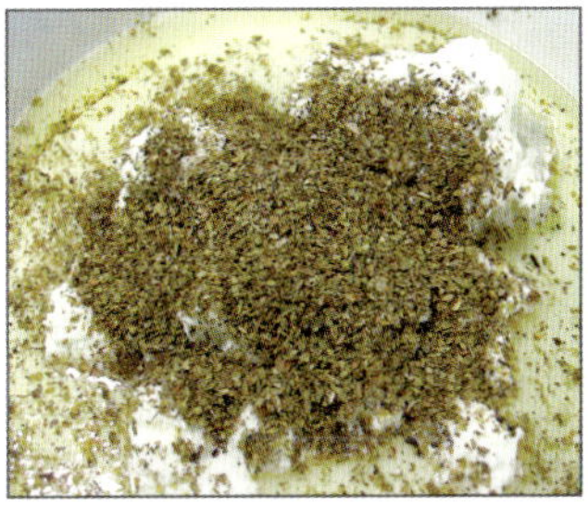
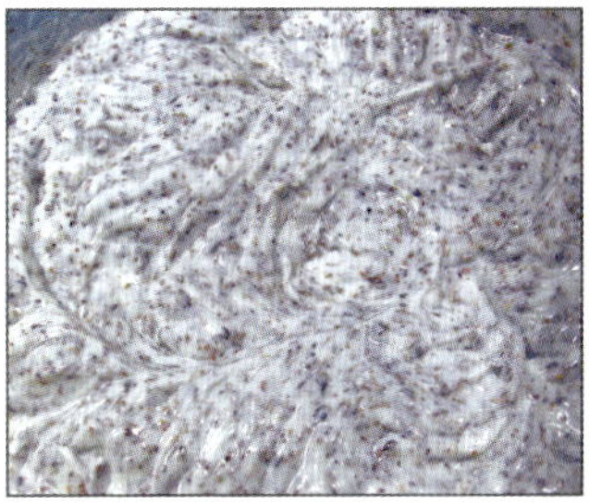
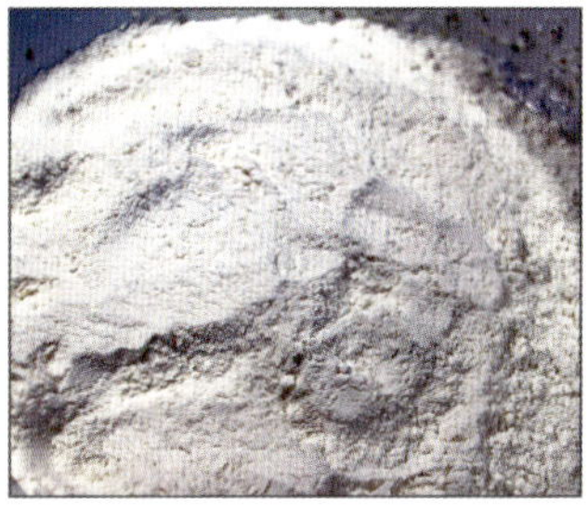
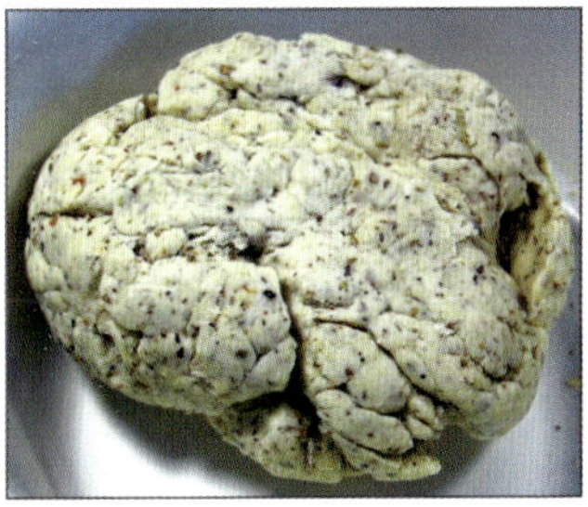
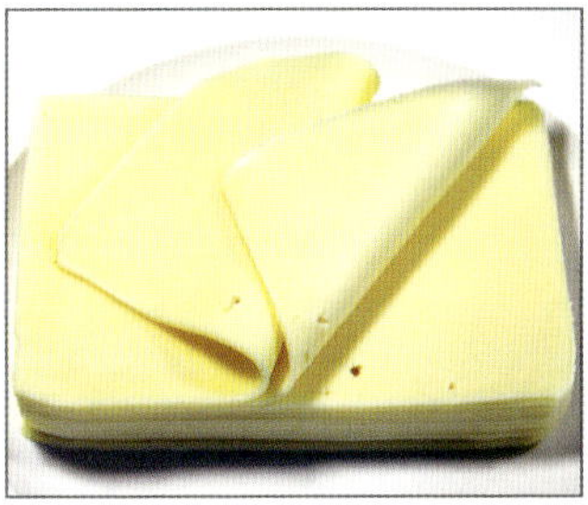
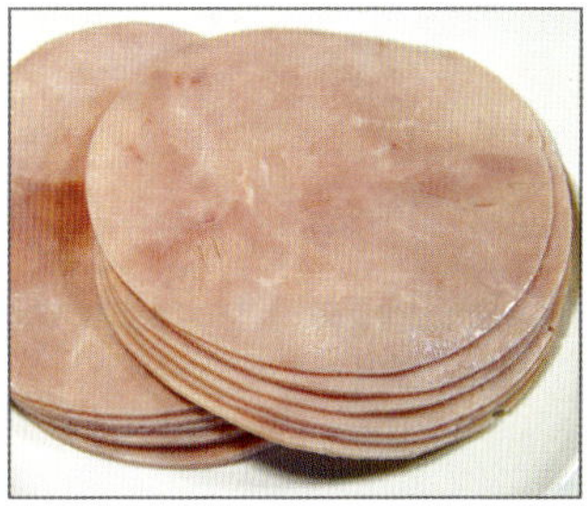
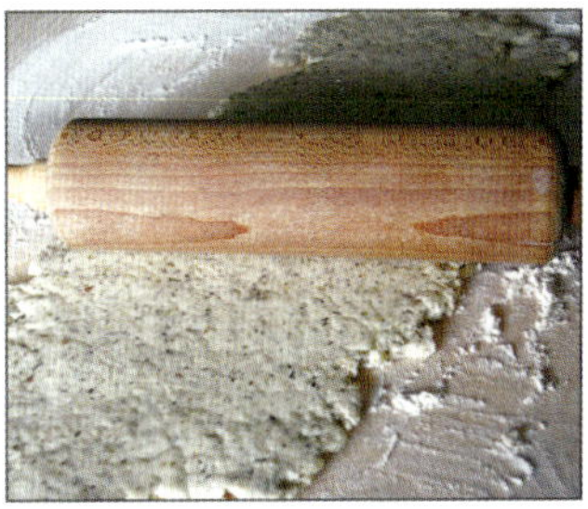
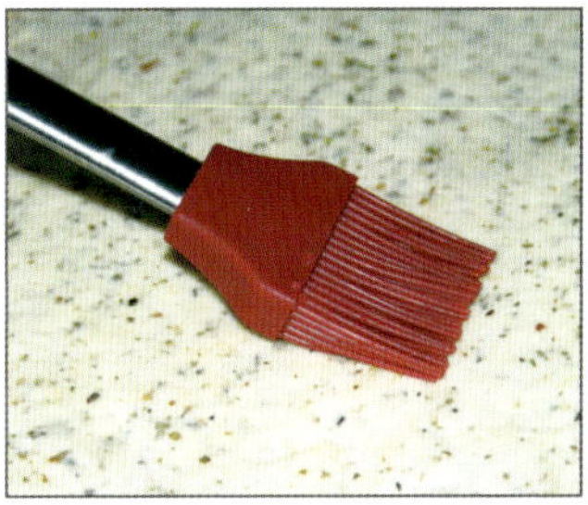
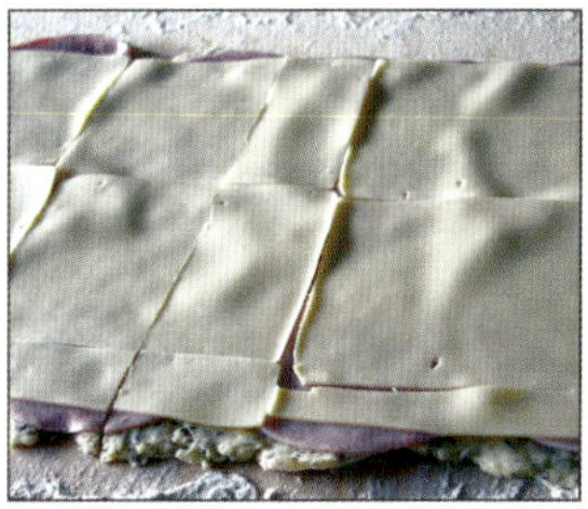
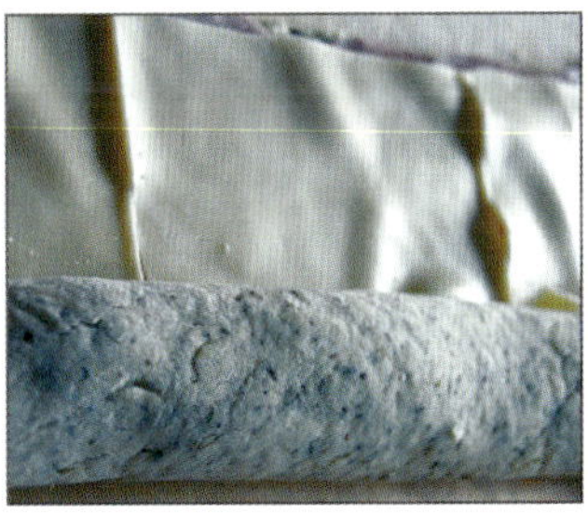
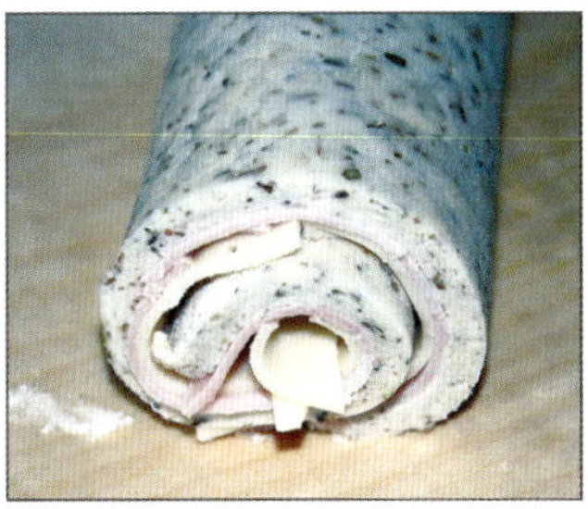
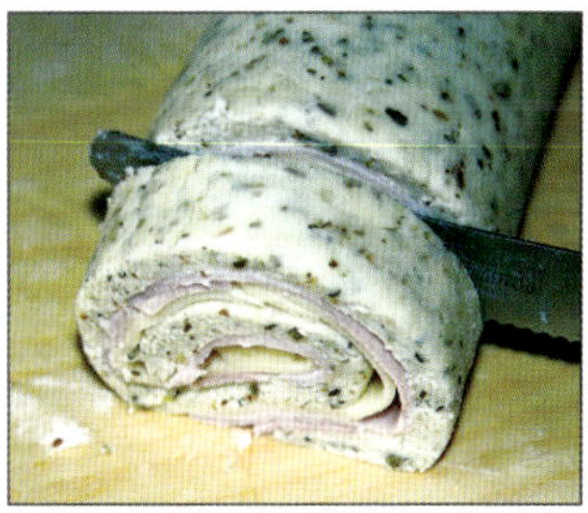
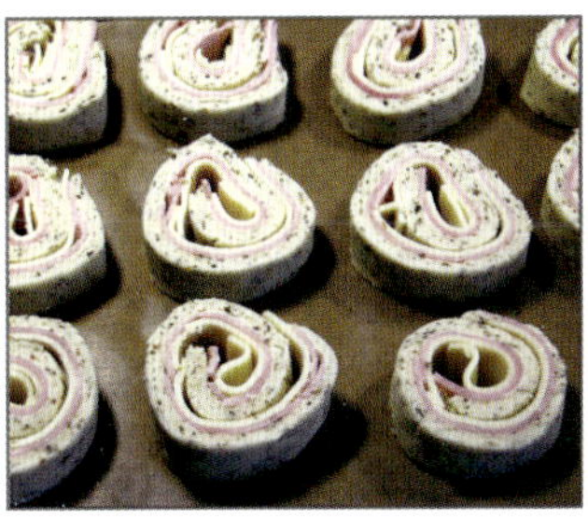
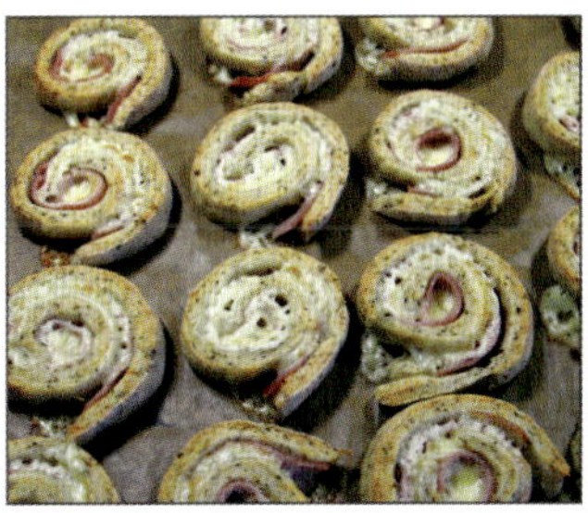
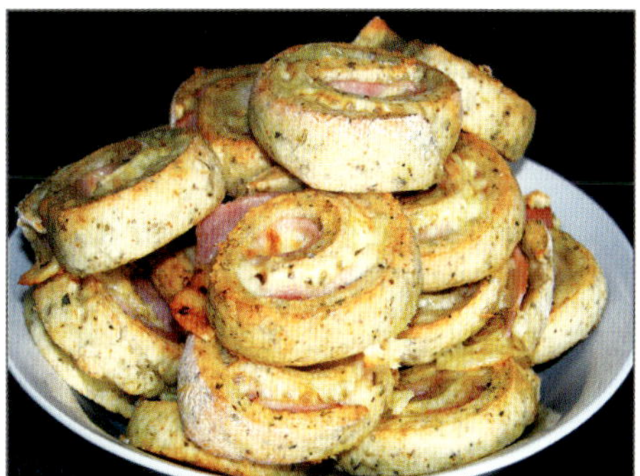

Christine Schorn

Piroggen für Berta
Kurz vor der Vorstellung zu Tschechows „Onkel Wanja" am Berliner Deutschen Theater gibt es noch vor der Vorstellung Piroggen für Berta, mit mehr Zeit danach für Christine Schorn und ihre Kollegen. Das passt stilecht zum russischen Flair des Stücks und ist herzhaft genug, um den Geschmack der Künstlerin zu treffen. Denn sie mag eher derlei Kräftiges als das Süßliche. Aber wer ist Berta? Seit Christine Schorn ab 1964 am Deutschen Theater spielt, teilt sie ihre Garderobe mit Berta, einer kleinen Handpuppe mit Echthaar, fast eine nicht mit gewachsene Zwillingsschwester. Sie darf die Piroggen vorkosten und befindet sie offenbar als gut genug für die Wanja-Künstlertruppe.

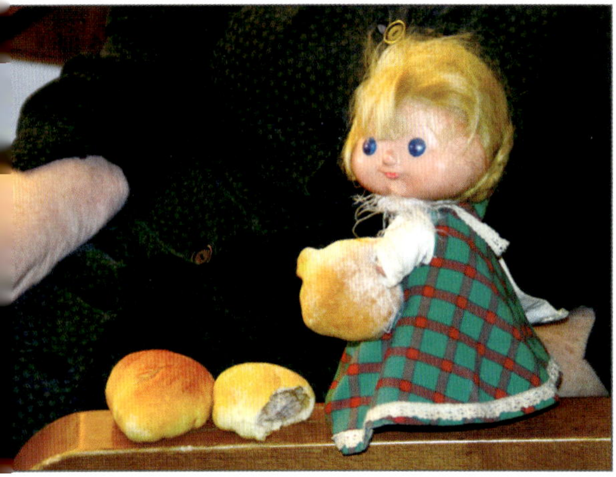

Eine Bummlerin und Träumerin
So bezeichnet sie sich selbst, diese irgendwie in sich ruhende, vor Gelassenheit strotzende Frau mit dem Gesicht, das stets irgend etwas Verschmitztes zeigt, selbst bei Trauermine. Christine Schorn mag es ganz oder gar nicht. Das betrifft die vegetativen wie die generativen Bereiche des Lebens. Man isst richtig und wenns schmeckt, gern mit Nachschlag; man trinkt richtig, Champagner bis zur Neige, damit es auch prickelt. Zu dieser imposanten Frau passen nicht die für zugespitzte Künstlerinnenkunstlippchen designten Puppenstuben-Sektkelche, sie braucht ein anständiges Glas und eine Flasche. Um das richtig zu formulieren: Es gibt da kein Problem, nur eben den prallen Genuss, dabei träumend und eben manchmal bummelnd, denn das reinigt die Antennen und sensiblen Rezeptoren, ermöglicht Beobachtungen und speichert Vorbilder für Rollenspiele aller Art.

Am Leben hochgespielt
Ihre „Nathan"-Rollen belegen die wundervolle Entwicklung der Christine Schorn, zuerst die schöne junge Recha, später die reife Daja. Christine Schorn ist gewachsen und wurde dabei im Spiel immer sparsamer. Man könnte es als besonders unhektisch und unpathetisch bezeichnen. Durch einen Sekundenbruchteilblick zur Seite und mal so dahin geworfene drei Worte kann sie Fassaden einstürzen lassen, eine tragische Situation zur Komiknummer wandeln oder den Charakter ihrer Rolle und den ihrer Mitspieler entlarven. Das ist – auf andere Weise – sonst nur solchen Frauen wie zum Beispiel Simone Signoret gelungen. Christine Schorn hat aber noch etwas: Sie ist sprachsicher, originell und macht einfach etwas her auf der Bühne, in ihren vielen, zum Teil hoch dekorierten Filmrollen und auch ganz privat. Die originellste Rolle im „Tatortreiniger" und der schönste Filmanfang in „Frei nach Plan" gehören ihr, aber auch eine Endlosliste ihrer unglaublich vielen Arbeiten auf der Bühne und vor der Kamera.

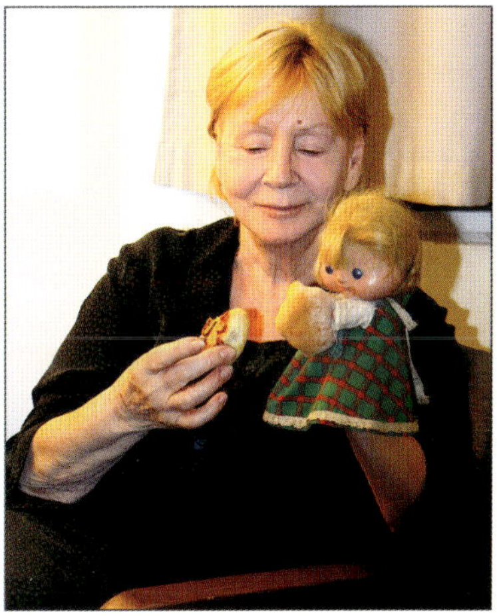

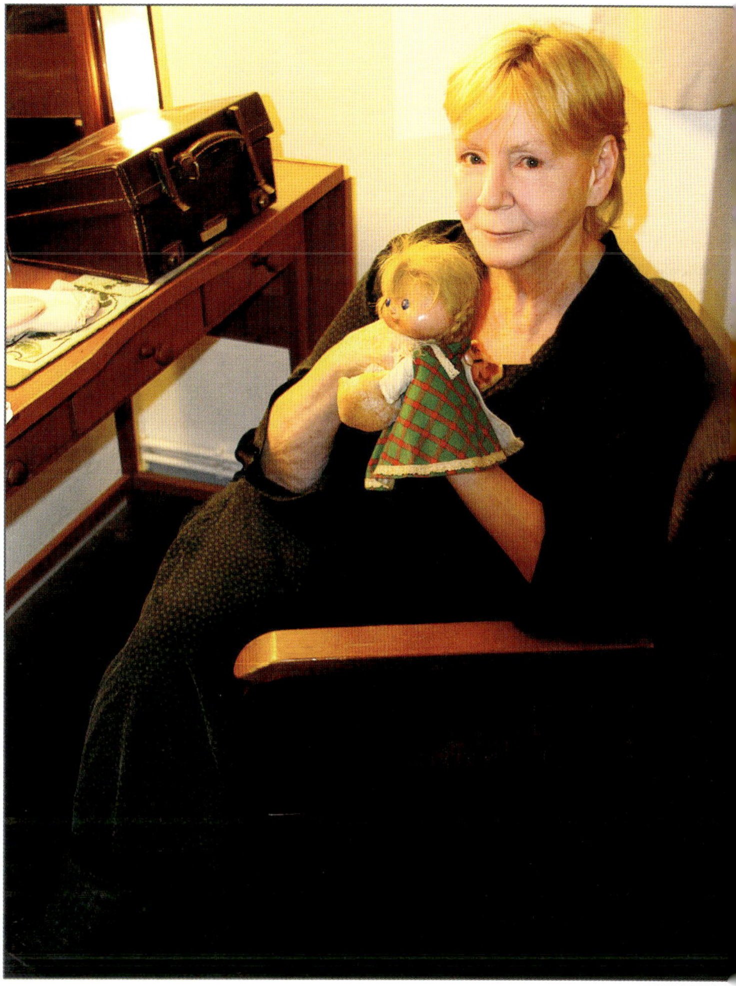

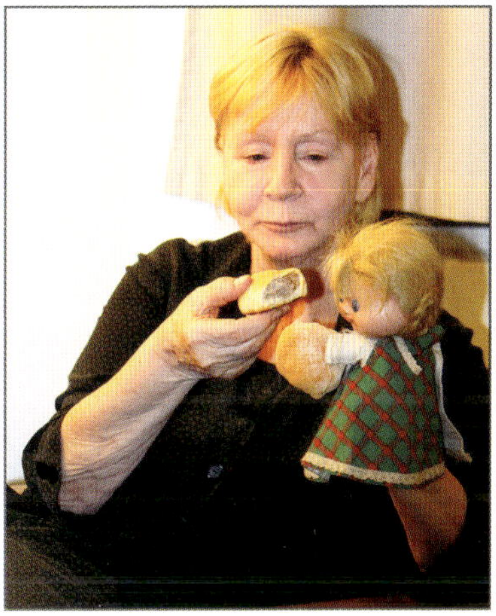

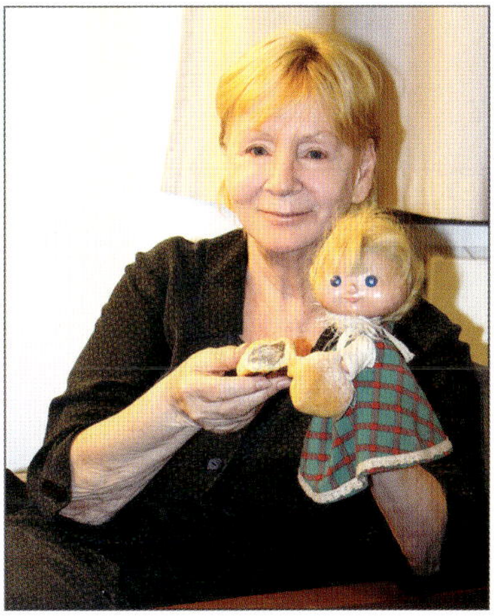

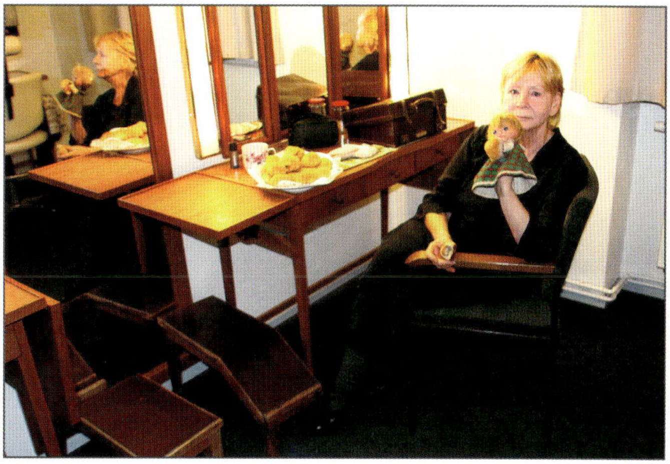

Piroggen

Für die Backmischung:
1 kg Mehl
1/2 l Milch
400 g Butter
80 g Hefe
4 Essl. Zucker
1 Essl. Salz
4 Eier

Für die 1. Füllung:
1 kleiner Weißkohlkopf
6 Eier
gemahlener Kümmel
Muskat
Salz
Pfeffer
jeweils nach Geschmack

Für die 2. Füllung:
1 kg Gehacktes
2 Eier
1 Zwiebel
Muskat
Salz
Pfeffer
Piment
Senf
Semmelbrösel

Zubereitung des Teigs
Hefe in der lauwarmen Milch suspendieren. Butter erwärmen, bis sie sehr weich ist. Zutaten miteinander verkneten und an einem ca. 30°C warmen Ort gehen lassen. Nach etwa einer Stunde nochmals kneten und erneut gehen lassen.

Vorbereitung der 1. Füllung
Kohl entstrunken und in ein paar Teile schneiden. In gesalzenem Wasser kochen. Eier hart kochen und nach dem Abschrecken schälen. Gekochte Kohlstücke und Eier in Würfel schneiden, miteinander und mit den Gewürzen vermengen.

Vorbereitung der 2. Füllung
Zwiebel in kleine Würfel schneiden. Gehacktes mit den Zwiebelwürfeln und allen Zutaten (Gewürze und Senf je nach Geschmack) vermengen.

Zubereitung der Piroggen
Ausrollen des Teiges (je nach Möglichkeit ein entsprechend großes Teigstück) auf einem bemehlten Blech ungefähr 1 bis 2 mm dick. Der Hefeteig lässt sich nur durch mehrmaliges Wiederholen der Ausrollbewegungen mit der Kuchenrolle angemessen ausrollen. Mittels Messer Zuschneiden des Teiges in ca. 8 x 8 cm große Stücke. Auflegen erst der einen, dann der anderen Füllung und Zusammenfalten der Teigränder über der Füllung. Umdrehen und mit der gefalteten Seite auf das mit Backpapier belegte Backblech legen. Im vorgeheizten Backofen bei Ober- und Unterhitze bei 200°C ca. 30 Minuten backen.

Das Rezept für Christine Schorn

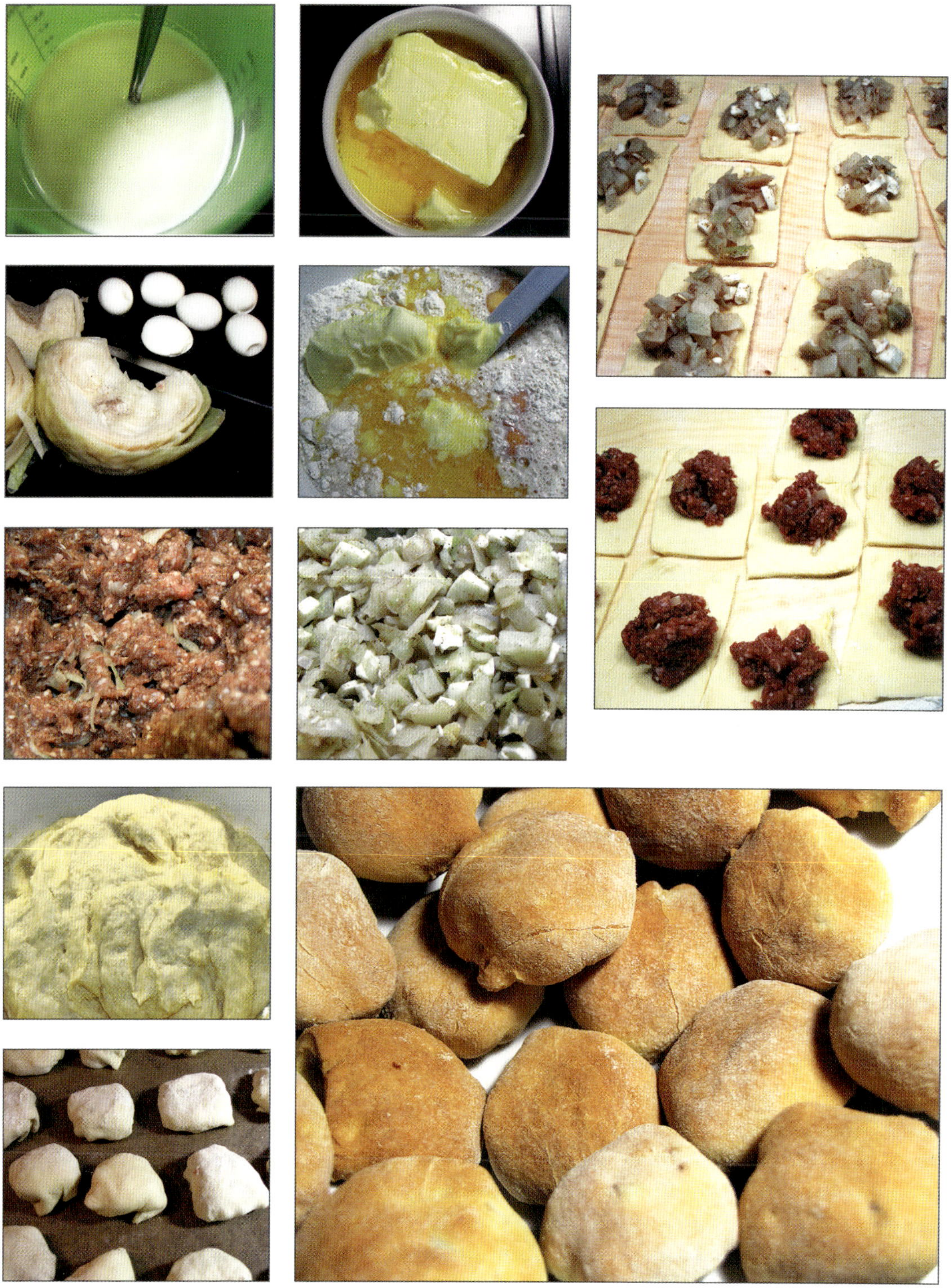

Margarethe Schreinemakers

Talk-Quotenkönigin

Wenn jemand diesen Titel verdient hat, dann Margarethe Schreinemakers. Doch nicht nur die Quote, sondern ihre gute Sprache, die unorthodoxen Themen und eine sehr persönliche, herzliche Art der Gesprächsführung qualifizieren sie für die Blaublüter unter den Medienleuten. Standesgemäß lebt sie mit ihrem Mausekönig (Jean-Marie Maus ist ihr Ehemann) in einem schlossähnlichen Gebilde mit riesigem Anwesen in Belgien. Und damit das

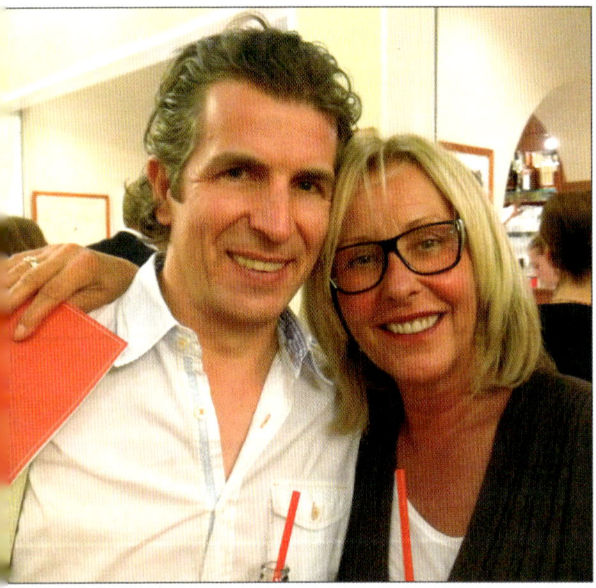

nicht langweilig wird, gestaltet sie die Möbel dafür selbst. Und zwar so flippig, bunt und unorthodox, wie man es sich von einer so quirligen Person wie Margarethe vorstellt.

Ein Hundeleben

Dieses möchte man haben, wenn sich Margarethe um einen kümmert. Denn mit den von ihr „Kojoten" genannten domestizierten Wölfen befasst sie sich, um sie von mediterranen Straßen, dem Zugriff der spanischen Fliegen und anderen Lästlingen sowie dem der Hundefänger zu erretten. Margarethe hat ein internationales Netzwerk für Mallorca-Kojoten aufgebaut. Und ein eigenes kleines sechsköpfiges, doch in ihrem Matriarchat wohl erzogenes Rudel tummelt sich in der Königinnen-Anlage gemeinsam mit Queen und Mausekönig voller Eintracht.

Viel Pech – viel Glück

Margarethe hat so manches mehr durch als die meisten anderen Menschen. Ihr ungewöhnlicher Erfolg lockte Nachdemmunderedner, die sich als vermeintliche Freunde in ihr Leben schlichen, und ein Heer von Neidern in den Ring. Sie schlugen kräftig zu, blieben aber dabei nicht, wie die getroffene, oberhalb der Gürtellinie. Trainiert, zäh und kampferfahren schaffte es Margarethe immer wieder. Manche Leute werden durch derlei Erfahrungen härter oder klüger. Sicher trifft das auch auf sie zu, doch vor allem wurde sie lebenslustiger und flippiger – eine ansteckende, allseits angenehme und bei Traurigkeit von Freunden überaus hilfreiche Eigenschaft. Sie hilft Margarethe selbst, die beim Joggen eine Herzstillstand-Erfahrung gemacht hat. Wie gut, dass da ein Herz ganz nah bei ihr ein paar Minuten lang für sie mitschlug und dabei kräftig wiederbelebend auf Hochtouren ackerte. Vielleicht war es das, was Margarethes und Jean-Maries Herzschläge so synchronisierte, dass sie von da an untrennbar wurden – auch in den Zeiten der angstreichen Folgen dieses einschneidenden Ereignisses. Genuss ist seitdem jeder Lebenstag. Ein bisschen belgisch-schokoladig präsentiert sich auch Margarethes Wahl bei den Backrezepten, der Nougat-Krokant-Schokokuchen.

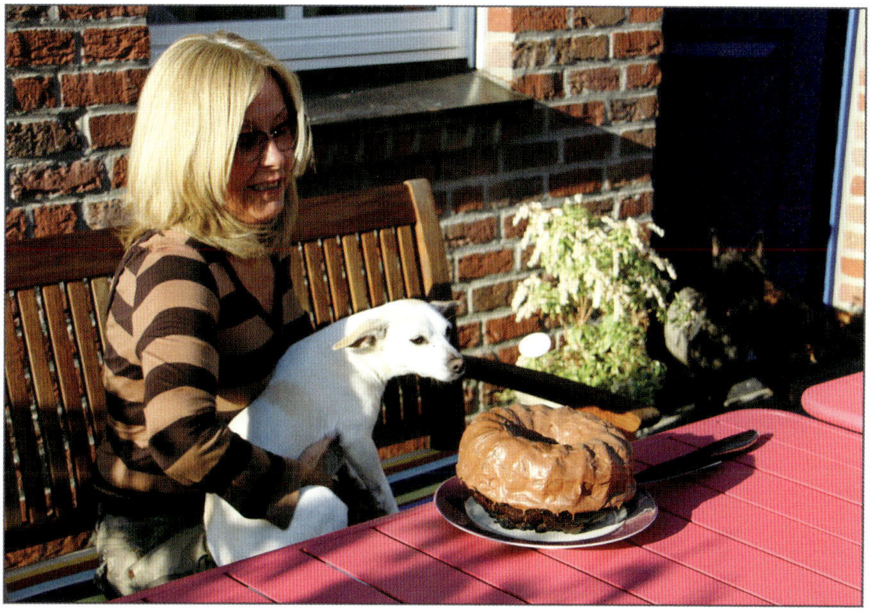

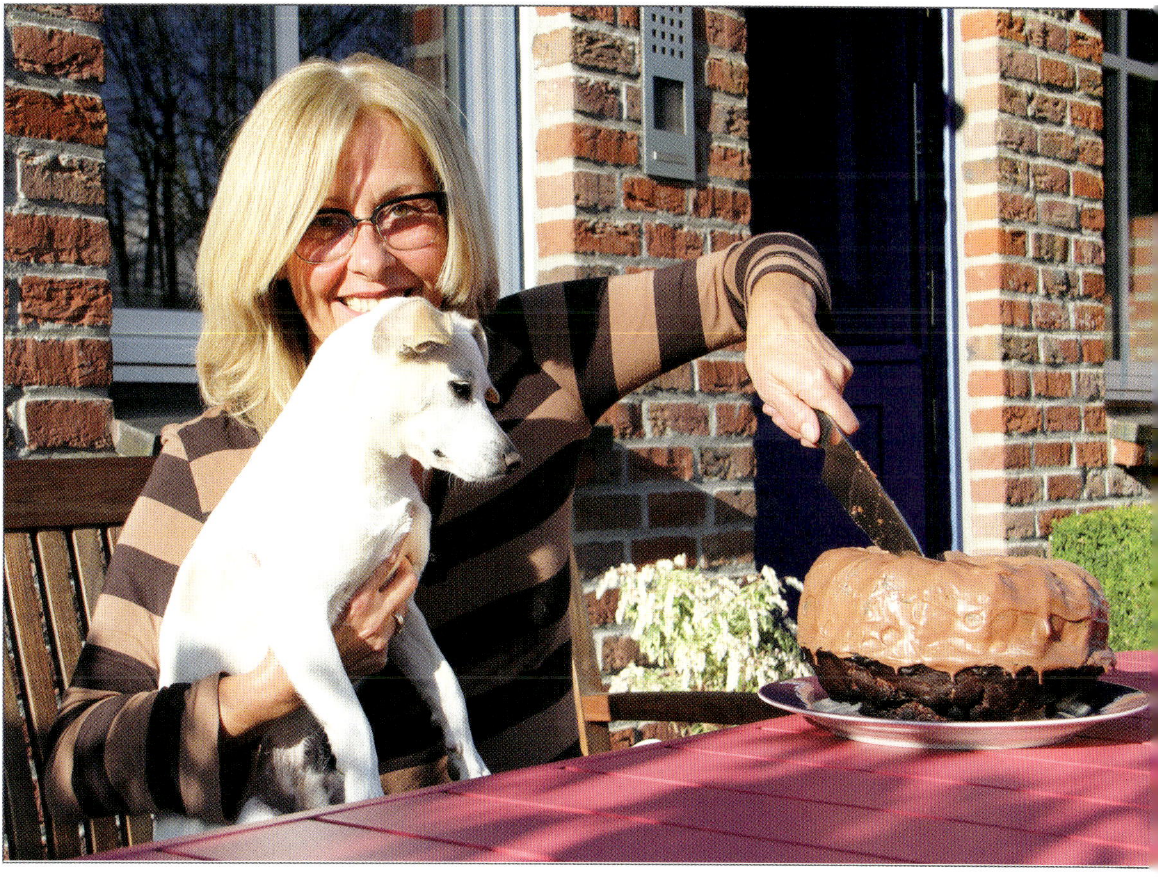

Nougat-Krokant-Schokokuchen

Für die Backmischung:
125 g Butter
400 g Nuss-Nougat-Creme
5 Eier
1 Essl. Rumaroma
100 ml Milch
1 Pck. Vanillezucker
200 g Mehl
1 Pck. Backpulver
200 g gemahlene Haselnüsse
100 g Haselnusskrokant
100 g Schoko-Rosinen

Für den Guss:
100 g Kuvertüre aus Vollmilchschokolade
100 g Nougat

Zubereitung des Teigs
Weiche Butter und Nuss-Nougat-Creme, Eier, Vanillezucker und Rumaroma zu einer cremigen Masse verrühren. Mehl mit Backpulver und Haselnüssen unterrühren. Schließlich Krokant und Schoko-Rosinen hinzufügen und unterrühren.

Vorbereiten der Kuchenform und Backen
Gugelhupf-Silikonbackform (22 cm Durchmesser) mit Butter gut fetten. Teig einfüllen und oben befindliche Schoko-Rosinen in den Teig drücken. Backofen bei Umluft auf 180°C vorheizen und ca. 60 bis 90 Minuten backen (Stäbchenprobe).

Auftragen des Gusses
Kuvertüre und Nougat gemeinsam bei sanfter Erwärmung auflösen und gut miteinander vermischen. Mittels Löffel auf den abgekühlten, gestürzten Kuchen auftragen und verteilen.

Das Rezept für Margarethe Schreinemakers

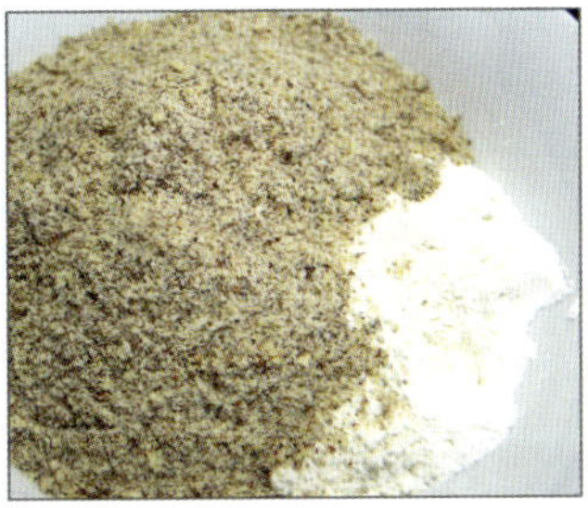
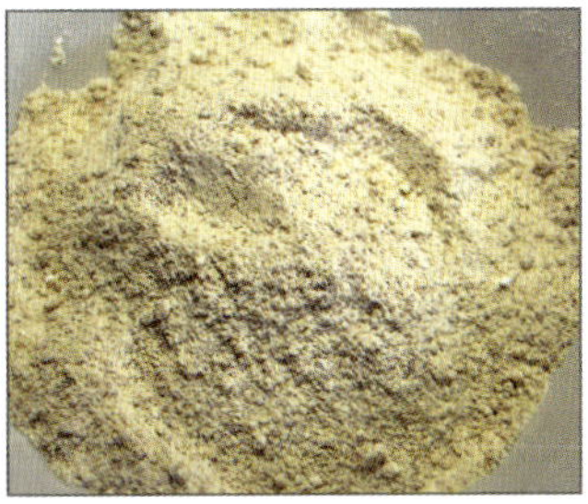
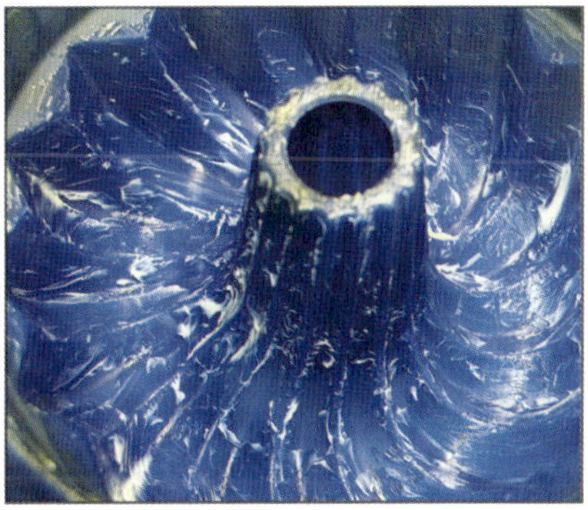
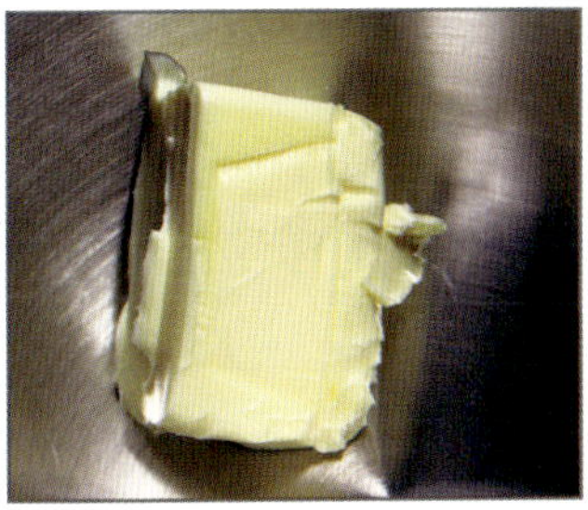
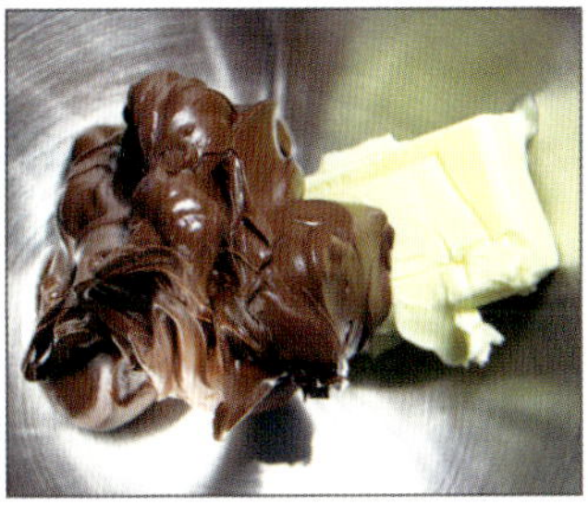
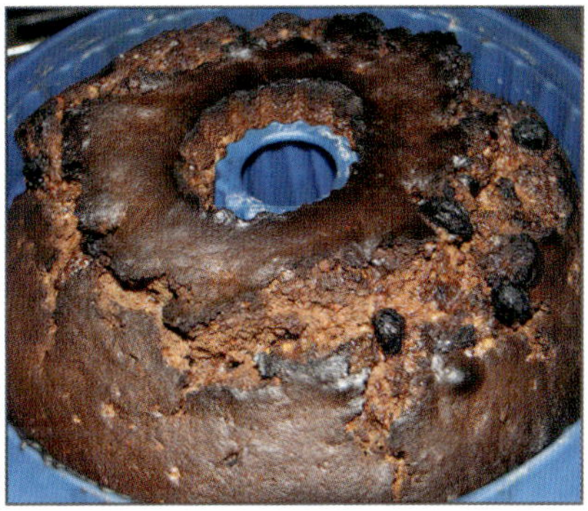
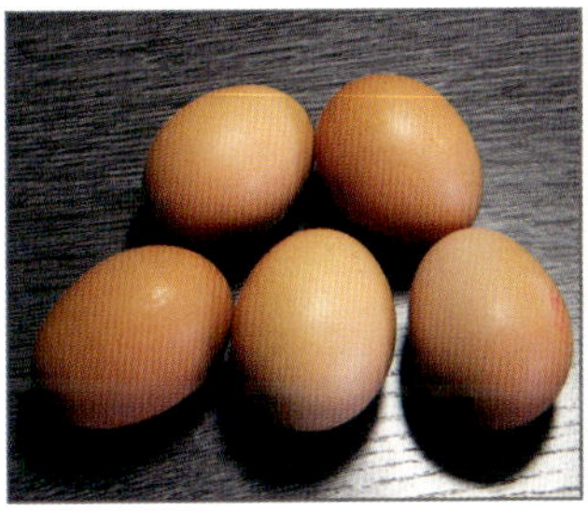
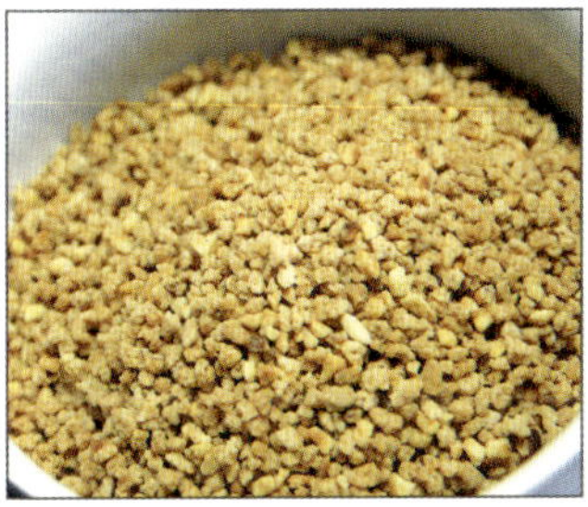
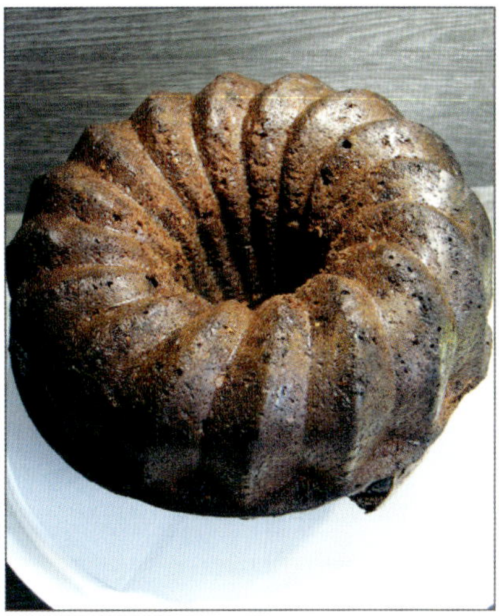
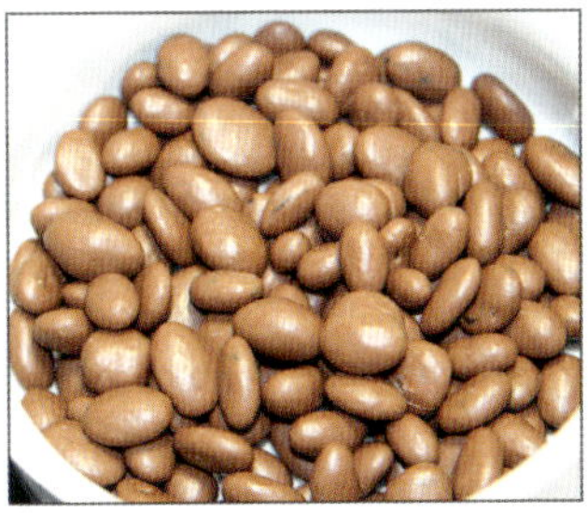
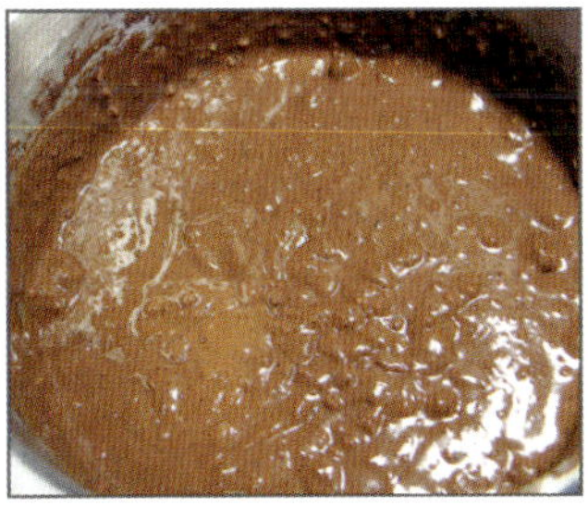
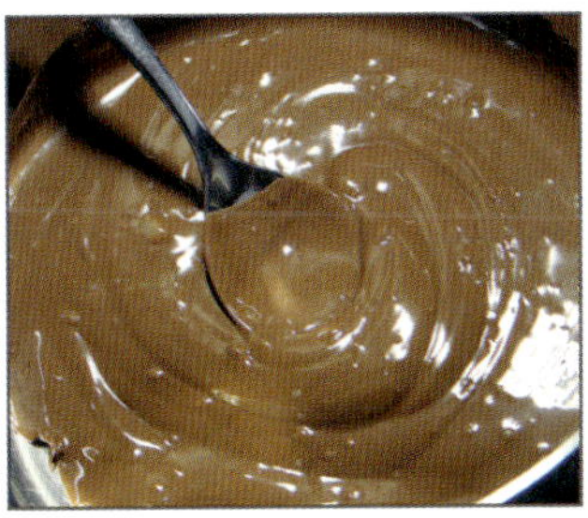
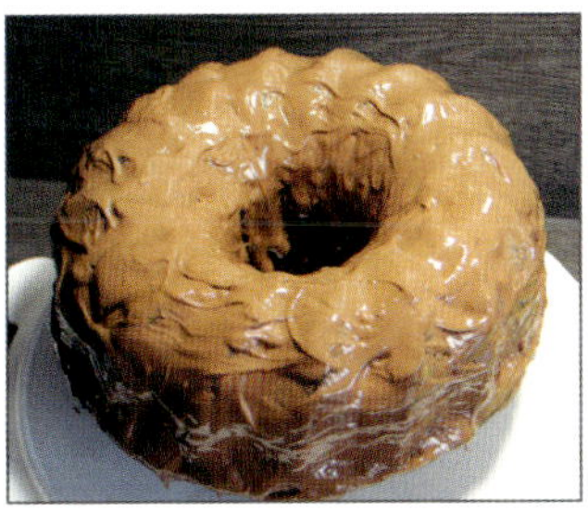

Michael Schweighöfer

Oberhaupt einer Schauspielerdynastie
Wenn man den Namen Schweighöfer in Bezug auf Schauspielerei erwähnt, so fragt man sich, welcher ist denn gemeint? Ist es Michael Schweighöfer, der gestandene Theaterschauspieler, dessen Vater bereits ein solcher war und der diesen Beruf mitsamt seinen Talenten nicht nur wie Blut geleckt, sondern in jenes genetisch gelegt bekommen hat? Ist es Gitta Schweighöfer, die erste Ehefrau Michaels, mit der sie gemeinsam einen Sohn haben, was wiederum die Frage aufwirft, ist es dieser, nämlich Matthias Schweighöfer, bekannt aus seiner breiten Medienpräsenz von Filmen und Fernsehstücken, die er produziert und inszeniert, in denen er aber auch spielt, bis hin zur Bierwerbung? Es ist der Senior, Michael Schweighöfer, der die figurbetonende sahnig-marzipanige Variante bei der Auswahl eines Rezepts für dieses Buch bevorzugte, die Mohn-Marzipan-Sahnetorte! Diese Wahl erfolgte gelegentlich einer Festivität mit vielen Freunden und Künstlerkollegen. Nachdem die Fotografiererei (siehe rechts) erledigt war, stürzten sich alle auf diese Torte (obwohl allerlei anderes Backwerk zur Verfügung stand) und Michael Schweighöfer hatte es schwer, selbst ein Restzipfelchen davon abzubekommen.

Karl-Marx-Kopf des Theaters
Wie setzt man einen Mann mit imposanter Statur und einem solchen zwar rauschebärtigen, doch ausdrucksstarken Philosophenkopf als seit 1985 festes Ensemblemitglied des Deutschen Theaters zu Berlin auf der Bühne ein? Ganz einfach: oft, gern und mitunter in erfrischend kontradiktiver Version zu seinem Äußeren. Schweighöfer spielt wild und sachlich, emotional und eiskalt, körperlich und fast ohne Lippenbewegung, er kann das! Bemerkenswert wird so etwas, wenn es zum Beispiel um die Darstellung einer bekannten Persönlichkeit geht: Hanns Eisler. Michael Schweighöfer gibt dem Komponisten eine interessante, zunächst fremd wirkende Hülle, füllt sie aber mit so viel Eisler, dass man sich gar nicht mehr vorstellen kann, dass dieser einst mal anders ausgesehen haben soll. So oder so ähnlich gelingt ihm das auch – bei aller Priorität der Bühne – bei unzähligen anderen Rollen in Film und Fernsehen, etwa in Gwisdeks „Mambospiel", in Waalkes „Otto – der Katastrophenfilm" oder der Kriminalkomödie „Schmidt & Schwartz". Kein Mensch denkt zum Schluss noch über das marx(isti)sche Aussehen nach.

„Sein" abseitiges Scheunenviertel
Manchmal fordert die ständige Spielerei auf Brettern ein Gelassenheitstribut. War es die Sehnsucht nach dem Geruch von frischem Heu? Wohl eher nicht, denn Michael Schweighöfer war bei seinen Großeltern in Suhl aufgewachsen, also gar nicht ländlich. Vor dem Schauspielstudium war er Autoverkäufer, wollte den Mädchen imponieren und hippiete so vor sich hin. Erst dann packte die darstellende Kunst seine lustigen Auswürfe am Schlafittchen und formte sie zu dem, was er seither für sein Publikum aussendet. In der Scheune, die er gemeinsam mit seiner Frau Ines den schönen alten Dingen widmet, ohne dabei antiquarisch zu wirken, sondern ungeahnt frisch, gibt es zum Wochenende Kaffee und Kuchen für die Gäste und Kunden, ganz bestimmt fortan auch die Mohn-Marzipan-Sahnetorte.

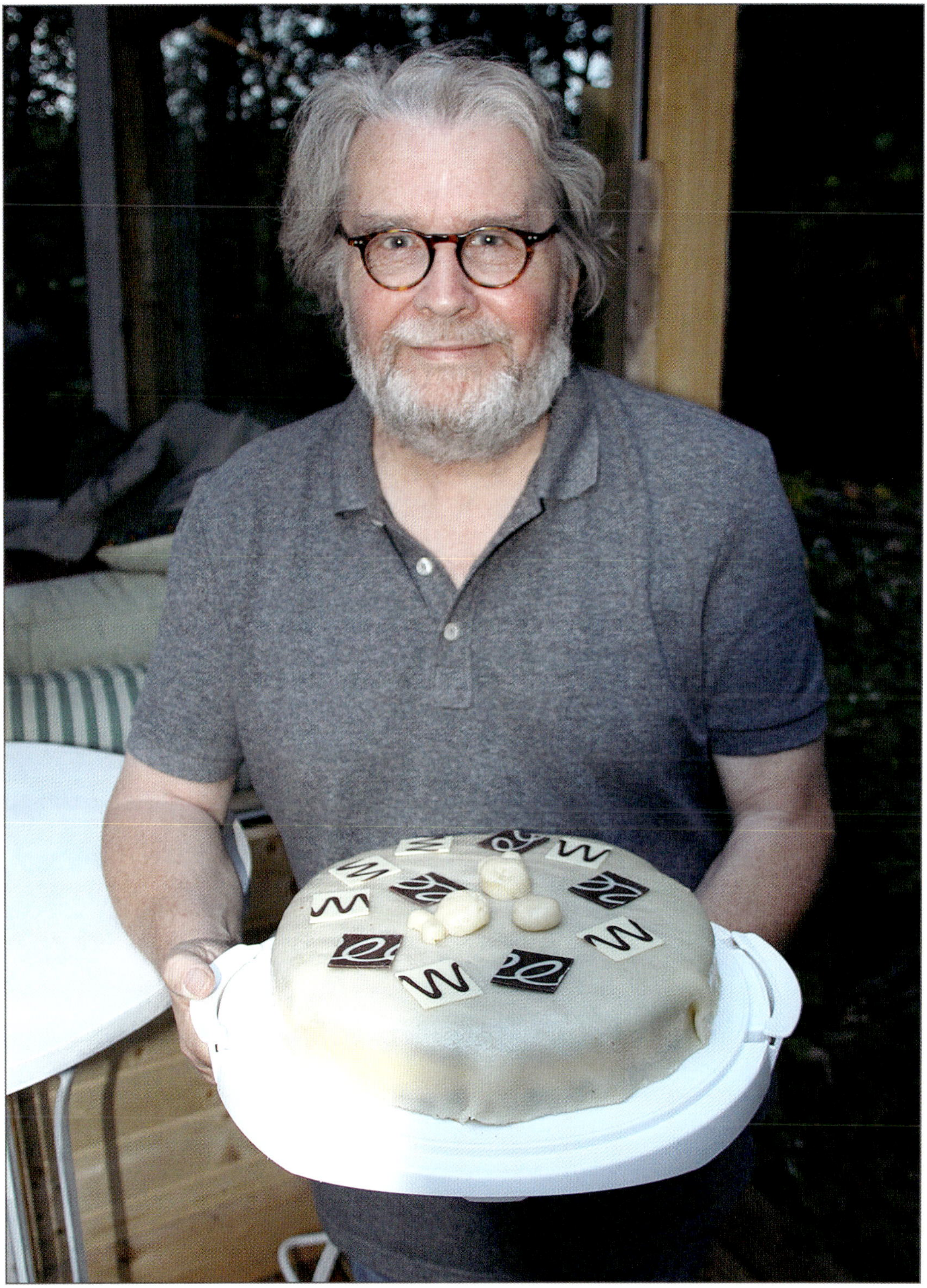

Mohn-Marzipan-Sahnetorte

Für die Backmischung:
150 g Zucker
3 Eier
130 g Mehl
1/2 Pck. Backpulver
150 g Backmohn
4 Essl. heißes Wasser

Für die Füllung:
600 ml Schlagsahne
2 Pck. Sahnesteif

Für den Tortenbau:
200 g Kokos-Brotaufstrich
Quittengelee
1 Marzipandecke
Schokodekor

Zubereitung des Teigs
Eiweiß in eine Rührschüssel abtrennen und mit heißem Wasser sowie dem Zucker steif schlagen. Eigelb unterschlagen. Mehl und Backpulver hinzufügen und zu einem Rührteig vermischen. Mohn beimischen.

Backen des Tortenkörpers
Vorbereiten einer Silikon-Springform (26 cm Durchmesser) mit dafür zugeschnittetem Backpapier auf der Bodenscheibe. Einfüllen des Teigs und 20 Minuten Backen in auf 180°C vorgeheiztem Backofen bei Ober- und Unterhitze.

Tortenaufbau
Nach dem Abkühlen und Entfernen aus der Springform waagerecht aufschneiden und oberen Teil separat ablegen. Ober- und Unterteil an der Schnittfläche jeweils mit Kokos-Aufstrich bestreichen. Aufstellen eines Tortenrandes um den unteren Teil. Schlagen der Sahne unter Zugabe von Sahnesteif und Einfüllen in den Tortenring auf den unteren Teil. Auflegen des oberen Teils und Entfernen des Tortenrings. Komplettes Einstreichen des Tortenkörpers mit Quittengelee, was das Haften der Marzipandecke ermöglicht. Symmetrisches Auflegen der Marzipandecke. Nach dem sauberen Beschneiden der Ränder Herstellen von Dekorationselementen aus den Marzipanresten und Ergänzen durch Schokodekor. Mindestens zwei Stunden bei 4°C kühlen vor dem Anschneiden der Torte.

Das Rezept für Michael Schweighöfer

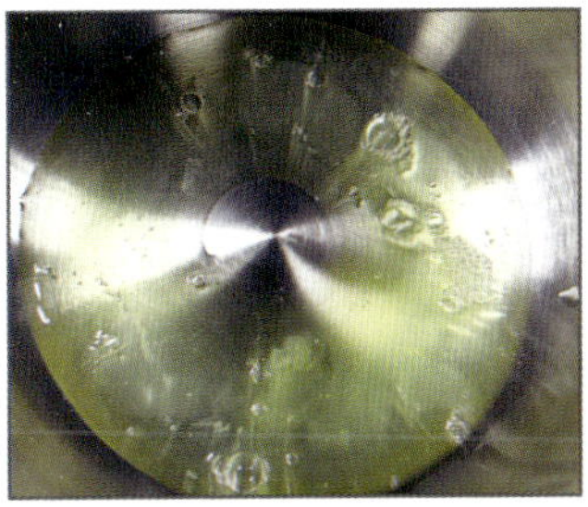
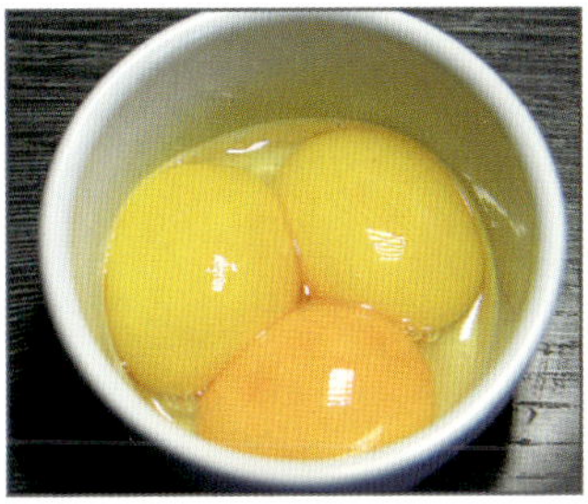
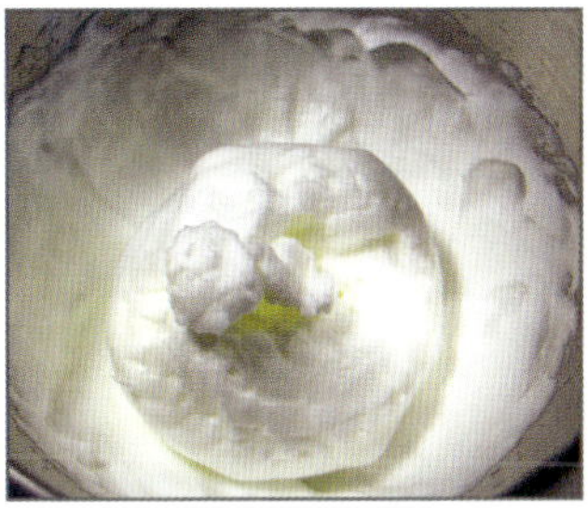
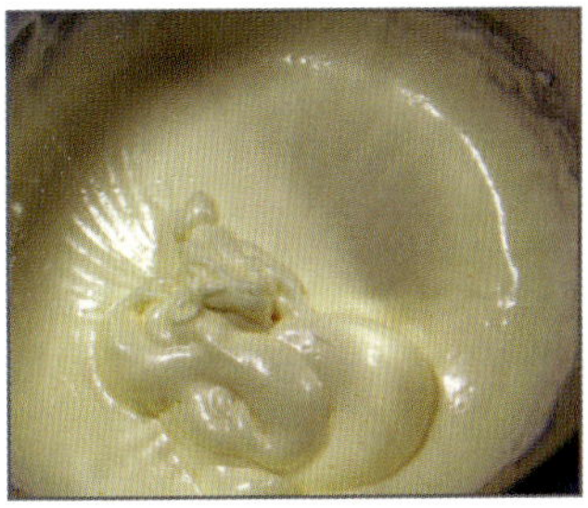
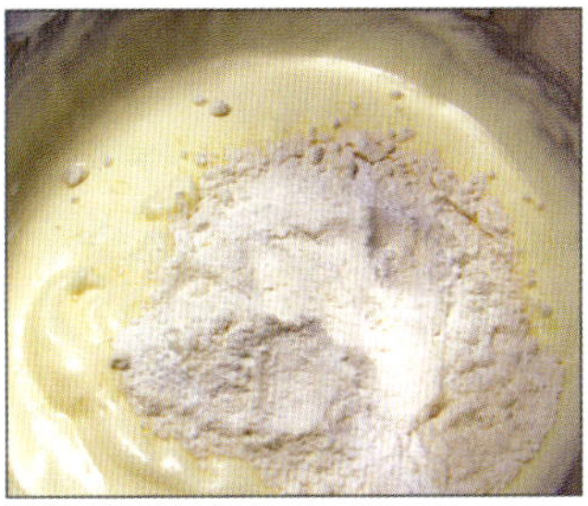
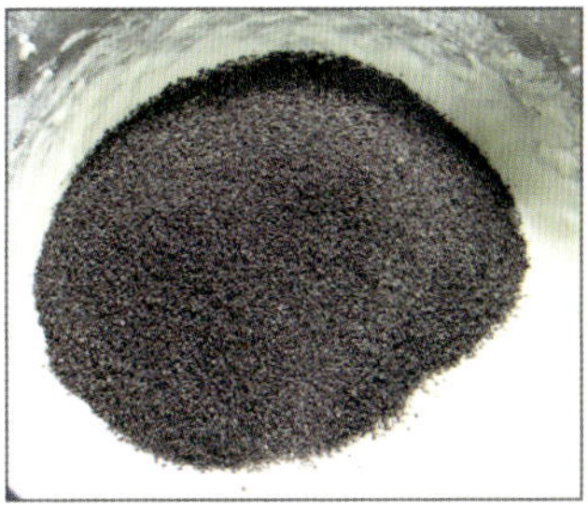
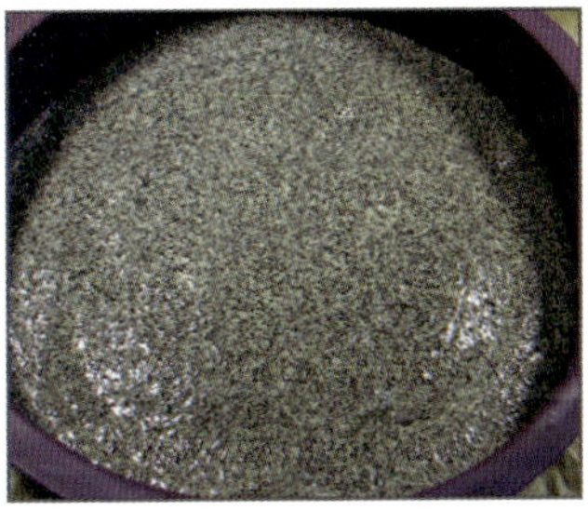
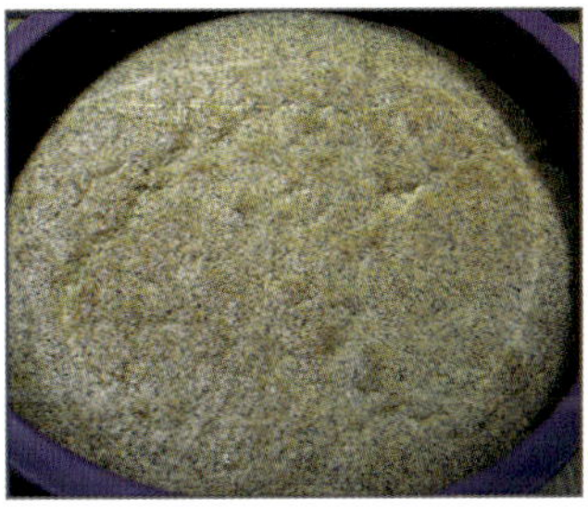
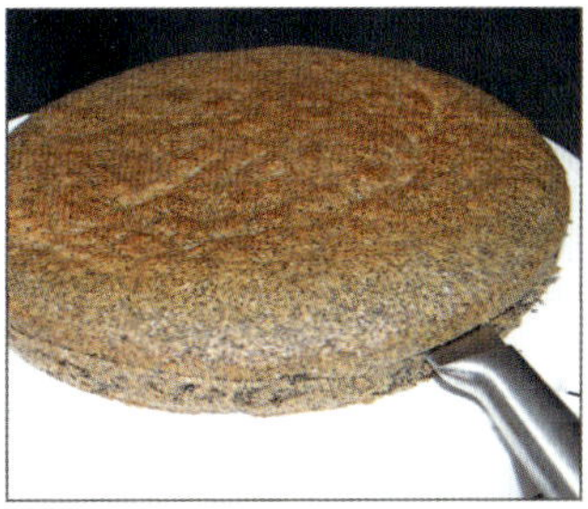
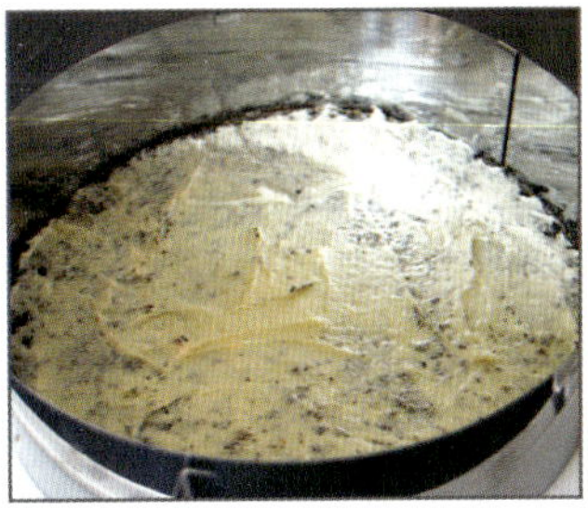
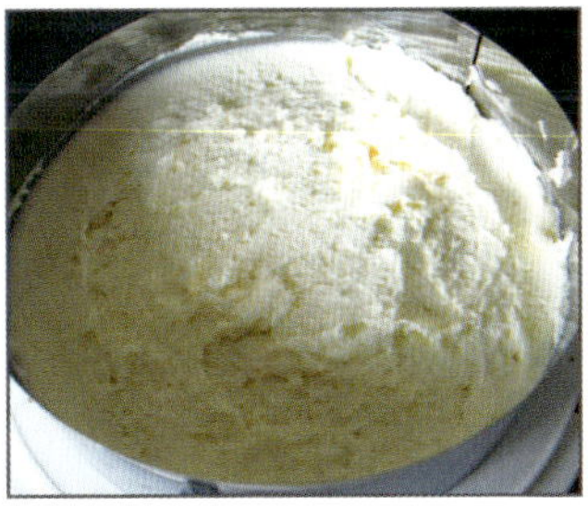
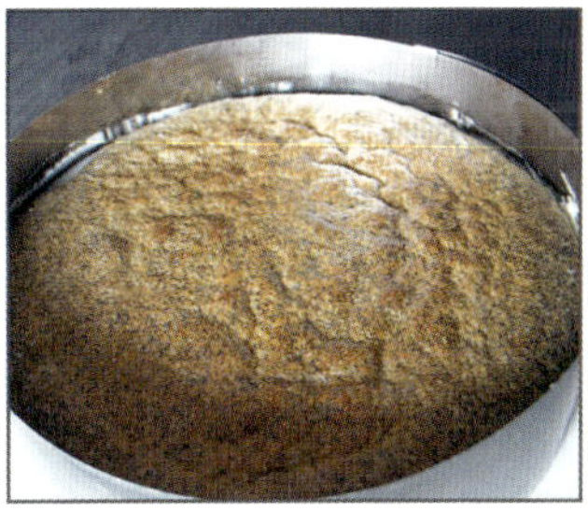
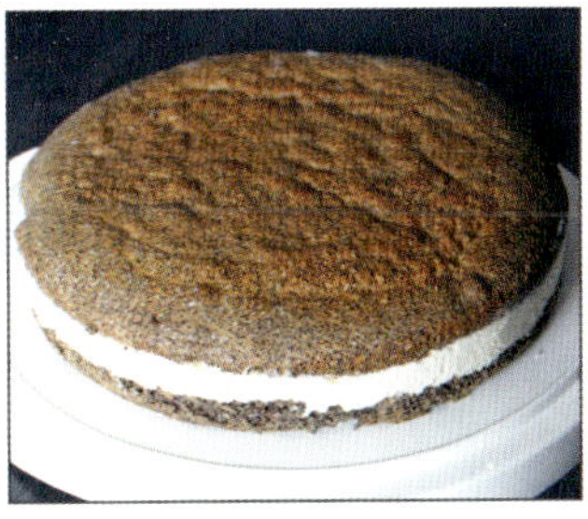
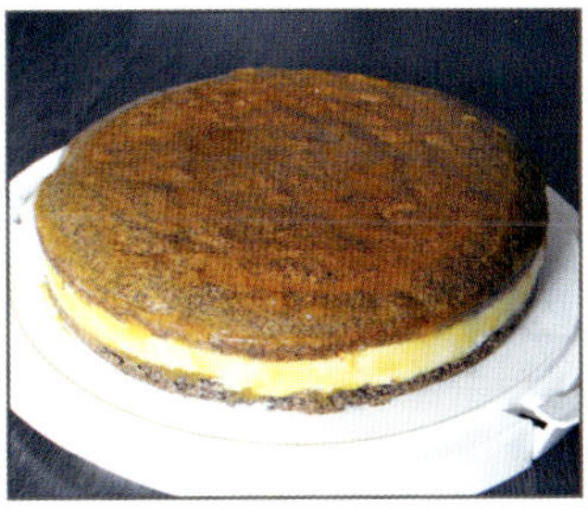
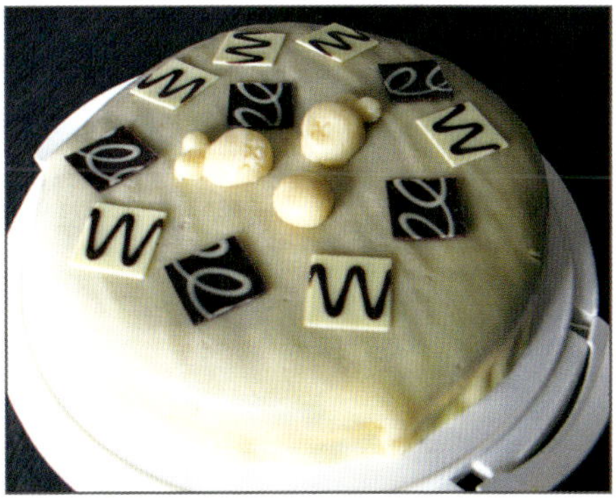

Philipp Sonntag

Ein Sonntagskind?
Er hat sich zu einem gemacht, denn es handelt sich um den Künstlernamen des Niederschlesiers, der nach seinem Studium an der Münchener Akademie der Bildenden Künste das begann, was ihm wohl sein größtes Publikum bis heute bescherte, die Schauspielerei. Doch die Sache mit dem Sonntagskindmetapher steckt schon tief drin in diesem vielseitigen Mann. Er ist nämlich auch Schreiberling ersten Ranges: Als vielseitiger Autor verfasste er

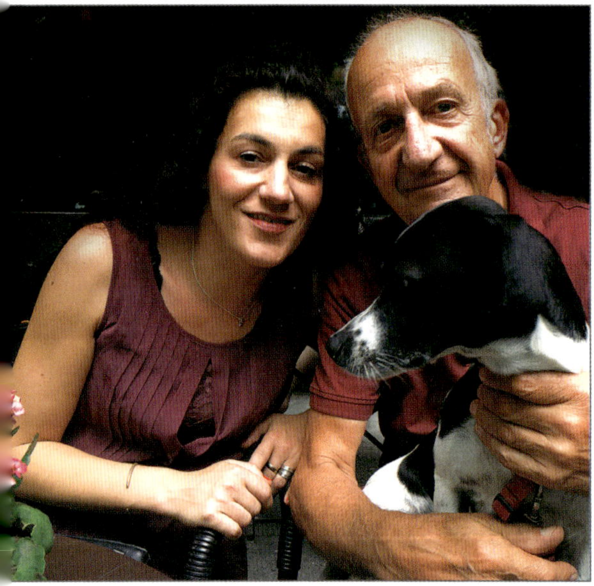

Drehbücher, Satire und den Roman „Ketzermusical", in dem er einige entlarvende Passagen den ihm wohlbekannten Medienstrudlern und -strudlerinnen widmet. Wunderbar sein Vergleich des „Jagdverhaltens" von Männern in einem Bordell mit Jägern in einem Tiergehege!

Ich heirate meine Chefin...
..., dachte sich offenbar Philipp Sonntag, und ehelichte seine rassige Frau Evangelia, ihres Zeichens Theaterleiterin des altehrwürdigen Berliner Schlossparktheaters. Während die beiden füreinander die Hauptrolle des Lebens spielen, beglücken sie ihr Publikum mit gutem, trefflich ausgewähltem Theater, denn bei den vielen Angeboten in der Hauptstadt kann man nur bestehen, wenn man gefällt. Ein liebenswertes Straßenhündchen haben sie in ihr Leben aufgenommen, das zusätzlich Turbulenz in die sichtbar innige Beziehung der beiden bringt.

DAS Filmgesicht
Er dürfte im Leben nie morden, dieser Philipp Sonntag, man brauchte nämlich nicht mal ein Phantombild, um ihn zu erkennen, so sehr prägen sich jedermann diese mimopotenten Züge (gibt es so etwas, wenn nicht, dann sei es hiermit für P.S. erfunden) ein. Deshalb würde er sofort erwischt. Aber im Film darf und soll das schon so sein mit dieser Mimopotenz, etwa in etlichen Tatorten und anderen Fernsehkrimis. Aber auch das große Kino machte sich die Sonntags(an)züge zunutze, zu bestaunen beispielsweise in „Grand Budapest Hotel". Am besten passt diese Wandelbarkeit mitsamt Sonntagsgeist natürlich in ein solches spitzzüngiges Metier wie das politische Kabarett. Wen wundert es, dass sich Philipp Sonntag dort besonders wohl fühlt, doch er ist philosophischer, wortedler und damit ungewöhnlicher als die inflationären Allerweltssatiriker, ein sehr ungewöhnlicher Künstler fernab der Herden. Was sonst als Sonntagslaibchen konnte es sein, das für ihn und seine Gattin Evangelia ein gebackenes Appetitkriterium des guten Geschmacks darstellt. Und Philipp Sonntag qualifiziert die Laibchen angesichts seiner faszinierenden Mimik: Man erahnt Zug um Zug jede Zutat...

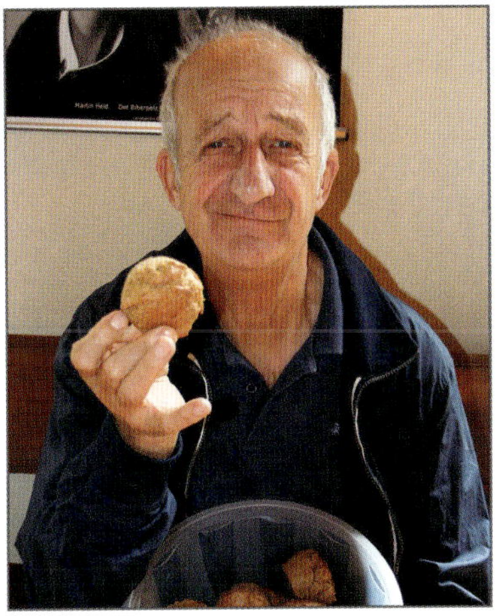

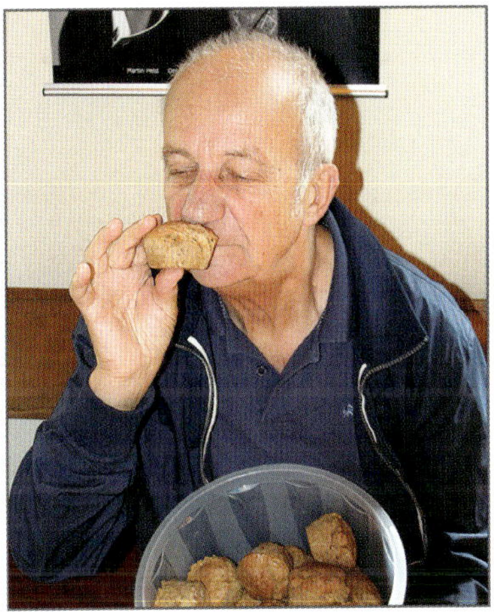

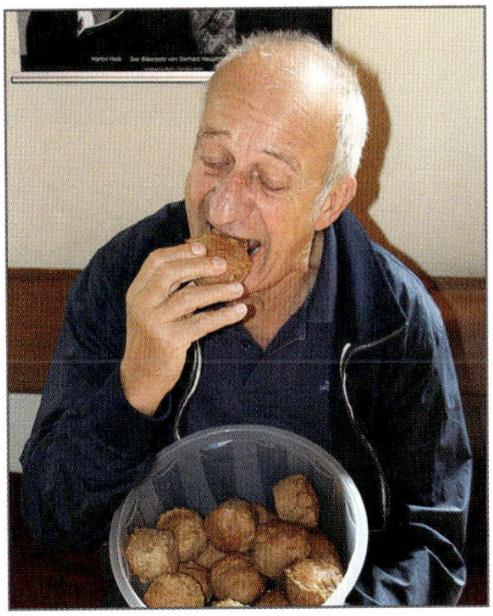

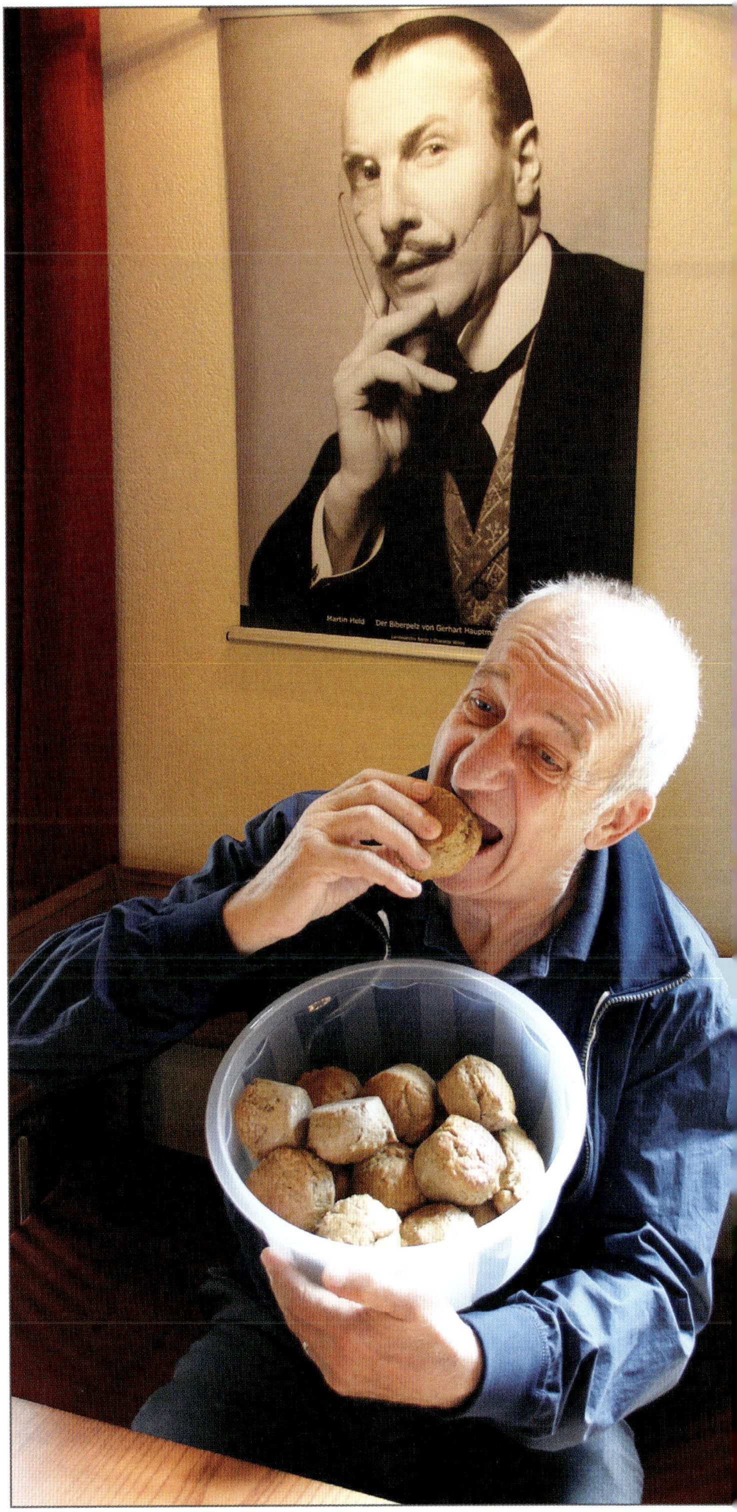
Martin Held
Der Biberpelz von Gerhart

Sonntagslaibchen

Für die Backmischung:
700 g dunkles Weizenmehl
300 g Roggenmehl
30 g Salz
40 g Hefe
20 g Aroma-Malz
20 g Hefebackmittel
ca. 300 ml Malzbier
ca. 300 ml Schwarzbier

Zum Bestreichen:
10 g Glanz- und Bräunungsbackmittel

Zubereitung des Teigs
Beide Mehlsorten, Aroma-Malz, Hefebackmittel und Salz in einer geräumigen Schüssel mischen. In einer Mehlmulde Vorteig aus Hefe, etwas Bier und Mehl herstellen, 30 Minuten in einem warmen Raum gehen lassen (Schüssel mit Küchenhandtuch abgedeckt). Vorteig, Mehl und Bier zu einem klebrigen Teig verkneten, 60 Minuten gehen lassen.

Füllen der Formen und Backen
Teig in Muffin- oder Tortenformen aus Silikon füllen und dabei beachten, dass sich das Volumen beim Aufgehen des Teigs mitunter verdoppelt. Backofen bei Ober- und Unterhitze auf 250°C vorheizen, Backwerk einschieben, nach 15 Minuten die Backtemperatur auf 200°C reduzieren und weitere 45 Minuten backen.

Bestreichen nach dem Backen
Glanz- und Bräunungsbackmittel nach Vorschrift anrühren und mit einem Pinsel die Oberfläche der noch heißen Laibchen unmittelbar nach dem Herausnehmen aus dem Backofen einstreichen.

Das Rezept für Philipp Sonntag

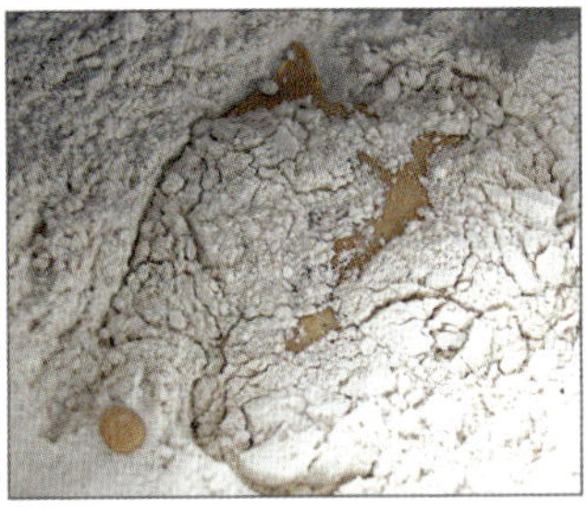

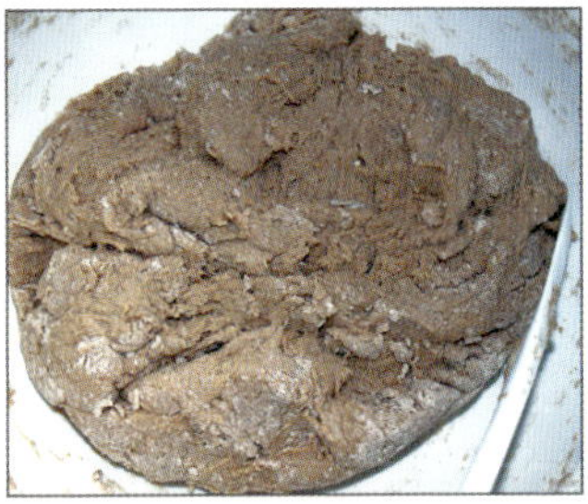

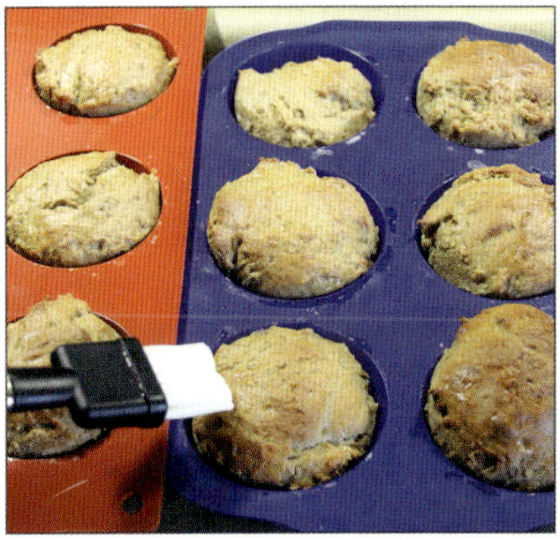

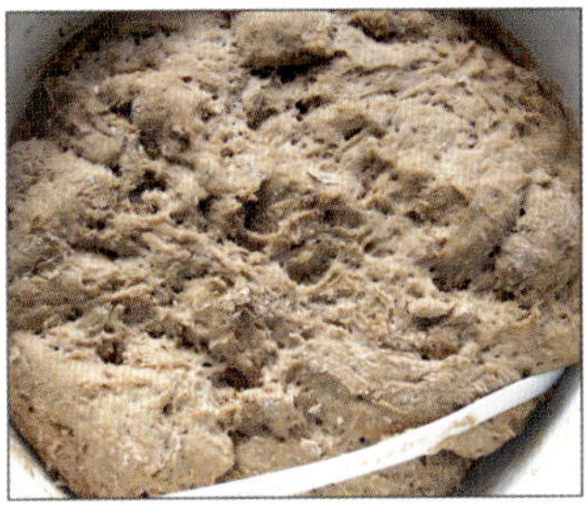

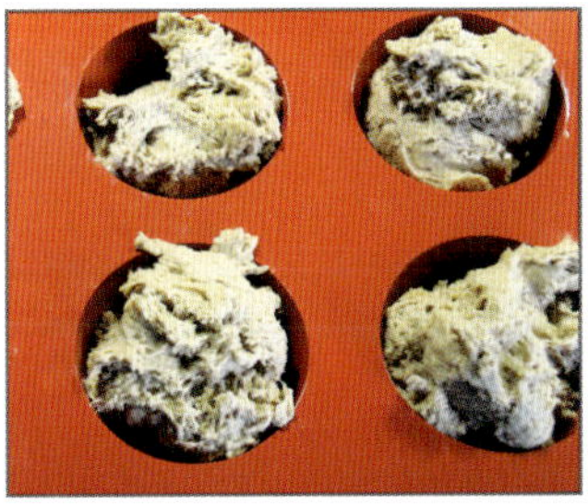

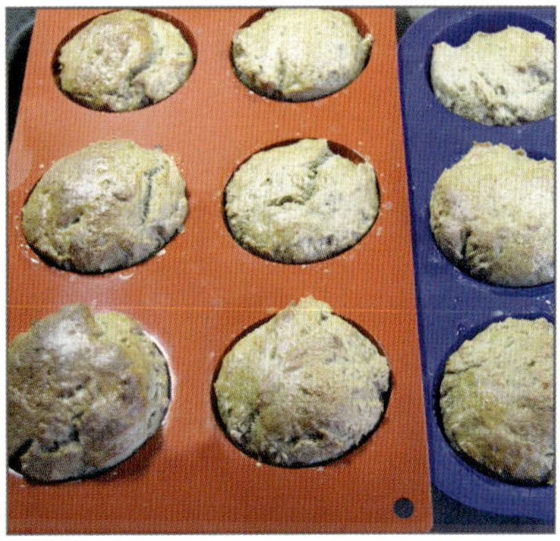

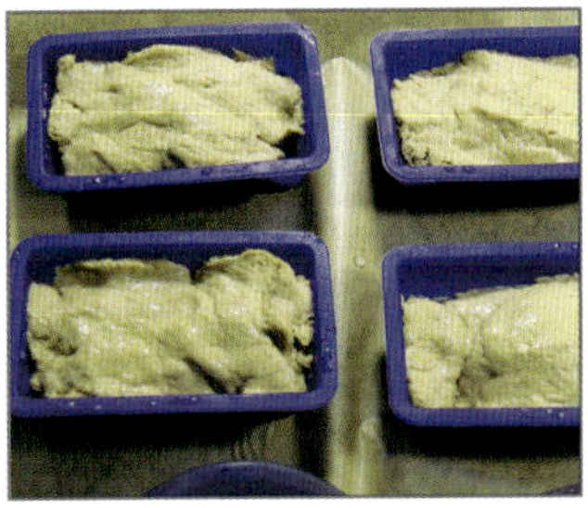

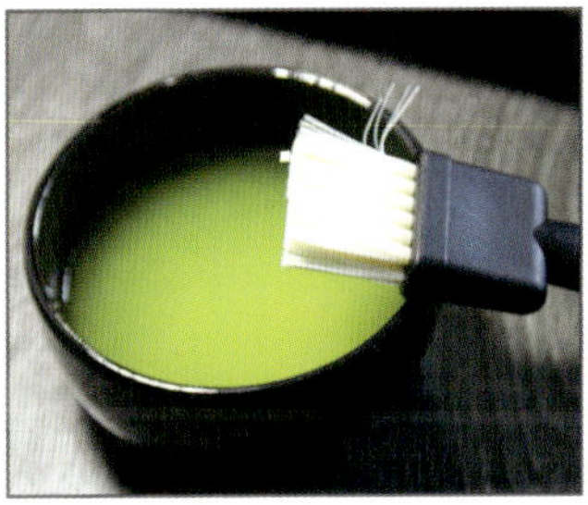

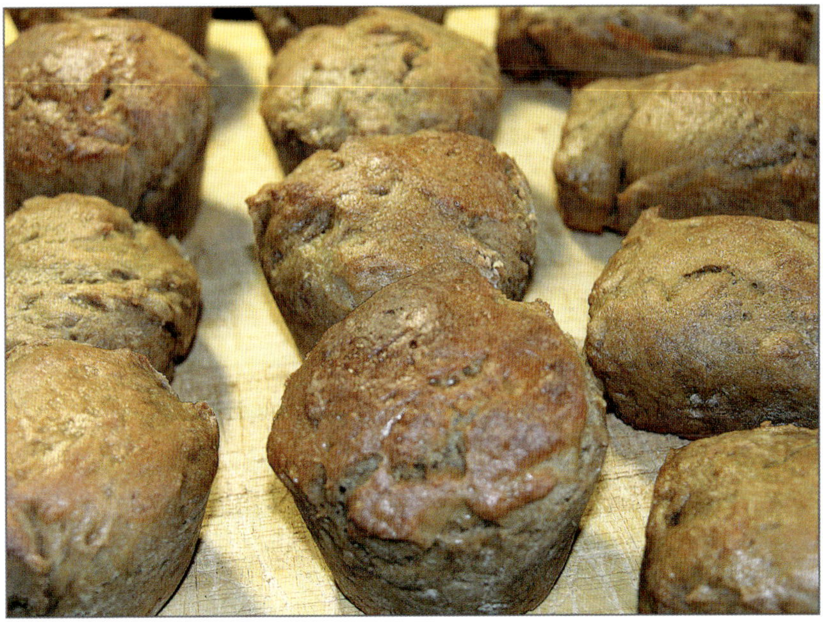

Katharina Thalbach

Katharina die Kleine
Die kleine Katharina Thalbach entschlüpfte einer Künstlerfamilie und ist in mannigfachen genetischen Verknüpfungen mit weiteren Talentträgern verwandt. Irgendwie haben sich bei diesem Genmix die reichsten, vielseitigsten Talente bei ihr eingefunden, früh geweckt schon bei der Kleinen im Berliner Ensemble, quasi ihr damaliges Zuhause. Wer sonst kann schon von sich sagen, im Mädchenalter von der berühmten Intendantin Helene Weigel gefördert worden zu sein. Nach den ersten Kinderrollen bewunderte die Männerwelt die noch sehr zarte Katharina in großen Film- und Fernsehproduktionen, darunter bereits solche mit internationaler Bedeutung, etwa „Lotte in Weimar" oder „Die Blechtrommel". Mit 15 Jahren schon Hure zu sein und dann eine derartige Karriere hinzulegen, das gelingt nur, wenn man dieses Gewerbe spielerisch unter der Regie von Erich Engel in Brechts „Dreigroschenoper" betreibt; die Kleine war eine sehr erfolgreiche Hure.

Katharina die Große
In der Körperhöhe stoppte das Wachstum Katharinas an einer bestimmten Stelle, künstlerisch allerdings wurde sie zum Riesen, der dennoch irgendwie gut mit den ihn umgebenden Zwergen umgehen kann. Sie spielte ihre Kleinheit weg, und zwar auch in solchen Bühnenrollen, die eigentlich körperliche Größe verlangen. Das zu schaffen, gelingt nur Katharina der Großen. Unglaublich viele Rollen in in führenden Theatern und großen Filmen, aber auch – emsig pausenlos arbeitend – in kleinen Theatern und Szenen von Film- und Fernsehproduktionen übernahm sie, und zwar voller Können und Professionalität. Oft sind die Momente mit Katharina Thalbach die einzigen, an die man sich gern erinnert. Zunehmend wurden es Frauendarstellungen, die emotionale Gratwanderungen abverlangen, zum Beispiel in „Die Denunziantin", „Die Lügnerin" oder „Gefährliche Freundin". Und viele lustige, etwa „Der Job seines Lebens", „Pommery und Putenbrust" und „Der Räuber Hotzenplotz". Dann metamorphosierte Katharina die Große durchlauchtig zu Friedrich dem Großen. Überhaupt entwickelte sich nach ihrem Noteinspringen als Hauptmann von Köpenick so etwas wie eine spielerische Männerdomäne.

Katharina die Vielseitige
Diese Thalbachsche maskuline Rollenverteilung zeigte sich vielfach auch bei ihren Regiearbeiten, wenn sie selbst etwas auf der Bühne übernahm, zum Beispiel in ihrem wundervoll inszenierten, entstaubten „Der Raub der Sabinerinnen". Aber auch dann, wenn Katharina singt, etwa neben Andreja Schneider in „Zwei auf einer Bank". Bei der großen Oper inszeniert Katharina die Große großartig, und zwar an den führenden Häusern Europas, gerade zum 16. Mal! Ihre unverwechselbare Sprechstimme ist auf unglaublich vielen Hörbüchern verewigt. Katharina läuft am Abend zu ihrer Hochform auf, passend für die Bühnenvorstellungen, aber auch launig plaudernd in guter Gesellschaft. Wen verwundert es da, dass sie After Eight liebt, nach acht Uhr gehts doch erst los! Die Plätzchen mit Minzöl und Kakao waren es, die sie sich aussuchte und sogar ihren Bühnenkollegen sowie an ihr Publikum verteilte.

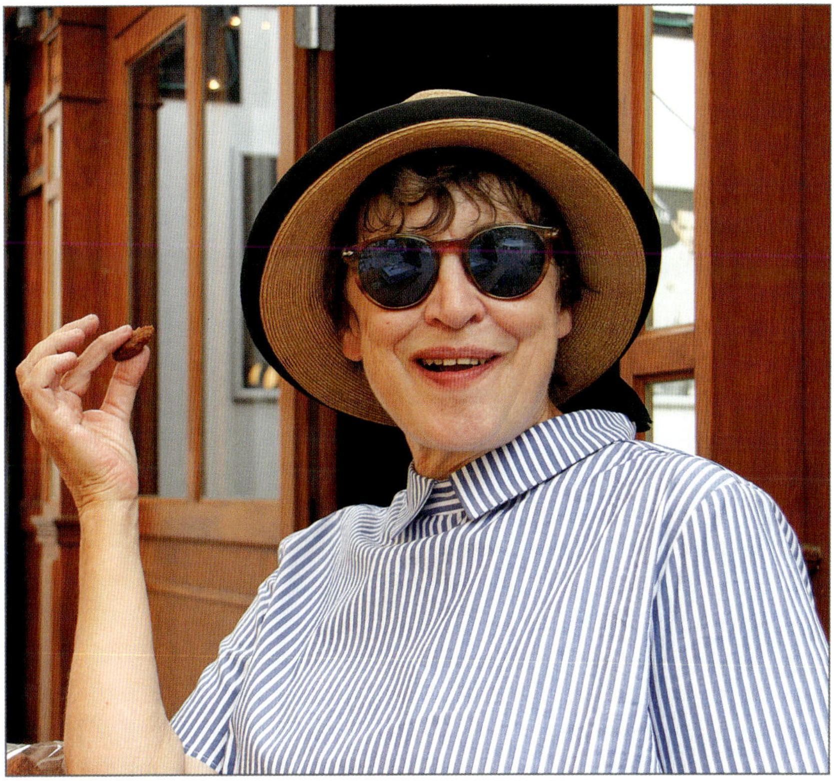

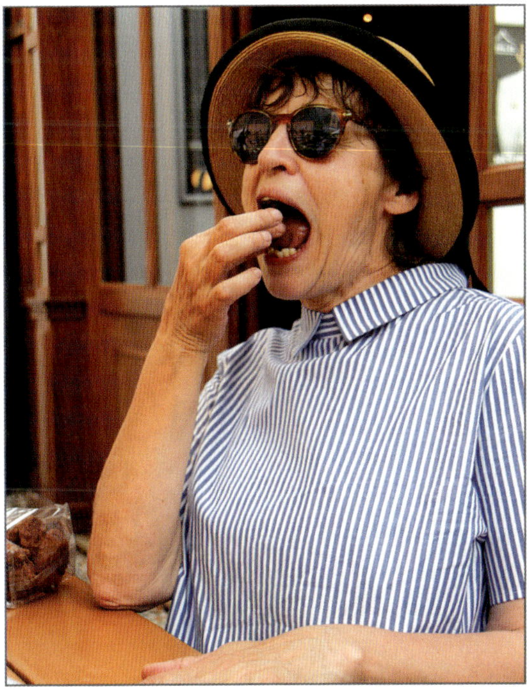

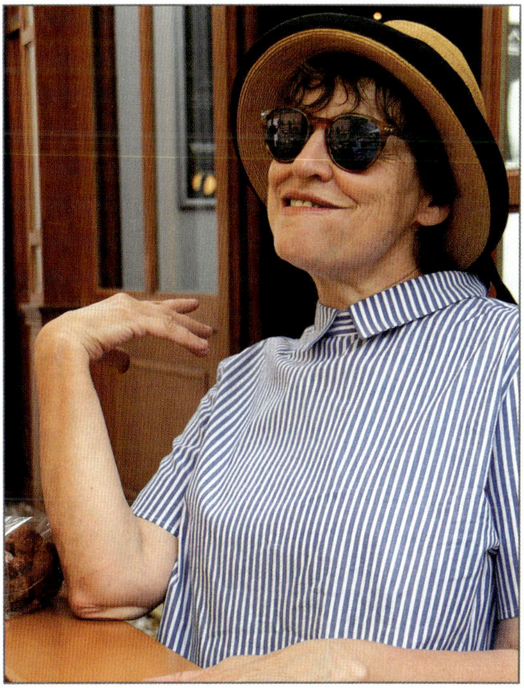

After-Eight-Plätzchen

Für die Backmischung:
300 g Mehl
1/2 Teel. Backpulver
200 g Zucker
2 Pck. Vanillezucker
250 g Butter
4 Essl. Milch
20 g Kakaopulver
20 Tropfen Japan-Minzöl

Zubereitung

Butter, Zucker, Vanillezucker, Milch, Minzöl, Mehl und Backpulver zu einem Teig vermischen. Kakaopulver hinzufügen und gut verrühren. Auf einem mit Backpapier ausgelegten Blech mit dem Löffel kleine Teighäufchen positionieren. Dabei ein wenig Abstand lassen, da der Teig aufgeht. Backofen auf 180°C vorheizen und bei Umluft 20 Minuten lang backen, danach abkühlen lassen.

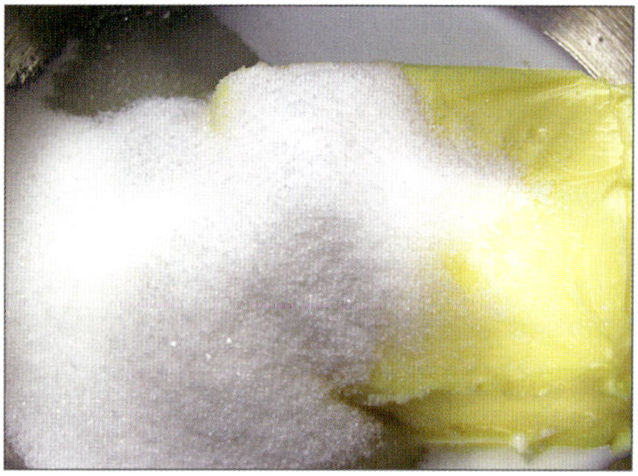

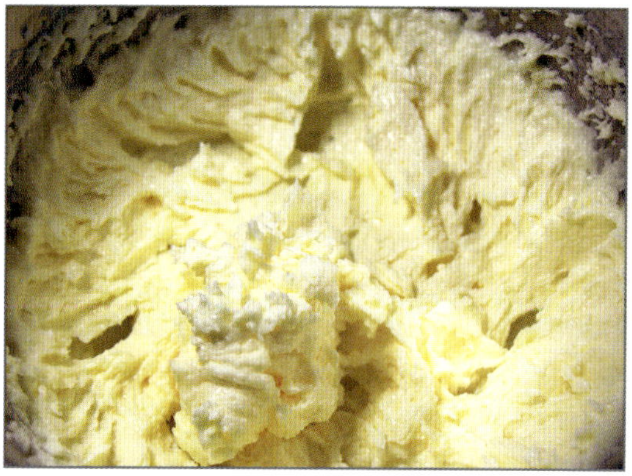

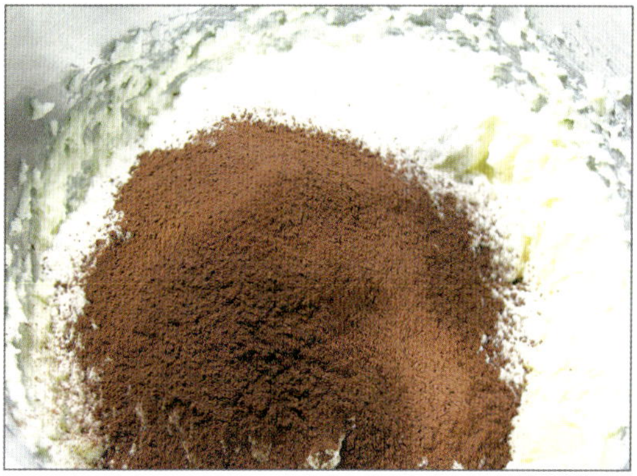

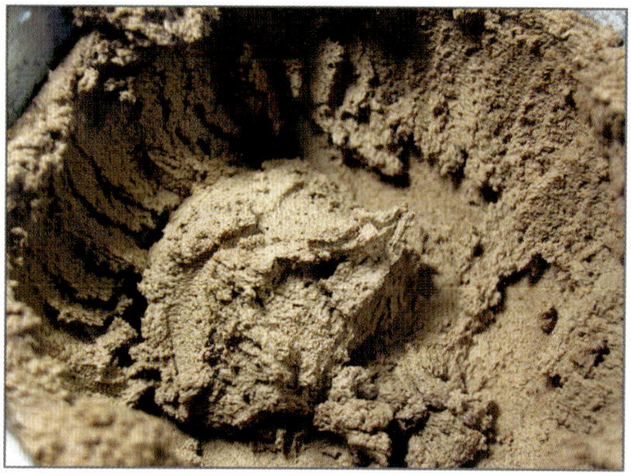

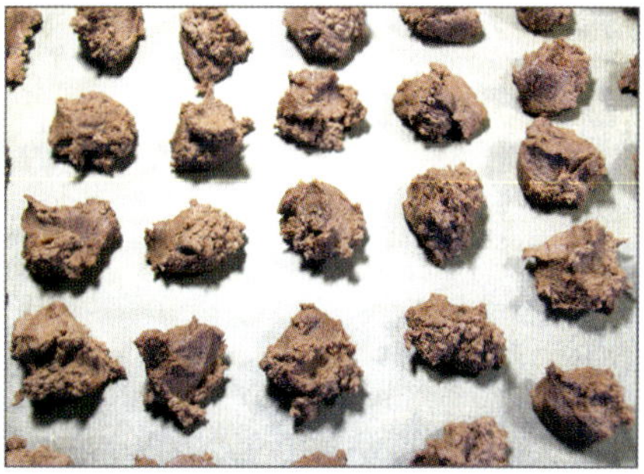

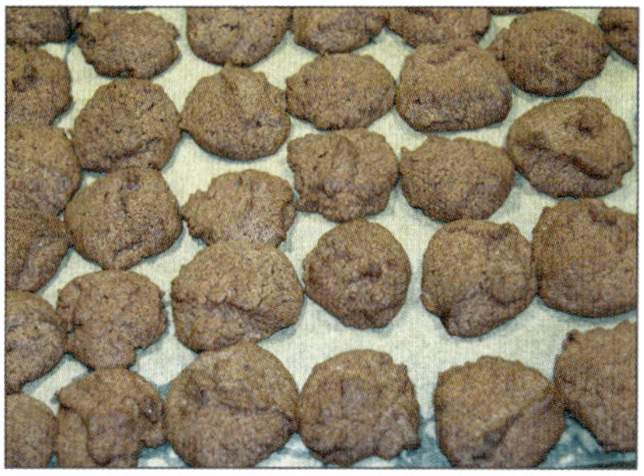

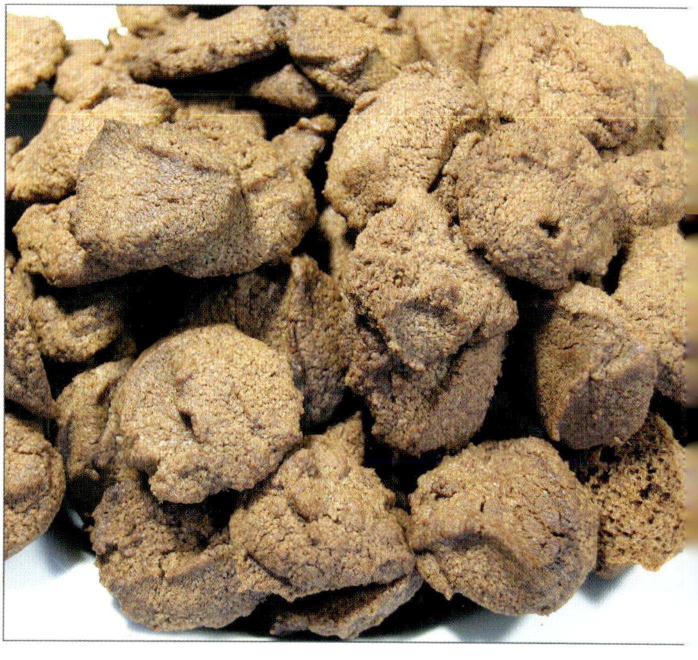

Franziska Troegner

Kabarettistentochter mit Talent

Das war und ist sie, diese ungewöhnliche Schauspielerin Franziska Troegner, die von sich selbst in ihrer Autobiographie schreibt: „Fürs Schubfach zu dick“. Im Alter von fünf Jahren dachte sie sich (in der Kinderrolle), sie hätte das Christkind gesehen, und zwar auf der Bühne des Berliner Metropol-Theaters. Ihr Vater, Werner Troegner, war ein landesweit bekannter Kabarettist. In seine Fußstapfen trat Franziska mit 15, als sie dem Jugendensemble der „Distel“ beitrat. Talent und gute schauspielerische Ausbildung zahlten sich aus, denn Franziska Troegner wurde Mitglied des renommierten Berliner Ensembles, dem sie 20 Jahre angehörte.

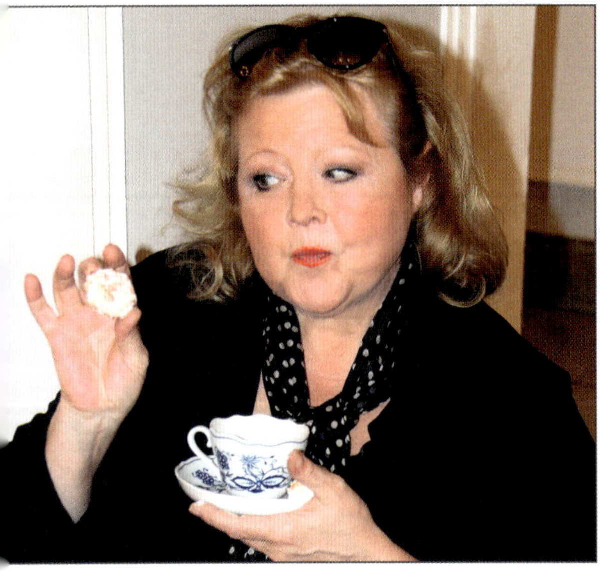

Spottlight bis Schokoladenfabrik

Seit vielen Jahren ist Franziska Troegner freischaffend. Ihre Vielseitigkeit wurde seither besonders sichtbar, auch ihre persönlichen Vorlieben und Geschmäcker. Nein, nicht die Schokoladenfabrik betreffend, einen Film, in dem sie neben Johnny Depp eine wichtige Rolle hatte, auch nicht die Vorliebe für Zimtiges und Kokos, der ihre Gebäckwahl geschuldet ist. Franziska wählt für ihre eigenen Programme eine wundervolle Mischung nachdenkenswerter, beschaulicher, oft lustiger, doch nie platter Stoffe aus. Das betrifft Chansons genau so wie Prosa und Lyrik, letztere auch mit Jazzern vorgetragen. Es gibt wunderbare Lesungen ihrer eigenen Texte, gespickt mit Musik, manchmal gemeinsam mit befreundeten Schauspielern präsentiert. Franziskas politische Haltung zeigt sich am besten in der langjährigen Kabarettsendung „Spottlight“, in der sie neben Dieter Hallervorden in Spiel und Witz ihrem berühmten Vater in keiner Weise nachstand.

Troegners Schlosspark-Theater

Wenn man Franziska Troegner auf der Bühne sehen will, und zwar in bemerkenswerten Stücken, dann sollte man das Berliner Schlosspark-Theater besuchen. Ob als pflegerisch-dilettierender Hyperfan in „Misery“, als „Ihre Rigorosität“ in der dortigen Kuckucksnest-Aufführung oder beeindruckend als Frau Peters in Hauptmanns „Vor Sonnenuntergang“, sie fällt auf, prägt sich ein, berührt oder verstört. Das, was sie kann, gibt sie als Schauspiel- und Chansondozentin an ihre Schüler weiter: Sie ist Jurorin des Bundeswettbewerbs Gesang und hält immer wieder Workshops ab. Aber irgendwie scheint es die Troegners stets wieder in das Schlosspark-Theater nach Steglitz zurückzuziehen. Dort begann nämlich Werner Troegner nach dem Krieg bei Boleslaw Barlog mit dem Schauspielen, damals noch für Kohle, aber für echte.

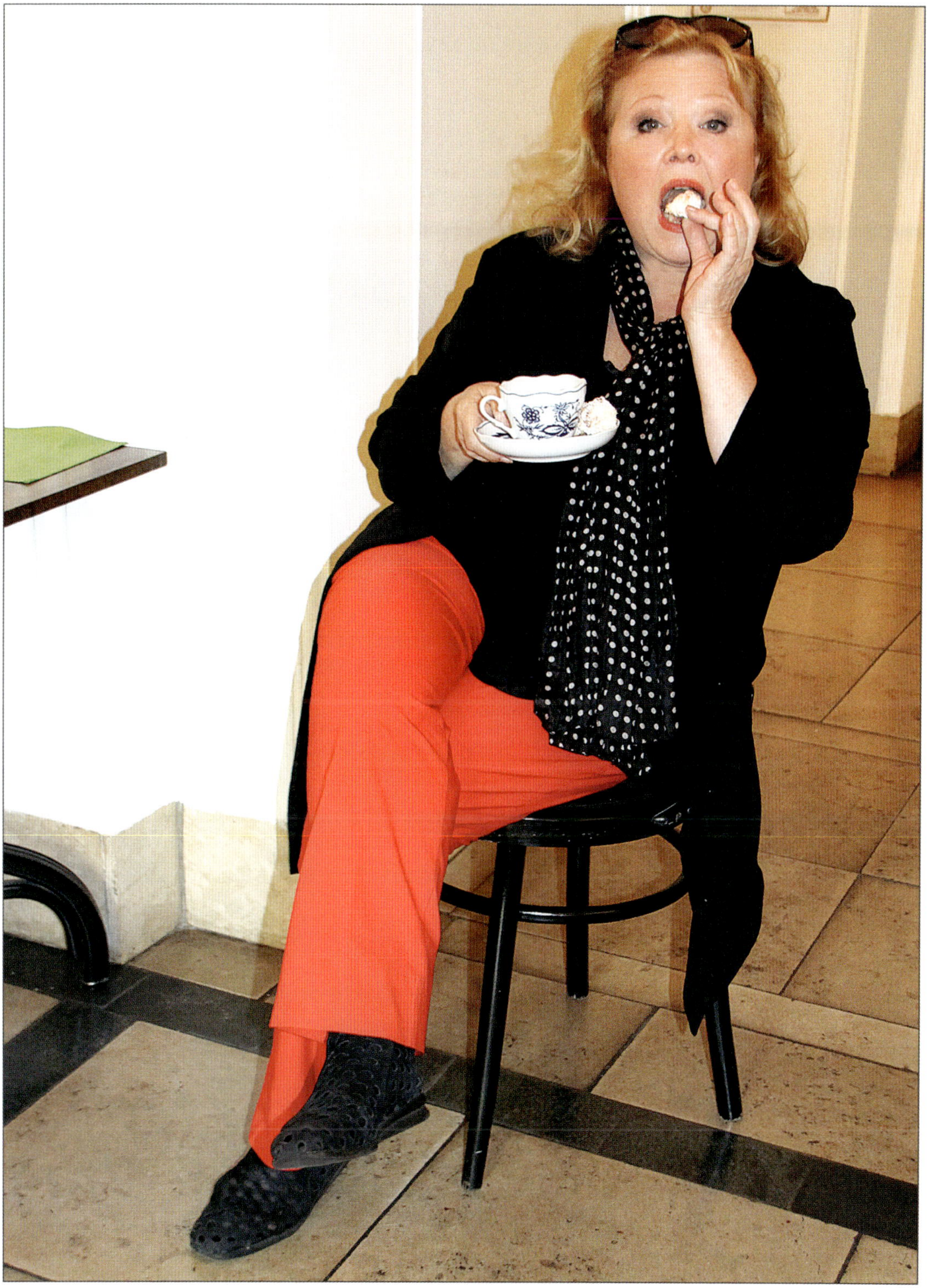

Kokos-Quark-Makronen

Für die Zubereitung:
Eiweiß von 7 Eiern
400 g Puderzucker
120 g Magerquark
1 Röhrchen Bittermandelöl
400 g Kokosrapeln

Zubereitung
Eiweiß zu einem steifen Schnee schlagen und dabei allmählich den Puderzucker zugeben. Quark und Bittermandelöl untermischen und Kokosraspeln hinzufügen. Aus der löffelfesten Masse kleine Bällchen von etwa 2 cm Durchmesser formen und auf ein mit Backpapier ausgelegtes Backblech setzen. Backofen auf 200 °C vorheizen und bei Ober- und Unterhitze 15 Minuten backen.

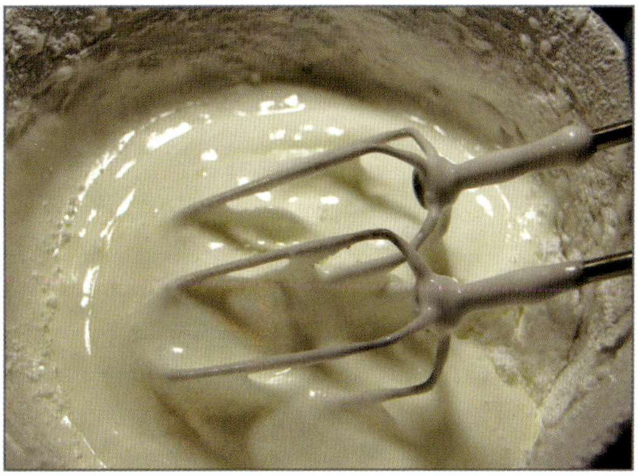

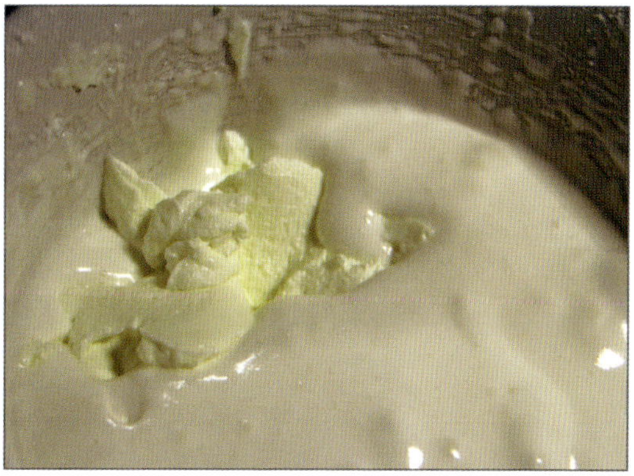

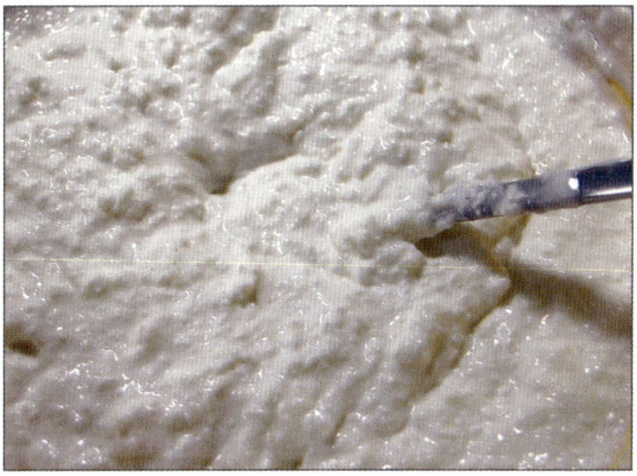

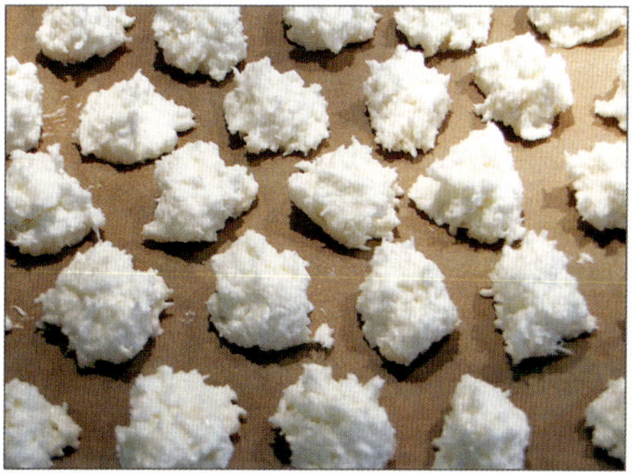

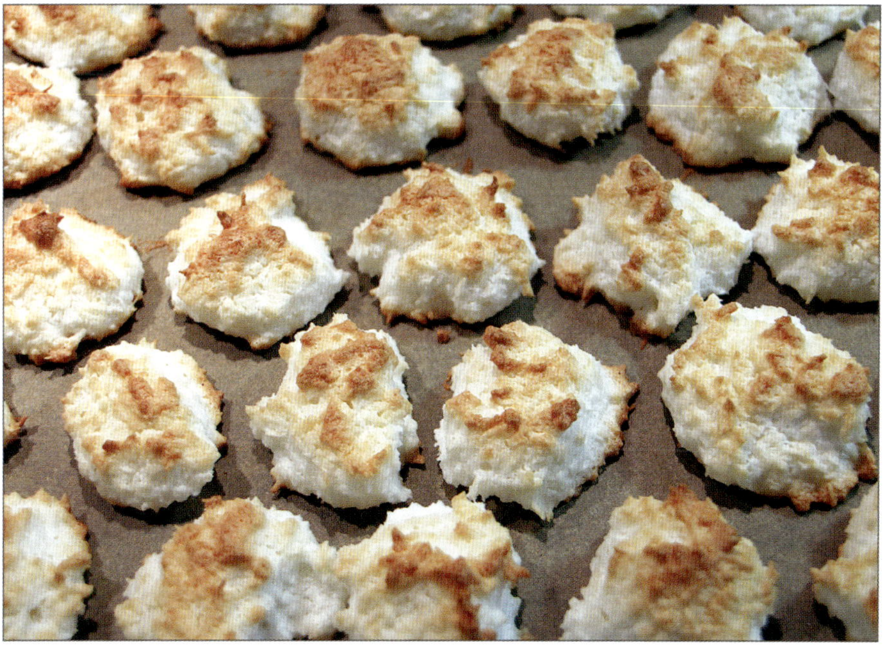

Ulrich Tukur

Reisender in Zeiten und Genres
Wäre er nicht höchst präsent in Fleisch und Blut, man könnte auf die Idee kommen, dieser Tukur sei eine Projektion, doch man wüsste nicht so recht, aus welcher Epoche. Er passt in die Renaissance-Plätscherplätze seines Wohnortes Venedig genauso wie in die Gründerzeitfassaden Berlins, die Jazzkeller New Yorks oder die Cafés irgend einer französischen Stadt mit Flair. Er holt sogar das Gute aus dunklen deutschen Jahren hervor, ohne dabei auch nur ansatzweise in braunschlüpfrige Nekrokoprophagie zu geraten, vor der sich die Spießergutmenschenwelt wegen der hohen Keimbelastung so fürchtet. Wer ist dieser Ulrich Tukur eigentlich? Zuallererst ein Sprachgenie mit spielu(h)rzeitlich basiertem Talent für Wortgewandtes. Das kommt seinen weiteren Talenten zugute, vor allem gibt es ihm jedoch die Möglichkeit, durch Wortjonglage Jahre und Zeitebenen so geschickt schwebend zu balancieren, dass Ästhetik und geniale Aussage zugleich entstehen. Weil das nichts Antrainiertes, eine geschulte Fertigkeit Darstellendes ist, kommt etwas heraus dabei, das man große Kunst nennen darf. Tukurs Texte sind mit das Beste, was es an rezenter deutscher Prosa zur Zeit gibt.

Alpha-Tier der Rhythmusboys
Lügen verbinden, könnte man über Ulrich Tukurs launige Plaudereien zwischen den Standards und zum Teil schon fast vergessenen swingigen Stücken sagen, denn was er da geschickt zum besten gibt, hat literarische Münchhausen-Qualitäten, so originell und zunächst derart offensichtlich möglich, bis einem schließlich irgend eine Unmöglichkeit Verstand und Herz öffnet für diese Geschichtchen voller Humor und Ironie. Und was die Boys musikalisch zelebrieren, hat Weltniveau, so virtuos, so leicht, so improvisierend und so aufeinander abgestimmt. Das Tukur-Alphatier hat am Klavier und manchmal am Akkordeon das meiste zu leisten. Der Sound der vier Boys klingt wie eine Bigband. Und wer da meint, irgend etwas Digitales aus der Retorte zu vernehmen, der irrt: Alles handgemacht, auch das, was so klingt wie programmiertes Klanggefühl: Zum Beispiel das Hamburger Liedlein vom Seefahrertäubchen – Shantyschunkelschall schwappt allmählich über instrumentalisierte Möwenbrunst und akustische Schiffshupraumgestaltung, bis sich tatsächlich das bekannte Liedthema unaufdringlich über die Geräuschkulisse schiebt, großartig!

Das Spiel mit dem Spiel
Hunderte Seiten wären zu füllen mit dem, womit Ulrich Tukur eindrucksvoll sein Geld verdient und zugleich die Menschen erobert, die ihn bewundern. Es sind die unaufhörlichen Bühnenrollen, darunter ein verwegener Mackie Messer. Und auch die Kino- und Fernsehfilme, bei denen Tukur historischen Gestalten zurück zum Leben verhilft, von Rabe bis Grzimek, von Rommel bis Stauffenberg. Die künstlerisch wertvollsten der unzähligen Tatorte gehen auf sein Konto (das ist inflationsfrei gemeint). Das Sparsame macht ihn nämlich reich. Und das auch noch spielerisch. Haselnüsse und Karamell sollten in seinem Kuchen sein, da grübelt man bei einem so klugen Mann, ob es damit wohl etwas auf sich hat, und man kommt zur Erkenntnis: Es liegt einfach an seinem guten Geschmack!

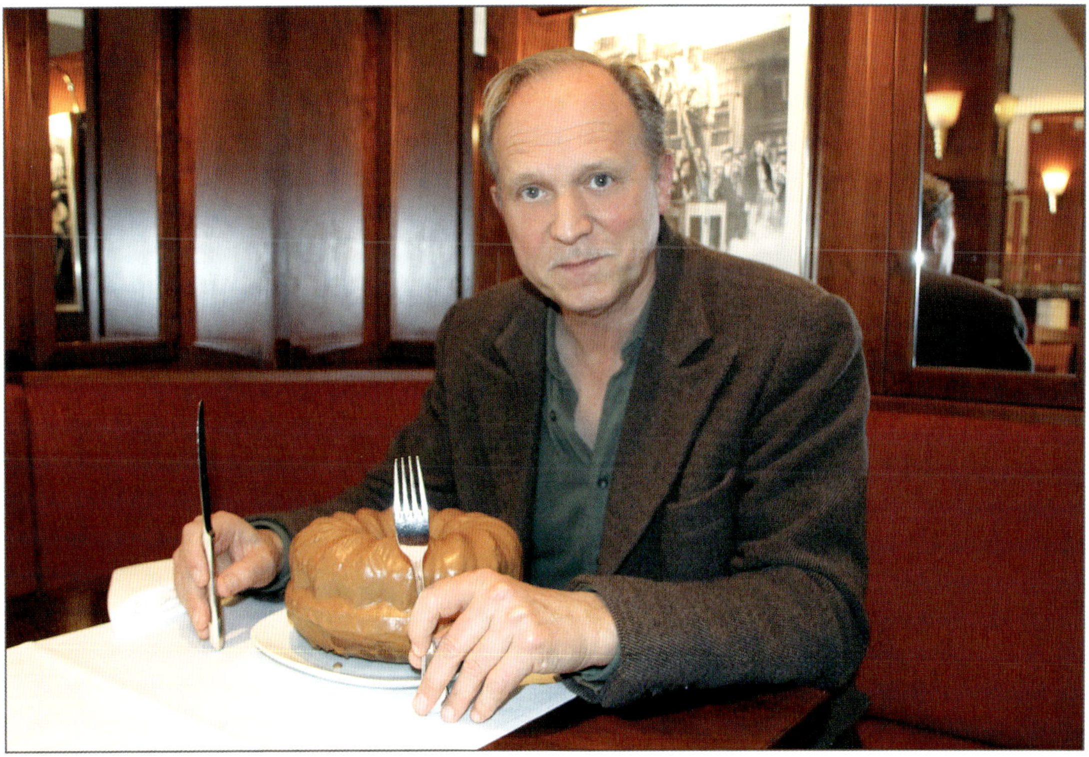

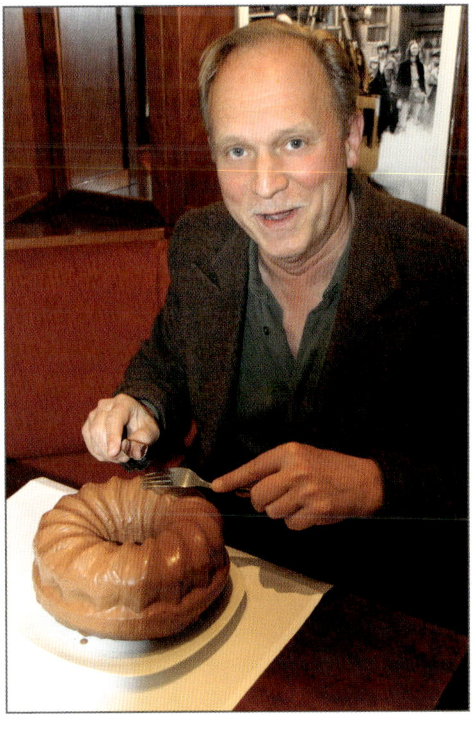

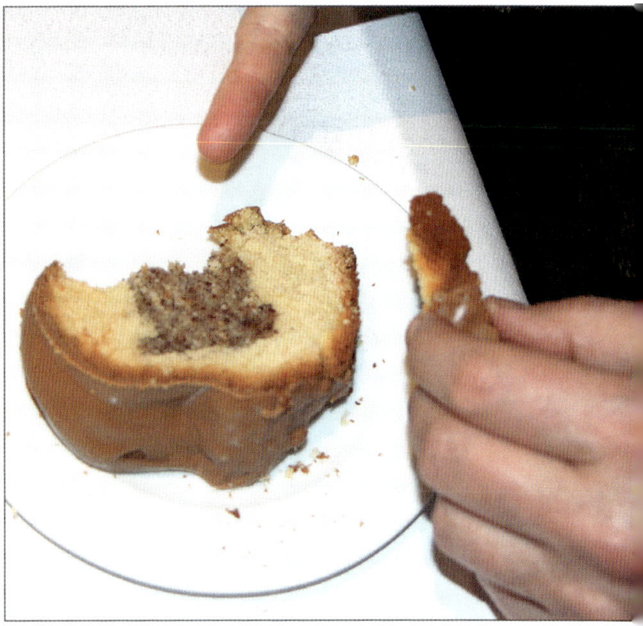

Haselnuss-Karamell-Kuchen

Für die Backmischung:
400 g Mehl
250 g Zucker
250 g Butter
3 Eier
3 Eigelb
8 Essl. Milch
1 Pck. Vanillezucker
1 Pck. Backpulver

Für die Füllung:
150 g Zucker
300 g gemahlene Haselnüsse
3 Eiweiß

Für den Guss:
200 g Karamell-Cuvertüre

Zubereitung des Teigs
Butter, Zucker, Vanillezucker, Milch, Eigelb und Eier zu einem cremigen Teig verrühren, Mehl mit Backpulver hinzugeben und glatt rühren.

Zubereiten der Füllung
Eiweiß zu steifem Eischnee schlagen, Zucker hinzufügen, danach Haselnüsse einmischen, so dass eine zähsämige Masse entsteht.

Arbeitsschritte zum Backen
Silikonform fetten und knapp die Hälfte des Teiges einfüllen, dabei an den Rändern ein wenig hochziehen. Füllung darauf schichten, so dass sie nicht die Backform berührt. Restlichen Teig so darauf verteilen, dass die Füllung komplett abgedeckt ist. Im auf 180°C vorgeheizten Backofen bei Ober- und Unterhitze 70 Minuten lang backen.

Abringen des Gusses
Cuvertüre schmelzen (im Wasserbad oder in der Mikrowelle) und auf dem ausgekühlten, gestürzten Kuchen auftragen. Die unteren Bereiche mit Silikonpinsel nachbessern. Karamell-Cuvertüre lässt sich auch mit in Sahne geschmolzenen Toffee und Vollmilch-Cuvertüre herstellen.

Das Rezept für Ulrich Tukur

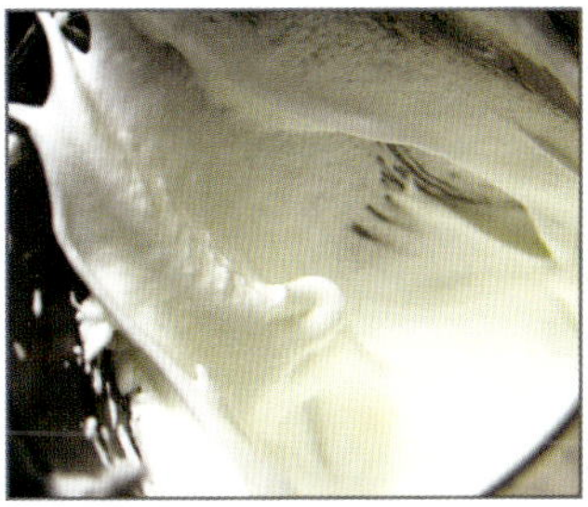
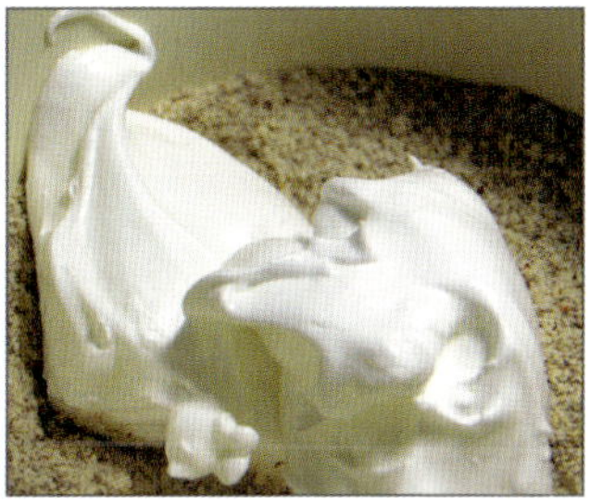
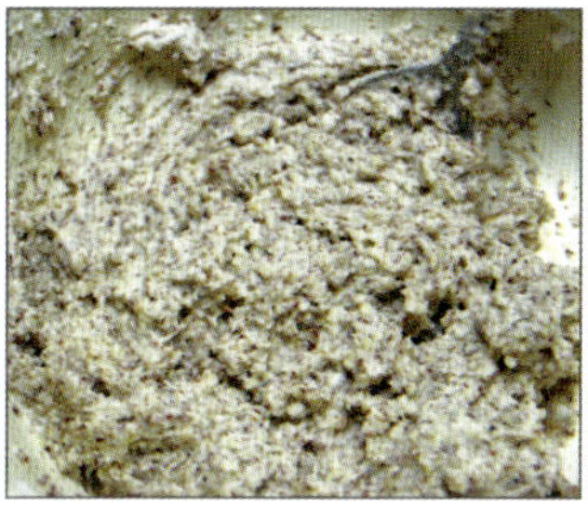
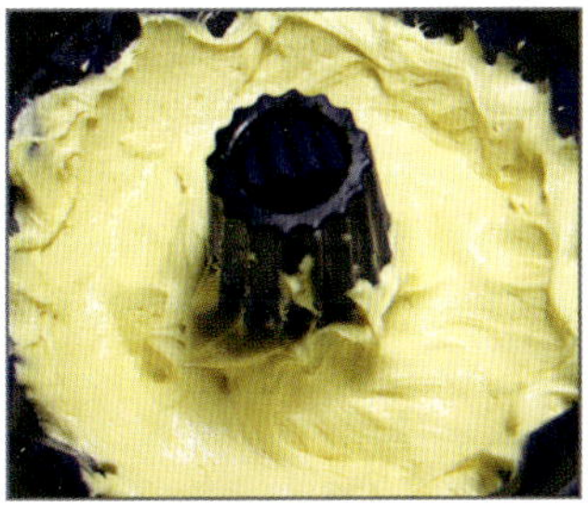
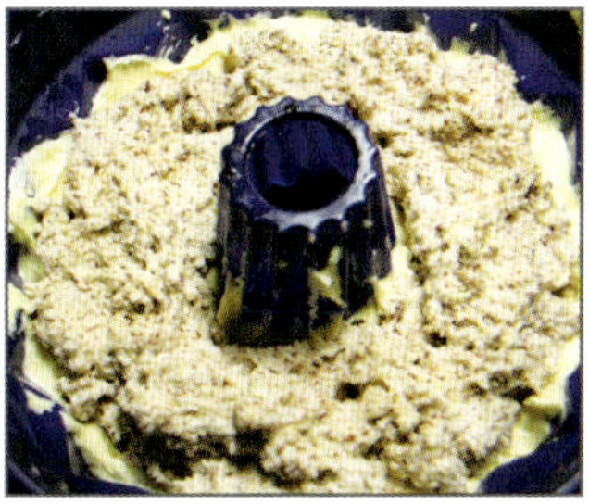
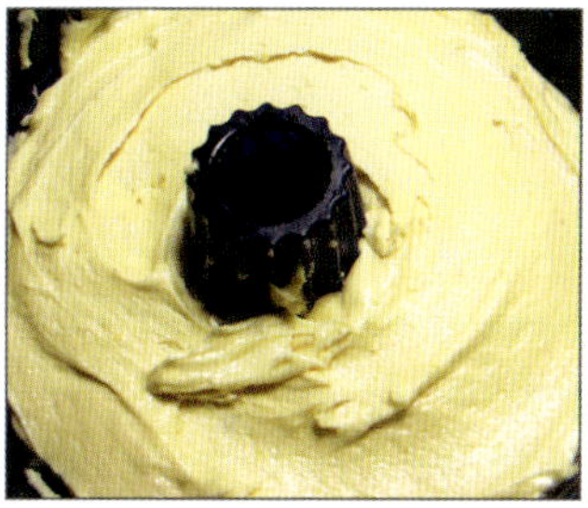
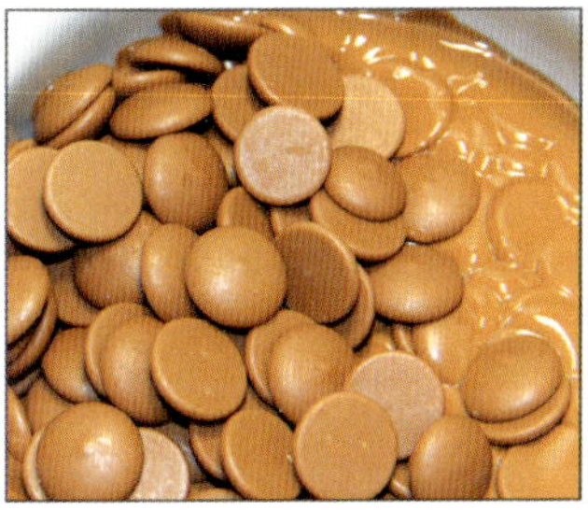
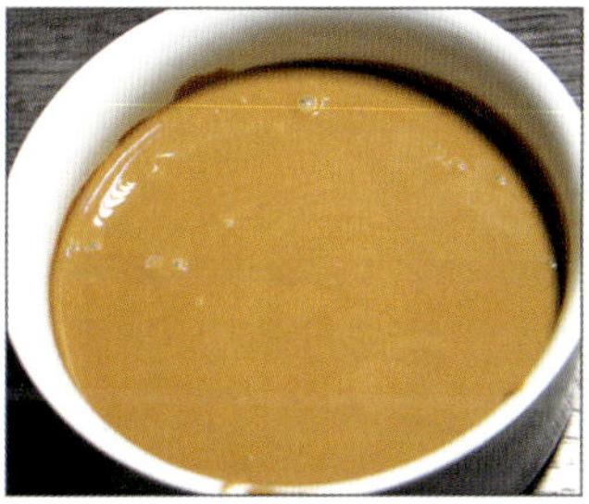
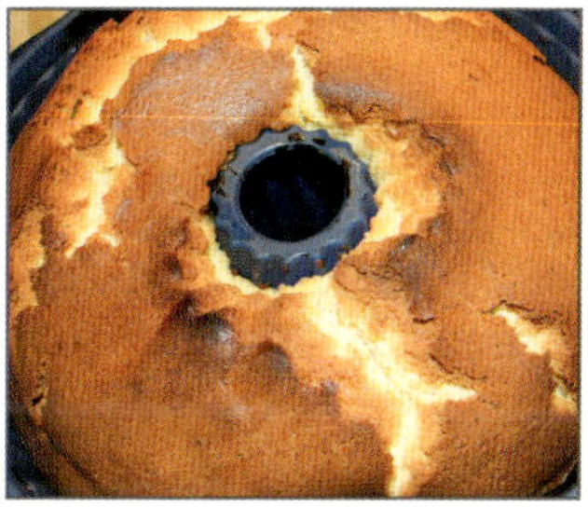
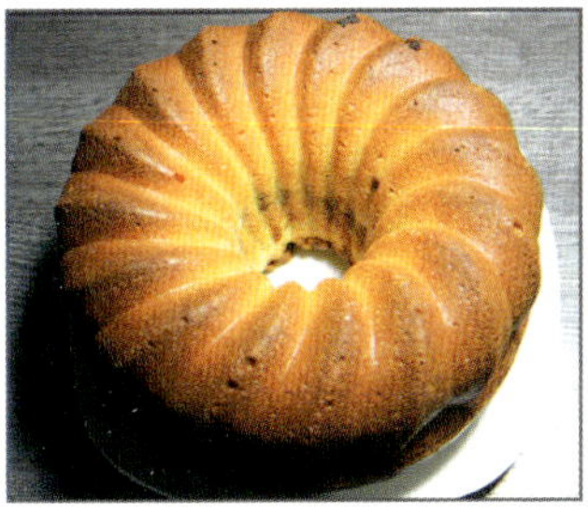
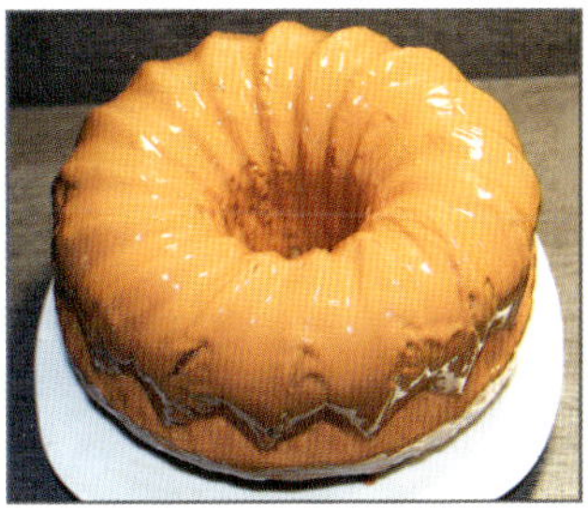
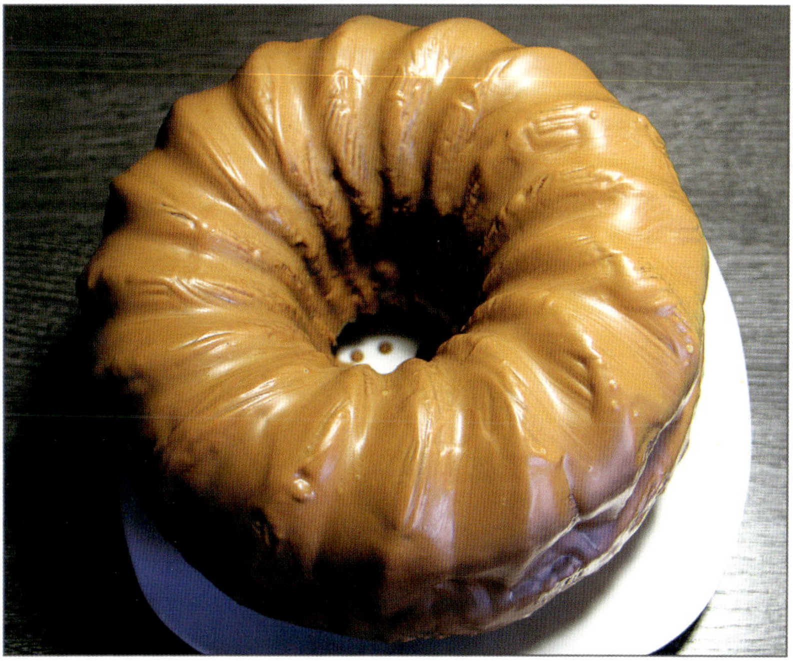

Judy Winter

Eine Große
Judy Winter ist groß in jeder Hinsicht: Ist sie im Premierenpublikum, so sieht man sie von überall her, wenn sie das Theater betritt, da muss sie gar nicht auf der Bühne stehen. Diese stattliche, schlanke Frau fällt einfach auf. Ihre Größe besteht aber vor allem in ihrem Talent sowie im klugen, wachen Denken. Ja, sie hat sich große Vorbilder gesucht, allein schon bei ihrem Künstlernamen (Judy Garland und Shelley Winters). Und sie erreichte mannigfach deren Qualität, ob beim Schauspiel oder beim Gesang. Körperlich groß, begann sie bereits als sehr junges Mädchen mit dem Ballett. Dazu kamen Gesangs- und Schauspielausbildung. Zudem war die große Winter auch mit großen Männern verpartnert, den besten ihres Fachs: Peter Zadek, Joachim Regelien und Rolf Kühn. Das befruchtete menschlich wie auch künstlerisch. Zum großen Talent kam das, was zudem ganz persönlich prägte, reifte, forderte. Nie war sie größer als heute!

Das Gegenteil von Liebchen
Wenn etwas für die enorme Vielfalt an Rollen, die Judy Winter über die Jahre im Theater, im Film und im Fernsehen spielte, gemeinsam zutrifft, so schlichtweg, dass sie nie das naive Liebchen, das schlichte, blauäugige Püppchen gab. Meist waren und sind es die streitbaren, konfliktbehafteten, oft negativ belegten Frauenfiguren, denen sie in ihrer besonderen Art völlig neue, differenzierende Nuancen verlieh. Das konnte sie als Renjewskaja in Tschechows „Kirschgarten“, als Velma in „Chicago“ und als die Mutter, die weg muss, in einer TV-Kömödie. Stets sind es Gratwanderungen, die sie mit Bravour absolviert, denn es gelingt ihr, Divareskes sympathisch zu machen, etwa bei „Marlene“, Gefühlskälte so weit zu treiben, dass man Bedauern mit der emotionsarmen Person entwickelt, aber auch, Tragik ins Komische rutschen zu lassen. Es macht ihr nichts aus, Zielscheibe der Lacher zu sein, etwa als Chefin des „Clubs Las Piranjas“.

Die unverwechselbare Stimme
Judy Winter erkennt man sofort an ihrer Stimme, auch dann, wenn man sie nicht sieht. Unzählige sehr bekannte fremdsprachige Schauspielerinnen werden von ihr synchronisiert. Ändert sich das zuweilen, fehlt einem etwas, zum Beispiel bei Bette Midler, die in der deutschen Fassung ihrer Filme vor allem durch Judys Stimme wirkt. Und wie jene nutzt sie eben diese bekannte Stimme auch musikalisch. Von den vielen Scheiben sei nur die Bob-Lennox-CD herausgehoben. Da zeigt sich nämlich noch etwas: Judy Winter spricht und singt akzentfrei englisch, es ist ein Genuss! Wenn Judy gespielt hat, wissen alle, dass sie zu Spenden für die Aids-Hilfe aufruft. Dann steht sie am Ausgang und scheut sich nicht, mit der Sammeldose zu rasseln. Denn Liebe ist es, die verführt, auch zu Unachtsamkeiten, so erklärt sie es. Selbst die blaustrümpfigsten Spießer trauen sich nicht an ihr vorbei, ohne etwas einzuwerfen. Sie ist den Menschen nah, die in ihre Vorstellungen kommen, ob Theater oder Konzert, spricht mit ihnen, mitunter auch erinnernd oder sogar mahnend. Jeder schmilzt dahin vor Judy, deshalb liebt sie es, wenn ein Gebäck auf ihrer Zunge zergeht und dabei seinen Geschmack freisetzt, wie die Vanille-Mandel-Kipferl.

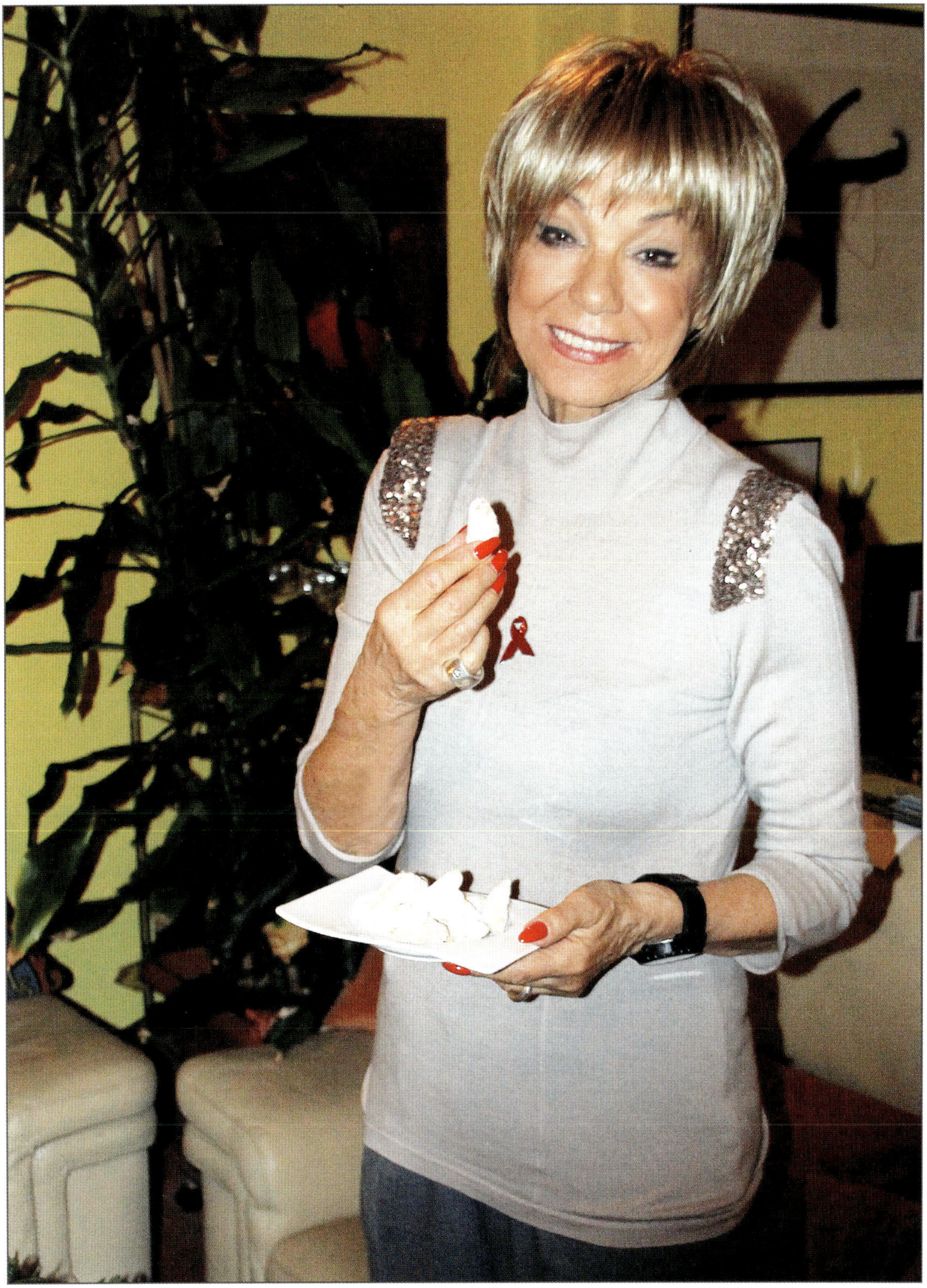

Vanille-Mandel-Kipferl

Für die Backmischung:
280 g Mehl
60 g Zucker
200 g Butter
100 g gemahlene Mandeln
2 Pck. Vanillezucker

Für das Pudern:
200 g Puderzucker
Vanillearomapulver

Zubereitung des Teigs
Butter, Mehl, Zucker, Vanillezucker und Mandeln zu einem Mürbteig verkneten und etwa eine Stunde lang kalt stellen.

Zubereiten der Kipferl
Mit den Fingern kleine Teigstücke abnehmen und zu kleinen Kipferlbögen auf ein mit Backpapier ausgelegtes Backblech setzen. Im vorgeheizten Backofen bei Ober- und Unterhitze bei 180°C etwa 15 Minuten backen.

Einpudern der Kipferl
Puderzucker und Vanillearomapulver (auch Vanillezucker ist möglich) mischen. Die noch warmen Kipferl einzeln vom Backblech entnehmen, im Puderzucker wälzen und in einer Aufbewahrungsdose sammeln.

Das Rezept für Judy Winter

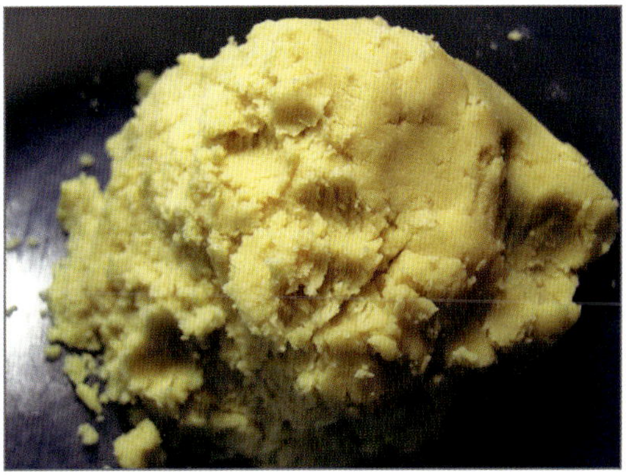
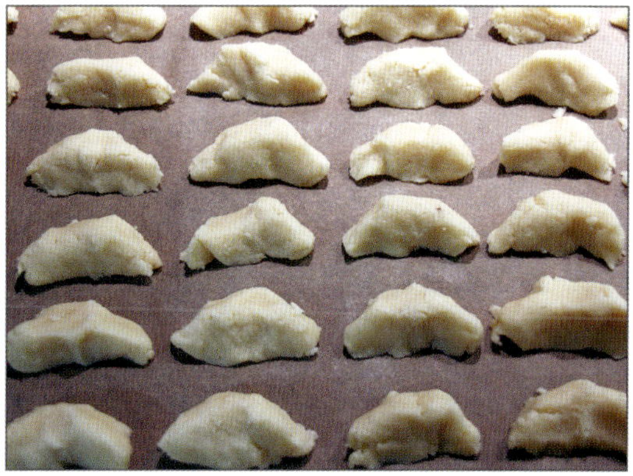
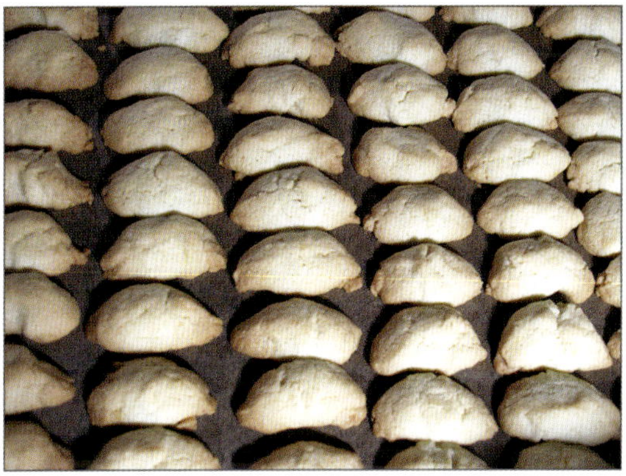
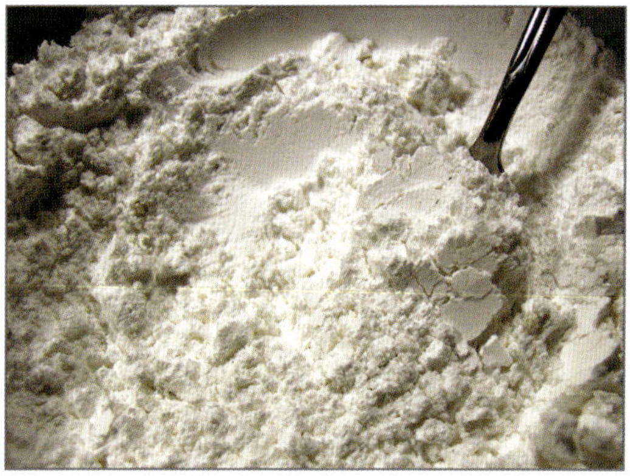
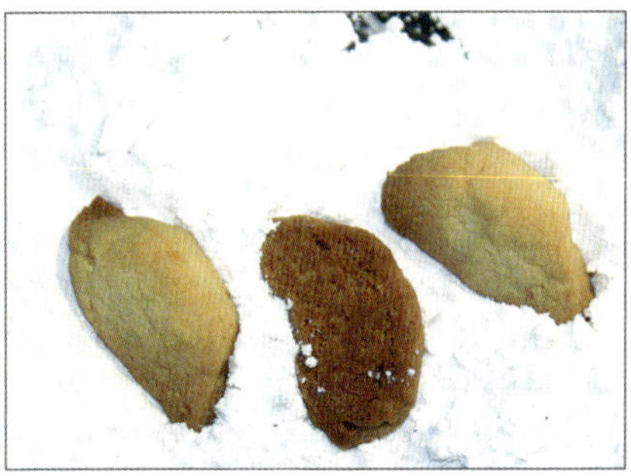
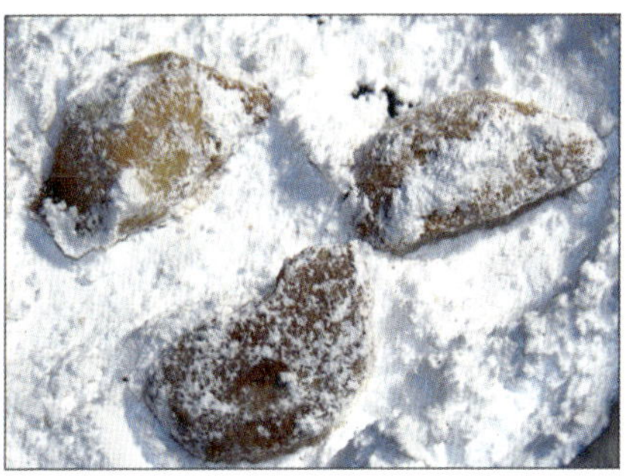
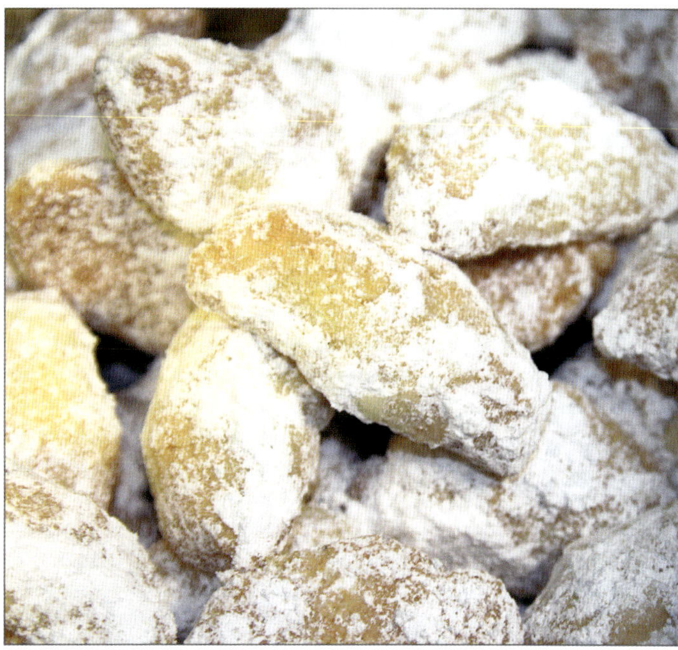

Der Autor

Hans-Joachim Herrmann (geboren 1958 in Gotha) ist ein Biologe, der insbesondere zoologisch tätig ist und sich über Frösche, seine Lieblingstiere, promovierte. Als Autor, Wissenschaftsjournalist und Chefredakteur war und ist er in unterschiedlichen Fachbereichen und Medien tätig. Seit 1997 führt er als selbständiger Verleger und alleiniger Gesellschafter die von ihm gegründete Tetra Verlag GmbH, die vor allem populärwissenschaftliche Fachbücher und Kalender publiziert. Insbesondere das 2018 im 50. Jahrgang erscheinende führende deutschsprachige Hobbyjournal „Aquaristik-Fachmagazin" erscheint unter Hans-Joachim Herrmanns Redaktion im Tetra-Verlag.

Herrmann ist Autor oder Mitautor von mehr als 1000 wissenschaftlichen und vor allem populärwissenschaftlichen Einzelpublikationen, darunter mehr als 30 Bücher, von denen einige in mehrere Sprachen übersetzt wurden. Seine Fachartikel erschienen auch in international führenden Zeitschriften, seine Bücher in bekannten Verlagen. Weiterhin illustrierte er Kalender, Postkarten, Poster und Kunstdrucke.

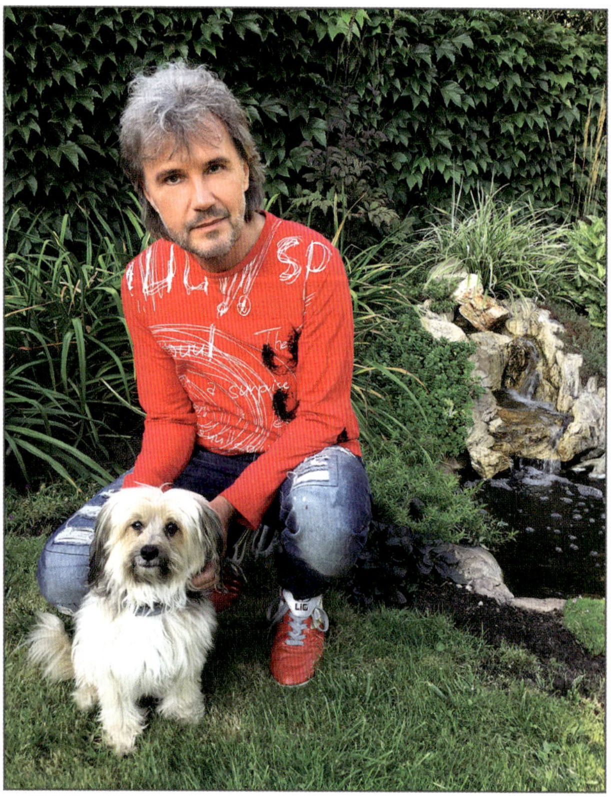

Herrmann trat auch als Moderator einer Talkshow, in Fernsehsendungen sowie Hörfunksendungen auf. Darüber hinaus verfasste er Satire, Belletristik sowie Lyrik, die er zum Teil in eigenen Bühnenprogrammen verarbeitet. Seine Leidenschaften abseits vom Verlagsalltag sind außer dem Backen vor allem Gärtnern, geradezu exzessives Lesen sowie eifriges Verfolgen der Theater- und Musikszene in Berlin. Er ist seit vielen Jahren verpartnert mit seinem Mann Eckhard Grell-Herrmann.

Danksagung

Wer schon einmal den prallvollen Terminplan eines prominenten Künstlers gesehen hat, wird verstehen, wie wichtig es ist, zuverlässige, koordinierende Menschen für das Planen von Terminen zur Seite zu haben. Selbst meine engen Freunde unter den in „BackStage" portraitierten prominenten Personen sagen manchmal, dass sie ein Treffen noch sicherheitshalber mit dem Management, einer Agentur oder dem persönlichen Büro abstimmen müssen. Das ist auch viel besser so als bei jenen Mitmenschen, die fahrig allerlei Absprachen vergessen oder durch andere Aktivitäten verdrängen. Ohne die professionelle, freundliche und in den meisten Fällen auch sehr unterstützende Hilfe dieser Manager, Agenten und Sekretäre (ich weiß, dass auch Frauen dabei sind, bleibe aber bei einer solchen Schreibweise, um nicht in die mehr und mehr übliche Geschlechtersprachverrenkkomik zu verfallen, denn alle wissen: niemand wird deshalb diskriminiert oder gar vergessen) wären viele Treffen für dieses Buch nicht möglich gewesen.

Den prominenten Freunden und Bekannten danke ich dafür, dass sie mitgemacht haben, mir vertrauten, dass nichts von dem, was nicht in eine solche Publikation gehört, jemals von mir nach außen getragen wird. Auch, dass sie sich zwanglos von einem Zoologen portraitieren ließen – ohne Studiobeleuchtung, ohne Photoshop-Profis und ohne irgend welche „Filter".

Schließlich danke ich dem Schlossparktheater in Berlin, insbesondere Evangelia Sonntag, für die Möglichkeit, in den schönen Räumen des Theaters zu fotografieren, denn hier entstanden etliche Aufnahmen für „BackStage", darunter auch das Titelbild.

Meiner Freundin und Autorenkollegin Gabriela Gwisdek bin ich zu besonderem Dank verpflichtet. Nicht nur ihr launiges Vorwort, sondern so manchen Kontakt, immer wieder vermittelnd und unterstützend, trug sie zu diesem Buch bei. Das Wertvollste aber war stets ihre kritische, helfende Meinung und so mancher Durchhaltetrost, wenn etwas nicht klappte oder wenn ein Künstler seine sehr eigene Art zu arg betonte. Gabi weiß damit umzugehen, da lernte ich von ihr – danke für diesen vorbildlichen Begleitservice der Arbeit an „BackStage".

Impressum

Am Markt 3, D-16727 Berlin-Velten

www.tetra-verlag.de

1. Auflage 2018

Printed in EU

ISBN: 978-3-89745-274-9